आधुनिक भारत का इतिहास

आधुनिक भारत का इतिहास

डॉ. महाश्वेता चतुर्वेदी

इशिका पब्लिशिंग हाउस
जयपुर दिल्ली

इशिका पब्लिशिंग हाउस

ए -25, ''गणेश सदन'', गली न. 4, आदर्श बस्ती,
बी.एल. हाउस के पास, टोंक फाटक,
जयपुर-302018 (राजस्थान) भारत
फोन : 0141-2761280, Mob. 9887532741
Email: ishikapublishinghouse@yahoo.in

दिल्ली कार्यालय : 102, प्रथम मंजिल, 'सत्यम हाउस'
4324/3, अंसारी रोड़, दरियागंज, नई दिल्ली - 110 002
फोन : 011-45652440

ISBN: 9788189471255

टाइपसेटिंग : बी.एस. कम्प्यूटर्स, जयपुर

मुद्रक : थॉमसन प्रेस, नई दिल्ली

भूमिका

राजनीतिक अधिकारों की चेतना और राष्ट्रीयता की भावना के विकास को पर्यायवाची समझा जाता है लेकिन वास्तव में ऐसा नहीं है। विभिन्न उपनिवेशों में अथवा अधीन राज्यों में राष्ट्रीय आन्दोलन हुए है लेकिन वे आवश्यक रूप से राजनीतिक सुविधाओं और अधिकारों तक सीमित नहीं रहे हैं। राजनीतिक अधिकारों के आंदोलन भी राष्ट्रीय बन सकते है यदि वह आंदोलन समस्त देशवासियों को प्रेरित तथा प्रभावित कर सकें। राजनीतिक अधिकार के संबंध मे यह प्रश्न महत्त्वपूर्ण है कि उन्हें किस प्रकार प्राप्त किया गया? माँगकर, कृपापात्र बनकर, अपनी राज्य भक्ति का आश्वासन देकर अथवा अपने राष्ट्रीय अधिकार के रूप में प्रस्तुत करके।

स्वराज्य शब्द का प्रयोग दोनों ही प्रकार के विचारकों ने किया है। लेकिन इसका अर्थ दोनों में भिन्न दिखाई पड़ता है। सामान्यत: एकता से प्रेरित राष्ट्रीयता के समर्थक स्वराज्य की माँग राष्ट्रीय अधिकार की प्राप्ति के लिए करते थे। जबकि भौगोलिक राजनीतिक एकता से प्रेरित विचारक इसका अर्थ अंग्रेज सरकार से केवल कुछ ऐसी सुविधाएँ समझते थे जिनसे प्रशासन से संबद्ध होने का अधिकार प्राप्त हो जाए। इंडियन नेशनल कांग्रेस के अधिकांश नेता 1916 ई. तक प्राय: राष्ट्रीय अधिकार की बात नहीं करते। कुछ नेताओं के चिंतन में 19वीं सदी में राष्ट्रीय अधिकार की कल्पना पाई जाती है जो राष्ट्रीय आंदोलन का सूत्रपात कर सकती थी। ऐसे नेता कांग्रेस के वार्षिक अधिवेशनों में भी भाग लेते थे। लेकिन उनकी आवाज अल्पमत होती थी जब उनका मत कुछ प्रभावशाली हुआ तब उन्हें कांग्रेस से बाहर आना पड़ा और कुछ वर्षों पश्चात् जब उनका पलड़ा भारी हुआ तब राजनीतिक सुविधाओं के समर्थक विचारकों को कांग्रेस से बाहर जाना पड़ा। इंडियन नेशनल कांग्रेस का रूप बदलता रहा है। आरंभ में यह केवल राजनीतिक अधिकारों अथवा सुविधाओं की माँग प्रस्तुत करने वाली संस्था थी।

19वीं सदी में बंगाल, महाराष्ट और उत्तरी भारत में विभिन्न धर्म सुधार आन्दोलन हुए इनमें से कुछ आंदोलन तो अंग्रेजीकरण और ईसाई मत की ओर आकर्षित होने की रोकथाम के लिए हुए। कुछ अन्य आंदोलन उस प्रहार के प्रति उत्तर में हुए जिसका अभिप्राय भारतीय सांस्कृतिक अथवा धार्मिक व्यक्तित्व को समाप्त करना था। कुछ अन्य आन्दोलन उस सामान्य सुधार परम्परा के प्रतीक थे जो भारतीय समाज मे समय-समय पर होते रहे हैं। ब्रह्म समाज प्रथम प्रकार का आंदोलन था। आर्य समाज और रामकृष्ण मिशन दूसरी प्रकार के आंदोलन तीसरी प्रकार के थे और महाराष्ट्र में हुए 18वीं-19वीं सदी के धर्म तथा समाज सुधार आंदोलन थे। इन तीनों प्रकार के आंदोलनों का वर्णन करेंगे। बंगाल में अंग्रेजीकरण और ईसाई धर्म की ओर आकर्षित होने की भावना को कम करने में ब्रह्म समाज कुछ सफल रही लेकिन यह केवल बंगाल में अंग्रेज पढ़े लिखे व्यक्तियों तक ही सीमित रहा।

लेखक

अनुक्रमणिका

1

बंगाल में अंग्रेजों के प्रभुत्व की स्थापना

कर्नाटक के युद्धों की सफलता ने अंग्रेजों के हौसले बढ़ा दिये। अब उनकी लोलुप दृष्टि बंगाल पर पड़ी। 1717 में फर्रूखसियर के एक किसान से अंग्रेजों को बंगाल के सूबे में बिना चुंगी दिये व्यापार करने की अनुमति प्राप्त हुई थी। यह सुविधा केवल आयात व निर्यात की गई वस्तुओं पर ही दी गई थी। यद्यपि अंग्रेजों ने बंगाल के सूबे के आंतरिक भागों के व्यापार करते समय इसका अनुचित लाभ उठाने का प्रयत्न कई बार किया किन्तु बंगाल के नवाब ने उन्हें सफलतापूर्वक ऐसा करने से रोका। कर्नाटक मे फ्रांसीसियों के साथ संघर्ष के समय नवाब अलीवर्दी खाँ ने दकनों को यह आदेश दिये कि वह बंगाल की शान्ति को भंग न करें। लेकिन 1756 मे उसकी मृत्यु के बाद स्थिति में परिवर्तन आया। नया नवाब सिराजुद्दौला अलीवर्दी खाँ के समान शक्तिशाली व योग्यहीन था। उसके गद्दी पर बैठने से उसके कुछ रिश्तेदार नाराज थे। अंग्रेजों ने तत्कालीन परिस्थितियों का लाभ उठाना चाहा। शीघ्र ही दोनों मे संघर्ष छिड़ गया।

इसके निम्नलिखित कारण थे-

1. नवाब का अंग्रेजों के प्रति अविश्वास- अलीवर्दी खाँ की गतिविधियों से परिचित था किन्तु मराठा आक्रमणों से त्रस्त रहने के कारण उसने अंग्रेजों को छेड़ना उचित नही समझा। अपनी मृत्यु के समय उसने सिराजुद्दौला को कहा कि अंग्रेजों ने तेलंगाना (कर्नाकट) मे जो कुछ किया है उससे हमें सबक सीखना चाहिये। कलकत्ता एक लघु मक्खी के समान है जो न छेड़े जाने पर शहद देती है तथा छेड़ने पर काट लेती है।

2. अंग्रेजों का अशिष्ट व्यवहार- अलीवर्दी खाँ के समर में 1752 ई. में सिराजुद्दौला के कलकत्ता जाने पर अंग्रेजों ने उसका उचित सम्मान नहीं किया। इसके बाद भी अंग्रेजों ने उसे कासिम बाजार की फैक्टरी दिखाने से इन्कार कर दिया।

3. विद्रोहियों को शरण- 1757 ई. के आरम्भ मे अंग्रेजों ने नवाब के एक विरोधी कृष्ण वल्लभ को कलकत्ता में शरण दी तथा नवाब के कहने पर भी कृष्ण वल्लभ को कलकत्ता से बिदा नहीं किया। अंग्रेजों ने अमीचंद नामक एक व्यापारी को भी शरण दी। वह नवाब के डर से वहाँ से भाग आया था।

4. अंग्रेजों का नवाब के विरुद्ध षड़यंत्र- अंग्रेजों ने नवाब के दो निकट सम्बन्धी-शौकत जंग व घसीटी बेगम-के साथ पत्र व्यवहार किया। यह दोनों नवाब को गद्दी से हटाने का षड़यंत्र कर रहे थे। शौकत जंग से नवाब को अंग्रेजों द्वारा लिखे गये पत्र भी मिले।

5. हिन्दू व्यापारियों के साथ गठबंधन के प्रयत्न- अंग्रेजों ने बंगाल क कुछ धनी व प्रभावशाली व्यापारियों से भी सम्बन्ध स्थापित करने की चेष्टा की। राबर्टस के मत में उस समय अंग्रेज व हिन्दू व्यापारी नवाब से तंग आ चुके थे, अतएव उन्होंने एक विदेशी शासक को हटाने के लिये गठबंधन किया। उसका यह कथन उचित नहीं है। पाँच सौ साल से भी अधिक समय से मुसलमान भारत में शासन कर कहे थे तथा उस समय हिन्दू जनता उन्हें विदेशी नहीं मानती थी। इसके अतिरिक्त अंग्रेजों का साथ सभी हिन्दू व्यापारियों ने नहीं दिया। केवल अमीचंद जैसे कुछ व्यक्तियों ने धन के लालच में ऐसा किया।

6. अंग्रेजों द्वारा व्यापारियों सुविधाओं का दुरुपयोग-1717 ई. में मुगल साम्राट फरूखसियर ने अंग्रेजों को एक फरमान द्वारा व्यापारिक सुविधाएँ प्रदान की थीं। वे बंगाल सूबे मे बिना चुंगी अदा किये व्यापार कर सकते थे। उस समय तक बंगाल में सम्राट की शक्ति छाया मात्र रह गयी थी। बंगाल के हित को ध्यान में रख कर वहाँ का नवाब न तो इन आदेशों को मान्यता दे सकता था और न ही इन आदेशों का खुले आम उल्लंघन कर सकता था। इसके अतिरिक्त ईस्ट इंडिया कम्पनी के अधिकारियों ने बंगाल के अन्य व्यापारियों का माल भी स्वयं ले जाना आरम्भ किया। इससे उनकी आमदनी बढ़ी किन्तु बंगाल की सरकार को हानि हुई। सिराजुद्दोला इस अनियमित व्यापार का अन्त करना चाहता था।

7. अंग्रेजों द्वारा बस्तियों की किलेबन्दी-यूरोप मे सप्तवर्षीय युद्ध के छिड़ने का समाचार सुन कर अंग्रेज फ्रांसीसियों व डचों ने अपनी बस्तियों की किले बन्दी शुरू कर दी। अलीवर्दी खाँ ने सभी यूरोपियन को बंगाल मे किलेबन्दी तोड़ने के आदेश दिये। फ्रांसीसियों व डचों ने नवाब के आदेश का पालन किया किन्तु अंग्रेजों ने कलकत्ते की किलेबन्दी जारी रखी।

8. कलकत्ते का धन- नवाब को धन की आवश्यकता थी। उसे मालूम था कि कलकत्ता में अंग्रेजों के पास काफी धन है।

9. अंग्रेजों की महत्त्वकाक्षाएँ-अंग्रेज इतिहासकार एच. सी. हिल के अनुसार अंग्रेज बंगाल में राजनीतिक प्रभाव स्थापित करना चाहते थे। 1740 ई. मे जेम्स मिल ने लिखा कि मुगल साम्राज्य काफी धनी है, सेना अत्यन्त दुर्बल है तथा नौ सेना नहीं है, ऐसी परिस्थितियों में बंगाल को जीता जा सकता है। यदि हम पन्द्रह सौ या बीस सौ सैनिकों से भरे तीन जहाज भेंजे तो विजय सुलभ हो सकती है। ओर्म का मत है था कि इस बूढ़े कुत्ते (अलीवर्दी खाँ) को दंड देना चाहिये। इससे स्पष्ट है कि अंग्रेज पहले से ही संघर्ष की तैयारी कर रहे थे।

रेम्जे म्यूर और राबर्ट्स आदि अंग्रेज इतिहासकारों ने 1757 ई. के संघर्ष के लिये सिराजुद्दोला अंग्रेजों से चिढ़ा हुआ था। राबर्ट्स ने तो इसे 1756-57 ई. की क्रांति बताया है, जिसमें अंग्रेज़ व हिन्दू व्यापारियों ने नवाब के अत्याचारों से मुक्त होने के लिये संघर्ष किया। उनके ये कथन उपयुक्त नहीं है। वस्तुतः एक ओर अंग्रेज की महत्त्वकांक्षाएँ स्पष्ट थी। तो दूसरी ओर नवाब द्वारा समय रहते हुए उन्हें दबाने का स्वाभाविक प्रयत्न था। ऐसा करने का पूर्ण अधिकार नवाब को था। अतः सिराजुद्दौला को दोषी ठहराना उचित नहीं है।

अलीनगर की संधि प्लासी का युद्ध- 4 जून 1756 ईसवी को नवाब ने कासिम बाजार की अंग्रेजी बस्ती पर आक्रमण कर उसे अपने अधिकार मे कर लिया। इसके पश्चात् वह कलकत्ता की ओर बढ़ा। कलकत्ता का गवर्नर ड्रेक घबरा कर फुल्टा टापू मे चला गया। जाते समय वह हालवेल को कलकत्ता पर अधिकार करके हालवैल तथा अनेक अंग्रेज पुरुष स्त्रियों को गिरफ्तार कर लिया। हालवैल के अनुसार एक छोटी सी कोठरी में एक सौ छियालीस अंग्रेज को रात में बंद किया गया।

सुबह उनमें ये केवल तेईस व्यक्ति जीवित बचे। काल कोठारी की इस दुरघर्टना के विवरण पर विश्वास नहीं किया जा सकता, क्योंकि न तो उस समय के उन पत्रों में, जो अंग्रेज अधिकारी इंगलैड भेजते थे, इसका उल्लेख है और न ही समकालीन भारतीय इतिहासकारों ने इसका वर्णन किया है। कुछ समय पश्चात् दोनों पक्षों मे हुई संधि वार्ता मे भी इसके लिये अंग्रेज ने मुआवजा का ठूंसा जाना भी सम्भव नहीं है। एल्फ्रेड अतएव इस घटना को होवैल द्वारा गढ़ी हुई घटना मानते है। यदि हम एक क्षण के लिये इसे सत्य माने लें तो इसके लिये सिराजुद्दौला को व्यक्तिगत रूप से दोषी नहीं ठहरा सकते, क्योंकि स्वयं हावैल लिखता है कि इस घटना की सूचना मिलते ही नवाब ने अंग्रेजों की कोठरी से बाहर निकालने के आदेश दिये।

कलकत्ता की विजय के बाद नवाब अपनी राजधानी लौट आया। इस समय क्लाइव के नेतृत्व मे मद्रास से एक सेना बंगाल पहुँची। उसने कलकत्ता के अधिकारी मानिक चंद को रिश्वत देकर कलकत्ता जीत लिया। शीघ्र ही दोनों पक्षों में अलीनगर की संधि हो गई। अंग्रेज चाहते थे। कि वह अपनी शक्ति को पुन: संगठित करें तथा नवाब के विरोधियों से निकट का सम्पर्क करे। कलकत्ता कौंसिल के कुछ सदस्यों तथा एडमिरल वाटसन के क्लाइव से मतभेद थे। अतएव क्लाइव युद्ध विराम चाहता था। दूसरी ओर सिराजुद्दौला भी यही चाहता था। उसे मालूम था कि मीर जाफर व अन्य अधिकारी गुप्त रूप से अंग्रेजों से सम्पर्क स्थापित कर रहे हैं। नवाब ने उनसे बातचीत की किन्तु मीर जाफर ने उसे वफादारी का आश्वासन दिया। इस परिस्थिति से नवाब को चिंता हुई। वह चंदनगर के फ्रांसीसी गवर्नर से भी सहायता लेना अथवा उन्हें अंग्रेजों के विरुद्ध संघर्ष छेड़ने के लिये भी प्रयत्न कर रहा था। अतएव वह भी कुछ समय चाहता था। अहमदशाह अब्दाली के आक्रमण की अफवाहों ने भी उसे चिन्तित कर दिया था।

फरवरी 1756 ईसवी में हुई संधि के अनुसार नवाब ने अंग्रेजों को किलेबन्दी की छूट, कैदियों के आदान-प्रदान, अंग्रेजों को क्षति पूर्ति देना और विजित स्थानों को उन्हें लौटाने तथा अंग्रेजों को सुरक्षा के वचन दिये। अंग्रेजों के व्यापार के विशेषाधिकार को भी नवाब ने स्वीकार किया। नि:संदेह यह संधि अंग्रेजों के पक्ष में थी। किन्तु इस संधि के बाद शीघ्र ही दोनों पक्षों में मतभेद उठ खडे हुए। हिल लिखता है कि अंग्रेज और रियायतों के लिए नवाब पर दबाव डालने लगें तथा क्षति पूर्ति की रकम को बढ़ाने की माँग करने लगें। इस संधि के बाद क्लाइव ने अमीरचंद के माध्यम से मीर जाफर से बातचीत करके सिराजुद्दौला का अपदस्त करने का षडयंत्र रच लिया था। इसके बाद उसने एक अंग्रेज अधिकारी वाट्स को नवाब के पास भेजा। उसने नवाब के सम्मुख ऐसी शर्तें पेश की जिनका स्वीकार करना उसके लिये सम्भव नहीं था। अंग्रेज चाहते थे। कि नवाब उन्हें ऐसे अधिकारियों को सजा देने का अधिकार दे जो उनके व्यापार मे बाधा डालते थे, वे अपने इलाके में अंग्रेज भारतीयों पर मुकदमें चला सकें, नवाब को भेंट न दे

तथा नवाब कलकत्ते से बाईस मील की दूरी तक किसी भी सत्ता को किलेबन्दी ने करने दे। क्लाइव ने चंद्रनगर पर आक्रमण करने की अनुमति भी माँगी। इस प्रकार अनुमति देना नवाब की प्रतिष्ठा के विरुद्ध था। डेविस के मत मे उस समय नवाब अंग्रेज व फ्रांसीसियों मे संघर्ष टालना चाहता था। उसकी इच्छा थी कि वह दोनों के मध्य शक्ति संतुलन को अपने हाथ ो बनाये रखे। क्लाइव ने एक अन्य उच्च अधिकारी नन्दकुमार को भी अपनी ओर मिला लिया। राम गोपाल ने इसको एक महत्त्वपूर्ण घटना माना है। इससे अंग्रेजों के हौंसले बढ़ गये। नवाब की राजधानी मुशिदाबाद मे अंग्रेजों ने लालच देकर अन्य अधिकारियों को अपनी ओर मिला लिया। अनुकूल परिस्थिति होते हुए भी क्लाइव चंद्रनगर की ओर बढ़ा। डेविस के मत मे चंद्रनगर की सड़क के पास ही, प्लासी सवे मुर्शिदाबाद से लखनऊ, लखनऊ से देहली और देहली से समस्त भारत में साम्राज्य स्थापित करने का अभियान आरम्भ हो गया। क्लाइव ने चंद्रनगर को जीत लिया। अब उसने सिराजुद्दौला पर अलीनगर की संधि की धाराओं का पूर्ण रूप से पालन करने का आरोप लगाया। उसने जून, 1757 ईसवी मे मीर जाफर ने उन्हें चौबीस परगने क्षतिपूर्ति की भारी रकम तथा कम्पनी के उच्च अधिकारियों का गुप्त रूप से उपहार देने का वचन दिया। अंग्रेजों ने उसे आन्तरिक व बाह्य संकट के समय मदद देने का वादा किया।

19 जून 1757 ईसवी का क्लाइव ने मुर्शिदाबाद के लिये प्रस्थान किया। 23 जून को प्लासी के मैदान में दोनों सेनाओ का मुकाबला हुआ। मीर जाफर व अन्य षड़यत्रकारियों ने युद्ध मे भाग नही लिया। सिराजुद्दौला घबड़ा कर भागा किन्तु पकड़ा गया। मीर जाफर के पुत्र मीरन ने उनका कत्ल कर दिया।

प्लासी के युद्ध का महत्त्व– राबर्टस के मत में प्लासी की घटना एक युद्ध न होकर हुल्लट मात्र थी। इसमें नवाब की समस्त सेना ने अंग्रेजी सेना का मुकाबला नही किया था वास्तव में अंग्रेजों की विजय सैनिक श्रेष्ठता के कारण नहीं हुई थी षड़यंत्रों के बल पर हुई थी। अतएव सैनिक दृष्टि से इसका महत्त्व कम है किन्तु राजनीतिक दृष्टि से यह संघर्ष अत्यन्त महत्त्वपूर्ण है।

राजनीतिक महत्त्व

इस घटना से बंगाल अंग्रेजों के नियंत्रण में आ गया। नया नवाब मीर जाफर अंग्रेजों के हाथ मे एक कठपुतली के समान था। कम्पनी के अधिकारी बंगाल के प्रशासनिक कार्यों मे हस्तक्षेप करने लगें। नवाब उनके बढ़ते हुए भ्ष्टाचार को रोकने में असमर्थ हो गया।

इस सफलता ने उन्हें व्यापारिक कंपनी से राजनीतिक सत्ता बना दिया।

सैनिक महत्त्व

एलफ्रैड लायल के अनुसार इस सफलता ने एक बार फिर यह सिद्ध कर दिया कि भारतीय सेना एक भीड़ के समान है। सिराजुद्दौला के भागते ही सारी सेना तितर बितर हो गई थी।

आर्थिक महत्त्व

1. इस विजय से अंग्रेजों को आर्थिक लाभ हुआ। 1757 से 1760 ईसवी तक मीर जाफर ने अंग्रेजी कम्पनी व उसके अधिकारियों को लगभग तीन करोड़ रुपये दिये।

2. अंग्रेजों को कलकत्ता के पास 24 परगना मिले। इनकी वार्षिक आमदनी 15 लाख रुपये थी।

3. अंग्रेजों ने बंगाल सूबे में अपने व्यापार मे वृद्धि की। अब उनका अनिमयित व्यापार बढ़ गया। इसके लिये उन्होनें नवाब द्वारा दी गई दस्तकों का व्यापक दुरुपयोग किया। इस युद्ध के बाद से ही उन्होनें बंगाल का आर्थिक शोषण आरम्भ किया।

फ्रांसीसी शक्ति का बंगाल में अंत–

प्लासी के युद्ध के पहले चंद्रनगर जीत कर अंग्रेजों ने बंगाल में फ्रांसीसी शक्ति को नष्ट किया। इस युद्ध के बाद से ही बदेरा में डचों को भी हराकर अंग्रेजों ने बंगाल मे उनके प्रभाव का अन्त किया।

अंग्रेजी सामाज्य के विस्तार का आरंभ–

पणिकर के मत में प्लासी एक ऐसा सौदा था जिसमें बंगाल के कुछ धनी व स्वार्थी लोगों ने अपना देश अंग्रेज को बेच दिया। इसके पश्चात् अंग्रेज जालसाजी व षड्यंत्रों का सहारा लेकर अपने साम्राज्य का विस्तार करने लगे।

अंग्रेज यह मान गये कि मुगल सम्राट शक्तिहीन है तथा अपने प्रदेशों मे एक विदेशी कम्पनी के बढ़ते हुए प्रभाव को रोकने में असमर्थ है। इससे उनके आत्मविश्वास व हौंसले मे वृद्धि हुई। बंगाल को आधार बनाकर अंग्रेज ने अपने साम्राज्य का विस्तार किया।

एल्फेड लायल के अनुसार यद्यपि प्लासी की सफलता को हम एक सैनिक सफलता नहीं मान सकते किन्तु भारत की सुरक्षा के इतिहास में इसे हम एक नया मोड़ मान सकते हैं। इसके पहले भारत पर जितने आक्रमण हुए थे वे उत्तर पश्चिम की ओर से हुए थे। पहली बार एक विदेशी जाति ने प्राकृतिक किलेबन्दियों को न तोड़कर किले के अन्दर आसान मार्ग से प्रवेश किया तथा कुछ ही समय से सारे भारत पर अधिकार कर लिया।

प्लासी की सफलता की सीमाएँ

1. प्लासी का युद्ध पूर्ण रूप से निर्णायक युद्ध नहीं था। इससे यह निश्चित नहीं हुआ था कि बंगाल का वास्तविक शासक कौन है। ऐसा माना जाता है कि मीर जाफर की अयोग्यता व दुर्बलता के कारण अंग्रेजों को बंगाल में अपने प्रभाव का शीघ्र विस्तार करने का अवसर मिला। इस विवाद का अन्तिम निर्णाय बक्सर के युद्ध से हुआ।

2. वस्तुतः प्लासी के युद्ध से बंगाल में अंग्रेजों की सैनिक श्रेष्ठता भी प्रमाणित नहीं हुई थी। बक्सर के युद्ध में अंग्रेजों ने मीर कासिम, शुजाउद्दौला और शाहआलम की सम्मिलित सेनाओं को हराकर अपनी सैनिक श्रेष्ठता की सिद्ध किया।

3. बंगाल मे कर–मुक्त व्यापार करने के अंग्रेज के विशेषाधिकार के विवाद का निर्णय भी प्लासी के युद्ध से ने होकर बक्सर के युद्ध से हुआ।

बक्सर का युद्ध–आरम्भ से ही मीर जाफर को अनेक कठिनाइयों का सामना करना पड़ा अंग्रेजों ने उसे षड्यंत्रकारी मंत्री राय दुर्लभ तथा बिहार के नायब सूबेदार राम नारायण के विरुद्ध कार्यवाही नहीं करने दी। 1759 ईसवी में क्लाइव के मुगल शाहजादे अली गौहर के आक्रमण को विफल कर दिया। 1760 ईसवी में भी अली गौहर का आक्रमण असफल रहा। कम्पनी के अधिकारी बंगाल के प्रशासनिक मामलों में अनुचित हस्तक्षेप करने लगे। उनका अनियमित व्यापार बढ़ गया। नवाब द्वारा अंग्रेजों को धन देने, अंग्रेजों के अनियमित व्यापार, शासन में

भ्रष्टाचार आदि कारणों से बंगाल की आर्थिक स्थिति तेजी के साथ बिगड़ने लगी। 25 फरवरी 1760 ईसवी को क्लाइव अस्वस्थता के कारण इंग्लैड लौट गया। उसके जाने के कुछ समय बाद तक हालवैल गवर्नर रहा। जुलाई 1760 ईसवी में वेन्सीटार्ट ने कार्य भार संभाला। इस समय तक मीर जाफर काफी वृद्ध हो चुका था। उसने राय दुर्लभ को मंत्री पद से हटाकर अंग्रेजों को अप्रसन्न कर दिया था। धन की कमी के कारण उसने अंग्रेज अधिकारियों को उपहार देना भी बन्द कर दिया। अंग्रेजों ने अब उसे गद्दी से हटाने का निश्चय किया। कर्नाटक के तृतीय युद्ध के कारण उन्हें धन की आवश्यकता थी। अंग्रेज अधिकारी नये नवाब से उपहार लेने की आशा रखते थे। 25 सितम्बर, 1760 ईसवी में वेन्सीटार्ट ने मीर कासिम के साथ एक गुप्त समझौता किया। अक्टूबर, 1760 ईसवी को मीर जाफर को गद्दी से हटा कर मीर कासिम को नवाब बनाया गया। हालवैल ने प्लासी के युद्ध को बंगाल की प्रथम क्रान्ति और इसे द्वितीय क्रान्ति माना है। यद्यपि अंग्रेजों ने बंगाल की बिगड़ती हुई दशा के लिये मीर जाफर को पूर्णतया दोषी ठहराया किन्तु वे भी एक बड़ी सीमा तक इसके लिए जिम्मेदार थे।

मीर कासिम ने कलकत्ता कौंसिल के सदस्यों को लगभग चार लाख बावन हजार पौंड उपहार में दिये। अंग्रेज से किये गये समझौते के अनुसार उसने कम्पनी को पाँच लाख रुपया तथा कर की बकाया राशि भी दी। शासन व्यवस्था को सुचारु रूप से चलाने के लिये अंग्रेजों से मिलने वाली सैनिक सहायता के व्यय के लिये बर्दमान, मिदनापुर तथा चिट गांव के प्रदेश कम्पनी को दिये। सिलहट में उत्पादित सीमेंट का आधा भाग खरीदने का अधिकार भी अंग्रेजों को दिया गया। नये नवाब ने अंग्रेजों का मित्र बने रहने का वचन दिया था किन्तु शीघ्र ही उन दोनों में अनेक मामलों पर मतभेद हो गया। इन मतभेद ने संघर्ष का रूप धारण कर लिया। 1764 ई. में दोनों पक्षों के मध्य बक्सर का युद्ध हुआ। इस युद्ध के निम्नलिखित कारण हैं-

1. मीर कासिम की स्वतंत्र होने की इच्छा- विन्सेट स्मिथ ने मीर कासिम की स्वतंत्र होने की इच्छा का भी संघर्ष का एक कारक माना है। वास्तव में वह हृदय से अंग्रेजों के नियंत्रण से मुक्त होना चाहता था।

2. मीर कासिम की योग्यता- समकालीन इतिहासकार गुलाम हुसैन के मत मे मीर कासिम एक योग्य व अनुभवी प्रशासक था। मीर जाफर के शासन काल में उसने रंगपुर व पूर्णिया के फौजीदार के पद पर कार्य करके प्रशासनिक अनुभव प्राप्त कर लिया था। उसे गद्दी पर बैठाने के कुछ समय पश्चात् जब अंग्रेज अधिकारियों को उसके द्वारा किये गये सुधारों को देखने पर उसकी योग्यता का पता चला तो वे खुश नहीं हुए। वे तो अपने निजी हितों की पूर्ति के लिये किसी योग्य व्यक्ति का नवाब के पद पर बने रखना पसन्द नहीं करते थे।

3. आर्थिक सुधार-बंगाल की आर्थिक दशा सुधारने के लिए मीर कासिम ने राजस्व एवं हिसाब विभाग को पुनिर्गठित किया। भू-राजस्व के नये आकड़े तैयार किये। जमींदारों से बकाया राशि वसूल की। सरकारी व्यय में कमी के लिये अनेक कर्मचारियों की छँटनी की। राज्य की आमदनी बढ़ाने के लिए कुछ नये कर लगाये। उसके द्वारा नियुक्त एक जाँच आयोग की सिफरिश पर उसने भ्रष्ट कर्मचारियों को दंड दिया तथा रिश्वत से कमाये हुए उनके धन का जब्त किया। जिन लोगो का धन जब्त किया गया उनमें से अधिकांश ऐसे थे जिनकी सांठ-गांठ अंग्रेजों से थी।

4. राजधानी परिवर्तन- मुर्शिदाबाद कलकत्ता के निकट था। अतएव अंग्रेज तत्परता के साथ नवाब के प्रशासनिक कार्यो में हस्तक्षेप कर सकते थे। मीर कासिम ने मुंगेर को अपनी राजधानी बनाया। इससे अंग्रेज अप्रसन्न हुए।

5. सैनिक सुधार- नवाब ने अपनी सेना क पुनर्गठन और प्रशिक्षण के लिये फ्रांसीसीयों को नियुक्त किया। उसने मुंगेर में अच्छी तोपें और बारूद बनाने का कारखाना खोला। इससे अंग्रेजों को चिन्ता हुई।

6. राम नारायण का मामला-बिहार के नायब सूबेदार राम नारायण ने मीर जाफर के आदेशों का पालन नहीं किया था, क्योकि उसे अंग्रेज का संरक्षरण प्राप्त था। क्लाइव ने मीर जाफर को उसका दमन करने से रोका था। नवाब बनने के कुछ समय बाद अंग्रेज के विरोध की चिन्ता न करते हुए मीर कासिम ने राम नारायण की सम्पत्ति जब्त करके उसे गिरफ्तार कर लिया।

7. शाहजादा अली गौहर की नीति- मीर कासिम के गद्दी पर बैठने के कुछ समय बाद अली गौहर ने बिहार पर आक्रमण किया। अंग्रेज सेनापति कारनक ने उसे हराया। अब शाहजादा अंग्रेजों से सहायता प्राप्त करने के लिये बातचीत करने लगा। अली गौहर ने शाह आलम द्वितीय की उपाधि ग्रहण की। अंग्रेज उससे अच्छे सम्बन्ध बनाये रखना चाहते थे। अतएव उन्होने मीर कासिम से शाह आलम द्वितीय को सम्राट मानने और बारह लाख रुपये की भेंट देने के लिये बाध्य किया। इस नीति के कारण मीर कासिम को अंग्रेजों के इरादों के प्रति संदेह हो गया।

❑ ❑ ❑

2

सामाजिक व धार्मिक सुधार आन्दोलन

अठारहवीं शताब्दी राजनीतिक, सामाजिक तथा धार्मिक क्षेत्र में अवनति का युग था। अगणित जातियों औा उपजातियों में हिन्दू विभाजित थे। विभिन्न जातियों व उपजातियों के बीच सद्भावाना का अभाव था। लोग देश या सम्पूर्ण समाज के बदले अपनी जाति के प्रति निष्ठावान होकर छोटे-छोटे समूहों में बँट गये थे। सती-प्रथा, बाल-विवाह, बहुत-विवाह, पर्दा प्रथा आदि कुप्रथाओं प्रचलित थीं। ऊँच-नीच के भेद-भावों के कारण समाज में निम्न वर्गों की दशा शोचनीय थी। परम्परागत रीति-रिवाज के अन्धे अनुकरण के फलस्वरूप कर्म-काण्डों की प्रधानता हो गई थी। धार्मिक क्षेत्र में भी उनके अन्ध-विश्वासों ने घर कर लिया था। धर्म के वास्तविक स्वरुप को जन साधारण भूलने लगे थे। वस्तुत: समाज अपनी प्रगतिशीलता खो चुका था। परन्तु यह स्थिति अधिक समय तक नहीं रह सकी। उन्नीसवीं शताब्दी के प्रारम्भिक दशकों में भारत के बुद्धिजीवी वर्ग में एक नवीन चेतना से प्रभावित होकर उनको महान् विभूतियों ने धार्मिक सामाजिक व सांस्कृतियों क्षेत्र में सुधार के लिये प्रयत्न किये।

कारण

1. एशिया के जागरण का प्रभाव- उन्नीसवीं शताब्दी में चीन, टर्की व एशिया के कुछ अन्य देशों में सुधार की लहर आरम्भ हुई जिसका प्रभाव भारत पर भी पड़ा।

2. अंग्रेजों द्वारा आर्थिक शोषण-अंग्रेजों की आर्थिक शोषण की नीति से भारत की जतना क्षुब्ध थी। अधिकांश, कृषक गाँव छोड़कर शहर आ गये और उनमें सुधार के लिये चेतना पैदा हुई।

3. पाश्चात्य सम्पर्क का प्रभाव-उन्नीसर्वी शताब्दी के आरम्भ में भारत का सपर्म्क पाश्चात्य जगत से हुआ। विशेषकर 1835 ईसवी में अंग्रेजी भाषा के शिक्षा का माध्यम घोषित होने के बाद से भारतीयों को पाश्चात्य देशों की प्रगति और स्वतन्त्रता की भावना से परिचित होने का अवसर मिला। रमेश चन्द्र मजूमदार के अनुसार अंग्रेजी शिक्षा ने पाश्चात्य विचारों की बाढ़ के लिये द्वारा खोल दिया। उच्च शिक्षा प्राप्त करने के लिये अनेक इंग्लैण्ड गये। भारत में भी अंग्रेजी भाषा के माध्यम से शिक्षा प्राप्त करने वाले विद्यार्थियों ने पाश्चात्य देशों के सम्बन्ध में जानकारी प्राप्त की। रमेश चन्द्र मजूमदार केमत में पश्चिमी जगत के विचारों से उचित समय पर सम्पर्क हुआ। इस

समय यूरोप में फ्रांसीसी क्रान्ति के सिद्धान्तों का प्रचार हो रहा था, लोकतन्त्र की भावना दृढ़ होती जा रही है थी तथा किसी भी विचार को तर्क की कसौटी पर उतारे बिना स्वीकार नहीं किया जाता था। सामाजिक क्षेत्र में समानता को सबसे अधिक महत्त्व दिया जाता था।

पाश्चात्य ग्रन्थों के अध्ययन से शिक्षित भारतीय भी इस प्रकार के विचारों से प्रभावित हुए। उनमें भी अंधविश्वासों एवं सामाजिक कुरीतियों के प्रति विद्रोह की भावना जागृत हुई। तारा चन्द के अनुसार उन्नीसवीं सदी में पाश्चात्य शिक्षा की प्रगति का विवेचन करने पर पता चलता है कि भारतीय मन को बदलने में इसके प्रभाव कितने दूरगामी थे। वास्तव में बाहरी संस्कृति के फैलाव के कारण भारतीयों के लिए यह जरूरी हो गया कि वे आत्म निरीक्षण करें और अपनी संस्कृति और संस्थाओं की शक्ति और कमजोरियों की छान-बीन करें।

समाचार-पत्रों का योगदान-अठारहवीं शताब्दी के अन्तिम दशकों में तथा उन्नीसवीं सदी के प्रारम्भिक काल में भारत के प्रमुख नगरों से उनके समाचार-पत्र प्रकाशित हुए। इनमें से कुछ समाचार-पत्र हिन्दी, उर्दू और प्रान्तीय भाषाओं में भी थे। इनमें प्रकाशित लेखों को पढ़कर भारतीयों में सामाजिक व धार्मिक सुधार की भावना जागृत हुई।

साहित्य का प्रभाव- इस समय में संस्कृत, फारसी, उर्दू व हिन्दी के अतिरिक्त क्षेत्रीय भाषाओं में अनेक ग्रन्थों का प्रकाशन हुआ। उपन्यासों, नाटकों व कविताओं में सामाजिक व धार्मिक सुधारों की आवश्यकता के प्रति जनता का ध्यान आकर्षित किया गया।

ईसाई धर्म प्रचारकों के कार्यों से प्रेरणा- भारत में ईसाई धर्म के प्रचारकों को धर्म-प्रचार करने वाले शिक्षण संस्थायें खोलने की पूरी स्वतन्त्रता थी। इसमें कोई सन्देह नहीं कि ईसाई धर्म के कुछ प्रचारकों ने गाँवों के शिक्षा के प्रचार में महत्त्वपूर्ण योगदान दिया किन्तु अधिकांश प्रचारकों ने हिन्दू धर्म व समाज की कटु आलोचना करके अपने धर्म को श्रेष्ठ बताया। उन्होंने भारत की प्राचीन संस्कृति को भी हीन बताया। उनके प्रभाव में आकर कुछ शिक्षित भारतीयों ने ईसाई धर्म स्वीकार किया। राजा राममोहन राय जैसे विद्वानों ने धर्म परिवर्तन को रोकने के लिये हिन्दू धर्म व समाज की कुरीतियों को दूर करने की आवश्यकता का अनुभव किया।

नये माध्यम वर्ग का विकास- बी. बी. मिश्रा के मत में उन्नीसवीं शताब्दी से भारत में एक नये माध्यम वर्ग का उदय हुआ। सरकारी कार्यालयों मे कार्य करने वाले अधिकारी, वकील, डॉक्टर, व्यापारी व अन्य शिक्षित व्यक्ति इस वर्ग के सदस्य थे। वे पाश्चात्य सभ्यता के विचारों से प्रभावित थे। इस वर्ग के व्यक्ति सामाजिक व धार्मिक कुरीतियों को समाप्त करने के पक्ष में थे।

प्राचीन गौरव का गुण-गान-कलकत्ता की एशियाटिक सोसायटी ने भारत के प्राचीन ज्ञान विज्ञान की नए सिरे से जानकारी दी। विलियम जोंम व अन्य विद्वानों ने प्राचीन ग्रन्थों के माध्यम के आधार पर भारतीयों को बताया कि उनका देश प्राचीन काल में उन्नति के उच्च शिखर पर था। इससे भारतीयों में फिर से आत्म-विश्वास की भावना जागृत की। उन्हें विश्वास होने लगा कि अंधविश्वासों, पाखंडों और सामाजिक कुरीतियों से मुक्त होकर उनका देश फिर महान् बन सकता है।

यातायात के साधनों का विकास-आरम्भ में सड़कों और बाद में रेलवे लाइनों के विकास ने विभिन्न प्रान्तों के व्यक्तियों के विचारों को आदान-प्रदान करने में सहायता दी। यातायात के विकास ने अनेक सामाजिक व धार्मिक कुरीतियों के विरुद्ध किये गये आन्दोलनों को

व्यापक बनने में सहायता दी। रेलगाड़ी में यात्रा के कारण भी छुआछूत और खान-पान के बंधनों में शिथिलता आई।

शान्ति व सुव्यवस्था की स्थापना- अठारहवीं शताब्दी अशांति का काल था। उन्नीसवीं शताब्दी के आरम्भ के आरम्भ तक देश के विभिन्न भागों में शान्ति व सुव्यवस्था स्थापित हो गई थी। अतएवं सामाजिक व धार्मिक सुधार के लिये प्रयास किये गये।

महान नेता का उदय- उन्नीसवीं शताब्दी में राम मोहन राय, दयानन्द विवेकानन्द व सैयद अहमद आदि महान व्यक्तियों ने सामाजिक व धार्मिक सुधार का कार्य किया।

ब्रह्म समाज:

राम मोहन राय का जीवन- राम मोहन राय का जन्म 1774 ई. में पश्चिम बंगाल के बुर्द्धवान जिले के एक कट्टर व धनी ब्राह्मण परिवार में हुआ। आरम्भ से ही उसमें विविध धर्मों के मूल ग्रन्थों का अध्ययन करने में रुचि प्रदर्शित की। युवावस्था में ही उन्होंने पटना में अरबी-फारसी का अध्ययन किया। पटना से घर लौटकर लगभग सौलह वर्ष की अवस्था में राम मोहन राय ने मूर्ति-पूजा के विरुद्ध अपने विचार एक पुस्तिका में प्रकट किये। इससे अप्रसन्न होकर उसके पिता ने उसे घर से निकाल दिया। लगभग तीन-चार वर्षों तक वे भारत में भ्रमण करते रहें ।

इसके बाद बनारस में संस्कृत भाषा और हिन्दुओं के धार्मिक ग्रन्थों का अध्ययन किया। 1903 ई. में वे मुर्शिदाबाद आ गये और वहाँ उन्होंने फारसी में तुहाफात-उल-मुजाहिदिन नामक पुस्तिका में सभी धर्मों में प्रचलित अन्ध-विश्वासों की निन्दा की तथा मूर्ति-पूजा का खण्डन किया। 1805 से 1814 ई. तक राम मोहन राय का घनिष्ठ सर्म्पक ईस्ट इण्डिया कम्पनी के एक वरिष्ठ कर्मचारी जॉन डिग्बी के साथ रहा। इस अवधि में उन्होंने दो बार ईस्ट इण्डिया कम्पनी की नौकरी भी की। दूसरी बार 1809-1814 नौकरी के समय में वे रंगपुर में डिग्बी के साथ रहे । रंगपुर में उन्होंने विभिन्न धर्मों के विद्वानों के साथ विचारों का आदान-प्रदान किया। उपनिषद् और वेदान्त तथा जैन धर्म के ग्रन्थों का भी अध्ययन किया। अंग्रेजी, लेटिन, ग्रीक, व हिन्दू भाषाओं के ज्ञान में वृद्धि की तथा यूरोप की समकालीन राजनीतिक घटनाओं की जानकारी प्राप्त की।

1814 ईसवी में राम मोहन राय कम्पनी की नौकरी छौड़कर कलकत्ता चले आये। कलकत्ता में उनका सर्म्पक पश्चिमी सभ्यता से प्रभावित होकर सुधारों में विश्वास करने वाले कुछ व्यकि यों से हुआ। 1815 ई. में उन्होंने आत्मीय सभा की स्थापना की। प्रत्येक सप्ताह में एक बार इस सभा के सदस्य ऐकेश्वरवाद के सिद्धान्तों के समर्थक में विचार प्रकट करते थे। 1819 ई. में राम मोहन राय ने दक्षिण के एक प्रसिद्ध ब्राह्मण विद्वान सुब्रह्मण्यम शास्त्री को मूर्ति-पूजा के विषय पर एक वाद-विवाद में परास्त किया। 1820 ई. में उन्होंने दी प्रीसेप्ट्स ऑफ जीसस-दी गाइड टू हेपीनेस पुस्तिका में ईसा मसीह की शिक्षाओं का विवेचन किया।

1820 से 1823 ई. के मध्य राम मोहन राय ने **बाइबिल** के आधार पर 'अपील्स टू दी क्रिश्चियन पीपूल' नामक तीन लेख प्रकाशित किये। उपनिषेद् के पाँच ग्रन्थों का अनुवाद भी उन्होंने किया।

अगस्त 1828 ई. में राम मोहन राय ने ब्रह्म समाज की स्थापन की। 1831 ई. में वे मुगल सम्राट के वकील बनकर लन्दन गये। 1833 ई. में लन्दन में उनकी मृत्यु हो गई।

ब्रह्म समाज के सिद्धान्त:

अ. धार्मिक – 1. ईश्वर एक है। वह संसार का सृष्टा, पालक एवं रक्षक है। वह निराकार और निर्विकार है। उनके प्रेम व पवित्रता असीमित है।

2. आत्मा अमर है तथा वह अपने कार्यों के लिये भगवान के सामने उत्तरदायी है। उसमें उन्नति की असीम क्षमता है।

3. भगवान के अस्तित्व की अनुभूति और आध्यात्मिक उन्नति के लिये प्रार्थना आवश्यक है।

4. किसी भी पुस्तक अथवा पुरुष को मोक्ष का एक मात्र साधन नहीं मानना चाहिये।

5. उन्होंने मूर्ति–पूजा का खण्डन किया तथा किसी भी बनायी हुए मूर्ति को ईश्वर मान का पूजने का विरोध किया। यज्ञों व उनमें बलिदान की प्रथा का भी उन्होंने खण्डन किया।

6. राम मोहन राय ने सभी धर्मों में प्रतिपादित मूल सिद्धान्तों के प्रति आदर प्रकट किया।

7. धर्म के पालन में ब्राह्म कर्मकाण्डों का तथा अन्य विश्वासों का विरोध किया।

8. विश्वबन्धुता के सिद्धान्त को माना।

ब. सामाजिक – सामाजिक कुरीतियों का धर्मा से कोई सम्बन्ध न मानते हुए राम मोहन राय ने अनेक कुरीतियों का विरोध किया। सती–प्रथा, बाल–विवाह, जातिप्रथा, छुआछूत कन्या–विक्रय और कन्या वध आदि कुरीतियों को समाप्त करने के लिए ब्रह्म समाज ने आन्दोलन किया तथा स्त्री शिक्षा का समर्थन किया।

राम मोहन राय की मृत्यु के पश्चात् देवेन्द्र नाथ टैगोर और केशव चन्द्र सेन ने ब्रह्म समाज को नेतृत्व प्रदान किया। देवेन्द्र नाथ ने 1839 ईसवी में तत्वबोधिनी सभा स्थापित की। केशव चन्द्र सेन ने नव विधान सभा की स्थापना की। इन दोनों नेताओं में केशव चन्द्र ईसाई धर्म से आधिक प्रभावित थे। दोनों के विचारों में मतभेद के कारण ब्रह्म समाज दो भागों में विभक्त हो गया। केशव चन्द्र ने देश के कुछ प्रान्तों का दौरा किया। रमेश चन्द्र मजूमदार के अनुसार केशव चन्द्र सेन के नेतृत्व में ब्रह्म समाज ने सामाजिक सुधार का एक विस्तृत कार्यक्रम आरम्भ किया जो कि भारतीय पुनर्जागरण का एक प्रमुख अंग बन गया। इसमें स्त्रियों के स्तर में सुधार श्रमिकों की शिक्षा नैतिकता दान व कम मूल्यों पर अच्छे साहित्य के प्रकाशन को भी महत्त्व दिया गया।

ब्रह्म समाज की स्थापना को हम आधुनिक काल के धार्मिक और सामाजिक आन्दोलनों का आरम्भ मान सकते है। राम मोहन राय ने हिन्दू धर्म व समाज की कुरीतियों को दूर करने का प्रयत्न किया। उन्होंने प्राचीन हिन्दू धर्म की महानता को माना तथा हिन्दुओं को अपने प्राचीन गौरव का स्मरण कराया। ब्रह्म समाज के सदस्यों को साप्ताहिक अधिवेशनों में वेदों का पाठ तथा उपनिषदों के बंगला अनुवादों का वाचन करना होता था। ऐकेश्वरवाद तथा मनुष्य जाति के भ्रातृत्व पर जोर देते हुए राम मोहन राय ने सभी धर्मों के प्रति सहनशीलता का सबक सिखाया।

राम मोहन राय की उपलब्धियाँ

विद्वता– राम मोहन राय संस्कृत अरबी व फारसी के विद्वान थे। वे हिन्दू लेटिन ग्रीक व अंग्रेजी भाषा भी जानते थे। वेदों उपनिषदों वेदान्त व हिन्दू धर्म के अन्य ग्रन्थों का उन्होंने गहन रूप से अध्ययन किया था। कुरान और बाइबिल का भी उन्होंने अध्ययन किया। राय ने विभिन्न

गम्भीर विषयों पर अनेक पुस्तिकाएँ लिखीं। इन पुस्तिकाओं का उल्लेख पहले किया जा चुका है। उन्होंने काफी लगन व परिश्रम के बाद वेदों और उपनिषदों का बंगला अनुवाद प्रकाशित किया।

धार्मिक व सामाजिक सुधारक-आरम्भ में आत्मिक समाज और बाद में ब्रह्म समाज की स्थपना कराके राम मोहन राय ने उन्नीसवीं शताब्दी में धार्मिक व सामाजिक सुधार आन्दोलन को जन्म दिया। बाल्यकाल में ही अपनी विधवा भाभी को सती होते देखकर उन्होंने इस अमानवीय प्रथा का विरोध करने का निश्चिय किया। सती-प्रथा को निषेध करने में विलियम बेंटिक को राम मोहन राय से काफी सहायता व समर्थक मिला। राम मोहन राय ने सिद्ध कर दिया कि सती-प्रथा का कोई धार्मिक आधार नहीं है। बाल विवाह, बहु-विवाह, छुआछूत, पर्दा-प्रथा आदि कुरीतियों का उन्होने विरोध किया। स्त्रियों के स्तर को ऊँचा उठाने के लिए स्त्री शिक्षा का समर्थक किया। मूर्ति-पूजा, यज्ञ, पशु बलिदान और कर्मकाण्डों का विरोध करके धार्मिक सुधार के लिए प्रयास किया। यद्यपि वे अंग्रेजी भाषा के माध्यम से शिक्षा का समर्थक करके भारतीयों को पाश्चात्य प्रगति से परिचित कराना चाहते थे किन्तु उन्होंने अपने देश की संस्कृति को हीन नहीं माना तथा भारतीयों का प्राचीन धर्म शास्त्रों व ग्रन्थों को समझने का उपदेश दिया। वास्तव में वे हिन्दू धर्म के विरोधी नहीं थे। उन्होंने निर्भिकता के साथ ईसाई धर्म प्रचारकों की धर्म परिवर्तन कराने वाली गतिविधियों का विरोध किया। इस प्रकार उनका उद्देश्य हिन्दू धर्म व समाज की कुरीतियों को दूर करना था।

पत्रकारिता- 1821 ई. में राम मोहन राय ने अपने सिद्धान्तों का प्रचार करने के लिये बंगला में सबसे पहला साप्ताहिक समाचार-पत्र संवाद कोमुदी प्रकाशित किया। 1822 ई. में इस पत्रिका का प्रकाशन बन्द हो गया। किन्तु शीघ्र ही इसका प्रकाशन पुन: आरम्भ हो गया तथा 1833 में इसे द्वि-साप्ताहिक कर दिया गया। अप्रैल 1822 ई. में राम मोहन राय ने फारसी का भी पहला समाचार-पत्र मिरात ऊल-अखबार कलकत्ता से प्रकाशित किया। राम मोहन राय की प्रेरणा से चार भाषाओं-बंगला, फारसी, हिन्दी, अंग्रेजी, में बंगदूत अंग्रेजी में बंगाल हेराल्ड का प्रकाशन आरम्भ हुआ। एक पत्रकार के कर्तव्य और दायित्व से राम मोहन राय परिचित थे। मिरात-उल-अखबार नामक पत्रिका की भूमि में उन्होंने लिखा कि मेरा उद्देश्य जनता को ऐसे समाचार देना है जिससे उनका सुधार हो। इसके लिए व उन्हें घटनाओं की सही जानकारी देंगे।

समाचार-पत्रों की स्वतंत्रता के राम मोहन राय प्रबल समर्थक थे। 1823 ई. में ब्रिटिश सरकार द्वारा लागू किये गये प्रेस अध्यादेश का विरोध किया। इसके लिए राम मोहन राय ने सम्राट की परिषद के सामने एक स्मरण-पत्र प्रस्तृत किया।

उनके सशक्त विरोध के कारण अध्यादेश रद्द कर दिया।

शैक्षणिक- राम मोहन राय अंग्रेजी भाषा के माध्यम से शिक्षा देने का समर्थक कराते थे। पाश्चात्य जगत के स्वतन्त्रतापूर्ण विचारों और प्रगति का अध्ययन करने के लिए वे अंग्रेजी का ज्ञान आवश्यक मानते थे। किन्तु मेकाले की भाँति पूर्वी देशों के प्राचीन ज्ञात को उन्होंने निकृष्ट नही माना तथा भारतीयों को प्राचीन धार्मिक ग्रन्थों का अध्ययन करने की सलाह दी। इन विचारों के आधार पर कलकत्ता में वेदान्त कॉलेज और हिन्दू कॉलेज के साथ-साथ इंग्लिश स्कूल खोला। उनके द्वारा स्थापित हिन्दू कालेज ने भारत के पुनर्जागरण में सहरानीय योगदान दिया।

राम मोहन राय स्त्रियों की शिक्षा के समर्थक थे। ब्रह्म समाज में युवतियाँ शिक्षा प्राप्त करती

थीं। वे स्त्रियों को समान अधिकार दिलाना चाहते थे।

साहित्य- बंगला भाषा के विकास में उनका महत्त्वपूर्ण योगदान रहा। उनके लेखन ने बंगला में एक सुन्दर गद्य को जन्म दिया।

राजनीतिक विचारधारा व कार्य - अपने समय के व्यक्तियों के समान राजा राम मोहन राय तत्कालीन परिस्थितियों में भारत के लिए ब्रिटिश शासन को हितकारी मानते थे। उनके मत में यद्यपि ब्रिटिश शासन में भारतीय राजनीतिक प्रभुत्व से वंचित हो गये थे किन्तु अंग्रेजों ने उनके नागरिक व धार्मिक अधिकारों को मान्यता प्रदान कर उनके स्तर को ऊँचा किया। इसके अतिरिक्त अंग्रेजी शासन ने भारतीयों का पाश्चात्य जगत से सम्पर्क स्थापित करके उन्हें आगे बढ़ाने में सहायता दी। अंग्रेजी शासन के समर्थक होते हुए भी राम मोहन राय ने अनेक मामलों में अंग्रेजों से सुधारों की माँग की। प्रेस पर प्रतिबंध लगाने वाले अध्यादेश का राजा राममोहन राय ने विरोध किया। 127 ई. के जूरी एक्ट के विरोध में भी एक स्मरण-पत्र सरकार को प्रस्तुत किया। इस अधिनियम में हिन्दू व मुसलमानों को भारतीयों के मुकदमें में जूरी नियुक्त होने के अधिकार से वंचित किया था। राम मोहन राय ने बोर्ड ऑफ कण्ट्रोल को प्रस्तुत किये गये समय किसानों से ली जाने वाली मालगुजारी की दरों को कम करने, जूरी द्वारा न्याय की व्यवस्था, न्यायाधीशों एवं राजस्व अधिकारियों की पृथकता, दीवानी व फौजादी कानूनों का संग्रह बनाने फारसी के स्थान पर न्यायालयों में अंग्रेजी का प्रयोग, न्यायाधीशों की स्वतंत्रता और भारतीयों की उच्च पदों पर नियुक्ति करने के लिए अपील की।

उन्होंने कृषि के क्षेत्र में दमनकारी कानूनों का विरोध किया। स्त्रियों के लिए सम्पत्ति के अधिकारों की माँग की। ऐसा विश्वास किया जाता है कि 1833 ई. के चार्टर में भारतीय के हितों से सम्बन्धित कुछ प्रावधानों की सम्मिलित करने में राम मोहन राय का प्रभाव था।

रमेश चन्द्र मजूमदार के मत में राजा राममोहन राय प्रथम भारतीय थे जिन्होंने अपने देश की समस्याओं को अंग्रेजी सरकार के सामने रखा। यद्यपि उनके प्रयास कुछ उद्देश्यों तक सीमित थे। किन्तु उन्हें इस दिशा में मार्ग प्रशस्त करने का श्रेय दिया जा सकता है।

राम मोहन राय अन्तर्राष्ट्रीयता के पुजारी थे। फ्रांसीसी क्रांति के विचारों के गहन अध्ययन से वे प्रभावित हुए। उन्होंने अन्तर्राष्ट्रीय विवादों को सुलझाने के लिए एक अन्तर्राष्ट्रीय कांग्रेस की स्थापना का सुझाव दिया।

मूल्यांकन-मिस कालेट में राजा राम मोहन राय के प्रतिक्रिया तथा प्रगति के मध्य का बिन्दु माना है। वस्तुतः राजा राम मोहन राय के समय भारत में प्रतिक्रियावादी युग से निकल कर आधुनिक युग में प्रवेश किया। इसलिए उन्हें नये युग का अग्रदूत अथवा आधुनिक काल के पूनर्जागण आन्दोलन का जनक भी कहा जा सकता है।

यंग बंगाल आन्दोलन-उन्नीसवीं शताब्दी के तीसरे व चौथे दशक में बंगाल के बुद्धिजीवियों ने एक आन्दोलन आरम्भ किया जिसे यंग बंगाल के नाम से जाना जाता है। इसके प्रेरणा स्त्रोत हेनरी विवियन डिरोजियो थे। 1826 से 1831 ईसवी तक इस एंग्लो-इंडिया नवयुवक के हिन्दू कालेज, कलकत्ता में प्राध्यापक के पद पर कार्य किया। उन्हें भार से अपार प्रेम था, उन्होंने अपने विद्यार्थियों को विवेकपूर्ण और मुक्त ढंग से सोचने, सभी आधारों की प्रमाणिकता की जाँच करने, मुक्ति, समानता और स्वतंत्रता से प्रेम करने तथा सत्य की पूजा करने की सलाह दी। वे प्राचीन

रीति-रिवाजों का विरोध करते थे। वाद-विवाद, लेखन और बौद्धिक संगठनों के माध्यम से उन्होंने अपने विचार का प्रचार किया।

उन्होंने कई संस्थाओं का गठन किया। इनके नाम हैं- ऐकेडेमिक ऐसोसियेशन, सोसायटी फॉर द एक्वीजिशन, ऑफ जनरल नोलेज, डिबेटिंग कस्ब और बंग हित सभा। इनमें सामाजिक व धार्मिक कुरीतियों के उन्मूलन के तरीकों पर विचार किया जा सकता था। डेरोजियो व उसके अनुयायी पाश्चात्य विचारों से अत्यधिक प्रभावित थे। अतएव उन्होंने प्राचीन हिन्दू परम्पराओं में दोष नजर आते थे। कट्टरपंथी हिन्दुओं ने उनका विरोध किया। फलस्वरूप अप्रैल 1831 ई. में उन्हें हिन्दू कॉलेज से निकाल दिया गया। परन्तु उन्होंने ईस्ट इंण्डिया नामक एक दैनिक पत्र का सम्पादन सम्भाल लिया। दिसम्बर 1831 ई. में लगभग चौबीस वर्ष की आयु में उनकी मृत्यु हो गयी। उनकी मृत्यु के बाद एकेडेमिक एसोसियेशन बिखर गया। किन्तु हिन्दू कॉलेज में उनके कुछ शिष्यों ने काम जारी रखा। 1834 ई. में बम्बई में स्थापित एलफिन्स्टन कॉलेज ने यंग बंगाल का अनुसरण करके यंग बंगाल नाम संस्था खोली । इसी प्रकार मद्रास में एक संस्था खोली गई। लेकिन डेरोजियो की मृत्यु के बाद यह आन्दोलन धीरे-धीरे शिथिल होता गया।

इस आन्दोलन के शिथिल होने के कई कारण थे। यह आन्दोलन किताबी ज्ञान पर जोर देता था, अतएव इसका व्यावहारिक पक्ष सामाजिक वास्तविकता पर कम आधारित था। क्योंकि इसका उद्देश्य प्राचीन परम्पराओं पर प्रहार करना था, इसलिए इसे तीव्र विरोध का सामना करना पड़ा। यद्यपि इस आन्दोलन का उद्देश्य भारतीय धर्म व समाज का सुधार करना था, किन्तु इसकी प्रेरणा फ्रांसीसी क्रांति व इटली के एकीकरण की घटनाएँ थी। अतएव यह आन्दोलन भारतीयों में लोकप्रिय नहीं हो सका।

यद्यपि यह आन्दोलन अधिक नहीं फला किन्तु इसकी कुछ उपलब्धियाँ हैं। इसने जनता को सामाजिक, धार्मिक व राजनीतिक प्रश्नों पर विचारा-विमर्श करके शिक्षित करते की राजा राम मोहन की परम्परा को आगे बढ़ाया। इससे सामान्य हितों से सम्बन्धित समस्याओं पर सार्वजनिक आन्दोलन किये। इन आन्दोलनों के मुख्य मुद्दे थे- जमींदारों से रैयतों की सुरक्षा, प्रेस की स्वतंत्रता और उच्च सरकारी सेवाओं में भारतीयों की भर्ती आदि। इस आन्दोलन को हम राष्ट्रीय पतन के बाद के काल में रचनात्मक प्रतिक्रिया का प्रतीक मानते हैं।

प्रार्थना समाज

केशवचन्द सेन के नेतृत्व में ब्रह्म समाज का प्रचार देश के विभिन्न भागों में हुआ। 1864 ई. में उन्होंने बम्बई की यात्रा की। उसकी प्रेरणा 1867 ई. में आत्माराम पाण्डुरंग ने बम्बई में ब्रह्म समाज के आधार पर प्रार्थना समाज की स्थापना की। इसके दो मुख्य उद्देश्य-ऐकेश्वरवाद का प्रचार तथा सामाजिक सुधार का कार्य 1869 ई. में आर. जी. भण्डारकर और महादेव गोविन्द रानाडे प्रार्थना समाज के सदस्य बने। रानाडे के ऐकेश्वरवाद में विश्वास के साथ-साथ हिन्दू धर्म में व्याप्त भ्रष्टाचार के विरुद्ध भी आवाज उठायी। ब्रह्म समाज की भांति प्रार्थना समाज ने भी वेदों को पवित्र ग्रन्थ नहीं माना। इस समाज ने भी आत्मा के आवागमन सिद्धान्त और अवतारवाद के सिद्धान्त को स्वीकार किया किन्तु मिस कोलेट के अनुसार ब्रह्म समाज के समान प्रार्थना समाज ने ब्राह्मणवाद का उग्र विरोध नहीं किया। सदस्यों के लिए मूर्ति-पूजा का त्याग और जाति के बन्धनों का विरोध भी आवश्यक माना गया।

प्रार्थना समाज ने सामाजिक सुधार की दिशा में सराहनीय कार्द किया। इससे विधवा विवाह के प्रचलन, बाल-विवाह पर रोक, स्त्री-शिक्षा को प्रोत्साहित और पर्दा प्रथा के त्याग पर जोर दिया। 1891 ई. में रानाडे ने महाराष्ट्र में विडो रिमेजिर एसोसियेशन की स्थापना की। उनके प्रयत्नों से दक्षिण शिक्षा के तत्वाधान में शिक्षा के प्रसार के लिए कार्य किया। प्रार्थना समाज के अनुयायियों ने विधवा आश्रम, अछूतोद्धार, रात्रि पाठशालाएँ आदि समाज सेवी संस्थाएँ खोली। इस समाज के तत्वाधान में दलित जाति मण्डल भी खोला।

रमेश चन्द्र मजूमदार के मत में प्रार्थना समाज ने हिन्दू धर्म शास्त्रों में प्रतिपादित अनेक सिद्धान्तों को माना और मराठी संत -कवियों की वाणी का प्रयोग किया। यद्यपि ब्रह्म समाज के समान प्रार्थना समाज का भी अधिक प्रसार नहीं हुआ किन्तु फिर भी तेलगु भाषी प्रदेशों में इसने लोकप्रियता अर्जित की। धार्मिक गतिविधियों की अपेक्षा प्रार्थना समाज ने सामाजिक सुधार और शिक्षा के प्रसार के क्षेत्रों में उल्लेखनीय कार्य किया।

आर्य समाज

दयानन्द का जीवनमृत- 1824 ई. में गुजरात के एक गाँव के ब्राह्मण परिवार में मूल शंकर का जन्म हुआ। चौदह वर्ष की आयु में वे घर छोड़कर चले गये। उसके बाद पन्द्रह वर्ष तक उन्होंने देश के विभिन्न भागों का भ्रमण किया। आरम्भ में उन्होंने ब्रह्मचर्य का पालन किया किन्तु कुछ समय बाद वे साधु बन गये। 1860 ईसवी में उन्होंने मथुरा में स्वामी वृजानन्द से दीक्षा ली। उसके पास रह कर दयानन्द ने संस्कृत का ज्ञान प्राप्त करके वेदों का गहन अध्यनन किया। स्वामी वृजानन्द से विदा लेते समय दयानन्द ने वचन दिया कि वे पौराणिक हिन्दू धर्म की कुरीतियों, अन्धविश्वासों तथा पाखण्डों का खण्डन तथा वैदिक युग की धर्म व संस्कृति की स्थापना के लिए निरन्तर प्रयास करेंगे। तत्पश्चात् दो साल तक एवं केशव चन्द्र ने कलकत्ता में विचार-विमर्श किया। इसके कुछ समय बाद बनारस के एक प्रकाण्ड विद्वान की चुनौती को स्वीकार करके दयानन्द ने उनके कर्मकाण्डी पंडितों को शास्त्रार्थ में परास्त किया। 1847 ई. में बम्बई में दयानन्द ने आर्य समाज की स्थापना की। इसके बाद दयानन्द ने देश के अनेक अन्य भागों में भ्रमण किया। अक्टूबर 1883 ई. में जोधपुर में किसी ने स्वामी जी को दूध में विष दे दिया। स्वास्थ्य खराब होने पर भी वे जोधपुर से अजमेर आ गये। 30 अक्टूबर 1883 ई. को उनका देहान्त हो गया। सत्यार्थ प्रकाश के आधार पर 1877 ई. में आर्य समाज ने निम्नलिखित दस नियम बनाये-

1. वेद सच्चे ज्ञान के स्रोत हैं। अतएव सभी मनुष्यों को इसका अध्ययन, मनन, और प्रचार करना चाहिए।

2. ईश्वर सर्व शक्तिमान, न्यायकारी, दयालु, निर्विकार, सर्वव्यापक, अजर-अमर, पवित्र और सृष्टिकर्त्ता है। अतएव उसकी उपासना सबको करनी चाहिए।

3. प्रत्येक व्यक्ति के लिये सत्य ग्रहण करना तथा असत्य को त्यागना आवश्यक है।

4. प्रत्येक कार्य को सत्य व असत्य का विचार करके करना चाहिये।

5. समाज का प्रमुख उद्देश्य संसार का उपकार करना होना चाहिये। अतएव उसे समस्त व्यक्तियों की शारीरिक, आत्मिक और सामाजिक उन्नति का प्रयास करना चाहिये।

6. प्रत्येक व्यक्ति को केवल अपनी उन्नति से ही संतुष्ट नहीं होना चाहिये। उसे सबकी उन्नति में अपनी उन्नति समझना चाहिये।

7. समस्त ज्ञान का निमित्त कारण है और उसके माध्यम से समस्त बोध ईश्वर है।

8. अविद्या का नाश करके विद्या का प्रचार करना चाहिए।

9. सब व्यक्तियों को धर्मानुकूल आचरण करना चाहिए।

10. एक व्यक्ति को स्वयं के हित से सम्बन्धित कार्यों में आचरण की स्वतंत्रता रखनी चाहिये किन्तु सामाजिक कार्यों में मतभेदों को भुला देना चाहिये।

अन्य मान्यतायें

1. ब्राह्मणों की श्रेष्ठता को स्वीकार न करना- दयानन्द ने जन्म के आधार पर ब्राह्मणों की श्रेष्ठता को स्वीकार नहीं किया तथा वेदों के अध्ययन का अधिकार केवल ब्राह्मणों तक सीमित रखने की परम्परा का विरोध किया।

2. मूर्ति-पूजा का खण्डन- विभिन्न देवी-देवताओं के स्थान पर ईश्वर की उपासना पर जोर दिया। मूर्ति-पूजा का खण्डन किया। अनेकश्वरवाद और अवतारवाद का विरोध किया।

3. वेदों में विश्वास- उन्होंने वेदों की ओर लौटो का नारा जनता को दिया। वेदों में वर्णित यज्ञों और अन्य संस्कारों की व्याख्या करते हुए दयानन्द ने बताया कि हवन का उद्देश्य वायु मण्डल को शुद्ध करना है।

4. मोक्ष प्राप्ति का मार्ग- उन्होंने मोक्ष के सिद्धान्त को माना। उनके अनुसार ईश्वर की उपासना, अच्छे कर्म और ब्रह्मचर्य पालन से मोक्ष की प्राप्ति हो सकती है।

5. अन्ध-विश्वासों का विरोध- दयानन्द ने अन्ध विश्वासों का विरोध किया। श्राद्ध की प्रथा को मूर्खतापूर्ण बताया।

6. सहिष्णुता का पालन- दयानन्द के अनुसार आरम्भ से ही अन्य धर्मों के प्रति सहिष्णुता की नीति का पालन करन के फलस्वरूप हिन्दू धर्म को आघात पहुंचा।

7. शुद्धि आंदोलन- इस्लाम व ईसाई धर्म के प्रचार के फलस्वरु हिन्दुओं द्वारा धर्म परिवर्तन को कम करने के लिये दयानन्द ने शुद्धि आंदोलन चलाया। ऐसे हिन्दुओं का, जो ईसाई अथवा मुस्लिम धर्म स्वीकार कर चुके थे तथा वापिस हिन्दू धर्म की शरण में आना चाहते थे, आर्य समाज ने स्वागत किया। वस्तुत: आर्य समाज में बुद्धि आंदोलन को भारत की धार्मिक, सामाजिक और राजनीतिक एकता के लिये एक आवश्यक कार्यक्रम माना। इस आंदोलन के कारण आर्य समाज को सैनिक हिन्दुत्व संस्था बताया गया।

8. जाति बंधन व अस्पृश्यता का विरोध- राजा राम मोहन राम के समान स्वामी दयानन्द भी विश्वास करते थे कि पौराणिक युग में हिन्दू समाज में अनेक कुरीतियाँ प्रचलित हो गई थीं जिन्हें दूर किये बिना समाज प्रगति नहीं कर सकता। स्वामी दयानन्द ने जाति के बन्धन को नहीं माना तथा अस्पृश्यता का विरोध किया। समुद्र यात्रा को बुरा नहीं माना।

9. अन्तर्जातीय विवाह तथा विधवा विवाह का समर्थन-उन्होंने अन्तर्जातीय विवाह का समर्थन किया। लड़के व लड़की का विवाह क्रमश: पच्चीस व सोलह वर्ष की आयु में करने का समर्थन किया। आम तौर पर वह विधवा विवाह को पसंद नहीं करते थे किन्तु एक सन्तानहीन

विधवा के विवाह पर उन्हें आपत्ति नहीं थी। रमेश चन्द्र मजूमदार के मत में ऐसा प्रतीत होता है कि दयानन्द के बाद आर्य समाज ने आम तौर पर सभी विधवाओं के पुनःविवाह को प्रोत्साहन दिया। आर्य समाज ने पर्दा प्रथा व सती-प्रथा का विरोध किया। दयानन्द ने स्त्री व पुरुष को समान अधिकार देने का सर्मथन किया।

आर्य समाज का सुधार आंदोलन में योगदान

1. शिक्षा- शिक्षा के क्षेत्र में आर्य समाज का योगदान सराहनीय है। दयानन्द के कुछ शिष्यों ने हरिद्वार व अन्य स्थानों में गुरुकुलों की स्थापना की। इनका संचालन प्राचीन आश्रमों की परम्परा के अनुसार किया गया। इस दल के नेता मुंशी राम थे। आधुनिक शिक्षा प्रदान करने के लिये आर्य समाज के कुछ नेताओं ने, जिनमें हंसराज प्रमुख थे, उनके स्थानों में दयानन्द ऐंग्लो वैदिक विद्यालय चलाये। आर्य समाज में स्त्री शिक्षा का भी प्रचार किया।

2. हिन्दी भाषा के प्रयोग का समर्थन- दयानन्द हिन्दी भाषा के समर्थक थे। हिन्दी के राष्ट्र भाषा स्वीकार करने वाले वे प्रथम महान व्यक्ति थे। उन्होंने अपने सब ग्रन्थ हिन्दी में लिखे। हिन्दी भाषा और साहित्य को प्रोत्साहित करके ार्य समाज ने अंग्रेजी भाषा पर निर्भरता कम करने का प्रयत्न किया।

3. राष्ट्रीयता पर बल- यद्यपि दयानन्द ने राजा राम मोहन राय के समान राजनीतिक अधिकारों की माँग नहीं की किन्तु उनके विचारों से राष्ट्रीय और स्वराज्य की भावना को बल मिला। सत्यार्थ प्रकाश के अनुसार अच्छे से अच्छा विदेशी राज्य स्वेदेशी राज्य की तुलना नहीं कर सकता। दयानन्द ने विदेशी वस्तुओं का बहिष्कार तथा स्वदेशी वस्तुओं का उपयोग करने की सलाह दी। भारत के प्राचीन गौरव का स्मरण कराके दयानन्द ने आत्म सम्मान और स्वावलम्बन की भावना जागृत की। आर्य समाज ने राष्ट्रीय आंदोलन में सराहनीय योगदान किया। रमेश चन्द्र मजूमदार के मत में ब्रह्म समाज की अपेक्षा आर्य समाज ने आधुनिक हिन्दुओं, विशेषकर पंजाब के हिन्दुओं में नवीन राष्ट्रीय चेतना का अधिक विकास किया।

निष्कर्ष- भारत के पुनर्जागण में आर्य समाज ने महत्त्वपूर्ण भाग लिया। जिस प्रकार से यूरोप के प्रोटेस्टेट धर्म का आधार बाईबिल था उसी प्रकार से आर्य समाज ने भी अपना सुधार आँदोलन वेदों के पुनः अध्ययन पर रखकर उसे लोकप्रिय बनाया। दयानन्द ने वेदों को वैज्ञानिक, सामाजिक, राजनीतिक और आर्थिक सिद्धान्तों का स्त्रोत माना। स्वामी दयानन्द ने जनता के हृदय में ऋषियों और वेदों के लिए अपरिमित उत्साह पैदा किया। शुद्धि आंदोलन द्वारा आर्य समाज ने हिन्दू धर्म की रक्षा का प्रयत्न किया। दयानन्द ने हिन्दू धर्म को अंध-रुढ़िवादिता से मुक्ति दिलाने का भी भरसक प्रयास किया। वैदिक काल में समाज स्त्रियों को समाज में सम्मानीय स्थान व अधिकार दिलाने के लिये आर्य समाज ने सशक्त आंदोलन चलाया। सामाजिक कुरीतियों को दूर करने में यह संस्था अन्य सुधारको संस्थाओं की अपेक्षा अधिक सक्रिय रही। शिक्षा के प्रसार में भी आर्य समाज का योगदान उल्लेखनीय है। दयानन्द ने भारतीयों के मन में हीनता की भावना को कम करके उनमें राष्ट्रीयता और स्वराज्य प्रेम की भावना को विकसित किया।

रामकृष्ण मिशनः रामकृष्ण परमहंस का जीवन वृतः

रामकृष्ण परमहंस का बचपन का नाम गंगाधर चट्टोपाध्याय था। उनका जन्म पश्चिमी

बंगाल में हुगली जिले के कामरपकर नामक गाँव में एक ब्राह्मण परिवार में 1836 ई. में हुआ था। बचपन में शिक्षा के प्रति रुचि न होने के कारण वे अधिक अध्ययन नहीं कर सके। ऐसा विश्वास किया जाता है कि छ: वर्ष की आयु से ही वे साधन करने लगे गये थे। सत्रह वर्ष की आयु में वे कलकत्ता आये। तीन या चार वर्ष बाद उत्तरी कलकत्ता में गंगा के तट पर दक्षिणेश्वर नामक स्थान में स्थिति काली के मंदिर में पुजारी बन गये। इस समय रामकृष्ण परमहंस का आध्यात्मिक जीवन उच्च कोटि का हो गया। मंदिर के एकांत में या वन में बैठकर वे साधना में तल्लीन हो जाते थे।

अनेक अवसरों पर निराश होकर वे निरन्तर अश्रु बहाते हुए काली से दर्शन देने की प्रार्थना करते थे। ऐसा कहा जाता है कि एक दिन निराश होकर रामकृष्ण ने काली की मूर्ति के सामने आत्म-हत्या करने के लिये तलवार उठाई ही थी कि उनको काली के दर्शन हो गये। इसके बाद उन्होंने पूजा की साधारण विधियों को त्याग दिया। वे अब बार-बार समाधि लेने लगे। इन समाधियों में अचेतनावस्था की अवधि समय के साथ बढ़ने लगी। इस मंदिर की अधिष्ठाता रासमणि नामक महिला ने रामकृष्ण का विवाह पाँच वर्ष की बालिका शारदा मणि से किया। शीघ्र ही वे दक्षिणेश्वर लौट आये। तत्पश्चात् लगभग बारह वर्ष तक रामकृष्ण ने विभिन्न प्रकार की साधनायें कीं। इस अवधि में उन्होंने पहले तांत्रिक और बाद में वैष्णव मत की विधियों से साधना की, तत्पश्चात तोतापुरी नामक संत के शिष्य बन कर वेदान्ती बने। अन्त में सूफी मत और ईसाई धर्म की विधियों के अनुसार साधना की। 1867 ई. में रामकृष्ण ने वैद्यनाथ, वाराणसी, प्रयाग और वृन्दावन की यात्रा की। इस समय तक परमहंस के रूप में उनकी ख्याति फैली चुकी थी। दक्षिणेश्वर लौट कर परमहंस ने उपदेश देना आरम्भ किया। उनके शिष्यों में सबसे अधिक प्रसिद्धि स्वामी विवेकानन्द ने प्राप्त की। अगस्त 1886 ई. में परमहंस का देहांत हो गया।

रामकृष्ण की शिक्षायें-राजा राम मोहन राय और दयानन्द की भांति रामकृष्ण परमहंस विद्वान नहीं थे किन्तु उनमें धर्म के गम्भीर से गम्भीर विषयों को सरलता के साथ समझाने की अनोखी क्षमता थी। उन्होंने ईश्वर के दो रूप निराकार और साकार को माना। उनके मन में वेद, उपनिषद्, पुराण व महाकाव्य सभी पवित्र थे। उन्होंने यह सिद्ध करने का प्रयत्न किया कि धर्म तथा ज्ञान केवल अध्ययन के ही विषय नहीं हैं, अपितु अनुभूति के विषय भी हैं। उनकी प्रमुख शिक्षायें अग्रलिखित है-

1. रामकृष्ण के अनुसार एक मनुष्य का सर्वोच्च लक्ष्य ईश्वर से साक्षात्कार करना है। उनके मत में ईश्वर आदि तथा अनन्त है। जिस प्रकार अरूप जल शीत के कारण बर्फ बनकर मूर्त रुप धारण कर लेता है। उसी प्रकार अमूर्त ईश्वर साधक के प्रेम और साधना के कारण रुप और व्यक्तित्व धारण कर लेता है। जब साधक समाधिस्थ होता है तब ईश्वर का रूप और गण लुप्त हो जाता है और साधक को अद्वैत ईश्वर की प्राप्ति होती है। इस प्रकार से रामकृष्ण ने यह बताया कि एक मनुष्य उच्च आध्यात्मिक जीवन व्यतीत कर ईश्वर के दर्शन कर सकता है। इस के लिये विषय वासना, कामिनी कौर कंचन से दूर रहना आवश्यक है। लेकिन इसका यह अभिप्राय नहीं कि वह संसार को त्याग दे। वह मानते थे कि मनुष्य गृहस्थ में रह कर भी साधना कर सकता है, लेकिन उसे अपने परम लक्ष्य को कभी नहीं भूलना चाहिए।

2. शरीर और आत्मा को रामकृष्ण ने दो भिन्न वस्तुएँ माना। जिस प्रकार कि एक नारियल का पानी सूखने पर उसके भीतर का खोपरा उसकी नरेटी से खुलकर अलग हो जाता है, उसी प्रकार यदि एक मनुष्य कामिनी या कंचन के प्रति आसक्ति को पूर्ण रूप से त्यागने में समर्थ हो

जाये तो उसे शरीर और आत्मा की पृथकता के बारे में ज्ञान हो जायगा।

3. यद्यपि रामकृष्ण ने वेदों व अन्य धार्मिक ग्रन्थों को अध्ययन का विरोध नहीं किया किन्तु उन्होंने यह माना कि एक मनुष्य को विवेक व अनासक्ति प्राप्त न होने की स्थिति में इस प्रकार का ज्ञान बेकार रहता है। इसलिये वे नैतिकता, त्याग, सेवा को अपनाने और इन्द्रिय सुखों के त्याग को महत्त्व देते थे।

4. धार्मिक शास्त्रार्थ को रामकृष्ण व्यर्थ मानते थे। उनके मत में संसार में सब पदार्थ ईश्वरमय है। अतएव उनके बारे में वाद-विवाद करना बेकार है।

5. रामकृष्ण ने बताया कि यदि एक मनुष्य अपने को जान लेगा तो वह ईश्वर की जान लेगा। अंहकार की भावना का अन्त करने से ईश्वर मिल जाता है। जैसे प्याज में छिलके ही छिलके होते हैं, उसी प्रकार अंहकार का अन्त होते ही एक मनुष्य के भीतर ईश्वर ही ईश्वर दिखायी देता है।

6. चरित्र की श्रेष्ठता को रामकृष्ण ने ज्ञान की प्राप्ति से भी अधिक महत्त्व दिया। उनके अनुसार विवेक और अनासक्ति के बिना आध्यात्मिक उन्नति करना असम्भव है।

7. विश्व-बन्धुता के सिद्धान्त का रामकृष्ण ने समर्थन किया। वे मनुष्य मनुष्य में कोई भेद नहीं मानते थे। उन्होंने मनुष्य की तुलना तकिये के गिलाफों से की। जिस प्रकार गिलाफ भिन्न रंग व आकार के होते हैं उसी प्रकार मनुष्य भी कोई सुन्दर, कोई कुरुप और कोई साधु व दुष्ट होता है, किन्तु जैसे सभी गिलाफों में एक ही पदार्थ-कपास भरा होता है, उसी प्रकार सभी मनष्यों में सच्चिदानन्द भरा होता हैं।

8. वे सभी धर्मों की सत्यता में विश्वास करते थे। उनके अनुसार कभी भी अपने धर्म को दूसरे से अच्छा नहीं बताना चाहिए। कबीर के समान रामकृष्ण नदिया में एक घाट बहुतेरे की शिक्षा देते थे। एक ही घाट से हिन्दू जल निकालता है, मुसलमान आब और ईसाई वाटर परन्तु तीनों के पात्रों में पदार्थ एक ही आता है। सच्चे हृदय से मनुष्य किसी घाट पर भी जाये उसे आनन्द ही प्राप्त होता है।

9. राजा राम मोहन राय व दयानन्द से सदृश रामकृष्ण ने मूर्ति-पूजा का विरोध नहीं किया। उनके अनुसार जैसे एक वकील को देखते ही अदालत की याद आ जाती है, उसी प्रकार मूर्ति पर ध्यान करते ही ईश्वर की याद आती है। रामकृष्ण परमहंस ने बताया कि ईश्वर के अनेक नाम है, जिस नाम या स्वरुप से उसका ध्यान किया जाएगा उसी नाम का या स्वरूप का उसके दर्शन हो जायेंगे इसलिये मानव मात्र की सेवा को रामकृष्ण ने परम धर्म माना है। रामकृष्ण ने अवतारवाद और पुनर्जन्म के सिद्धान्त को माना।

10. यद्यपि उन्होंने भोग विलास को त्यागना आवश्यक माना किन्तु स्त्री को इसका मूल कारण न मानकर उससे घृणा करना उचित नहीं समझा। एक बार रामकृष्ण ने कहा कि स्त्री विश्व की माता के समान है। उसका सम्मान करना चाहिए। इसी आदर्श का पालन करते हुए रामकृष्ण ने अपनी पत्नी की पूजा माँ कहकर की।

रामकृष्ण परमहंस की उपलब्धियाँ-

रमेश चन्द्र मजूमदार के मत में रामकृष्ण ने अपने विचारों और जीवन कार्यों से एक ऐसे

समय में आध्यात्मिक जीवन की महत्ता को समझाया जबकि विश्व प्राकृतिक विज्ञान के जादू में खो रहा था। यद्यपि हिन्दुओं के प्राचीन धर्म शास्त्रों में आध्यात्मिक की ओर ले जाने वाले मार्गों को बताया गया था किन्तु रामकृष्ण के समय तक या तो हिन्दू उसे भूल चूके थे अथवा उस पर अविश्वास करने लग गये थे। ऐसी स्थिति में उन्होंने प्राचीन ज्ञान के इस अमूल्य रत्न का वास्तविक अभिप्राय व उपयोगिता बताई। वस्तुतः वे आध्यात्मिकता के जीवन स्वरूप थे।

उनकी दूसरी बड़ी देन वेद और उपनिषदों के ज्ञान को सरलता में समझ कर हिन्दुओं में अपने प्राचीन ज्ञान के प्रति श्रद्धा व विश्वास उत्पन्न करना था।

इसके साथ ही साथ रामकृष्ण ने धर्म के भेद-भावों को व्यर्थ बता कर मानव मात्र की भलाई करने का संदेश मनुष्य को दिया। विवेकानन्द ने परमहंस के इस कार्य को काफी आगे बढ़ाया।

रमेश चन्द्र मजूमदार के मत में उदाहरणों से समर्थित और उनके जीवन की घटनाओं से परीक्षा की कसौटी पर सफल उतरने वाली राम कृष्ण की शिक्षाओं ने हिन्दुओं के पुनर्जागरण को एक नैतिक स्वीकृति, एक दार्शनिक आधार और एक नवीन आध्यात्मिक स्वरुप प्रदान किया।

विवेकानन्द का जीवन वृत

नरेन्द्र नाथ दत्त का जन्म कलकत्ता के एक कायस्थ परिवार में जनवरी 1863 ई. में हुआ। नरेन्द्र नाथ की प्रारम्भिक शिक्षा कलकत्ता में हुई। स्कूल में शिक्षा प्राप्त करते समय नरेन्द्र नाथ सबसे पहले ब्रह्म समाज की ओर आकर्षित हुए। तत्पश्चात् उन्होंने मिल और स्पेंसर के दर्शन का अध्ययन किया किन्तु उनके चित्त को शान्ति नहीं मिली। 1881 ई. के अन्त में जब नरेन्द्र नाथ स्नातक कक्षा के प्रथम वर्ष के विद्यार्थी थे, वे एक सम्बन्धी के साथ दक्षिणेश्वर गये। उनको देखते ही राम कृष्ण के नेत्रो में अश्रु आ गये और उन्होंने कहा कि तुम बहुत देर से आये हो तुम नारायण के अवतार हो और मानव की भलाई के लिए तुमने पृथ्वी पर जन्म लिया है।

तत्पश्चात् नरेन्द्र नाथ ने परमहंस से पूछा कि क्या आपने ईश्वर को देखा है ? उत्तर मिला-हाँ, तुम भी चाहो तो मेरी तरह उससे साक्षात्कार कर सकते हो। दूसरी भेंट में नरेन्द्र के शरीर पर राम कृष्ण ने अपना दायाँ पाँव रखा। इससे नरेन्द्र नाथ को एक विलक्षण अनुभूति हुई। इसी समय नरेन्द्र नाथ ने राम कृष्ण परमहंस को अपना गुरु मान लिया। रामकृष्ण ने उन्हें आध्यात्मिकता की शिक्षा दी। अपनी मृत्यु के तीन-चार दिन पहले परमहंस ने नरेन्द्र नाथ को अपने पास बुलाकर कहा था कि मैंने अपना सब कुछ तुम्हें सौंप दिया है। इस शक्ति के द्वारा तुम महान कार्य करोगे। 1886 ई. में परमहंस की मृत्यु के बाद नरेन्द्र नाथ व कुछ अन्य शिष्यों ने एक केन्द्र स्थापित किया। कलकत्ता के पास 1887 ईसवी में बारानगर में इसकी विधिवत् स्थापना के समय इसके बारह सदस्यों ने विवेकानन्द रखा। कुछ समय पश्चात् विवेकानन्द ने उत्तरी-पश्चिमी और दक्षिण भारत की यात्रा की। इस यात्रा में साधारण जनता की गरीबी को देखकर उन्होंने अनुभव किया कि भार के निवासियों को घोर निराशा व्याप्त है जिसे दूर करने का एक मात्र उपाय धर्म का पुनरुद्धार करना है। 1893 ई. में वे शिकागों में एक सर्व धर्म सम्मेलन में भाग लेने के लिए गये। हिन्दू धर्म के प्रतिनिधि के रूप में सम्मेलन में भाग लेने के लिए मुख्य रूप से तीन उद्देश्य उन्होंने अपने सामने रखें-

1. समुद्र यात्रा पाप है और विदेशियों के हाथ में अन्न व जल ग्रहण करने से धर्म और जाति नष्ट हो जाती हे। वे इस प्रकार के अन्धविश्वासों का खण्डन करना चाहते थे।

2. वे अपने देशवासियों को यह बताना चाहते थे कि पश्चिम के विद्वानों को भी भारतीय संस्कृति और दर्शन की गहनता से प्रभावित किया जा सकता है।

3. विश्व के सभी धर्म एक है। अतएव सम्पूर्ण विश्व में एक प्रकार की धार्मिक एकता की भावना होनी चाहिये। वे इस सिद्धान्त का प्रचार करना चाहते थे।

विवेककानन्द ने विश्व धर्म सम्मेलन के प्रतिनिधियों के सामने पाँच बार भाषण दिये। इसके अतिरिक्त उन्होंने सम्मेलन के वैज्ञानिक विभाग के सदस्यों के सामने लगभग छः या सात बार भाषण दिये। उनके पहले ही भाषण के विश्व के अनेक भागों से आये प्रतिनिधि और अमेरिकन जनता अत्यन्त प्रभावित हुई। उन्होंने अपने भाषणों में हिन्दू धर्म की सहिष्णुता और उदारता की भावना को स्पष्ट किया तथा हिन्दू धर्म का आधार प्रेम बताया। उन्होंने वेदान्त दर्शन पर भी प्रकाश डाला। इस सम्मेलन के पश्चात् विवेकानन्द ने अमेरिका के कुछ भागो का भ्रमण किया।

इस यात्रा में एक सप्ताह और औसतन वे चौदह या पन्द्रह स्थानों पर भाषण देते थे। तत्पचात् स्वामी जी पेरिस होते हुए लन्दन गये। इन दोनों स्थानों पर उन्होंने अपने विचार व्यक्त किये। प्रसिद्ध जर्मन विद्वान् मैक्समूलर ने उनकी विद्वता से प्रभावित होकर रामकृष्ण के जीवन और उपदेशों पर एक पुस्तक लिखी। 1896 ईसवी में वे एक बार फिर अमेरिका गये। इस बार उन्होंने न्यूयार्क में वेदांत के अध्ययन के लिए केन्द्र खोले । जनवरी 1897 ईसवी में भारत लौटने पर वे भारत से गरीबी अज्ञान दूर करने के महान कार्य में जुट गये। हिन्दू धर्म की आध्यात्मिक परम्परा को बनाये रखते हुए भी वे उसमें पाश्चात्य जगत की स्वस्वत्रंता, समानता और परिश्रम की भावना को विकसित करना चाहते थे।

रामकृष्ण मिशन की स्थापना–1897 ई. में उन्होंने रामकृष्ण मिशन की स्थापना। तत्पश्चात् उन्होंने फिर भारत के अनेक भागों का भ्रमण किया। लगभग दो वर्ष बाद बैलूर को मिशन का मुख्य कार्यालय बनाया। जून 1899 ई. में वे फिर अमेरिका गये। वहाँ से लौटते समय विवेकानन्द ने पेरिस के एक धार्मिक सम्मेलन में भाग लिया। पेरिस से वे यूरोप के अनेक नगरों में भी गये। 1900 ई. में वे जब भारत लौटे तो अस्वस्थ थे। तत्पश्चात् वे कुछ समय तक स्वास्थ्य लाभ के लिये बनारस रहे। कलकत्ता लौटने पर उन्हें उनका स्वास्थ्य खराब हो गया। 14 जुलाई 1902 ई. को 39 वर्ष की आयु में उनका देहान्त हो गया।

विवेकानन्द के विचार

1. उनके अनुसार धर्म मनुष्य के भीतर के निहित देवत्व का विकास है। धर्म न तो पुस्तकों में है, न धार्मिक सिद्धान्तों में, वह केवल अनुभूति में निवास करता है। प्रत्येक व्यक्ति अपने में ईश्वर का अनुभव कर सकता है।

2. अपने गुरु के समान विवेकानन्द ने ईश्वर के साकार और निराकार रूपों को माना।

3. इसी प्रकार उन्होंने प्राचीन हिन्दू धर्म ग्रन्थों की पवित्रता को माना तथा वेदान्त के अध्ययन पर जो दिया। उनके मत में वेदान्त में प्रतिपादित आध्यात्मिकता के बल पर भारत सारे विश्व को जीत सकता है।

4. उन्होंने धर्म को मनुष्य की आत्मा का भोजन बताया। जिस प्रकार से विभिन्न देशों में अन्न से भोजन बनाने की विधियाँ अलग-अलग है, उसी प्रकार से धर्म के रूप में अनेक है, किन्तु उनमें मूलभूत एकता है। इस प्रकार विविध धर्मों की विभिन्नता को स्वाभाविक और आवश्यक

मानते हुए भी विवेकानन्द ने उनमें एकता पर बल दिया।

5. उन्होंने रूढ़िवादिता व अन्धविश्वास का घोर विरोध किया।

6. विवेकानन्द ने मानव की सेवा को सच्ची ईश्वरोपासना बताया। उन्होंने दीन दु:खियों की सेवा पर अधिक बल दिया तथा कहा कि एक सन्यासी को आध्यात्मिक कार्यों के साथ-साथ सेवा कार्य भी करना चाहिए।

7. दीन-दु:खियों की सेवा के लिए विवेकानन्द ने रामकृष्ण मिशन के केन्द्र भारत व विदेशों में उनके स्थानों पर स्थापित किये। इस प्रकार समाज कल्याण को धर्म का प्रमुख अंग बनाया।

8. विवेकानन्द ने हिन्दू धर्म की महानता को प्रभावशाली ढंग से प्रस्तुत किया। अपने एक भाषण में उन्होंने कहा की हमारे धर्म का मुख्य आधार प्रेम है। भारत को एक ऐसा देश बताया जहाँ सभी धर्म प्रचारकों को आरम्भ से स्वतंत्रता दी गई थी तथा किसी धर्म के प्रति असहिष्णुता की नीति नहीं अपनाई गई थी।

9. विवेकानन्द के भाषणों व लेखों का संकलन अनेक ग्रन्थों से प्रकाशित किया गया इनमें से ज्ञानयोग, राजयोग, कर्मयोग और भक्तियोग नामक ग्रन्थ प्रसिद्ध है। इनसे ज्ञात होता है कि प्राचीन हिन्दू धर्म के प्रति उनकी कितनी गहरी आस्था थी। उन्होंने अपने विचारों के प्रचार के लिए अंग्रेजी में प्रबुद्ध भारत और बंगाली में उद्‌बोधन नामक पाक्षिक पत्र प्रकाशित किया।

10. भारतीय धर्म और संस्कृति की महानता पर बल देते हुए विवेकानन्द ने विश्व को यह बता दिया कि भारत पुन: उन्नति के शिखर पर पहुँच सकता है, लेकिन इस लक्ष्य की प्राप्ति के लिये उसे पृथकता की भावना को त्यागना होगा। उनके अनुसार हमे कुछ देने के साथ साथ लेना भी चाहिये। हमें पश्चिम को अपने आध्यात्मिकवाद व संस्कृति के अच्छे तत्त्व दे सकते हैं और वहाँ से वैज्ञानिक व तकनीकी ज्ञान के अतिरिक्त सामूहिक प्रयत्न तथा व्यवसाय में ईमानदारी की भावना को अंगीकार कर सकते हैं।

11. विवेकानन्द ने अछूत प्रथा का विरोध किया। उसके अनुसार भारत के पतन का एक कारण समाज के अधिकांश वर्गों का दमन है। अतएव जाति प्रथा के बन्धन हटने चाहिए तथा गरीबों के अछूतों को अज्ञान की अवस्था से ऊँचा उठाना चाहिए। उनके मत में यह कार्य धीरे-धीरे और बड़ी सावधानी से के साथ किया जाना चाहिए।

12. विवेकानन्द के विचार में विश्व एक महान संकट से गुजर रहा था। उनके मत में पश्चिमी देशों में आध्यात्मिक विचारों के अभाव में वैज्ञानिक अन्वेषणों से जो जो भौतिक प्रगति हो रही थी, वह उन देशों में संकट में परिस्थिति शीघ्र उत्पन्न करने वाली थी। अतएव पश्चिमी देशों को चाहिए कि वे भारत की आध्यात्मिकता को अपनायें किन्तु जब तक भारत गरीबी और दासता के बन्धन में जकड़ा हुआ है, ऐसा होना सम्भव नहीं है। इसलिये वे भारत की स्वतंत्रता और भौतिक उन्नति को विश्व की उन्नति के लिए आवश्यक मानते थे।

13. विवेकानन्द के विचार में शीघ्र ही वह युग आने वाला है जब कि दलित या सर्वहारा वर्ग का शासन होगा। 1896 ई. में दिये गये भाषण में उन्होंने कहा कि इस प्रकार की क्रान्ति रूप अथवा चीन से आरम्भ हो सकती है, शायद रूस विश्व का प्रथम सर्वहारा राज्य होगा।

विवेकानन्द की उपलब्धियाँ:

रामकृष्ण परमहंस की शिक्षाओं को व्यावहारिक रूप देने का श्रेय विवेकानन्द को है। रमेश चन्द्र मजूमदार के अनुसार रामकृष्ण की आध्यात्मिक शिक्षाओं को व्यावहारिक रूप देने तथा उनके संदेश को विश्व के सभी भागों तक पहुँचा कर उन्हें स्थायी आधार पर स्थापित करना विवेकानन्द की महान उपलब्धि है। उन्होंने समस्त विश्व में हिन्दू धर्म और आध्यात्मवाद की श्रेष्ठता पर बल देकर हिन्दू धर्म के पुनरुत्थान में अपना सराहनीय योगदान दिया। उनके उपदेशों से भारतीयों और विदेशियों को भारत के गौरवमय अतीत के बारे में ज्ञान हुआ। फलस्वरूप भारतीयों में आत्मविश्वास की भावना बढ़ी। उन्होंने भारतीयों को सभी देशों से सम्पर्क बनाये रखने की सलाह दी। मजूमदार के मत में हिन्दू धर्म की महानता को प्रदर्शित करके विवेकानन्द ने हिन्दुओं को ईसाई व इस्लाम धर्म के प्रचार की पक्षपातपूर्ण आलोचनाओं का उत्तर देने में समर्थ बनाया। दरिद्रों की सेवा को ईश्वर प्राप्ति का एक प्रमुख साधन मानकर तथा इसमें स्वयं को पूरी तरह समर्पित कर स्वामी जी ने अपने देशवासियों के सामने आदर्श प्रस्तुत किया।

यद्यपि स्वामी विवेकानन्द ने प्रत्यक्ष रूप से राजनीतिक आन्दोलन में स्वयं भाग नहीं लिया किन्तु अपने विचारों व कार्यों से उन्होंने राष्ट्रीयता की भावना को प्रोत्साहित किया। मजूमदार के मत में उन्होंने गरीबों की सेवा और उत्थान के कार्यक्रम को आरम्भ कर वस्तुत: प्रत्येक भारतीय को राष्ट्र की सेवा के लिए प्रेरित किया। देश की महानता तथा भारतीयों की एकता को प्रदशित कर, साधारण जनता की गरीबी, अज्ञान को दूर करने के लिए प्रेरित कर तथा प्रत्येक भारतीय को सबल बनने की सलाह देकर विवेकानन्द ने उनमें राष्ट्रीयता की भावना भरी। विवेकानन्द के अनुसार भारत को शीघ्र स्वतन्त्रता मिलनी चाहिए, क्योंकि मानवता के उद्धार के लिए ऐसा होना आवश्यक है। इस लक्ष्य की प्राप्ति के लिये उन्होंने निर्भय होकर कार्य करने की सलाह दी। वास्तव में विवेकानन्द ने अपने विचारों से भारतीयों राष्ट्रवादिता को आध्यात्मिक आधार प्रदान करने में अभूतपूर्व सहयोग दिया। **रविन्द्र नाथ टैगौर के अनुसार यदि कोई मनुष्य भारत को समझना चाहता है तो उसे विवेकानन्द को पढ़ना चाहिए।**

थियासोफिकल सोसायटी

भारत के पुनर्जागरण में थियोसोफिकल सोसायटी ने भी महत्त्वपूर्ण भूमिका अदा की है। इस संस्था की स्थापना 1875 ईसवी में न्यूयार्क में रूसी महिला एच.पी. ब्लेवाटस्की और एक अमेरिकन एच.एम आल्काट ने की थी। 'थियेसोफी' शब्द यूनानी भाषा के 'थियो' (ईश्वर) ओर 'सोफिया' (ज्ञान) शब्दों से बना है। अतएव इसका अभिप्राय ईश्वर का ज्ञान अथवा ब्रह्म विद्या है। आरम्भ में एक यूनानी विद्वान हम्बीकस ने तीसरी शताब्दी में ईश्वरी ज्ञान के लिए इस शब्द प्रयोग किया था। इसके बाद आधुनिक काल में थियोसोफिकल सोसाईटी ने इस शब्द को काम लिया। रमेश चन्द्र मजूमदार के अनुसार इस संस्था के निम्नलिखित तीन मुख्य उद्देश्य थे:

1. विश्व बन्धुत्व के आधार पर मानवता का विकास करना,
2. प्राचीन काल के विभिन्न धर्मों, दर्शन और वैज्ञानिक ज्ञान के अध्ययन में सहयोग देना।
3. प्रकृति के नियमों की खोज करना और मनुष्य में निहित देवी शक्तियों का विकास करना।

इसके साथ-साथ इस सोसायटी के सदस्य सभी धर्मों में समन्वय स्थापित करना चाहते थे।

ऐसा प्रतीत होता है कि थियोसोफिकल सोसायटी के संस्थापक प्राचीन हिन्दू व बौद्ध धर्म के दर्शन से अत्यन्त प्रभावित थे। इसलिए उन्होंने पूर्वी देशों के महान धर्मों व उनके दर्शनो के अध्ययन को महत्त्व दिया। वस्तुत: उनके द्वारा समर्पित विश्व बंधूता का सिद्धान्त प्राचीन भारतीय दर्शन के अनुरूप था। विभिन्न धर्मों में मूलभूत एकता को मानना भी भारत की प्राचीन संस्कृति के एक मूल तत्व को मानना था। सत्य की खोज करने और छिपी दैवी शक्तियों का विकास करने का प्रयास हमारे देश के ऋषियों से उनका आध्यात्मिक सम्पर्क अनेक बार स्थापित हुआ था। थियोसोफिकल सोसाइटी के अनुयायी कर्म और निर्वाण के सिद्धांतों मे भी विश्वास करते थे।

1879 ईसवी में दयानन्द के निमंत्रण पर आल्काट व ब्लेवाटस्की भारत आये। उन्होंने हिन्दू धर्म को सब धर्मों से श्रेष्ठ बताया। अपनी संस्था के उद्देश्यों की व्याख्या करते हुए आल्काट ने कहा कि वे भारतीयों को उनके प्राचीन गौरव का स्मरण कराके उन्हें खोई प्रतिष्ठा दिलाना चाहते हैं।

थियोसोफिकल सोसाईटी के सदस्यों ने माना कि जाति-प्रथा के अन्तर्गत रहकर भी मानव की सेवा कर जा सकती है-एकेश्वरवाद के सिद्धान्त में अपनी आस्था प्रकट करते हुए उन्होंने विभिन्न देवी-देवताओं की पूजा को तर्कसंगत बताया। मूर्ति-पूजा को उन्होंने देवी शक्तियों की आराधना के लिये एक सरल उपाय माना। इस प्रकार के विचारों का हिन्दुओं ने स्वागत किया। 1886 ईसवी में थियोसोफिकल सोसाइटी ने भारत में मद्रास के निकट अडयार में केन्द्र स्थापित किया। इस समय से यह केन्द्र सोसाइटी का मुख्य कार्यालय बन गया। मई 1891 ईसवी में ब्लेवाटस्की की मृत्यु तक लंदन व पेरिस में भी इसकी शाखाएँ खुल चुकी थीं। कुछ समय बाद विश्व के विभिन्न देशों में इसके लगभग एक लाख सदस्य थे।

ब्लेवाटस्की की मृत्यु के दो वर्ष बाद श्रीमती ऐनी बेसेंट ने इसका नेतृत्व ग्रहण किया। उनका जन्म आयरलैण्ड में 1847 ईसवी में वे भारत आयी। वे हिन्दू धर्म से अत्यन्त प्रभावित थी। उनकी मान्यता थी कि वे पूर्व जन्म में हिन्दू थी। भारत में आते ही ऐनी बेसेन्ट ने स्वयं को हिन्दुत्व के रंग में रंग लिया। उन्होंने अनेक हिन्दू तीर्थों की यात्रा की और अपना अधिकांश समय वाराणसी में बिताया। उनके मत में हिन्दू धर्म ही भारत का प्राण है। हिन्दुत्व की मिट्टी में भारत का मूल गड़ा हुआ है, यदि इस मिट्टी को हटा लिया गया तो भारत रूपी वृक्ष सूख जायगा। प्रत्येक हिन्दू का कर्त्तव्य है कि वह अपने धर्म की रक्षा करे। वे यह भी मानती थी कि हिन्दुत्व के जागरण से ही विश्व का कल्याण हो सकता है।

ऐनी बेसेन्ट ने प्राचीन हिन्दू दर्शन के सिद्धांतों का समर्थन किया। उन्होंने वेदों व उपनिषदों को पवित्र ग्रन्थ माना। इसके अतिरिक्त महाभारत, रामायण, गीता, स्मृति और पुराणों के महत्त्व को भी स्वीकार किया। उनके अनुसार हिन्दू धर्म के समान पूर्ण वैज्ञानिक, दर्शन युक्त और आध्यत्मिकता से परिपूर्ण अन्य कोई धर्म विश्व में नहीं है। बेसेन्ट ने वैज्ञानिक दृष्टिकोण से मूर्ति-पूजा को उपयोगी बताया।

ऐनी बेसेन्ट ने गीता का अनुवाद अंग्रेजी में किया। इसके अतिरिक्त उन्होंने रामयण तथा महाभारत पर संक्षिप्त में टीकायें लिखीं। अपने भाषणों व लेखों द्वारा हिन्दू धर्म की मान्यताएँ और भारत के गौरवमय अतीत का स्मरण न केवल भारतीयों को कराया बल्कि विदेशों में भी इसका प्रचार किया।

शिक्षा के क्षेत्र में एनी बेसेन्ट का योगदान उल्लेखनीय है। काशी में ऐनी बेसेन्ट ने एक सेंट्रल हिन्दू कॉलेज की स्थापना की, जो बाद में उनके तथा मदन मोहन मालवीय के प्रत्यत्नों से बनारस हिन्दू विश्वविद्यालय के रूप में विकसित हुआ। थियोसोफिकल सोसाइटी ने भारत के अनेक नगरों में स्कूल का कॉलेज खोले। 1914 ईसवी में ऐनी बेसेन्ट ने भारतीय राजनीति में सक्रिय भाग लेना आरम्भ किया। उन्होंने होम रूल आंदोलन चलाया। 1917 ई. में मोण्टेग्यू चेम्सफोर्ड सुधारों की घोषणा होने पर ऐनी बीसेन्ट ने इसे बंद कर दिया। इसी 'साल वह इण्डियन नेशनल कांग्रेस की अध्यक्ष भी रही'। ऐनी बेसेंट ने भारत के स्वतंत्रता आन्दोलन पर **'हाऊ इंडिया रॉड हर फ्रीडम'** नाम एक पुस्तक लिखी।

श्रीप्रकाश ने ऐनी बेसेंट के जीवन और उपलब्धियों पर विवेचना करते हुए एक पुस्तक में लिखा है कि उन्होंने एक उदासीन और सोती हुई जाति को नींद से जगा दिया तथा उसक आत्म-सम्मान और गौरव को पुनर्जीवित कर दिया। भारतीयों को विश्व में अपना यथोचित स्थान प्राप्त करने के लिए प्रेरित किया। वस्तुत: ऐनी बेसेंट ने न केवल हिन्दू धर्म की महान सेवा की बल्कि भारत का गौरव को अन्य देशों में बढ़ाया। ऐसे समय में जब कि कुछ शिक्षित हिन्दुओं का विश्वास अपने धर्म और संस्कृति पर से उठ रहा था, थियोसोफिकल सोसायटी और विशेषकर ऐनी बेसेन्ट के नेतृत्व में सराहनीय कार्य किया। बाल विवाह, कन्या विक्रय और छूआछूत का विरोध किया तथा विधवा विवाह का समर्थन किया। राष्ट्रीय आन्दोलन में ऐनी बेसेन्ट ने सक्रिय भाग लेकर उसमें एक नई जान फूँक दी।

दक्षिण भारत में सुधार आन्दोलन

केशवचन्द्र के प्रयासों से मद्रास में वेद समाज की स्थापना की। 1871 ई. में श्रीधरलू नायडू ने इसको पुन: संगठित किया और इसका नाम **'ब्रह्म समाज ऑफ साऊथ इंडिया'** रखा। दक्षिण में यह आन्दोलन विशेष प्रगति नही कर सका। वहाँ पर प्रार्थना समाज का प्रभाव अधिक रहा। 1878 ईसवी में वीरेसलिंगम पंतुलू ने तेलगू प्रदेश में आन्दोलन करने के लिए राजमुन्द्री सोशल रिफार्म ऐसोसियेशन खोली। उन्होंने जाति-प्रथा और मूर्ति-पूजा का विरोध किया। लेकिन उनका यह आन्दोलन भी उल्लेखनीय प्रगति नहीं कर सका। इसके अनेक कारण थे। चार्ल्स एच. हैम्सेथ के अनुसार दक्षिण में सामाजिक विद्रोह के अभाव का सही कारण प्रायद्वीपीय भारत का वह तत्कालीन ढाँचा प्रतीत होता है की पृष्ठभूमि उच्च वर्ग की थी बंगाल व बम्बई के शहरों में ब्राह्मणों का कुछ उच्च स्तरीय जातियों के साथ समाजिक मिश्रण शुरू हो गया था किन्तु दक्षिण में ऐसा नहीं हुआ। वहाँ जाति प्रथा अत्यन्त कठोर थी और कोई भी व्यक्ति जाति से बहिष्कृत होना नहीं चाहता था इसके अतिरिक्त दक्षिण में कुशल नेतृत्व का अभाव था। दक्षिण में बम्बई व कलकत्ता के नगरों की अपेक्षा शिक्षा का कम प्रसार था।

मुस्लिम धर्म व समाज के आरम्भिक सुधार आन्दोलन:

मुख्य रूप से भारत में मुस्लिम समाज दो वर्णों में बँटा हुआ था। उच्च वर्ग के अधिकांश व्यक्ति मुस्लिम शासन काल में बड़े पदों पर आसीन थे। जन साधारण में अधिकांश वे मुस्लिम थे जिन्होंने धर्म परिवर्तन करके मुस्लिम धर्म स्वीकार किया था। अंग्रेजों का शासन स्थापित होने के पहले उच्च वर्ग के मुसलमानों की आर्थिक स्थिति अच्छी थी। अठारहवीं शताब्दी के पूर्वार्द्ध

में इस वर्ग के हाथ से राजनीतिक प्रभुत्व निकल जाने के फलस्वरूप इसके सदस्यों ने पश्चिमी शिक्षा प्राप्त करने और व्यापार व व्यवसाय में लग कर अपनी आर्थिक स्थिति सुधारने का प्रयास नहीं किया। 1857 ईसवी के विद्रोह के लिए कुछ अंग्रेजी राजनीतिज्ञों और सेनापतियों ने इस वर्ग को उत्तरदायी ठहराया। इससे इनकी अवस्था और भी बिगड़ी। इस समय में मुस्लिमों में जन साधारण की दशा में भी तनिक सुधार नहीं हुआ। फलस्वरूप हिन्दुओं के मुकाबले में मुस्लिम अपने को पिछड़ा हुआ मानने लगे। इस स्थिति को सुधारने के लिए मुसलमानों में भी सामाजिक सुधार आंदोलन आरम्भ हुए। ऐसे आन्दोलनों का मुख्य उद्देश्य मुस्लिम समाज को बदली परिस्थितियों से अवगत करा पाश्चात्य शिक्षा प्राप्त करने की आवश्यकता पर बल देना था। इस उद्देश्य की प्राप्ति के लिए 1863 ई. में 'मोहमेडन लिटरेरी सोसाइटी' की स्थापना की गई। यह संस्था तत्कालीन परिस्थितियों से संदर्भ में मुसलमानों को धार्मिक, सामाजिक और राजनीतिक समस्याओं पर विचार करने तथा उनके पाश्चात्य शिक्षा के प्रसार को प्रोत्साहन देती थी। इसके साथ-साथ मुस्लिम समाज में ऐसे आन्दोलन भी आरम्भ हुए जो पाश्चात्य सभ्यता के प्रसार का विरोध करते थे। 1857 ई. के विद्रोह के पहले सैयद अहमद बुरेलवी ने ऐसा ही एक आन्दोलन आरम्भ किया। उसने सामाजिक और धार्मिक कुरीतियों को दूर करने के प्रयास के साथ-साथ पंजाब में सिक्खों का प्रभुत्व समाप्त करने के लिए एक असफल सैनिक अभियान का संचालन किया। उसके अनुयायी वहाबी कहलाये। 1857 ई. के विद्रोह के पश्चात् वहाबियों में इस्लाम के सिद्धांतों के अनुसार मुसलमानों को जीवन व्यीतत करने की सलाह दी। मजूमदार के अनुसार भारत में सुफी मत का प्रभाव होने के कारण कट्टर वाहबी मत अधिक लोकप्रिय नहीं हो सका। उन्नीसवी शताब्दी के उत्तरार्द्ध में सर सैयद अहमद द्वारा आरम्भ किया गया अलीगढ़ आन्दोलन अपने समय का सबसे सफल व लोकप्रिय सुधार आन्दोलन था।

उन्नीसवीं शताब्दी में मिर्जा गुलाम अहमद (1888-1908) ने मुस्लिम धर्म व समाज के सुधार के लिए एक आन्दोलन चलाया जो अहमदिया आन्दोलन के नाम से जाना जाता है। इन्होंने अपने को कृष्ण का अवतार भी बताया। उन्होंने यह आन्दोलन पंजाब के गुरुदासपुर जिले के कादियाँ नामक नगर से शुरू किया। उन्होंने अपने सिद्धान्तों की व्याख्या 'बराहीन-ए-अहमदिया' नामक ग्रन्थ में की। यह आन्दोलन अधिक लोकप्रिय नहीं हुआ।

अलीगढ़ आन्दोलन

सर सैयद अहमद खाँ का जीवन वृत्त-सैयद अहमद खाँ का जन्म 1817 ई. में दिल्ली के एक कुलीन परिवार में हुआ । उनके दादा सैयद हादी और नाना ख्वाजा फरीद ने मुगल दरबार और बाद में ईस्ट इण्डिया कम्पनी में उच्च पदों पर कार्य किया था। उनके पिता मीर मुत्तकी ने उनकी शिक्षा के लिए विद्वानों को नियुक्त किया। आरम्भ से ही सैयद अहमद खाँ धार्मिक सिद्धान्तों और तत्कालीन समस्याओं पर विचार करते थे। बीस बर्ष की आयु में उन्होंने ईस्ट इण्डिया कम्पनी की नौकरी कर ली। 1857 ई. के विद्रोह में उन्होंने अंग्रेजों का समर्थन किया तथा कुछ अंग्रेज अधिकारियों व उनके परिवार के सदस्यों की रक्षा प्रबंध किया। ब्रिटिश सरकार ने प्रसन्न होकर उनकी पदोन्नति की। कुछ समय पश्चात् उन्हें 'सर' के खिताब से भी विभूषित किया गया। सैयद अहमद खाँ ने अपना जीवन मुसलमानों की पिछड़ी दशा को सुधारने में लगाया। इसके लिए उन्होंने उनमें आधुनिक शिक्षा का प्रसार तथा सामाजिक व धार्मिक कुरीतियों

को दूर करने का प्रयत्न किया। तत्कालीन परिस्थितियों में मुसलमानों की उन्नति के लिए वे अंग्रेजों से अच्छे सम्बन्ध बनाये रखना चाहते थे, क्योंकि उन्होंने अलीगढ़ को अपने आंदोलन का केंद्र बनाया था, इसलिए उनके द्वारा चलाया गया आंदोलन अलीगढ़ आंदोलन के नाम से प्रसिद्ध है।

मुस्लिमों में शिक्षा के प्रसार का कार्यः

सैयद अहमद ने 1864 ई. में गाजीपुर में एक अंग्रेजी स्कूल की स्थापना की। इसके पश्चात् मुरादाबाद में भी ऐसा ही एक स्कूल खोला। 1865 ई. में अंग्रेजी पुस्तकों को उर्दू में अनुवाद करने के लिए 'साईटिफिक सोसाइटी' की स्थापना की। दिसम्बर 1870 ई. में उन्होंने तहजीब-उल-अखलाक नामक पत्रिका निकाली। 1875 ई. में अलीगढ़ में ऐंग्लो ओरियंटल कॉलेज की स्थापना की जो बाद में अलीगढ़ विश्वविद्यालय के रूप में परणित हो गया। उन्होंने 1886 ई. में मोहमेडेन एजुकेशन कान्फ्रेस की भी स्थापना की। इसका उद्देश्य मुसलमानों में पाश्चात्य शिक्षा का प्रसार करना था।

सैयद अहमद खाँ द्वारा संचालित अलीगढ़ विश्वविद्यालय में मुस्लिम विद्यार्थियों के सर्वांगीण विकास पर ध्यान दिया जाता था। एक विद्यार्थी के लिए पढ़ाई के साथ वाद-विवाद प्रतियोगिताओं, खेल-कूद व लेखन में भाग लेना, छात्रावास में अनिवार्य रूप से रहना, अंग्रेजी भाषा के माध्यम से पाश्चात्य जगत की प्रगति से परिचित रहना आवश्यक था। उन्होंने मुसलमानों को बताया कि पश्चिमी से उच्च शिक्षा का अध्ययन करना धर्म विरोधी नहीं है। उनके अनुसार अंग्रेजी के माध्यम से उच्च शिक्षा प्राप्त करके ही राजकीय सेवाओं में अच्छे स्थान प्राप्त किये जा सकते हैं।

समाज सुधार के प्रयत्नः

सैयद अहमद खाँ एक समाज सुधारक भी थे। यद्यपि सामाजिक मूल्यों तथा रहन-सहन के तरीकों को वे तत्कालीन परिस्थितियों के अनुकूल नहीं मानते थे लेकिन इसके साथ-साथ वे यह भी भली-भाँति जानते थे कि यदि उन्होंने समाजिक सुधार के कार्य को तेजी के साथ आगे बढ़ाया तो उन्हें कट्टर मौलवियों के तीव्र विरोध के कारण आशातीत सफलता नहीं मिलेगी। इसलिए उन्होंने ऐसी सामाजिक कुरीतियों का विरोध किया जो कुरान तथा हदीस पर आधारित नहीं थी। अतएव उन्होंने पर्दा-प्रथा के अन्त का समर्थन किया किन्तु इस पर विशेष जोर नहीं दिया। इसी प्रकार व बहु-विवाह को उचित नहीं माना। स्त्रियों के स्तर को ऊँचा उठाने का समर्थन करते हुए भी स्त्रियों की उच्च शिक्षा को अच्छा नहीं माना, फलस्वरूप उनके द्वारा चलाया गया सामाजिक सुधार का कार्यक्रम का पुरुषों को अंग्रेजी शिक्षा दिलाकर उन्हें प्रगतिशील बनाना और उनके रहन-सहन के तरीकों में परिवर्तन कराने तक सीमित रह गया।

धार्मिक मान्यतायें:

सैयद अहमद खाँ ने कुरान की नई व्याख्या की। इसके लिए उन्होंने एक पुस्तक तफसीर-उल-कुरान लिखना आरम्भ किया। इस पुस्तक के लेखन का कार्य वे पूरा नहीं कर सके। उनके अनुसार समस्त सृष्टि का रचयिता खुदा है और उसी ने कुरान की रचना की है। अतः कुरान वास्तविकता से दूर नहीं हो सकती। क्योंकि हदीस कुरान पर आधारित है इसलिए न तो वह कुरान के विरुद्ध हो सकती है और न ही वास्तविकता से भिन्न हो सकती है। उन्होंने तहजीब-

उल-अखलाक नामक पत्रिका में भी कुरान के बारे में विचार प्रकट किये। उनके अनुसार प्रत्येक परम्परा समय और परिस्थिति के अनुसार आरंभ होती है तथा उसे समय और परिस्थिति के अनुसार अनुपयोगी होने पर छोड़ देनी पड़ती है। इसीलिए उन्होंने हज करने तथा जकात बाँटने का विरोध किया और मुस्लिमों का पाश्चात्य सभ्यता व संस्कृति का अध्ययन करके अच्छी बातें अपनाने को कहा। उनके इन विचारों का विरोध कट्टर मौलवियों ने किया। अतएव कुछ समय बाद उन्होंने शिक्षा की ओर विशेष ध्यान किया तथा धार्मिक सुधार के कार्यक्रम को अधिक महत्त्व नहीं दिया।

राजनीतिक विचार व कार्य:

आरम्भ से ही सैयद अहमद खाँ शासन के समर्थ थे। मुसमानों को यह सलाह दी कि उनका हित अंग्रेजी राज्य के समर्थन में है। उनके अनुसार 1857 ई. में मुस्लिमों ने अंग्रेजों को विरोध करके एक भूल की। उस भूल को अंग्रेजों के साथ अच्छे सम्बन्ध स्थापित कर सुधारा जा सकता था। इसम समय में अंग्रेज राजनीतिज्ञों व प्रशासकों ने भी मुसलमानों के साथ अपने सम्बन्धों के बारे में फिर से विचार किया। 1871 ई. में प्रकाशित 'इण्डियन मुसलमान' नामक पुस्तक में विलियम विल्सन हण्टर ने लिखा कि भारत में अपने शासन को स्थायी बनाने के लिए अंग्रेजों को मुसलमानों का समर्थन प्राप्त करना चाहिए। अलीगढ़ कॉलेज के प्रथम प्रेंसिपल बैक ने भी सैयद खाँ को अपने विचारों से प्रभावित कर साम्प्रदायिकता की ओर बढ़ाया। रमेश चन्द्र मजूमदार के अनुसार आरम्भ में सैयद अहमद ने मुसलमानों को उच्च पद दिलाने के लिए प्रयत्न किया किन्तु आम तौर पर साम्प्रदायिकता की भावनाओं का प्रदर्शन नहीं किया। उन्होंने कहा कि भारत एक राष्ट्र है। एक खुबसूरत दुल्हन के साथ भारत की तुलना करते हुए उन्होंने हिन्दू व मुसलमानों को उसकी दो आँखें बताया। एक अन्य भाषण में सैयद अहमद खाँ ने कहा कि हिन्दू व मुस्लिम शब्द केवल धर्म की विभिन्नता के सूचक है, अन्यथा हम सब भारतीयों, चाहे वे हिन्दू, मुसलमान, अथवा ईसाई हों, एक ही राष्ट्रीयता रखते हैं। लेकिन धीरे-धीरे उनके दृष्टिकोण में परिवर्तन आया। 1883 ई. में दिये गये एक भाषण में उन्होंने माँग की कि स्थानीय स्वशासन की संस्थाओं में अल्पसंख्यकों को पृथक प्रतिनिधत्व दिये जायें। कांग्रेस की स्थापना के समय से ही सैयद अहमद खाँ ने इसका विरोध किया तथा उसके आन्दोलन को मुस्लिम हितों के विरुद्ध माना। 1888 ई. में उन्होंने ब्रिटिश सरकार को आश्वासन दिया कि भारत के अधिकांश मुसलमान कांग्रेस के समर्थक नहीं हैं। उन्होंने 'यूनाइटेड इण्डियन पेंट्रियाटिक एसोसिएशन' की स्थापना कांग्रेस का विरोध करने के लिए कहा। इस संस्था के कुछ सदस्य हिन्दू भी थे। बैक के प्रभाव में आकर सैयद अहमद खाँ ने 1893 ई. में एक नयी संस्था 'मोहमेडन ऐंग्लो ओरियन्टल डिफेन्स एसोशियेशन आँफ अपर इण्डिया' स्थापित की। इसके सदस्य केवल मुसलमान हो सकते थे। इसके उद्देश्य निम्नलिखित थे-

1. ब्रिटिश सरकार व अंग्रेजों के सामने मुसलमानों की माँगो को प्रस्तुत करना तथा मुसलमानों के राजनीतिक हितों की रक्षा करना।

2. मुसलमानों में राजनीतिक आन्दोलन न पनपने देना,

3. भारत में ब्रिटिश राज्य को मजबूत बनाने में सहायता देना।

इसके पहले सैयद अहमद खाँ 1892 ईसवी में पारित भारत परिषद अधिनियम में प्रजातन्त्र

प्रणाली उपयुक्त नहीं थी क्योंकि इससे बहुसंख्यकों को अधिकार मिलता था और अल्पसंख्यकों के हितों को हानि पहुँचती थी, उन्होंने अनेक बार स्पष्ट रूप से कहा कि भारत को एक राष्ट्र मानने वाली संस्था कांग्रेस से उनका समझौता किसी हालत में नहीं हो सकता। इस प्रकार सैयद अहमद खाँ के नेतृत्व में अलीगढ़ आन्दोलन ने कांग्रेस का भरसक विरोध किया तथा दो राष्ट्र के सिद्धान्त को जन्म दिया। 1898 ई. सर सैयद अहमद की मृत्यु के बाद नवाब मोहसीन-उल-मुल्क ने कांग्रेस का विरोध जारी रखा। अंग्रेजों ने 'फूट डालो और राज करो' की नीति का पालन करते हुए साम्प्रदायिकता की भावना को प्रोत्साहित किया।

अलीगढ़ आन्दोलन का मूल्यांकन

सैयद अहमद खाँ द्वारा चलाया गया अलीगढ़ मुसलमानों को प्रगति के मार्ग आगे बढ़ने की प्रेरणा देने वाला एक प्रमुख आन्दोलन था। शिक्षा का प्रसार करके उन्हें आधुनिक प्रगतियों से परिचित कराने में अलीगढ़ आन्दोलन का महत्त्वपूर्ण योगदान है। परिस्थितियों के साथ बदलने के लिए सलाह देकर अलीगढ़ आन्दोलन के प्रवर्तक सैयद अहमद खाँ ने मुसलमानों को अन्धकारमय युग से निकाला। अंग्रेजों का समर्थन करके मुस्लिमों की दशा सुधारने में भी उन्हें कुछ सीमा तक सफलता मिली। मजूमदार के मत में उन्होंने भारतीय मुसलमानों के जीवन का एक नया युग आरम्भ किया तथा उनके सबसे बड़े संकट काल में उनमें एक नवीन रक्त संचार किया, किन्तु इसके साथ साथ साम्प्रदायिकता की भावना के विकास में अपना योगदान देकर उन्होंने भारत की एकता को खण्डित करने के विचारों को बल दिया।

रहनुमाये मज्दयासना सभाः

भारत के शिक्षित पारसियों ने 1859 ई. में 'रहनुमाये मज्दयासना सभा' नामक संस्था की स्थापना की। इसका उद्देश्य पारसियों की सामाजिक दशा सुधारने तथा पारसियों के धर्म में जरथुस्त्र के समय की शुद्धता को पुनः प्राप्त करना था। इसके प्रमुख नेता दादा भाई नैरोजी थे। इस संस्था ने 'रस्त गौफ्तार' नामक पत्रिका का प्रकाशन भी किया। फरकुहार नामक इतिहासकार लिखता है कि इस संस्था के सदस्यों ने आरम्भ में बड़ी सावधानी के साथ कार्य किया। वे सबसे पहले अपनी समस्याओं को पारसी समाज के विद्वान पुजारियों के सामने प्रश्नों के रूप में रखते थे। इस प्रकार यह ज्ञात कर लेते थे कि किस प्रकार के रीति-रिवाज व परम्पराएँ जरथुस्त्र की शिक्षाओं के अनुरूप है तथा पुरोहित वर्ग को स्वीकार्य है। तत्पश्चात् सभाओं में भाषणों और बहस द्वारा तथा गौफ्तार में लेखें द्वारा उन सुधारों का प्रचार करते थे, जिनका समर्थन पुजारियों ने किया हो। के.आर.कामा ने पारसियों के धार्मिक ग्रन्थ जैन्द अवस्ता का यूरोप में अध्ययन किया। 1859 ई. में भारत लौटकर कामा ने कट्टर पुजारियों के प्रभुत्व को माना और पारसियों को उन सभी कर्मकाण्डों और परम्पराओं को त्यागने को कहा जो अधिकृत 'जैन्द अवस्था' की प्रतियों मे सम्मिलित नहीं थे।

धार्मिक सुधारों के साथ-साथ पारसी नेताओं ने पर्दा प्रथा की सम्पाप्ति, स्त्री शिक्षा का प्रसार, विवाह की आयु में वृद्धि आदि अनेक समाजिक सुधारों के लिये ठोस कदम उठाये।

राधा स्वामी सत्संग

1861 ई. में आगरा में **शिवदयाल** ने राधा स्वामी सत्संग की स्थापना की। उन्होंने अपने उपदेशों को दो पुस्तकों में संकलित कर प्रकाशित किया। इस संस्था के दूसरे गुरु सालिग राम का जन्म आगरा के एक कायस्थ परिवार में हुआ था। उन्होंने इस संस्था को लोकप्रिय बनाया। राधा स्वामी मत के अनुयायी किसी भी हिन्दू देवी-देवता को नहीं मानते हैं। वे मन्दिर जाना आवश्यक नहीं समझते। राधा स्वामी मत के अनुयायी एक स्थान पर अपना सत्संग आयोजित करते हैं। वे ईश्वर का रूप मानते हैं तथा उन पर असीम श्रद्धा रखते हैं तथा उनके लिये सभी धर्म समान हैं। वे सबसे साथ प्रेम का व्यवहार करते हैं तथा भ्रातृ भावना में विश्वास करते हैं। सामाजिक कुरीतियों का यह मत विरोध करता है तथा जाति के बन्धन को नहीं मानता।

सिक्खों में सुधार आन्दोलनः

सिक्खों ने भी धार्मिक व सामाजिक सुधार के महत्त्व को समझा। उनमें भी अन्ध-विश्वास, रूढ़िवादिता, ब्राह्म कर्म कांड तथा सामाजिक कुरीतियों के विरुद्ध आन्दोलन चलाये गये। 1920 ई. में सिक्खों ने गुरुद्धारों के प्रबन्ध में व्याप्त भ्रष्टाचार को दूर करने के लिये आन्दोलन चलाया। फलस्वरूप 1922 ई. में सिक्ख गुरुद्वारा अधिनियम पारित किया गया।

अन्य आन्दोलन

भारतीये ईसाईयों ने भी अन्ध विश्वास, रूढ़िवादिता और सामाजिक कुरीतियों के विरुद्ध आन्दोलन किया। इस प्रकार भारत के सभी धर्मों के अनुयायियों ने धार्मिक व सामाजिक सुधार के लिये प्रयत्न किये। ब्रिटिश सरकार ने भी सामाजिक कुरीतियों को दूर करने के लिये अनेक कानून बनाये।

सामाजिक सुधारों के लिये बनाये गये कानूनः

रमेश चन्द्र मजूमदार के अनुसार सभी सुधार आन्दोलनों के प्रवर्तकों ने अन्धविश्वास और रूढ़िवादिता का तथा अधिकांश ने सामाजिक कुरीतियों को विरोध किया। उनके मत में उन्नीसवीं शताब्दी के अन्त तक उन सब प्रदेशों में भी सामाजिक सुधार की भावना जागृत हो चुकी थी जिनमें कि सुधार आन्दोलन के आरम्भिक युग में इस दिशा में उत्साह प्रदर्शित नहीं किया गया था।। यहाँ तक कि देशी राज्यों मे भी सामाजिक सुधार का कार्य आरम्भ हो गया था। इसके पहले कि हम धार्मिक व सामाजिक सुधार आन्दोलनों के परिणामों का अध्ययन करें, सामाजिक सुधारों के लिये बनाये गये कानूनों की प्रगति के बारे में जानना उचित होगा।

1. सती-प्रथा का उन्मूलन-भारत में काफी समय से पति की मृत्यु पर स्त्री उसकी चिता पर जल कर सती हो जाती थी। फरिश्ता के अनुसार कश्मीर के एक शासक सिकन्दर ने पन्द्रहवी शताब्दी के आरम्भ में इस प्रथा पर प्रतिबन्ध लगाया था किन्तु उसे पुत्र जैनुल आबादीन ने इस प्रतिबन्ध को हटा लिया। 1510 ई. में पुर्तगाली गवर्नर अबुकर्क ने गौआ में सती-प्रथा पर रोक लगायी। अकबर ने भी इस पर प्रतिबन्ध लगाया किन्तु उसके आदेश का पालन दिल्ली और आसपास के प्रदेश तक ही सीमित रहा। बाजी राव प्रथम ने भी इस प्रथा पर प्रतिबन्ध लगाने का प्रयत्न किया। सिरामपुर में डेन, चिनसुरा में डचों और चन्द्रनगर में फ्रांसीसियों ने अपने अधीनस्थ

क्षेत्रों में सती-प्रथा को गैर कानूनी घोषित किया। 1789 ई. से बंगाल के अनेक अंग्रेज जिला अधिकारियों ने सरकार को इस अमानवीय प्रथा को रोकने के लिये लिखा किन्तु उस समय अंग्रेजी सरकार ने भारतीयों के धार्मिक और सामाजिक मामलों में हस्तक्षेप न करने की नीति का पालन करते हुए इस पर प्रतिबन्ध नहीं लगाया। बेलेजली के समय में सदर निजामत अदालत ने कुछ हिन्दू पण्डितों से इस सम्बन्ध में सलाह ली।

इन पण्डितों की राय में किसी स्त्री को जबरदस्ती उसके मृत पति की चिता पर सती होने के लिए बाध्य करना शास्त्रों व परम्पराओं के अनुकूल नहीं था। इसके साथ-साथ उन्होंने यह भी मत प्रकट किया कि इस प्रथा पर पूर्ण प्रतिबन्ध लगाने से हिन्दुओं की धार्मिक भावना को ठेस पहुँचेगी। अतएव 1813 ई. में भारत सरकार ने किसी स्त्री को उसकी इच्छा के विरुद्ध सती बनने पर मजबूर करने पर प्रतिबन्ध लगाया। तत्पश्चात् 1815 ई.व 1817 ई. में जारी किये गये दो आदेशों में जिला अधिकारियों को सती होनी वाली स्त्रियों की एक वार्षिक सूची भेजने को कहा गया। सती होने वाली स्त्री के सम्बन्धियों को उसके सती होने की सूचना पहले से पुलिस को भेजने का नियम बनाया गया तथा ऐसी स्त्रियों के जो गर्भवती, अल्पायु अथवा ऐसे बालकों व बालिकाओं की माता हो, जिनकी देख-रेख करने वाला कोई न हो, सती होने पर प्रतिबन्ध लगाया गया। किन्तु इन आदेशों का व्यापक प्रभाव नहीं पड़ा। लार्ड हेस्टिंग्ज और एमहर्स्ट के समय में इस प्रथा को गैर कानूनी घोषित करने के लिये पुन: विचार किया गया। बंगाल की सेना में असन्तोष फैलने की आशंका के कारण इस प्रकार की कार्यवाही को स्थगित किया गया। लार्ड हेस्टिंग्स और एमहर्स्ट के मत में वह दिन दूर नहीं था जबकि शिक्षा के प्रसार के साथ-साथ भारत में अज्ञान दूर होगा और स्वयं ही इस प्रथा को गैर कानूनी घोषित करने को समर्थन करेंगे। इसकी यह आशा व्यर्थ सिद्ध नहीं हुई। शीघ्र ही राजा राममोहन राय ने सती-प्रथा को अवैध घोषित करने का समर्थन किया। उनके अनुसार सती-प्रथा प्राचीन धर्म शास्त्रों के अनुकूल नहीं है।

विलियम बेंटिक को कोर्ट ऑफ डायरेक्टर्स ने इस अमानवीय प्लथा को क्रमश: बन्द करने के आदेश दिये। 1 नवम्बर 1829 ईसवी में गवर्नल जनरल की परिषद ने सती-प्रथा को अवैध घोषित करने को निश्चय किया। 4 दिसम्बर, 1829 ई. को बंगाल सूबे में तथा फरवरी 1830 ई. को मद्रास व बम्बई में इसे अवैध घोषित किया गया। कुछ समय पश्चात् अन्य ब्रिटिश प्रान्तों में भी ऐसे कानून बनाये गये। 1857 ई. के बाद अनेक देशी राज्यों के शासकों ने भी सती-प्रथा को गैर कानूनी घोषित किया। यद्यपि आरम्भ में कट्टर हिन्दुओं ने इसका विरोध किया किन्तु क्रमश: सती होनी वाली स्त्रियों की संख्या में कमी आ गई। फिर भी यह कहा नहीं जा सकता कि इसका पूर्ण रूप से उन्मूलन हो गया है। हमें आज भी सती होने के यदा-कदा उदाहरण समाचार-पत्रों में पढ़ने के मिल जाते हैं।

नर बलि व बाल हत्या का निषेध- उनके लिए भी बैंटिक के समय में कानून पास किये गये।

1. ब्रह्म मेरिजेज एक्ट (1872 ई.)-1866 ई. में ब्रह्म समाज दो भागों में विभक्त हो गया। इनके नाम थे- आदि ब्रह्म समाज तथा भारतीय ब्रह्म समाज। भारतीय ब्रह्म समाज ने विधवाओं के विवाह को कानूनी मान्यता दिलाने का प्रयास किया। केशव चन्द्र सेन के अनुरोध पर भारत सरकार ने अन्तर्जातीय विवाह तथा विधवा विवाह को मान्यता दे दी। लेकिन इस अधिनियम में ऐसे विवाह करने वालों को यह घोषणा करनी पड़ती थी कि वे हिन्दू नहीं हैं। अत: इस कानून का व्यापक प्रभाव नहीं पड़ा।

2. दास-प्रथा का उन्मूलन-प्राचीन काल से ही भारत में दास-प्रथा का प्रचलन था। 1787 ई. में ब्रिटेन में दासों के व्यापार को बन्द करने के लिए किये आन्दोलन का प्रभाव भारत पर पड़ा। इसके बाद कुछ अंग्रेज अधिकारियों ने सरकार से इसे गैर कानूनू घोषित करने के लिए लिखा। 1807 ईसवी में ब्रिटिश में दासों का व्यापार अवैध घोषित हो गया। इसके चार वर्ष पश्चात् एक अधिनियम द्वारा भारत सरकार ने विदेशों से दासों को लाने पर प्रतिबन्ध लगा दिया। 1832 ई. में भारत के एक जिले से दूसरे जिले में दासों के क्रय-विक्रय को अवैध घोषित किया। 1833 ई. के चार्टर एक्ट भारत सरकार को शीघ्र दास-प्रथा समाप्त करके आदेश दिये गये। अतएव 1843 ई. में एक अधिनियम द्वारा दासों को रखना अवैध करार दिया था। क्योंकि इस अधिनियम में दासों की मुक्त करने के लिए उनके स्वामियों को मुआवजा देने की व्यवस्था नहीं थी और इसके अतिरिक्त सरकार ने इस अधिनियम को कठोरता के साथ लागू करने के लिए पर्याप्त कदम भी नहीं उठाये, फलस्वरूप आज भी बंधुआ श्रमिकों जैसी समस्याओं का सामना करना पड़ रहा है

3. विधवा विवाह कानून-सजी प्रथा के गैर कानूनी घोषित होने पर विधवाओं की संख्या बढ़ने लगी। उनके कष्टों को देखकर ब्रह्म समाज ने विधवा विवाह का समर्थन किया। तत्पश्चात् ईश्वर चन्द विद्यासागर ने विधवा विवाह को वैध मानने के लिए सरकार से अपील की । उनके प्रयत्नों के फलस्वरूप भारत सरकार ने जुलाई 1856 ई. में हिन्दू विधवा पुनर्विवाह अधिनियम पारित किया। इस अधिनियम के पारित होने के पश्चात् विधवाओं के पुनर्विवाह की संख्या अधिक नहीं बढ़ी। अतएव आर्य समाज ने इसको अपने सामाजिक सुधार के कार्यक्रम में महत्त्व दिया। 1896 ई. में प्रोफेसर कर्वे ने पूना में एक विधवा आश्रम खोला। इसी प्रकार का एक आश्रम विरेसालिंगम पंतुल ने मद्रास में स्थापित किया। बीसवीं शताब्दी में धीरे-धीरे विधवाओं के पुनर्विवाह पहले की अपेक्षा काफी अधिक संख्या में हो रहे हैं।

4. कन्या बध पर प्रतिबन्ध-हिन्दुओं, विशेषकर राजपूतों, में एक कन्या का जन्म होते ही वध कर दिया जाता था। इस प्रकार की प्रथा मध्यकालीन युग में आरम्भ हुई थी। धार्मिक व समाजिक रीति-रिवाजों के कारण एक कन्या के विवाह में बहुत अधिक धन व्यय होता था। इसके अतिरिक्त कन्या के लिए सम्मानजनक वर ढूंढ़ने में भी अत्यन्त कठिनाई होती थी। यद्यपि 1795 और 1804 ई. के बंगाल के दो अधिनियमों द्वारा बालिकाओं के वध को अपराध घोषित किया गया, किन्तु इनका विशेष प्रभाव नहीं पड़ा। अतएव सुधारवादी नेता इस अमानवीय प्रथा को समाप्त कराने के लिए प्रयत्न करते रहे। अन्त में 1870 ईसवीं में एक अधिनियम द्वारा सरकार ने अपने अधिकारियों को प्रत्येक बालक के जन्म तथा कुछ वर्षों तक कन्या के जीवित रहने की सूचना देने के लिये नियम बनाने की शक्ति दी। शिक्षा के प्रसार के साथ-साथ यह प्रथा समाप्त हो गयी है।

5. बाल विवाह पर प्रतिबंध-प्राचीन काल में एक कन्या का विवाह 14 से 16 वर्ष तक की आयु में किया जाता था किन्तु मध्यकालीन युग में अल्पायु में किया जाने लगा। सभी हिन्दू सुधारवादी आन्दोलनों ने इसका विरोध किया। अन्त में बहरामजी मेहरबानजी मलाबारी के प्रयत्न सफल हुए। 1891 ई. में भारत सरकार ने सहवास-आयु अधिनिमय पारित किया। इसमें कन्या के विवाह की निम्नतम आयु बारह वर्ष रखी गई। समाज सुधार के लिए पारित किये अन्य कानूनों की भाँति यह कानून भी अपने उद्देश्य की प्राप्ति में सफल रहा। तत्पश्चात् 1929 ई. में

भारत सरकार ने इस सम्बन्ध के एक अधिनियम पारित किया। यह अधिनियम शारदा एक्ट के नाम से प्रसिद्ध है। कुछ कमियों के कारण अधिनियम भी बाल-विवाह को रोकने में पूर्णतया सफल नहीं हुआ।

सामाजिक कानूनों को वांछित सफलता न मिलने के कारण:

1. भारत सरकार का उत्साह न दिखना-यद्यपि भारत सरकार ने इन कानूनों को पारित किया तथा कुछ में आवश्यकतानुसार संशोधन भी किये किन्तु इन कानूनों को लागू करने में उसने आवश्यक उत्साह का प्रदर्शन नहीं किया। इन कानूनों के पारित होने के बाद भारत सरकार के पॉलिटिकल उत्साह विभाग के कुछ अधिकारियों, जिनमें रेजीडेंट प्रमुख थे, सती-प्रथा रोकने में उत्साह दिखाया लेकिन भारत सरकार ने इस मामले में उन्हें नियन्त्रित करने की कोशिश की। परिणामस्वरूप इन सुधारों को विशेष सफलता नहीं मिली।

2. कानूनों का अव्यवहारिक-कतिपय कानूनों में ऐसे प्रावधान रखे गये जिनके अंतर्गत एक अपराधी के विरुद्ध मुकदमा चलाना लगभग असंभव था। बाल विवाह के सम्बन्ध में बनाया गया कानून व उसमें किये गये संशोधन इसमें ज्वलंत उदहारण हैं।

3. रूढ़िवादियों की विरोधी प्रतिक्रिया-रूढ़िवादी तत्वों ने इन कानूनों का विरोध किया। अशिक्षित जनता में उनका प्रभाव था।

4. परम्परावादिता-भारत की सामाजिक व्यवस्था में परम्परावादिता का प्रभाव व्याप्त है। यहाँ की जनता आसानी के साथ अपनी परंपराओं को नहीं छोड़ पाती।

5. अज्ञानता-स्वतंत्रता प्राप्ति के समय तक भारत में शिक्षित व्यक्तियों की संख्या बहुत कम थी। अतएव वे सुधारों का महत्त्व नहीं समझ सके।

राम मोहन राय के समय ये आरम्भ हुआ सामाजिक व धार्मिक सुधार आंदोलन आज भी समाप्त नहीं हुआ है। यह अभी तक किसी न किसी रूप में प्रगति के पथ पर बढ़ने का प्रयत्न कर रहा है। स्वतंत्रता की प्राप्ति तक यह आन्दोलन मुख्य रूप से तीन चरणों मे होकर गुजरा।

पुनर्जागरण के विभिन्न चरण:

1. 1877 ई. तक- इस समय तक यह आन्दोलन मुख्य रूप से व्यक्तिगत था। इसकी कार्य विधि भी व्यक्तिनिष्ठ रही।

2. 1877 से 1919 ई.- इस अवधि मे समाज सुधार के संगठित प्रयास किये गये। देश के कुछ नेताओं मे, जिनमें तिलक अग्रणी थे, यह अनुभव किया। समाज सुधार के कार्यों के साथ-साथ राजनीतिक स्वतंत्रता की प्राप्ति के लिए कार्य करना आवश्यक था लेकिन अंग्रेज प्रशासक उनका ध्यान सामाजिक सुधार की ओर ही लगाये रखना चाहते थे।

1919-1947 ई.-गाँधीजी के भारतीय राजनीति में प्रवेश के बाद समाज सुधार आन्दोलन राजनीतिक आन्दोलन का एक अंग बनने लगा। इस समय अछूतोद्धार के कार्य को सबसे अधिक महत्त्व दिया गया।

उन्नीसवीं सदी के पुनर्निर्माण का स्वरूपः

1. सुधार आन्दोलन का शिक्षित वर्ग तक सीमित होना-आरम्भ में सुधारकों का कार्य क्षेत्र शहरों में रहने वाले शिक्षित वर्ग तक सीमित था। उन्होंने गाँव में तथा शहर के आम आदमियों तक अपना संदेश फैलाने का विशेष प्रयत्न नहीं किया।

2. धार्मिक सिद्धान्तों पर आधारित-हिन्दुओं के सभी सुधार आन्दोलन धर्म के प्राचीन सिद्धान्तों पर आधारित थे। इसी प्रकार अलीगढ़ आंदोलन भी इस्लाम पर आधारित था।

3. विभिन्न आन्दोलन के कार्यक्रम में भिन्नता-सभी आन्दोलनों के कार्यक्रमों में कुछ भिन्नताएँ पायी जाती हैं। उदाहरण के तौर पर आर्य समाज ने शुद्धि आंदोलन को अपने कार्यक्रम में सम्मिलित किया जबकि अन्य आन्दोलनों के नेताओं ने इस कार्य को हाथ में नहीं लिया। मुस्लिम सुधारकों को बाल हत्या रोकने व विधवा के प्रचार की आवश्यकता ही नहीं थी। आर्य समाज ने मूर्ति-पूजा खण्डन किया किन्तु रामकृष्ण परमहंस देवी भक्त थे।

4. सुधार आन्दोलनों पर पश्चिमी उदारवाद का प्रभाव-अनेक सुधार आंदोलनों पर पश्चिमी उदारवाद का प्रभाव स्पष्ट दिखाई देता है। ब्रह्म समाज तथा प्रार्थना समाज आदि आंदोलनों के प्रणेता इससे प्रभावित थे।

5. रूढ़िवादिता व अन्ध-विश्वासों का विरोध-सभी सुधार आन्दोलनों ने रूढ़िवादिता तथा अन्ध-विश्वासों का विरोध किया। उन्होंने पुजारियों के एकाधिकार को समाप्त करने के लिए भी प्रयत्न किया।

6. कानूनों द्वारा सामाजिक कुरीतियों को दूर करने का प्रयत्न-आम तौर पर सामाजिक सुधारकों ने सरकार से सामाजिक कुरीतियों को दूर करने के लिए कानून बनाने पर जोर दिया। राजा राममोहन राय ने सती-प्रथा को बन्द करने तथा ईश्वर चंद विद्यासागर ने विधवा विवाह को कानूनी मान्यता दिलाने का सफल प्रयास किया।

7. शिक्षा के प्रसार पर जोर-अपने सुधारकों ने शिक्षा के प्रसार को महत्त्वपूर्ण माना। उनके मत में शिक्षा के बिना रूढ़िवादिता व अंधविश्वासों को दूर करना असम्भव था।

8. अतीत के गौरव का गुण-गान-अपने-अपने धर्म के सिद्धान्तों से प्रेरणा लेने वाले सुधारकों ने भारत के प्राचीन गौरव का स्मरण कराया। लेकिन अतीत की चर्चा करते हुए भी उन्होंने भविष्य के समाज की रचना अतीत के आदर्शों पर करने की बात नहीं सोची।

9. स्त्रियों की दशा में सुधार-सभी सामाजिक व धार्मिक आन्दोलनों में स्त्रियों की दशा में सुधार लाने का प्रयास किया गया।

10. जाति के भेद-भाव मिटाने के प्रयत्न-सभी सुधारकों के कठोर जाति बन्धनों का विरोध किया। जाति प्रथा का सशक्त विरोध कुछ निचले जातियों के बीच से उभरे हुए आन्दोलनों ने किया।

11. हिन्दू धर्म की श्रेष्ठता में विश्वास दिलाना-स्वामी दयानन्द, विवेकानन्द, ऐनी बेंसेंट आदि ने हिन्दुओं को अपने धर्म की श्रेष्ठता में विश्वास दिलाया।

12. बाह्य आडम्बरों को दूर करने की इच्छा-इस प्रकार के दोषों के विरुद्ध प्रचार किया गया। धर्म के बाह्य आडम्बरों को समाप्त करने पर जोर दिया गया।

13. तार्किक और लौकिक दृष्टिकोण-सुधारवादियों ने न केवल परम्पराओं का मूल्यांकन तार्किक दृष्टि से किया अपु उनको सामाजिक उपयोगिता की दृष्टि से भी परखा।

14. राष्ट्रीयता पर बल-यद्यपि राम मोहन राय ने सरकार का समर्थन किया किन्तु कुछ मामलों में उन्होंने सरकार द्वारा पारित कानूनों का विरोध किया। उनके बाद विवेकानन्द व दयानन्द आदि ने राष्ट्रीयता की भावना को विकसित करने का प्रयास किया।

15. बीसवीं शताब्दी में सुधारकों का सामाजिक व धार्मिक कार्यों के साथ-साथ राजनीतिक कार्य भी करना-जैसा कि पहले बनाया जा चुका है, उन्नीसवीं शताब्दी के अन्त में तिलक आदि ने इन दोनों कार्यों को साथ-साथ किया। राष्ट्रीय आन्दोलन में सक्रिय भाग लेने के साथ-साथ वे सामाजिक व धार्मिक सुधार का कार्य भी करते थे। इस समय के अनेक सुधारक राजनीतिक कार्य करते थे।

16. सार्वभौमिक दृष्टिकोण-यद्यपि सुधारवादियों का क्षेत्र धर्म विशेष तक ही सीमित रहा लेकिन उन्होंने सार्वभौमिक दृष्टिकोण अपनाया। इस दृष्टिकोण को उन्होंने सामाजिक सुधारों के लिए भी प्रयोग किया।

17. सांस्कृतिक ढाल-इस समय भारतीय संस्कृति पर औपनिवेशिक संस्कृति पर हमला प्रति दिन तेज होता जा रहा था। भारतीय संस्कृति की रक्षा करने की कोशिश के साथ-साथ वैकल्पिक सांस्कृतिक वैचारिक पद्धति का भी विकास किया।

18. विदेशों में हिन्दू धर्म प्रचार-सर्व प्रथम विवेकानन्द ने इंग्लैण्ड, फ्रांस व अमेरिका जाकर वहाँ की जनता को हिन्दू के मूल सिद्धान्तों को समझाने का प्रयत्न किया। आर्यसमाज ने भी विदेशों में अपनी शाखाएँ खोलीं।

19. समाचार-पत्रों और साहित्य द्वारा प्रचार-राम मोहन राय ने समाचार-पत्रों द्वारा ब्रह्मसमाज का प्रसार करने की कोशिश की। स्वामी दयानन्द के जीवन काल में ही आर्य समाज की संस्थाओं ने पत्र-पत्रिकाओं का प्रकाशन आरम्भ किया। इसी प्रकार प्राचीन धर्म सिद्धान्तों के अध्ययन के लिए भी पुस्तकें प्रकाशित की गयीं।

20. आन्दोलनों का देशव्यापी होना-बीसवीं शताब्दी के आरम्भ तक सामाजिक व धार्मिक आन्दोलन देशव्यापी हो गया। ब्रह्म समाज बंगाल व उसके आस-पास के प्रदेशों में, प्रार्थना समाज महाराष्ट्र में, आर्य समाज राजस्थान, पंजाब व कुछ अन्य प्रान्तों में लोकप्रिय हो गया।

21. मानववादी दृष्टिकोण-धार्मिक व सामाजिक सुधार करने के लिए सुधारकों ने मानववादी दृष्टिकोण अपनाया। समाज के कमजोर वर्ग के प्रति हो रहे अन्याय के विरुद्ध आवाज उठाई।

22. प्राचीन भारतीय कलाओं, भाषाओं और साहित्य के पुनर्रुत्थान के प्रयास-अनेक पारंपरिक संस्थाओं को समाज के लिए अच्छा माना गया। इसलिए उन्हें पुनर्जीवित करने की

कोशिश की गई। इस हेतु भारतीय कलाओं और साहित्य के पुनर्रुत्थान की कोशिश की गई। भारतीय भाषाओं के विकास का समर्थन किया गया। आयुर्वेद चिकित्सा पद्धति को फिर से स्थापित करने की सलाह दी गई। प्राक्-ब्रिटिश काल की तकनीक व दस्तकारी को फिर से गतिशील बनाने का प्रयत्न किया गया। पारम्परिक ज्ञान की पुर्नरचना के भी प्रयास किये गए।

23. विभिन्न प्रकार की प्रतिक्रियाएँ–इन सुधारकों को लेकर जन सामान्य के एक वर्ग ने उत्साह का प्रर्दशन किया किन्तु दूसरी ओर तीव्र विरोध भी हुआ। पारिवारिक और सामाजिक जीवन में अभूतपूर्व तनाव पैदा कर दिया और समाज का मानस मथ कर रख दिया। परम्पराओं के बंधन टूटने समाज में एक भावात्मक संकट उत्पन्न हो गया। एक तरफ प्रतिबद्धता थी तो दूसरी ओर परम्पराये। लेकिन फिर भी इस संघर्ष से भारत में एक नया आदमी व एक नया समाज उभरा।

इन आन्दोलनों के माध्यम से सांस्कृतिक-वैचारिक संघर्ष चला, इसने राष्ट्रीय चेतना को जन्म दिया और उसके विकास में महत्त्वपूर्ण योगदान दिया। अपने आरंभिक दौर के साथ-साथ भविष्य के प्रति नया दृष्टिकोण प्रदान किया। इसने बौद्धिक और सांस्कृतिक स्थिति को जन्म दिया, जिसमें एक नया समाज, नया परिवार व नया आदमी जन्मा।

❑❑❑

3

जातिगत आन्दोलन

कतिपय अंग्रेज विद्वानों के अनुसार भारत में पहली बार शांति समृद्धि और संतोष के युग की स्थापना अंग्रेजों ने की। उन्होंने उसे 'पेक्स ब्रिटेनिका के शब्दों में अभिव्यक्त किया है। अंग्रेज इतिहासकारों के इस दसवे को पूर्णयतया सही नहीं माना जा सकता। 1857 ई. के पूर्व भारत में ब्रिटिश शासन के विरुद्ध जातिगत आन्दोलन आदिवासियों के विद्रोह, आर्थिक अंसतोष से उत्पन्न विद्रोह, नागरिकों के विरोध आन्दोलन तथा भारतीय सैनिकों की बगावतों के अनेक उदाहरण देखने को मिलते हैं।

ब्रिटिश शासन के विरुद्ध हुए इन विभिन्न प्रकार के आन्दोलनों के भिन्न भिन्न कारण है। विस्थापित नरेशों और जागीरदारों ने अपनी सत्ता और अधिकारों के छिनने के विरोध में प्रतिवाद किया। कृषकों व आदि निवासियों के विरोध का कारण आर्थिक कठिनाइयाँ थी। कुछ जातियों के विद्रोह के कारण सामाजिक व धार्मिक थे।

सैयद अहमद बहेलवी का नेतृत्व- ब्रिटिश सत्ता के विरुद्ध मुसलमानों के वहाबी सम्प्रदाय ने लगभग पचास वर्ष तक विद्रोह किया। उन्नीसवीं सदी के आरम्भ में भारत में इस सम्प्रदाय का उदय मुस्लिम समाज में प्रचलित कुरीतियों को दूर करने के लिए हुआ था। इसके संस्थापक रायबरेली के सैयद अहमद 1786-1831 ई. था। सैयद अहमद ने धार्मिक व सामाजिक सुधार के कार्यक्रम के साथ-साथ भारत में विधर्मियों के प्रभुत्व का अन्त करने का भी प्रयत्न किया। इस प्रकार वहाबी आन्दोलन ने राजनीतिक रूप भी धारण कर लिया। सैयद अहमद ने इस देश को दारूल हर्ब दुश्मनों के देश घोषित किया तथा प्रत्येक मुसलमान को काफिरों के विरुद्ध जिहाद छोड़ने के आदेश दिये। अंग्रेजों को भारत से निकालने के लिए उसने देशी राज्यों से सहायता माँगी। उन्होंने अपने अनुयायियों को शस्त्र चलाने की शिक्षा भी दी। अंग्रेजों के अतिरिक्त वह सिक्खों की शान्ति का अन्त भी करना चाहता था। अपने एक परिपत्र तरखिब उल-जिहाद में उन्होंने सिक्खों के अत्याचार के विरुद्ध मुसलमानों को सशस्त्र संघर्ष छेड़ने के लिए आव्हान किया। उनके मतानुसार सिक्खों ने सहस्त्रों मुसलमानों का कत्ल किया । तथा उन्हें अपने धर्म का पालन करने से रोका।

राजनीतिक का रूप

सिक्खों से युद्ध करने के लिए अफगानिस्तान तथा उत्तर-पश्चिमी सीमा प्रांत का दौरा किया तथा इन प्रदेशों से सैनिकों की भर्ती की। 1830 ई. में उसने पेशावर पर अधिकार किया किन्तु उसके पठान तथा हिन्दुस्तानी अनुयायियों में मतभेदों के कारण उसकी यह सफलता अस्थायी रही। सिक्खों ने पेशावर पर पुन: अधिकार कर लिया। 1831 ई. में सैयद अहमद एक लड़ाई में मारा गया।

भारत के अन्य भागों में प्रचार

सैयद अहमद की मृत्यु के बाद वहाबी मत भारत के अनेक भागों में फैला । शाह मुहम्मद ने बंगाल व बिहार के नगरों में इसकी शाखाएँ खोलीं। हैदराबाद दक्षिण में विलायत अली के प्रयासों से इसके अनुयायियों की संख्या काफी बढ़ गई। निजाम के एक भाई मुबरिक-उद-हौला को राज्य विरोधी गतिविधियों के लिए सजा दी गई। उस पर यह आरोप लगाया गया कि उसने सशस्त्र वहाबियों को एकत्र किया है तथा टोंक, रामपुर, व करनूल के नवाबों को ब्रिटिश के विरुद्ध विद्रोह के साथ देने के लिए पत्र लिखे हैं।

सिताना में संघर्ष की तैयारियाँ तथा संघर्ष

उत्तर-पश्चिम सीमा प्रान्त में मौलवी नासीरूददीन को वहाबी सेना का अध्यक्ष बनाया गया। अंग्रेजों के विरुद्ध उसने काबुल के अमीर दोस्त मुहम्मद को सहायता दी। रणजीत सिंह की मृत्यु के पश्चात् पंजाब में फैली अव्यवस्था का लाभ वहाबियों ने उठाया। उन्हें कुछ सफलताएँ भी मिली। लेकिन 1847 ई. में पंजाब को ब्रिटिश साम्राज्य में मिलाये जाने के बाद अंग्रेजों ने वहाबी नेताओं को आत्म-समर्पण करने के लिए विवश किया। उनको पटना भेजा गया। इनमें से एक नेता जिसका नाम इनायत अली था पटना से उत्तर पश्चिम सीमा प्रान्त के एक नगर सिताना चला गया। सितम्बर 1849 ई. में विलायत अली के नेतृत्व में वहाबी पटना से देहली की ओर आये। देहली में विलायत अली दो महीने तक रहा। ऐसा विश्वास किया जाता है कि वह मुगल सम्राट बहादुर शाह द्वितीय से भी मिला। देहली से वे खन्ना जा पहुँचे। यहाँ से इनायत अली उन्हें सिताना ले गया। यद्यपि इनायत अली अंग्रेजों से शीघ्र संघर्ष करना था। 1852 ई. में विलायत अली मृत्यु के बाद इनायत अली ने तैयारियाँ जारी रखी। उसने समस्त वहाबियों को सिताना में एकत्रित होने का आदेश दिया। भारत के सभी मुसलमानों से जिहाद में सम्मिलित होने की अपील की। ऐसे मुसलमानों को जो कि इस धर्म युद्ध में सक्रिय भाग लेने में स्वयं को असमर्थ पाते हों अनायत अली ने काफिर शासकों के साथ किसी भी प्रकार का सम्बन्ध न रखने की सलाह दी। मेरठ, बेरली, देहली, तथा बंगाल व बिहार के इलाकों में वहाबी प्रचारक सक्रिय हो गये। पटना में एक वहाबी नेता अहमदुल्ला ने सात सौ सशस्त्र सैनिक इकट्ठे किये गये। पुलिस के कुछ सिपाही भी गुप्त रूप से उसके साथ थे। अनेक स्थानों पर मुस्लिम सैनिकों को विद्रोह के लिये उकसाया गया। 1853 ई. में सिताना के निकट अम्ब में अंग्रेजों ने वहाबियों को बुरी तरह परास्त किया। इनायत अली ने युद्ध-स्थल से भागकर फिर से तैयारियाँ आरम्भ कर दीं। अफगानिस्तान की सीमा पर स्थित ब्रिटिश प्रदेशों पर उसने कई बार हमले किये। इस समय भारत में 1857 ई. का विद्रोह शुरू हो गया था। मार्च 1858 ई. में इनायत अली की स्वागत में मृत्यु हो गई।

1858 के बाद संघर्ष

1858 ई. में सिताना के विरुद्ध एक अंग्रेजी सेना भेजी गई। अंग्रेजी सेना ने सिताना पर अधिकार कर लिया। 1863 ई. में वहाबी नेता अब्दुल्ला ने स्वात व निकटवर्ती प्रदेशों के कबाईलियों की सहायता से इस पर पुनः अधिकार कर लिया। उसके विरुद्ध अंग्रेजों ने अनेक बार सेनाएँ भेजी। 1863 ई. के एक अभियान में जिसका सेनापति नेविल चेम्बरलेन ने किया था अंग्रेजी फौज को काफी क्षति पहुँची। लेकिन जनरल गारवाँक की सेना बढ़ती गई। सिताना के प्रमुख वहाबी नेताओं को गिरफ्तार किया गया। उन पर मुकदमा चला कर विभिन्न प्रकार की सजाएँ दी गयी। लेकिन अंग्रेजों की इस सफलता से वहाबी विरोध का अन्त नहीं हुआ। 1868 ई. में सिताना से पुन: संघर्ष आरम्भ किया गया। अग्रेजी सेना ने इस बार भी उन्हें हराया।

अब अंग्रेजों ने सभी स्थानों से सक्रिय वहाबियों को गिरफ्तार किया उन पर राजद्रोह का मुकदमा चला कर सजाएं दी। इस कार्यवाही के फलस्वरूप भारत में वहाबियों की शान्ति लगभग समाप्त हो गई।

उपयुक्त विवरण स्पष्ट है कि आरम्भ में वहाबी आन्दोलन एक धार्मिक आन्दोलन था। इसके अधिकांश सदस्य मध्यम वर्ग के मुसलमान थे। रमेश चन्द्र मजूमदार के मत में जिस समय से इस आन्दोलन ने राजनीतिक उददेश्यों की प्राप्ति के लिए। संघर्ष करने का निश्चय किया उसी समय से इसके अनुयायियों की संख्या बढ़ने लगी। सभी वर्गों के मुसलमानों में या तो इसके प्रति सहानभुति थी अथवा उन्होंने इसमें सक्रिय भाग लिया। जब भी वहाबियों पर मुकदमा चलाया गया कुछ व्यक्तियों को छोड़कर शेष ने गवाहियाँ नहीं दीं।

आन्दोलन के प्रति हिन्दुओं का दृष्टिकोण

इस आन्दोलन के प्रारम्भिक चरण में सिक्खों के विरुद्ध जिहाद करने के फलस्वरूप हिन्दू इसके प्रति अशंकित ही रहे। वहाबियों द्वारा ऐसी रीतियों को जो कि हिन्दूओं के सर्म्पक में आकर मुसलमानों ने अपना ली थी समाप्त करने के आन्दोलन से भी हिन्दू प्रसन्न नहीं थे। लेकिन सिक्ख राज्य के अन्त के पश्चात् जब वहाबियों ने अपनी सारी ताकत अंग्रेजों को भारत से निकालने में लगा दी उस समय से हिन्दूओं का रवैया उनके प्रति सहानुभूतिपूर्ण हो गया। यहाँ तक कि वहाबियों के समर्थक के लिए कुछ हिन्दुओं को सजा भी दी गई।

कुछ स्थानों विशेषकर बंगाल में इस विद्रोह ने वर्ग संघर्ष का रूप धारण कर अनुसार बंगाल के एक जिले में वहाबियों की उपस्थिति उन सभी वर्गों के लिये खतरनाक मानी जाती थी जिनके पास सम्पत्ति अथवा विशेषाधिकार थे। अनेक स्थानों पर धनी मुसलमानों तथा कट्टर मौलवियों ने इस आन्दोनल का विरोध किया।

यह आन्दोलन उत्तरी भारत के क्षेत्रों तक ही सीमित नहीं रहा। दक्षिण में हैदराबाद इसका प्रमुख केन्द्र था। मद्रास में भी इसके अनुयायी थे। मुस्लिम स्त्रियों ने भी अपने गहने बेच कर इस आन्दोलन की सहायता की थी।

यद्यपि वहाबी आन्दोलन भारत के काफी प्रदेशों में व्यापक रूप से फैला तथा उसके अनुयायियों ने उत्साह का प्रदर्शन किया किन्तु फिर भी इसे एक राष्ट्रीय आन्दोलन नहीं माना जा सकता। रमेश चन्द्र मजूमदार के मत में यह आन्दोलन मुसलमानों का आन्दोलन था उनके द्वारा

किया गया था तथा उनके लिए था कुछ हिन्दुओं को छोड़कर शेष ने इसका साथ नहीं दिया। ऐसे हिन्दुओं में भी कोई महत्त्वपूर्ण व्यक्ति सम्मिलित नहीं था यद्यपि सिक्ख राज्य के अन्त के बाद वहाबियों ने अपने संघर्ष का उददेश्य ब्रिटिश शासन का अन्त करना रखा किन्तु वे अपने लक्ष्य की प्राप्ति के पश्चात् एक राष्ट्रीय राज्य की स्थापना के स्थान पर भारत में मुस्लिम सत्ता की पुनः स्थापना करना चाहते थे।

कूका विद्रोह

वहाबी आन्दोलन के समान कूका विद्रोह की धार्मिक सुधार के उद्देश्य से आरम्भ हुआ और कुछ समय बाद उसने भी अपना लक्ष्य अंग्रेजों को भारत से निकालना बना लिया। उन्नीसवीं शताब्दी के पाँचवे दशक के आरम्भ में पश्चिमी पंजाब में जवाहर सिंह ने सिक्खों में प्रचलित कुछ कुरीतियाँ–जाति भेद, विधवाओं का कठोर जीवन, मूर्ति और समाधियों की पूजा–का अन्त करने के लिए इस आन्दोलन को शुरू किया। उन्होंने उत्तर–पश्चिमी सीमा प्रान्त में हजारा को अपना केन्द्र बनाया। उनके विचार में गुरु गोविन्द सिंह ही सच्चे गुरु थे, क्योंकि उन्होंने केवल ग्रन्थ साहिब की पूजा करने का आदेश देकर सिक्खों के विश्वासों को पुनर्जीवित करने का प्रयत्न किया था। उन्होंने जाति–पाँति के भेद मिटाने मांस–मदिरा और नशीली वस्तुओं का सेवन करने तथा उन्मुक्त जीवन व्यतीत न करने का उपदेश दिया। उनके अनुयायी एक विशेष ढंग से पगड़ी बाँधते थे तथा ऊनी धागों से गूँथी माला पहनते थे।

राम सिंह का जीवन वृत्त

पंजाब पर ब्रिटिश अधिकार के पश्चात् कूका सम्प्रदाय ने अपना मुख्य उद्देश्य सिक्ख सत्ता की पुनः स्थापना रखा। 1863 ई. में राम सिंह इस सम्प्रदाय का अधिष्ठाता बना। वह अपनी युवावस्था में सिक्ख सेना में काम कर चुका था। शीघ्र ही काफी संख्या में जाट व निम्न वर्ग के व्यक्ति उसके अनुयायी बन गये। उसने स्वयं को गुरु गोविन्द सिंह का अवतार घोषित किया गया तथा ब्रिटिश साम्राज्य का अन्त करके सरकार द्वारा संचालित व्यवस्थाओं का बहिष्कार करने की सलाह दी। उसने अपनी गतिविधियों का केन्द्र लुधियाना से चौदह मील दूर भैनी आला को बनाया। यहाँ उसने अपने अनुयायियों को सैनिक शिक्षा दी। उसने पंजाब के विभिन्न जिलों में सूबेदार और नायब सुबेदार नियुक्त किये। अंग्रेज अधिकारी ईबस्टन के अनुसार कूकाओं ने नैतिक जीवन का त्याग कर दिया था और वे विलासिता का जीवन व्यतीत करने लगे थे।

राम सिंह की गतिविधियाँ

ब्रिटिश अधिकारियों के अनुसार राम सिंह ने नेपाल से भी पत्र व्यवहार किया तथा उसकी सहायता से जम्मू में एक कूका सैनिक दस्ता तैयार किया। कूकाओं ने अनेक भारतीय नरेशों को भी उकसाने की कोशिश की। लेकिन इन अधिकारियों के कथनों पर पूर्ण रूप से विश्वास नहीं किया जा सकता।

घटनाएँ

कूकाओं ने पंजाब के कुछ मन्दिरों की मूर्तियों को ध्वंस किया तथा मांस बेचने वाले कुछ दुकनदारों को जान से मारा डाला। अमृतसर के स्वर्ण मन्दिर के एक दरवाजे के बाहर एक

बूचड़खाना के खोले जाने तथा हिन्दू मोहल्ले के कुएँ में हड्डियों के फेंके जाने की घटनाओं ने कूकाओं को उत्तेजित कर दिया। लुधियाना के निकट रालकोट ग्राम में उन्होंने तीन कसाइयों को मार डाला तथा तेरह को घायल कर दिया क्योंक इस घटना में राम सिंह का कोई हाथ नहीं पाया गया इसलिए उस पर मुकदमा नहीं चलाया गया। नौ कूकाओं को फाँसी और दो को आजन्म कारावास की सजा दी गई।

इन सजाओं की खबर ने भैनी में एकत्रित कूकाओं को उत्तेजित कर दिया। लगभग 150 सशस्त्र कूकाओं ने वहाँ से मलेर कोटला की ओर प्रस्थान किया। राम सिंह ने उनकी इस कार्यवाही को पसन्द नहीं किया तथा इसकी सूचना अंग्रेज अधिकारियों को दे दी। मलोघ ग्राम में सशस्त्र कूकाओं ने सरदार बदन सिंह के निवास पर आक्रमण किया। इस आक्रमण में दो व्यक्ति मारे गये तथा कुछ घायल हुए। मलोघ से उन्हें एक बन्दूक एक तलवार और तीन घोड़े प्राप्त हुए। 15 जनवरी 1872 को उन्होंने मलेर कोटला राज्य की राजधानी कोटला पर आक्रमण किया। वहाँ के नबाव की सेना ने उन्हें खदेड़ दिया। कुछ दूरी तक उनका पीछा किया गया। पटियाला राज्य के रूर ग्राम में 68 कूकाओं ने आत्म-समर्पण किया। गिरफ्तार व्यक्तियों को लुधियाना भेजा गया। वहाँ के डिप्टी कमिश्नर ने उसी दिन उनमें से 49 को तोप से उड़ा दिया। शेष पर अगले दिन मुकदमा चलाया गया और उन्हें भी उसी दिन फाँसी दे दी गई।

इस घटना के बाद ब्रिटिश सरकार ने राम सिंह व उसके प्रमुख अनुयायियों को भैनी में नजरबन्द कर दिया। भैनी में एक पुलिस दस्ता रखा गया। यद्यपि राम सिंह इस घटना की जिम्मेदारी स्वीकार नहीं की किन्तु 1872 ई. में उसे निर्वासित करके रंगून भेजा गया। वहाँ 1885 ई. में उसकी मृत्यु हो गई।

महाराष्ट्र में बासुदेव बलवन्त फड़के के नेतृत्व में संघर्ष

जीवन वृत्त- वासुदेव फड़के का जन्म 1845 ई. में बम्बई के निकट कोलावा जिले में हुआ। साधारण शिक्षा प्राप्त करके जिसमें अंग्रेजी का ज्ञान भी सम्मिलित था। उसने सरकारी नौकरी कर ली। लगभग पन्द्रह साल तक वह इस नौकरी में रहा। इस अवधि में ब्रिटिश सरकार के विरुद्ध उसमें घृणा के भाव पैदा हो गये। 1876-77 ई. में पश्चिमी भारत में एक भंयकर अकाल पड़ा। कृषकों की दयनीय स्थिति देखकर फड़के को यह पक्का विश्वास हो गया कि भारत की जनता की शोचनीय अवस्था के लिये ब्रिटिश सरकार जिम्मेदार थी। उसने ब्रिटिश सरकार का अन्त करने की ठान ली। उसने कुछ युवकों को शस्त्र चलाने की शिक्षा दी। शीघ्र ही उसने यह अनुभव किया कि शिक्षित जनता में इसके प्रति अधिक उत्साह नहीं था। अतएव उसने निम्न वर्ग अथवा पिछड़ी जातियों का सहयोग प्राप्त किया।

रामोसी जाति का सहयोगी- महाराष्ट्र के ग्रामीण क्षेत्रों के किसान, जो कि रामोसी कहलाते हैं, काफी संख्या में उनके अनुयायी बन गये। इस प्रकार उसने एक जाति के सदस्यों का समर्थन प्राप्त कर लिया। अपनी आत्म-कक्षा में **फड़के** ने लिखा है कि उसने बन्दूक आदि शस्त्र चलाना सीखा तथा पूना व अन्य स्थानों में अंग्रेजों के अन्यायों को बता कर जनता को भड़काने की कोशिश की। अपने ब्रिटिश विरोधी अभियानों के लिये उसे धन की आवश्यकता पड़ी। इसके लिये उसने सरकारी खजानों व धनी व्यक्तियों को लूटने का निश्चय किया। फरवरी 1879 ई. में पूना से बारह मील स्थित लोनी खण्ड नामक ग्राम में उसने एक सभा का आयोजन किया। इसमें

लगभग एक सौ व्यक्ति उपस्थित थे। इस सभा के तीन दिन बाद फड़के पैंतालीस अनुयायियों के साथ रात में धामारी गाँव गया। इस दल ने इस ग्राम में कुछ दुकानों को लूट कर चार सौ रुपये प्राप्त किये। पुलिस ने उनका पीछा किया। पहाड़ी प्रदेशों में एक स्थान से वह दूसरे स्थान भागता रहा। उसने देखा कि जनता की सहानुभूति उसके साथ थी। अब उसने रवेड़ के सरकारी खजाने को लूटने की योजना बनाई। लेकिन रामोसियों के व्यवहार को देखकर उसे अत्यन्त निराशा हुई। वे लालची थे और बन्दूकों की मार से डरते थे। 29 मार्च, 1879 ई. की शाम को उसने नानाग्राम में एक सभा की। इसी रात को दो डकेतियों से कुछ धन उन्हें मिला लेकिन उसे सूचना दिये बिना रामोसियों ने अधिकांश धन अपने पास रख लिया।

महाराष्ट्र की सरकार ने फड़के की गिरफ्तारी के लिये तीन हजार रुपये का इनाम घोषित किया। इस समय उसकी मुलाकात ईस्माइल खाँ रुहिल्या से हुई। ईस्माइल खाँ ने दस रुपये रोज पर पाँच सौ रुहिल्यों का प्रबन्ध किया। गंगापुर के पटेल महेश्वर भट्ट ने भी चार सौ सैनिकों की व्यवस्था की। इसके पहले कि अभियान आरम्भ होता ब्रिटिश सेनाओं ने गंगापुर को घेर लिया। किसी तरह से फड़के भाग निकला किन्तु उसके कागजात अंग्रेजों के हाथ लग गये। इन कागजातों से उसकी योजनाओं का पता चला गया। 21 जुलाई, 1879 ई. को फड़के को हैदराबाद राज्य के एक गाँव में पकड़ लिया गया। उस पर राजद्रोह का मुकदमा चलाया गया तथा उसे आजीवन कारावास की सजा दी गई। अदन की जेल में उसे एक छोटी सी कोठरी में रखा गया। उसने वहाँ से भागने की असफल कोशिश की। फरवरी 1883 ई. में उसकी अदन जेल में मृत्यु हो गई

फड़के ने ब्रिटिश सरकार का विरोध करने के लिये कुछ नये तरीके अपनये। फड़के का साथ ग्रामीण जनता ने सदैव दिया। उसके मुकदमे के समय जनता ने उसके प्रति सहानुभूति दिखाई। जब उसे पूना से ले जाया गया उस समय रेलवे स्टेशन पर भारी भीड़ मौजूद थी। इन्दू प्रकाश और डेकन स्टर नामक समाचार-पत्रों ने उसकी प्रशंसा की। कुछ अन्य समाचार-पत्रों ने उसके लक्ष्य को उचित बताते हुए उसके तरीकों को अनुसूचित ठहराया। लेकिन इसमें कोई सन्देह नहीं कि वासुदेव बलवन्त फड़के अपने उद्देश्य की प्राप्ति के लिये किसी भी प्रकार के साधनों का प्रयोग करने में नहीं हिचका। स्वतंत्रता संघर्ष के समय भी क्रांतिकारियों ने इसी तरीके का अनुसरण किया। इसलिये रमेश चन्द्र मजूमदार ने फड़के को भारत में क्रान्तिकारी राष्ट्रीयता का जन्मदाता माना है।

चुने हुए विचार

हंटरः बंगाल के एक जिले में वहाबियों की उपस्थिति उन सभी वर्गों के लिये खतरनाक मानी जाती थी जिनके पास सम्पत्ति व विशेषाधिकार थे।

❑❑❑

4

आदिवासियों के विद्रोह

बंगाल बिहार व उड़ीसा के प्रदेशों में ब्रिटिश प्रभुत्व की स्थापना के समय से ही इन प्रदेशों की जनता ने अंग्रेजी साम्राज्य का विरोध किया। बंगाल सूबे में सामान्य जनता व आदि निवासियों ने समय-समय पर अपना विरोध प्रकट किया। इसके बाद जहाँ-जहाँ अंग्रेजी साम्राज्य का विस्तार था वहाँ पर भी आदि निवासियों ने अवसर मिलते ही विद्रोह किये। उनके ये विद्रोह बीसवीं सदी में भी होते रहे।

आदिवासियों के विद्रोह के प्रमुख कारणः

1. राजनीतिक 2. आर्थिक 3. सामाजिक 4. धार्मिक 5. मनोवैज्ञानिक 6. अन्य

राजनीतिक

1. आन्तरिक स्वायत्ता पर आघात- प्राचीन काल से आदि निवासी अपने प्रदेशों में आन्तरिक स्वायत्तता की स्थिति में रह रहे थे। उनके प्रदेशों के शासक इस स्वायत्तता को छीनने का प्रयास नहीं करते थे। लेकिन आरम्भ से ही अंग्रेजों ने उन पर अपना पूर्ण अधिकार स्थापित करने का प्रयास किया।

2. आदिवासियों के मुखियाओं पर नियन्त्रण-ब्रिटिश प्रशासकों के मत में आदि निवासी शासकों के अधीन हीन अवस्था में जीवन व्यतीत कर रहे थे। अठारहवी शताब्दी के अन्त में **हेमिल्टन ने लिखा कि** "उनके प्रधान मूर्ख, विलासी, अत्याचारी, व अन्धविश्वासी है। अतएव उनको नियन्त्रण में रखकर ही आदि जाति के सदस्यों की भलाई हो सकती है।" इसका विरोध आदिवासियों ने किया।

3. आदिवासियों के प्रदेशों पर अधिकार- अंग्रेजों ने आदिवासियों के प्रदेशें पर अधिकार किया। उनके आने के पहले आम तौर पर किसी शासन ने ऐसा नही किया था। अंग्रेजों ने सामरिक, व्यापारिक व प्रशासनिक आवश्यकताओं के लिये उनके प्रदेशों में सड़के बनायी पुलिस थाने स्थापित किये व सैनिक छावनियाँ बनायीं।

4. ब्रिटिश प्रान्तों में बनाये गये कानून का लागू करना- लार्ड कार्नवालिस ने यह प्रयत्न किया कि बंगाल सूबे के आदिवासी भी उन कानून का पालन करे जो कि कम्पनी की सरकार ने बनाये थे। अंग्रेज प्रशासकों ने सामान्य जनता व आदिवासियों में भेद भाव रखने की आवश्यकता का अनुभव नहीं किया। अन्य प्रान्तों में भी ऐसा ही किया गया। इसमें आदिवासियों में बड़ा रोष फैला।

5. अधीनस्थ कर्मचारियों द्वारा शोषण- आदिवासी क्षेत्रों में ब्रिटिश शासन की स्थापना के लिये अनेक अधिकारी भेजे गये। उनके अधीन पुलिस के सिपाही अमिल व अन्य कर्मचारी नियुक्त किये गये। इन कर्मचारियों ने भोले-भोले आदिवासियों का निर्ममतापूर्वक शोषण किया।

6. अंग्रेज प्रशासकों का आदिवासी क्षेत्रो की उन्नति की ओर ध्यान न -देना अंग्रेज प्रशासक अपनी स्वार्थ सिद्धि में लगे रहे। उन्होंने इन क्षेत्रों के विकास की ओर भी ध्यान नहीं दिया।

आर्थिक

स्टीफन फक्स, राघवैया, कुमार सुरेश सिंह जगदीश चन्द्र झॉ आदि विद्वानों ने जन-जातियों के विद्रोह का प्रमुख कारण उनका आर्थिक शोषण माना है।

कृषि की समस्या- प्राचीन काल से ही आदिवासी जंगलो से शहद फल लकड़ी आदि प्राप्त करके अपना जीवन निर्वाह करते थे। वन्य पशु का शिकार व मछली पकड़ना भी उनके प्रमुख उघ्म थे। अनेक जनजातियों वर्ष में एक बार खेती भी करती थी। वे अपने क्षेत्र में प्रत्येक वर्ष में नवीन भूमि को चुनकर उस पर खेती करते थे। लेकिन अंग्रेजों ने उन्हें विवश किया कि प्रत्येक आदिवासी भूमि के एक टुकड़े पर स्थायी रूप से खेती करे। कार्नवालिस उन्हें स्थायी बन्दोवस्त को मानने पर मजबूर किया। इस अवस्था के अन्तर्गत उन्हें लगान भी देना पड़ा। वे जमींदारों और उनके कारिन्दों के चुगंल में फँस गये। साहुकारों ने उनकी भूमि ऋण के बदले में खरीद ली।

2. निर्वाह के साधनों पा नियंत्रण-1870 के वन कानून जिसका 1875 ई. में संशोधन किया गया के द्वारा अंग्रेजों ने अपने अधीनस्थ प्रदेशों के समस्त वनों पर पूर्ण नियन्त्रण स्थापित कर लिया। अब आदिवासी जंगलो से पहले की भाँति शहद लकड़ी फल आदि एकत्रित नहीं कर सकते थे। इससे जन-जातियाँ निर्वाह के एक प्रमुख साधन से वंचित हो गई। ब्रिटिश सरकारों ने लकड़ी प्राप्त करने के लिये ठेकेदारों को जंगल काटने के ठेके दे दिये। इन ठेकेदारों ने भी जन-जातियों का शोषण किया।

3. भू-राजस्व की वसूली- भारत के अन्य कृषकों की भाँति जन-जातियों से भी सख्ती के साथ लगान वसूल किया गया। यह माना जाता है कि ब्रिटिश काल में कृषकों पर भू-राजस्व का भार उनकी सहन-शक्ति से अधिक था। इसके अतिरिक्त समय-समय पर इसमें वृद्धि होती रहती थी।

4. आबकारी करों की वसूली-जन-जातियों के अनेक इलाकों में ब्रिटिश सरकार ने नवीन आबकारी कर वसूल किये। नमक व अफीम पर कर वसूल किया गया।

5. जमींदारों, ठेकेदारों, साहूकारों, व व्यापारियों द्वारा शोषण- औपनिवेशिक शासकों ने इन्हें बिचौलिया बनाया तथा उनका जम कर इस्तेमाल किया। इन सब ने आदिवासियों के शोषण में कोई कसर नहीं छोड़ी। जमीदारों ने मनमाना कर वसूल किया। ठेकेदारों ने गाँवों के पेड़

काट लिए। साहूकारों ने काफी ऊँची दरों पर उन्हें ऋण दिये। व्यापारियों ने भी वस्तुओं को मनमाने दामों पर बेचा।

सामाजिक

1. उच्च वर्ग के हिन्दुओं तथा जन-जातियों में अभिन्नता का कम होना- मध्यकालीन युग तक इन वर्गों में सद्भावना थी। उदाहरण के तौर पर राजपूताना के भीलों तथा राजपूतों में काफी घनिष्ठता थी। लेकिन अठारहवीं सदी में इन दोनों वर्गों की घनिष्ठता कम हो गई। उच्च जाति के हिन्दू जन-जातियों को अपने से हीन मानने लगे।

2. सामाजिक प्रथाओं में हस्तक्षेप- विलियम बैटिक के समय से ब्रिटिश सरकार ने सामाजिक कुरीतियों को दूर करने के लिये कानून बनाये। इन कानूनों को जन-जातियों पर भी लागू किया गया जिसका उन्होंने कड़ा विरोध किया। उड़ीसा में नर बलि को रोकने के प्रयासों के विरोध में खौड़ों ने विद्रोह किया। भीलों ने डाकन प्रथा को रोकने के प्रयत्नों का विरोध किया।

3. सामाजिक संगठन की प्रक्रिया में ब्रिटिश हस्तक्षेप- प्राचीन काल में जन-जातियों का अपना एक सामाजिक संगठन था। वे अपने मामले खुद तय करते थे तथा अपनी परम्पराओं के अनुसार अपराधी को दंड देते थे। किन्तु ब्रिटिश ने उनके इन अधिकारों को छीनने का प्रयत्न किया तथा ब्रिटिश कानूनों को मानने के लिये उन्हें मजबूर किया।

धार्मिक

1. ईसाई धर्म-प्रचारकों की गतिविधियाँ-बंगाल सूबे व बाद में अन्य प्रान्तों में ईसाई धर्म प्रचारकों को सुविधाएँ दी गयी। यद्यपि उन्होंने विपत्तियों के समय आदिवासियों की सेवा की तथा उनमें शिक्षा का प्रसार किया किन्तु साथ ही साथ जन-जातियों की संस्कृति पर प्रहार किया।

2. जन-जातियों में संस्कृति के प्रसार के आन्दोलन-इस समय विभिन्न प्रदेशों में आदिवासियों के नेता जिन्हें भगत कहते है ने अपने अनुयायियो को हिन्दू जाति के उच्च आदर्शों का पालन करने के लिये आन्दोलन किये। उन्होंने ब्रिटिश सरकार के अन्याय के विरुद्ध भी आवाज उठाई।

3. प्राचीन गौरव की स्थापना की भावना- इनमें से कुछ भगतों ने अपने अनुयायियों को विश्वास दिलाया कि वे उन्हें उस स्वर्ण युग में ले जायेंगे। जिसमें वे प्राचीन काल में रहते थे। इसके लिये विदेशी शासन का समाप्त करना आवश्यक बताया गया।

मनोवैज्ञानिक:

1. परिवर्तन के विरोध की भावना- भारत के अन्य वर्गों के समान आदिवासी भी परिवर्तन को पसन्द नहीं करते थे। लेकिन आधुनिक युग में यातायात के साधनों के विकास तथा आदिवासी क्षेत्रों में अन्य वर्गों के बसने के कारण कुछ परिवर्तन होना स्वाभाविक था। आदिवासियों ने इसका विरोध किया।

2. जाति के उत्थान की कामना- भारतीय समाज के अन्य वर्गों के साथ हुए बढ़ते सम्पर्क ने उनमें अपने वर्ग के उत्थान की भावना पैदा कर दी। फलस्वरूप उनमें एक प्रकार का तनाव पैदा हो गया।

नेताओं का आविर्भाव- यदि किसी अंसतुष्ट समाज में नेता का अविर्भाव न हो तो वह विद्रोह की स्थिति में नहीं पहुँच सकता। लेकिन इस युग में जनजातियों के अनेक नेता हुए। इनमें गंगा नारायण, विरसा मुंडा, कालू व सिन्धु उल्लेखनीय है।

यद्यपि आदिवासी औपनिवेशिक सत्ता के विरुद्ध किये गये विद्रोह में सफल नही हुए किन्तु उन्होंने समय-समय पर अपने अंसतोष को प्रकट किया। उन्होंने देशी राज्यों के प्रदेशों में भी विद्रोह किये। यहाँ तक कि अण्डमान द्वीप समूह के आदिवासियों ने भी अपने प्रदेशों में अंग्रेजों के प्रभुत्व की स्थापना का घोर विरोध किया।

खासी विद्रोह 1829 ई.

कारण- बंगाल में जेन्तिया और गारो पहाड़ियों के मध्य के क्षेत्र में खासी रहते हैं। 1765 ई. में सिलहट के प्रदेशों अंग्रेजों के अधिकार में आये। इस समय से ही खासी यदा-कदा इन प्रदेशों में लूट-मार करके वापस चले जाते थे। प्रथम वर्मा युद्ध के अन्त में ब्रह्मपुत्र नदी की घाटी पर अंग्रेजों का अधिकार हो गया। इस क्षेत्र को सिलहट से जोड़ने के लिये एक सड़क बनाने की योजना बनाई गई। इस सम्बन्ध में अंगेजों ने 1827 ई. में अनेक खासी मुखियाओं से समझौते किये। सड़क के निर्माण के लिये खासी इलाकों में कुछ अंग्रेज अधिकारी बंगाली आये। उनके घमण्डी व्यवहार ने खासियों में अंसतोष पैदा किया। खासी मजदूरों की जबरदस्ती भर्ती के मामले में दोनों पक्षों में तनाव बढ़ गया। ननक्लों के प्रधान तिरूत सिंह ने खासी को अपनी जाति के सादे जीवन पर आघात पहुँचाने वाले कार्य बताये। खासी पहाड़ियों के छोटे-छोटे छत्तीस राज्यों के राजाओं ने तिरूत सिंह को खासी इलाकों तथा असम से अंग्रेजों को निकालने के लिये सहायता देने का आश्वासन दिया। मोलिम राज्य के राजा बार मानिक के एक खासी दल ने 5 मई 1829 ई. को गारो युवकों को लेकर अंग्रेज व बंगाली अधिकारियों को ननक्लों के सेनीटोरियम में घेर लिया। इस घटना में लेफ्टीनेंट बेडिंग फिल्ड मारा गया। खासियों ने इस स्थान पर कार्य कर रहे श्रमिकों को मुक्त कर दिया। अब वे इस इलाके के पोलिटिकल एजेण्ड स्टाक को पकड़ने के लिये चेरापूँजी की ओर बढ़े। इसके दल के आगे बढ़ने के समाचार से समस्त खासी क्षेत्र में विद्रोह की अग्नि फैल गई। सहस्त्रों की संख्या में खासी इस दल में सम्मिलित हो गये। गारो पहाड़ियों के इलाकों में भी विद्रोह फैल गया। तिरूत सिंह ने आस-पास के पहाड़ी क्षेत्रों में रहने वाली जन-जातियों को भी अंग्रेज सत्ता को नष्ट करने के लिये इस अभियान में साथ देने की अपील की। उसने असम के भूतपूर्व राजा चन्द्र कान्ता को भीरु ब्रिटिश के विरुद्ध संघर्ष में साथ देने के लिये संदेश भेजा।

अंग्रेजों ने एक के बाद एक खासी ग्राम को जला दिया। उन्होंने खासियों की आर्थिक नाकेबन्दी का प्रयास भी किया। तिरूत सिंह ने अपनी दस हजार सेना के साथ अंग्रेजों पर अनेक हमले किये। कुछ समय बाद वह असम के मैदानों की ओर बढ़ा। असम में अंग्रेजों के मुख्य केन्द्र गुवाहाटी में हलचल मच गई तथा बढ़ी संख्या में जनता शहर खाली करने की तैयारी करने लगी। चार वर्ष तक दोनों पक्षों में झड़पे होती रहीं। जनवरी 1833 ई. में तिरूत सिंह ने इस शर्त पर आत्म-सर्पण कर दिया कि उसको मौत की सजा नहीं दी जायेगी तथा उसके भतीजे को उसके प्रदेश सौपे जायेगे। इस समय तक अधिकांश खासी राजा भी आत्म-समर्पण कर चुके थे।

खासी विद्रोह के बाद खाम्पटी के मुखिया के नेतृत्व में सिंगोफोओ ने विद्रोह किया। उन्होंने मार्च 1830 ई. में रंगपुर की छावनी पर आक्रमण किया किन्तु उन्हें आसानी के साथ खदेड़ दिया गया। उनके दो नेताओं को फाँसी की सजा दी गई तथा शेष को ढाका की जेल में कैद किया गया। 1839 ई. में सिंगाफोओ ने विद्रोह किया किन्तु इस बार भी इसे खदेड़ दिया गया।

नागा उपद्रव 1849 ई.

1849 ई. में नागाओं ने दीमापुर के निकट एक पुलिस चौकी के अधिकारी को मार डाला। उनके उपद्रव को दबाने के लिए एक सैनिक दस्ता भेजा गया।

कूकी विद्रोह 1826-49 ई.

लुशाई की पहाड़ियों तथा मनीपुर व त्रिपुरा के मध्य के पहाड़ी इलाकों में रहने वाली कूकी जन-जाति ने भी अपने प्रदेशों में ब्रिटिश अधिकार का विरोध किया। वे अपने मृत राजाओं के शव के साथ मानव मुण्ड गाड़ते थे। इसके लिये वे सिलहट और कछार के इलाकों से मनुष्य को ले जाते थे। 1826-1844 और 1849 ई. में कूकियों कछार में आंतक छा गया। उनके विरुद्ध एक ब्रिटिश सेना भेजी गई। 1850 ई. में कूकी मुखियाओं ने अंग्रेजों की प्रभुसत्ता स्वीकार की।

कोलियार जन-जाति का विद्रोह 1831 ई.

कारणः

बंगाल सूबे के छोटा नागापुर क्षेत्र में वनों में कोलियार कोल जन-जाति रहती है। इस जन-जाति की अनेक शाखाएँ हैं। अठारहवीं शताब्दी में इन पर कुछ मुखियाओं का राज्य था जिन्हें राजा कहते है। अपने इलाकों पर अंग्रेजों के अधिकार को इन्होंने पसन्द नहीं किया। वैसे भी वे किसी बाहरी लोगों का आने का विरोध करते थे। उनको वे दिक् कहते थे जिसका तात्पर्य उन लोगो से था जो परेशान दिक् करते है जैसे पूँजीवादी साहूकार आदि लेकिन स्थानीय हिन्दुओं विशेषकर दस्तकारों का रहना उन्हें बुरा नहीं लगता था। स्थायी बन्दोबस्त के अन्तर्गत आने वाले क्षेत्र में बंजर भूमि से लाभ उठाने का अधिकार जमींदारों को मिला हुआ था। अतएव स्थानीय जमींदार अथवा राजा उठाने का अधिकार जमींदारों को मिला हुआ था। अतएव स्थानीय जमींदार अथवा राजा आदि निवासी रैश्त पर दबाव डालने लगे। कोल जन-जाति ने निरन्तर इसका विरोध किया। छोटा नागपुर के उत्तरी प्रवेश द्वार पर स्थित पालामऊ के राजा व उसकी जनता ने इस विरोध का नेतृत्व किया। अंग्रेजों ने उसे हटाकर दूसरे को राजा बना दिया। परन्तु इससे समस्या का अन्त नहीं हुआ। एक अंग्रेज अधिकारी के अनुसार जब तक भूमि सम्बन्धी प्रश्न तय नही होता तब तक पालामऊ में शांति स्थापित नहीं होगी।

घटनायें:

छोटी नागपुर के दक्षिण क्षेत्रों में सिंघभूमि पर ब्रिटिश अधिकार का पोराहट के राजा ने विरोध किया। वह कोल जन-जाति की एक शाखा होस का राजा था। होसो ने अपने प्रदेशों में बाहरी व्यक्तियों को घुसने से रोकने के लिये अपनी सीमाओं पर प्रबन्ध किये। यद्यपि पोराहट के राजा ने विवश होकर ब्रिटिश सरकार को कर देना स्वीकार किया किन्तु होस असंतुष्ट ही रहे।

1820 ई. में अंग्रेज पोलिटिक एजेण्ड के कोल्हन और चौबीसा के इलाकों में प्रवेश करने पर उसका सशस्त्र विरोध किया गया। इसके बाद भी अनेक बार अंग्रेजों का मुकाबला किया गया। 1827 ई. में अंग्रेजों ने उनके कई ग्रामों को जला दिया तथा उन्हें कम्पनी की प्रभुसत्ता मानने जमीदारों को कर देने अपने गाँवों में सभी लोगों को बसने और बच्चों को हिन्दी अथवा उड़ीसा सिखाने के लिए मानने पर विवश किया। इसके बाद इस इलाके में मैदानी भाग से आये लोगों को आदिवासियों की जमीन के पुश्तैनी अधिकार मिलने लगे। आदिवासियों द्वारा बनाई गई शराब पर उत्पादन शुल्क लगा दिया गया। पोस्त की खेती शुरू की गई। ब्रिटिश न्याय व्यवस्था यहाँ पर लागू की गई। इन कार्यों से इस प्रदेश की जनता का अंसतोष चरम सीमा पर पहुँच गया। 1831 ई. में मुण्डा जन-जाति के ब्रिटिश सरकार के विरुद्ध विद्रोह के समय कोल जाति की विभिन्न शाखाओं जिनमें होश भी शामिल थे ने विद्रोह कर दिया। शीघ्र ही यह विद्रोह रांची हजारीबाग पालामऊ और मानभूमि के इलाकों में फैल गया। अंग्रेज इतिहासकार थ्रोंटन के अनुसार उन्होंने बिना योजना के व्यापक किंसा व लूटमार की। अपने प्रदेशों से बाहर से आकर बसने वाले लगभग एक सहस्त्र व्यक्तियों को विद्रोहियों ने मार डाला। पहाड़ी इलाकों में अंग्रेज सैनिक अधिकारियों को काफी कठिनाइयों का सामना करना पड़ा। एक बार तो लगभग सात हजार सैनिकों को पीछे हटना पड़ा। मार्च 1832 ई. में विद्रोह को दबाने में अंग्रेजों को सफलता मिली। इस विद्रोह की अवधि में दोनों पक्षों ने निर्दयता से काम लिया। जाँन शोर के अनुसार पाँच हजार वर्ग मील का क्षेत्र अंग्रेजी सेनाओं ने उजाड़ दिया। इसके बाद भी होसो का विरोद्ध समाप्त नहीं हुआ। 1836 व 1837 ई. में उनके विरुद्ध फिर सेना भेजी गई।

भूमिज विद्रोह 1832-33 ई.

1832 ई. में होस विद्रोह के दबाये जाने के पहले मानभूमि के प्रदेशों में भूमिज जन-जाति ने विद्रोह कर दिया। इस विद्रोह का नेतृत्व बारभूमि की जागीर के एक दावेदार गंगा नारायण ने किया। इसलिये इसे गंगा नारायण हंगामा भी कहते है।

कारण

बंगाल सूबे में जंगल महल व बारभूमि के अन्य प्रदेशों में भूमिज जन-जाति रहती है। जगदीश नारायण झा ने कोलियारों की एक शाखा भूमिजों में बढ़ते हुए अंसतोष के कारणों का विश्लेषण किया है। उनके अनुसार इस क्षेत्र के आदिवासियों के अंसतोष के दो प्रमुख कारण थे। प्रथम कारण ईस्ट इण्डिया कम्पनी द्वारा इन इलाकों में अपनी शासन व्यवस्था की स्थापना करना तथा अंग्रेज व बंगाली अधिकारियों एवं व्यापारियों का इस क्षेत्र में पदार्पण था। दूसरा प्रमुख कारण आदिवासियों के प्रधानों राजाओं का हिन्दूकरण था, जिसने आदिवासी समाज को विघटित करने की प्रक्रिया आरम्भ कर दी।

इस प्रदेश के ब्रिटिश अधिकारियों को आदिवासियों की परम्पराओं रीति-रिवाजों और भावनाओं का तनिक भी ज्ञान नहीं था। उन्होंने तथा इस प्रदेश के राजाओं ने उनमें बढ़ते हुए अंसतोष के मूल कारणों को जानने का प्रयत्न नहीं किया। वास्तव में अंग्रेज अधिकारियों ने जिनकी संख्या बहुत कम थी आदिवासियों से सम्पर्क स्थापित करने का प्रयास नहीं किया। इस क्षेत्र को मिदनापुर जिले के अन्तर्गत रखा गया था। इसके अतिरिक्त अन्य प्रदेशों का दौरा करने

में उसे असुविधा होती थी। कलेक्टर व अन्य अंग्रेज अधिकारी आदिवासियों को अपराधी प्रवृत्ति का मानते थे। इसलिए उन्हें चुआर कहते थे। इन प्रदेशों में भी स्थायी बन्दोबस्त के लागू होने से बाहरी व्यक्तियों को भूमि दी जाने लगी। बंगाल व उड़ीसा के निकटवर्ती क्षेत्रों से काफी संख्या में लोग आकर बसने लगे। इन प्रदेशों के राजाओं ने भी जनता की भलाई के लिए कोई कार्य नहीं किया। उन्होंने जनता के हितों की रक्षा के प्रबन्ध भी नहीं किये। ब्रिटिश सरकार के कर्मचारियों ने आदिवासियों का शोषण किया। सूदखोर व्यापारियों के चुंगल में आदिवासी फँसने लगे। जगदीश चन्द्र झा के मत में 1832-33 ई. का विस्फोट इस जन-जाति के जीवन पर बाहरी व्यक्तियों के दबाव तथा ईस्ट इण्डिया कम्पनी द्वारा विकसित क्षेत्रों के समान इस अविकसित क्षेत्र पर अपनी राजस्व व न्याय व्यवस्था के पेचीदा नियमों को लागू करने का परिणाम था

इस विद्रोह के तात्कालिक कारण गंगा नारायण द्वारा अपने सौतले भाई माधव सिंह को कत्ल करना था। माधव सिंह बारभूमि परगना के जमींदार का दीवान था। इन दोनों में काफी समय से प्रतिद्वन्द्वता चली आ रही थी। अप्रैल 1832 ई. में माधव सिंह की हत्या के समय गंगा नारायण के साथ कुछ घटवाल पहाड़ी दरों के रक्षक भी थे। माधव सिंह के कठोर व्यवहार से असंतुष्ट भूमिज कृषको का समर्थन भी उसने प्राप्त कर लिया था।

घटनाएँ:

माघव सिंह की मृत्यु के बाद गंगा नारायण लूट मार करता हुआ बड़ा बाजार की ओर बढ़ा। 1 मई 1832 ई. को उसने बड़ा बाजार में मुन्सिफ की कचहरी को जला दिया तथा बजार को लूट लिया। इस प्रदेशों के अंग्रेज अधिकारियों के पास उस समय इतनी सेना नहीं थी कि वे विद्रोह को दबा सके। अतएव कलकत्ता और मिदनापुर से सैनिक सहायता माँगी गई। इस बीच जून 1832 ई. में अंग्रेजी सेना को बांकुरा तक पीछे हटना पड़ा। बारभूमि पर गंगा नारायण का अधिकार हो गया। मिदनापुर व कलकत्ता से सहायता मिलने पर गंगा नारायण का लगातार पीछा किया गया। उसमें अंग्रेजों से कई मुठभेड़ें हुईं। 1832 ई. के अन्त तक विद्रोह दबा दिया गया। इसके कुछ ही समय बाद गंगा नारायण की मृत्यु हो गई।

परिणाम:

छोटा नागपुर की कोल जन-जाति की विभिन्न शाखाओं पर प्रभावशाली नियन्त्रण रखने के लिए इस क्षेत्र में दक्षिण-पश्चिमी सीमान्त ऐजेन्सी के नाम से एक अलग इकाई गया जहाँ ब्रिटिश भारत के कानून पूर्णयता लागू नहीं किये जाते थे और जहाँ अधिक निरंकुशता से शासन चलाया जा सकता था। 1854 ई. में इसे छोटा नागापुर डिवीजन का नाम दिया गया। लेकिन फिर भी इन प्रदेशों में पूर्ण रूप से शांति स्थापित नहीं हुई। 1855-56 ई. में इलाके में संथालों ने भंयकर विद्रोह किया।

खौड विद्रोह 1846 ई.

कारण

उड़ीसा के निकटवर्ती प्रदेश खौडमल के निवासी खैड कहलाते है। अपने प्रदेशों में बाहर से बसने वाले व्यक्तियों की संख्या में लगातार वृद्धि के कारण खौड़ों में अंसतोष बढ़ता गया। यहाँ पर

भी स्थिति छोटा नागपुर के आदि-निवासी क्षेत्रों के लगभग समान ही थी ऐसा विश्वास किया गया है कि खौड़ो में नर बलि और बच्चों की हत्या की प्रथाएँ प्रचलित थी। ट्राटर के अनुसार अंग्रेजों ने इन प्रथाओं को समाप्त करने के लिए कदम उठाये। इसका खौड़ों ने विरोध किया। उनको यह भी आशंका हुई कि अंग्रेज उनकी जमीनें जब्त कर लेंगे बेगार लेंगे तथा कई नये कर लगायेंगे।

घटनाएँ

अतएव 1846 ई के आरम्भ में उन्होंने विद्रोह कर दिया। उन्होंने अंग्रेज कप्तान मेकफरसन के शिवीर पर सहसा आक्रमण किया। अप्रैल 1846 में मद्रास रेजीमेंट के एक दस्ते ने उन्हें हराया। दिसम्बर 1846 ई. में चन्द्र बिसायी के नेतृत्व में पुनः विद्रोह आरम्भ हुआ। इस बार काफी संख्या में खौड़ों ने विद्रोह में भाग लिया। यह आम विद्रोह लगभग तीन वर्ष चला। अंग्रेजों सेनाओ ने उनके अनेक ग्राम जलाये कई स्थनों पर कब्जा किया तथा जंगलों में उनका पीछा किया किन्तु खौड़ उत्साह के साथ लड़ते रहे। 1848 ई. के अन्त तक विद्रोह दबा दिया गया। किन्तु चन्द्र बिसायी ने हिम्मत नहीं हारी। 1855 ई. में उसने गमसुर में पुनः विद्रोह नहीं किया । अपितु उनका उददेश्य अपनी संस्कृति व अधिकारों की रक्षा करना है। यह विद्रोह भी दबा दिया गया।

संथाल विद्रोह 1855 ई.

कारणः

बिहार के पूर्वी प्रदेशों में मुर्शिदाबाद जिले के पास के इलाकों में संथाल जन-जाति रहती है। बंगाल में स्थानों बन्दोबस्त होने के बाद वे अपने प्रदेशों को छोड़कर राजमहल के जंगलो में बस गये। उस खेती के लिए साफ की गई जमीनों पर कोई कर नहीं लगाया जाता था। लेकिन उन्नीसवीं शताब्दी के मध्य में संथाल इलाकों में लोगों दिक् के प्रवेश से उनमें असंतोष बढ़ने लगा। उनका कहना था कि 'वे मैदान में बसे है हम पहाड़ियों ओर जंगलो में दोनों के रहने के क्षेत्र अलग-अलग हैं।'' अब उनसे भूमि का लगान भी वसूल किया जाने लगा। उचित व अनुचित तरीकों से जमींदार उनकी भूमि हड़पने लगे। साहूकार उनसे ऊँची दरों पर ब्याज लेते थे और कभी-कभी तो मूल ऋण की रकम से दस गुना धन वसूल करते थे। राजस्व और पुलिस विभाग के कर्मचारी उन्हें तंग करते थे। के.के. दत्ता के अनुसार उनके प्रति अंग्रेज अधिकारियों का व्यवहार अपमानजनक था। कुछ अंग्रेज अधिकारियों ने उनकी स्त्रियों को भी तंग किया। इस प्रदेश में रेलवे लाइन के निर्माण का कार्य शुरू होने से संथाल और भी आतंकित हो गये। उको कम वेतन देकर अधिक परिश्रम कराया जाता था। सरकारी अधिकारियों व साहूकारों के द्वारा शोषण भूमि से अपदस्थ किया जाना तथा अन्य आर्थिक कठिनाईयों ने स्थिति को विस्फोट के करार पर ला दिया। 1855 ई. में इस इलाके में कुछ साहूकारों ने पुलिस दरोगा की सहायता से अपने चरों में मामूली चोरी करने के अपराध में कुछ सँथालों को गिरफ्तार किया। दरोगा ने अपनी शक्ति का प्रयोग इतना अविवेकपूर्ण तरीके से किया कि आदिवासी उसके विरुद्ध हो गये और उनमें से एक ने उसकी हत्या कर दी। गिरफ्तार होकर अपमानित किये जाने की आशंका से उन्होंने विद्रोह कर दिया।

घटनाएँ:

1855 ई. में दो भाइयों-सिंधु और कान्हू-के नेतृत्व में दस हजार संथालों ने सारे देश पर अधिकार करने तथा अपनी सरकार स्थापित करने का अभियान आरम्भ किया। इन दोनों भाइयों ने स्वयं को 'दैवी शक्ति वाला बताया। कोलों की तरह संथालों ने भी विभिन्न गाँवों में आदमी भेजे साहूकारों की चेतावनी देकर कुछ समय बाद उन पर आक्रमण किया और साहूकारों के मकानों तथा कचहरियों को दस्तावेज समेत जला दिया। अनपढ़ होते हुए भी वे जानते थे कि ये दस्तावेज उनकी गुलामी का कारण है।'' उन्होंने मैदानी लोगों की फसलों को जला दिया और उनके इंजीनियरों के बंगले उजाड़ दिये। दोनों भाइयों ने भविष्यवाणी की कि अब विदेशी शासन का अन्त निकट है तथा ब्रिटिश व उसके समर्थक गंगा के पार लौट जाएँगे और आपस में लड़ मरेगें। कुल्हाड़ियों और विष भरे तीरों से संथालों ने अनेक यूरोपियनों व रेलवे कर्मचारी को मार डाला। आतंकित होकर चाय बागानों नें ग्रेज मालिक व नौकर पुलिस व भू-राजस्व विभाग के अधिकारी व्यापारी साहूकार व रेलवे कर्मचारी संथाल इलाकों से वीरभूमि राजमहल और भागलपुर भाग गये। बाद में संथाल पर यह आरोप लगाया गया कि उन्होंने अनेक बंगालियों को जिन्दा जलाया तथा उनकी स्त्रियों को भी तंग किया।

सन्थालों के इस विद्रोह ने आरम्भ में तो ब्रिटिश अधिकारियों को हक्का-बक्का कर दिया लेकिन शीघ्र ही कुछ महत्त्वपूर्ण केन्द्रों पर सैनिक भेजे गये। हंटर ने लिखा है कि सन्थालों ने ब्रिटिश सेनाओं की वीरता के साथ मुकाबला किया। लेकिन बन्दूकों की मार के आगे वे टिक नहीं सके तथा घने जंगलों में चले गये। वहाँ से उन्होंने अपना संघर्ष जारी रखा। उनके डर से कुछ सैनिक दस्ते आगे बढ़ने से घबराते थे। सन्थालों ने मेजर बरो की सेना को हराया। बाद में अंग्रेजों ने सारा जिला सैनिक अधिकारियों को सौंप दिया। विद्रोह संथालों के विरुद्ध एक विशाल सेना लगाई गई।

उधर विद्रोही संथालों की संख्या भी बढ़ कर तीस हजार हो गई। फरवरी 1826 ई. तक दोनों पक्षों में संघर्ष चलता रहा। सिधु व कान्हू की गिरफ्तारी ने विद्रोह का अन्त कर दिया। उनके नेताओं पर वीरभूमि में मुकदमा चलाया गया। इस मुकदमे में एक नेता कहा कि आपने हमें लड़ने में विवश किया है। हमने आपसे केवल न्याय माँगा और आपने कोई उत्तर नहीं दिया। जब हमने शस्त्रों द्वारा उसको प्राप्त करने का प्रयत्न किया तो आपने हमें इस तरह बन्दूकों से मारा जिस तरह जंगल में चीते को मारते है। इससे स्पष्ट है कि अंग्रेज अधिकारियों ने संथालों की दयनीय स्थिति को समषने की कोशिश नहीं की तथा उनको निर्ममता के साथ मारा। यहाँ तक कि विद्रोह के अन्त हो जाने के बाद भी उन पर निर्मम अत्याचार किये।

सन्थाल प्रदेशों को विनियम रहित जिला घोषित किया गया- उनके हथियार छीन लिये गये किसानों को जमीन के अन्धाधुन्ध लगान और वेदखली से बचाने के लिये 1860 के दशक में कानून बनाया गया। इससे रैयत की थोड़ी राहत मिली।

रमेश चन्द्र मजूमदार के मत में संथाल विद्रोह आर्थिक कारणों से आरम्भ हुआ था लेकिन शीघ्र ही उसका उद्देश्य विदेशी शासन का अन्त हो गया। क्योंकि उन्होने यह देखा कि अंग्रेज अधिकारी उनकी शिकायतों पर तनिक भी ध्यान नहीं देते है। वे तो शोषकों को आश्रय देते है। अतएव ब्रिटिश शासन का अन्त ही उनकी स्थिति सुधार सकता है।

मुन्डा विद्रोह 1895-1900 ई.

कारण

छोटा नागपुर की कोल जन-जाति की शाखाओं व सन्थालों के विद्रोह मुख्य रूप से ईस्ट इण्डिया कम्पनी के शासन में अपनाई गई प्रशासनिक एवं आर्थिक नीतियों तथा जन-जातियों के प्रदेशों में बाहर से आकर बसने वाले व्यक्तियों के विरोध में हुए थे। मुन्डा जन-जाति ने भी अनेक बार इन नीतियों तथा दिकों के प्रवेश के विरोध में अपना असन्तोष व्यक्त किया। एस. सी. राय तथा सुरेश सिंह के अनुसार 1789,1797, 1807, 1812, 1820, और 1832 ई. में मुण्डाओं ने अंग्रेजों के अधिकार का सशस्त्र विरोध किया किन्तु उन्हें दबा दिया गया।

छोटा नागपुर के क्षेत्र में चौबीसा के निकट रहने वाली मुन्डा जन-जाति ने अपनी प्राचीन परम्पराओं और रीति-रिवाजों में बाहरी लोगों का प्रभाव रोकने का भी प्रयत्न किया। उनके राजाओं का हिन्दूकरण हो गया था। हंटर व रिजले के मत में वे प्रजा से स्वयं को उच्च मानने लगे थे। इससे दोनों वर्गों में पहले जैसी अभिन्नता नहीं रहती थी।

यद्यपि अठारहवीं शताब्दी के अन्तिम दशकों तथा उन्नीसवीं शताब्दी के प्रारम्भ में हुए विद्रोह दबा दिये गये किन्तु मुन्डाओं में अंसतोष बना रहा। इसके बाद में कुछ स्थानों पर उपद्रव हुए जिनमें मुन्डा कृषकों ने विशेष रूप से भाग लिया। विद्रोह में 1899-1900 ई. में बिरसा मुन्डा के नेतृत्व में किया गया विद्रोह सबसे भयंकर था।

बिरसा का जीवन वृत्त

बिरसा की आरम्भिक शिक्षा चबासा की स्कूल में हुई थी, जहाँ उसने अंग्रेजी का साधारण ज्ञान प्राप्त किया। ईसाई धर्म के प्रचारकों में आकर वह ईसाई बन गया लेकिन इससे उसकी आत्मा सन्तुष्ट नहीं हुई तथा उसने पुनः अपने पूर्वजों के धर्म को स्वीकार कर लिया। 1895 ई में उसने एक नया मत चलाने का निश्चय किया। बिरसा के अनुसार इसके लिये उसे सिंग बोंगा से प्रेरणा मिली थी। उसने अपने अनुयायियों को शिक्षा दी कि वे केवल एक देवता सिंग बोंगा की पूजा करें स्वच्छता से रहें तथा शुद्ध नैतिक जीवन व्यतीत करें। जनेऊ पहने तथा माँस-भक्षण न करें। शीघ्र ही उसके अनुयायियों की संख्या बढ़ गई। बिरसा स्वयं को एक भगवान का अवतार बताने लगा। उसे अनुयायियों उसे धरती आबा अर्थात् धरती के पिता कहने लगे तथा उसे विशेष युक्तियों वाला बताने लगे। सहस्त्रों मुण्डों के लिये उसका निवास स्थान चाल्काड ग्राम एक तीर्थ स्थान बन गया। शीघ्र ही बिरसा ने अंग्रेजों की भू राजस्व व्यवस्था का विरोध करना शुरू किया। कुवंर सुरेश सिंह के मत में भूमि की समस्या मुण्डाओं के अंसतोष तथा विद्रोह का एक मूल कारण थी। कार्नवालिस द्वारा आरम्भ किये गये स्थायी बन्दोबस्त के नियमों का मुण्डाओं पर भी विपरीत प्रभाव पड़ा था। वनों से लकड़ी काटने के लिये बनाये गये कानून ने उन्हें अपने एक परम्परागत अधिकार से वंचित कर दिया था। अब वह अपने घर के काम के लिये भी लकड़ी नहीं काट सकते थे। वनों में अपने पालतू जानवरों का चारा नहीं काट सकते थे तथा वन-भूमि को साफ करके खेती नहीं कर सकते थे।

यह मानते हुए भी कि बरसा ने स्वयं को रहस्यमय शक्तियों से सम्पन्न भगवान का एक अवतार माना और विदेशी सत्ता का अन्त करके जाति के लिये प्राचीन समय के समान स्वर्ग

बनाने का वायदा किया सुरेश सिंह ने उसके नेतृत्व में हुए विद्रोह को मुख्य रूप से उन सामाजिक व आर्थिक ताकतों के विद्रोह आत्मरक्षा के लिये था। बिरसा का उद्देश्य उन तत्वों से जो कि बाहरी जनता की अनाधिकार चेष्टाओं से जीवीत बच गये थे मुण्डा समाज का पुनर्गठन करना था। अतएव सरेश सिंह बिरसा के विद्रोह को केवल एक धार्मिक आंदोलन नही मानते। वे लिखते है कि बिरसा मुण्डा ने अपनी जाति के आर्थिक शोषण का विरोध काने के साथ-साथ अपनी प्राचीन सभ्यता को पुनजीवित करने की कोशिश भी की। उसने नैतिकता ओर स्वच्छता का पाठ भी पढ़ाया

घटनाएँ

बिरसा की बढ़ती हुई लोकप्रियता ने सरकार की चिन्तित का दिया। उसके द्वारा सरकार के कानूनों की खुली आलोचना को अंग्रेजी सत्ता के विनाश और मुण्डा राज्य की स्थापना का संकेत माना गया। इसलिये उसे गिरफ्तार करने का निश्चय किया गया। क्योंकि दिन में उसके गिरफ्तार किये जाने पर उसके अनुयायियों के सशस्त्र विरोध की आंशका थी इसलिये अगस्त 1895 ई. को रात में गिरफ्तार करके उसे तेजी के साथ राँची ले जाया गया। उसके साथ उसके पंद्रह अनुयायियों को विभिन्न सजाएँ दी गयी। जनवरी 1898 ई. में वह जेल में मुक्त हुआ। इस बीच 1896 -97 ई. के अकाल के कारण मुण्डाओं को भयंकर कष्टों का सामना करना पड़ा। बिरसा ने अब अनेक ग्रामों का दौरा किया उसने अकाल तथा संक्रामक रोगों से त्रस्त व्यक्तियों को सहायता पहुँचाने का प्रबन्ध किया। अंग्रेजों के अन्यायों के विरुद्ध आवाज उठाई। उसने अपने अनुयायियों को तीर व तलवार चलाने की शिक्षा दी। शस्त्रों के निर्माण की व्यवस्था की। अपने एक अनुयायी गया मुण्डा को प्रशिक्षण का कार्य सौंपा तथा सेनाध्यक्ष बनाया। इन सब गतिविधियाँ का केन्द्र खूँटी था। राँची चक्रधरपुर व अन्य स्थानों में इसकी शाखाएँ खोली गयी। विभिन्न स्थानों में रात्रि में आयोजित सभाओं में बिरसा अपने अनुयायियों को अन्यायी सरकार का अन्त करके मुण्डा सरकार की स्थापना करने का आदेश देता था। ऐसा विश्वास किया जाता है कि उसने 1899 ई. के क्रिसमस में विद्रोह को आरम्भ करने की योजना बनाई थी।

मुण्डाओं ने अनेक स्थानों पर पुलिस चौकियों और ईसाई धर्म प्रचारकों के केन्द्रों पर हमले किये। 7 जनवरी 1900 ई. को लगभग तीन सौ मुण्डाओं ने खुँटी की पुलिस चौकी को जला दिया। राँची से भेजी अंग्रेजी सेना का डुमरी की पहाड़ी पर लगभग दो हजार मुण्डाओं ने मुकाबला किया। अंग्रेजी तोपों और बन्दूकों की मार से लगभग दो सौ मुंडा जिनसे स्त्रियों व बच्चे भी थे मारे गये। शेष मुण्डा जंगलों में भाग गये। क्योंकि इस संघर्ष में बिरसा व गया उपस्थित नहीं थे अतएव उनकी खोज की गई। गया मुण्डा मारा गया तथा 3 फरवरी 1900 ई. को बिरसा गिरफ्तार हुआ। 2 जून 1900 ई. को बिरसा जेल में हैजे से मर गया। ब्रिटिश अधिकारियों ने दमन-चक्र चलाया। बिरसा के लगभग चार सौ पचास अनुयायियों को गिरफ्तार किया गया। उनमें से सत्तासी पर मुकदमा चलाया गया। इस प्रकार 1900 ई. का मुण्डा विद्रोह दबा दिया गया।

भीलों के विद्रोह 1821-1825 ई.

कारण- क्षणी राजस्थान मध्य प्रदेश गुजरात और उसके निकट के महाराष्ट्र के अन्य प्रदेशों में भील जन-जाति काफी संख्या में निवास करती है।

गौड़ों के बाद भीलों की संख्या भारत में सबसे अधिक है। 1818 ई. तक मध्य प्रदेश गुजरात और महाराष्ट्र के भीलों के इलाके ब्रिटिश शासन के अधीन हो गये थे। इसी वर्ष दक्षिणी राजस्थान के पाँच देशी राज्यों- मेवाड़ बांसवाडा डूगंरपुर प्रतापगढ़ और कुशलगढ़ ने भी अंग्रेजों की अधीनता स्वीकार कर ली थी। 1823 ई. में सिरोही राज्य भी अंग्रेजी की प्रभुसत्ता के अधीन आ गया।

ब्रिटिश शासित भील प्रदेशों के निवासियों ने आरम्भ से ही विदेशी शासन का विरोध किया। जार्ज गिलबेर्न ने 1828 ई. में खानदेश के भीलों पर तैयार किये गये प्रतिवेदन में लिखा है कि महाराष्ट्र में खानदेश के भील यदा-कदा उत्पात मचाते रहते थे। इस प्रकार के उपद्रवों को दबाने तथा भीलों को नियन्त्रण में रखने के लिये ब्रिटिश सरकार ने खानदेश में एक भील दस्ते का गठन किया। जेम्स आउटरम को इसका कमांडेंट बनाया गया। उसने कुछ भीलों को सैनिक शिक्षा दी तथा भील इलाकों में शान्ति बनाये रखने के लिये उनका प्रयोग किया। मालवा में भी भीलों ने कई बार शान्ति भंग की। स्टीफन फक्स के अनुसार 1846 ई. में मालवा में भीलों के एक विद्रोह को दबाया गया। गुजरात में भी भीलों ने अनेक बार अपने असन्तोष को प्रकट किया। इन तीनों प्रान्तों में ब्रिटिश कानूनों के लागू होने से भीलों को आर्थिक समस्याओं का सामना करना पड़ा। उन्हे वनों से घर के लिये लकड़ी काटने आम तथा अन्य पेड़ों से फल व पत्ते इकट्ठे करने तथा पशु चराने से रोका गया। ब्रिटिश न्याय-व्यवस्था को लागू करने से उनकी स्वायत्ता पर प्रभाव पड़ा उन्हें भू-राजस्व अदा करना पड़ा। बाहर से आये साहूकारों और अन्य व्यक्तियों ने उनकी पृथकता समाप्त की तथा उनका शोषण किया। अधीनस्थ सरकारी कर्मचारियों ने उन पर अत्याचार किये। इन प्रान्तों की सरकार उनके हितों की रक्षा तथा भलाई के लिये विशेष प्रयत्न नहीं किये।

यद्यपि राजस्थान के पाँच देशी राज्यों को आन्तरिक प्रशासन में ब्रिटिश ने हस्तक्षेप न करने का वचन दिया था किन्तु इन राज्यों में कार्यरत पोलिटिकल ऐजेन्टों ने शनैः शनैः अपना प्रभाव बढ़ा लिया और वे आन्तरिक मामलों में भी हस्तक्षेप करने लगे। भील जन-जाति के प्रति इन राज्यों की नीति भी उन्ही आदेशों पर निर्धारित होने लगी।

राजपूत काल से इन राज्यों के शासकों तथा भीलों के मध्य सद्भावना चली आ रही थी। भीलों ने सदैव अपने शासकों को सहयोग प्रदान किया था। राजपूतों ने भी उन्हें सम्मान दिया तथा उनसे अन्तर्जातीयों विवाह किये। मेवाड़ में तो राज्यों के प्रतीक चिन्ह में भीलों का चिन्ह सम्मिलित है। लेकिन सत्रहवीं शताब्दी के उत्तरार्द्ध में दोनों के सम्बन्धों में पहले जैसी अभिन्नता नहीं रही। राजपूत भीलों को अपने से हीन समझने लगे। इन राज्यों पर मराठों के आक्रमणों के समय मराठों ने भीलों को अपने से हीन किया क्योंकि वे राज्य की ओर से सीमाओं पर चौकसी करते थे तथा मराठा सेनाओं के पिछले भाग को लूटते थे। इन राज्यों के शासकों ने उनकी मदद नहीं की।

1818 ई. के बाद ब्रिटिश सरकार ने दक्षिणी राजस्थान के राज्यों में शांति व सुव्यवस्था स्थापित करने के प्रयास किये। कर्नल टाड की सलाह पर मेवाड़ के महाराणा ने भीलों को भोलाई व रखवाली वसूल करने से मना किया। कई सदियों से यात्रियों व ग्रामों को अपने आक्रमणों से सुरक्षा प्रदान करने के लिये भील उनके उपद्रवों को दबाने के लिये समय-समय पर ब्रिटिश

अधिकारियों के नेतृत्व में सेनाएँ भेजी गयीं। एल.पी. माथुर जिन्होंने 1818 से 1901 ई. तक इन प्रदेशों में भीलों द्वारा उत्पात तथा विद्रोह का अध्ययन किया है। लिखते है कि 1818 ई. में पहले की अपेक्षा मेवाड़ में भीलों का एक व्यापक विद्रोह हुआ जिसे ब्रिटिश शासन ने दबा दिया।

एल. पी. माथुर ने भीलों में व्याप्त असन्तोष के कारणों का भी विश्लेषण किया है। उनके असन्तोष का एक मुख्य कारण आर्थिक था। भोलाई व रखवाली की वसूली की समाप्ति कुछ समय बाद रखवाली की वसूली अनुमति दे दी गई। वनों से लकड़ी काटने तथा आम व महुआ के फूलन इकट्ठा करने के नियमों से उनकी आमदनी के मुख्य साधन बन्द हो गये। भू राजस्व विभाग के कर्मचारियों द्वारा कूंता के समय अधिक लगान निश्चित करना उन पर तिसाला नामक एक नया भूमि कर लगाना ठेकेदारों को जंगलों में लकड़ी व घास काटने का ठेका देना नमक के उत्पादन पर प्रतिबन्ध लगाना उनके प्रदेशों में चौकियों द्वारा चुंगी की वसूली आदि ने भी उनकों आर्थिक क्षति पहुँचाई। इन प्रदेशों में भी साहूकार उन्हें तंग करने लगे। व्यापारियों ने भी उनका शोषण किया।

राजपूतों ने उनको अपने से हीन समझकर तथा उनसे पहले जैसा व्यवहार न करके भी भीलों में अंसतोष पैदा किया। वे उन्हें हरामखोर व चोर कहने लगे। उनके रीति रिवाजों की आलोचना करने लगे। इससे वे अप्रसन्न हुए।

स्थानीय ब्रिटिश अधिकारियों के निर्देश पर इन राज्यों के शासकों ने भीलों में सती-प्रथा को रोकने के प्रयत्न किये। उनके दबाव में आकर डाकन प्रथा की समाप्त करने की कोशिश भी की। प्राचीन काल से भीलों में डाकन जादूगरनी होने के सन्देह में किसी भी औरत को भंयकर शारीरिक यातनायें दी जाती थी। जिसमें कभी किसी स्त्री की मृत्यु भी हो जाती थी। यद्यपि ऐसी प्रथाओं का रोकना मानवीय दृष्टि से उचित था किन्तु उस समय भीलों ने इसको पसन्द नहीं किया।

इन प्रदेशों में यातायात का विकास होने के साथ-साथ बाहरी व्यक्तियों के साथ भीलों का सम्पर्क भी बढ़ा। सड़के बनाने के लिये जंगल भी काटे गये। उसमें उनकी पृथकता का अन्त होने लगा। फलस्वरूप भारत की अन्य जन-जातियों के समान उन पर भी गहरा मनोवैज्ञानिक दबाव पड़ा।

इन राज्यों के उच्च अधिकारियों तथा उनके अधीनस्थ कर्मचारियों ने भीलों के साथ अच्छा व्यवहार नहीं किया। बुक्स लिखते है कि भीलों की दशा सुधारने के लिये 1859 ई. कुछ कार्य नहीं किया गया। वस्तुतः इन राज्यों की वित्तिय दशा इतनी शोचनीय थी कि उनके लिये नीरें बनाना तथा अन्य जन हित के कार्यों करना सम्भव नहीं था।

घटनाएँ

मेवाड़ में 1821 से आरम्भ हुए उपद्रवों को दबाने के लिये 1823 ई. में एक ब्रिटिश अधिकारी के नेतृत्व में एक सेना भेजी गई किन्तु उसे विशेष सफलता नहीं मिली। डूंगरपुर व बाँसवाड़ा में भी भीलों के विरुद्ध सेनाएँ भेजी गयीं। मेवाड़ में दौलत सिंह के नेतृत्व में इन सेनाओं का मुकाबला भील करते रहे। 1823 ई. में दौलत सिंह ने आत्म सर्म्पण कर दिया तथा उसे निर्वाह के लिये भत्ता दे दिया गया।

1836 ई. में ब्रिटिश सरकार ने मेवाड़ भील कोर्प्स की स्थापना की। खेरवाड़ा को इसका मुख्य केन्द्र बनाया गया। इसका खर्चा मेवाड़, बाँसवाड़ा, डूँगरपुर और प्रतापगढ़ के शासकों ने उठाया।

इसके बाद भी स्थिति में विशेष सुधार नहीं हुआ। यात्रियों की लूट-मार तथा पालपू जानवरों की चोरी के मामले कम नहीं हुए। 1868-70 ई. में इन प्रदेशों में अकाल पड़ा। इस काल में भीलों को पर्याप्त राहत नहीं पहुँचाई गई। अंग्रेजों की सहायता लेकर इन राज्यों के शासकों ने भीलों को कई बार दबाया।

1881 ई. का भील विद्रोह

1881 ई. में भीलों की जन-गणना की गई। इस सम्बन्ध में अनेक प्रकार की अफवाहों ने भीलों को बेचैन कर दिया। मेवाड़ के बारायात ग्राम के कोतवाल और पास के गाँव के लम्बादार के बीच एक झगड़े में भीलों ने कोतवाल को मार डाला। उत्तेजित होकर भीलों के उदयपुर व ऋषदेव के मध्य के मार्ग को अवरुद्ध कर दिया। शीघ्र ही यह विरोध अन्य स्थानों पर फैल गया। ब्रिटिश की सलाह पर महाराणा ने श्यामल दास को भीलों से वार्त्ता करने के लिये भेजा। वार्त्ता के सहसा बन्दूक चलने की घटना ने भीलों को उत्तेजित कर दिया। खेरवाड़ा की रक्षा के लिये अंग्रेजों ने बम्बई प्रान्त से सेनाएँ बुलायीं। श्यामल दास व भीलों में ऋषभदेव में एक समझौता हुआ जिसमें भीलों की अधिकांश माँगे मानी गयी। मेवाड़ में अपनी प्रशासनिक व्यवस्था का पुनर्गठन किया।

कुछ वर्षों को छोड़कर 1881 से 1901 ई. तक इन प्रदेशों में अकाल की स्थिति रही। 1899-1901 ई. का अकाल भयंकर था। इस अकाल के समय सहस्त्रों की संख्या में भील मर गये। उनकी प्रतिशोध शक्ति लगभग समाप्त हो गई।

गोविन्द गिरी का आन्दोलनः

बीसवीं शताब्दी के प्रथम दशक में इन प्रदेशों में गोविन्द गिरी ने एक आन्दोलन चलाया। यह आन्दोलन भगत आन्दोलन के नाम से विख्यात है। उनके पहले भी उन्नीसवीं शताब्दी में कुछ सन्तों-मावजी व सूरजी----ने इस का आन्दोलन चलाया था लेकिन उनमें ब्रिटिश सरकार के प्रति विरोध की भावनाएँ दिखाई नहीं देती थीं अतएव अंग्रेजों ने उनके विरुद्ध कोई कदम कहीं उठाये।

गोविन्द गिरी डूँगरपुर राज्य के वेडसा ग्राम के एक बनजारा परिवार में उत्पन्न हुआ था। अपनी युवावस्था में वह कुछ समय तक गुजरात में भी रहा था ऐसा कहा जाता है कि वह महर्षि दयानन्द के सम्पर्क में आया था। उसने मेवाड़ डूँगरपुर व गुजरात के सीमावर्ती प्रदेशों में सुधार आन्दोलन चलाया। उसने राम की भक्ति, पवित्र जीवन मदिरा व माँस का त्याग तथा रोज स्नान करके स्वच्छ कपड़े पहनने का उपदेश दिया। गले में कंठी धारण करके तथा हवन करने का आदेश दिया। अपने अनुयायियों को चोरी और डकैती छोड़ने को कहा। दूसरे की स्त्रियों को लोलुप दृष्टि से देखना उसकी दृष्टि में एक पाप था। किसी भी अन्य व्यक्ति जिनमें ब्राह्मण भी सम्मिलित थे के हाथ का भोजन-करने से मना किया। अपने उपदेशों का प्रचार करने के लिए उसने अनेक गाँवों में सम्पर्क सभाओं का संगठन किया। बिरसा मुण्डा के समान उसने भी स्वयं

को अवतार बताया। शीघ्र ही उसके अनुयायियों की संख्या बढ़ गई। प्रत्येक वर्ष बांसवाड़ा राज्य में मानगढ़ की पहाड़ी पर वह दपने अनुयायियों की एक सभा का आयोजन करने लगा। गुजरात के सूँठ रामपुर के राजा तथा बाँसवाड़ा व डँगरपुर के शासक उसकी बढ़ती हुई लोकप्रियता से चिन्तित हुए। इस सम्बन्ध में उन्होंने ब्रिटिश सरकार को लिखा। ब्रिटिश सरकार की सहायता से इन राज्यों के सैनिक दस्तों ने 1913 ई. में मानगढ़ की पहाड़ी को घेर लिया तथा नि:शस्त्र भीलों पर बन्दूकों की बौछार की। इस हमले में काफी संख्या में भील मारे गये। गोविन्द गिरी को गिरफ्तार कर लिया गया।

उसे बीस वर्ष की सजा देकर अहमदाबाद की जेल में रखा गया। दक्षिणी राजस्थान और उसकी सीमा पर स्थिति गुजरात के प्रदेशों के भीलों में गोविन्द गिरी के अनुयायी आज भी काफी संख्या में पाये जाते हैं।

1919 ई. से मोती लाल तेजावत के नेतृत्व में दक्षिणी राजस्थान व गुजरात के कुछ प्रदेशों में भीलों ने भी आन्दोलन किया।

जिस प्रकार से दक्षिणी राजस्थान में भीलों ने निरन्तर अपना असन्तोष प्रकट किया। उसी प्रकार से गुजरात मालवा व महाराष्ट्र में भी असन्तोष बना रहा लेकिन कोई व्यापक विद्रोह नहीं हुआ।

नाईक दास जन-जाति का विद्रोह 1858 ई.

कारण:

बम्बई प्रान्त के पंचमहल के जंगलों के जोरिया नाईक ने स्वयं को परमात्मा का अवतार घोषित किया तथा अपनी जाति के सदस्यों को नैतिक जीवन व्यतीत करने का उपदेश दिया। थोड़े ही समय में उसकी अनुयायियों की संख्या बढ़ गई। रूपा भी उसका शिष्य बन गया। यह निश्चय किया गया कि जोरिया को नये नाईक राज्य का आध्यत्मिक प्रधान तथा रूपा को प्रशासक बनाया जाय। उन्होंने वेडक में अपनी एक कचहरी स्थापित की तथा दान जुर्माना और स्थानीय कर वसूल करने शुरू किये। रूप सिंह ने वरिया राज्य के एक ग्राम राजगढ़ भू-राजस्व वसूल करने का प्रयत्न किया। इसके लिए उसने पाँच सौ अनुयायियों के साथ राजगढ़ पर आक्रमण किया। यद्यपि वह वरिया के अंग्रेज अधिकारी को पकड़ने में असफल रहा किन्तु उसमें इस अधिकारी की अनुपस्थित का लाभ उठाकर वहाँ से कुछ शस्त्र आठ सौ रुपया दो घोड़े तथा निजी व्यक्तियों से धन प्राप्त किया। इसके पश्चात् उसने कुछ मकारानियों की सहायता से जम्बू गढ़ पर आक्रमण करके यहाँ से वह हलोल की ओर बढ़ा। दूसरी तरफ जोरिया भगत जी बढ़ता रहा। 6 फरवरी 1867 ई. को जोरिया ने छोटा उदयपुर में जैतपुर की चौकी पर हमला किया। इस समय तक अंग्रेजी सेना ने भगत की सेना पर आक्रमण करके उसके विद्रोह को दबा दिया था। कुछ समय तक रूप सिंह जोरिया तथा रूप सिंह का पुत्र गलालिया विरोध करते रहे लेकिन उन्हें गिरफ्तार करके फाँसी पर लटका दिया गया।

नाईक दास जन-जाति के इस विद्रोह के भी प्रमुख कारण आर्थिक थे। जोरिया ने स्वयं की एक अवतार घोषित काके अपनी जाति के स्वतन्त्र राज्य की स्थापना के लिये संघर्ष किया।

गौड विद्रोह 1891 ई.

दक्षिणी में आन्ध्र प्रदेश के वनों में गौड जन-जाति ने भी ब्रिटिश के विरुद्ध किये। राघवैया के अनुसार ऐसे विद्रोहों को ब्रिटिश ने दबा दिया। उत्तरी मांडल के गौड के विद्रोह का मुख्य कारण वनों में उनके परम्परागत अधिकारों को समाप्त करना था। 1891 ई. में मध्य प्रदेश के गौडों ने भी असफल विद्रोह किया।

अण्डमान व निकोबार की जन-जाति का विरोध:

कारण:

अठाहरवीं शताब्दी के अन्त में अंग्रेजों ने अण्डमान द्वीप समूह पर अधिकार करके वहाँ पर एक बस्ती स्थापित की। अपने इलाकों में एक बाहरी सत्ता के प्रवेश का वहाँ की जन-जातियों ने विरोध किया। उनके विरोध तथा खराब जलवायु के कारण अंग्रेजों ने इस द्वीप समूह को छोड़ दिया। 1858 ई. में दोनों द्वीप समूह पर फिर ब्रिटेन ने अधिकार किया। आरम्भ से ही अण्डमान के द्वीपों के आदि निवासियों ने उनका विरोध किया।

घटनाएँ

उन्होंने अंग्रेज अधिकारियों पर हमले किये तथा जंगलों की सफाई के कार्य में रूकावट डाली। 1858 ई. में अण्डमान पर पुन: ब्रिटिश अधिकार के थोड़े समय पश्चात् वहाँ की एक जन-जाति ने पोर्ट ब्लेयर पर हमला किया लेकिन उसे खदेड़ दिया गया। धीरे-धीरे अंग्रेजों ने उनसे सम्पर्क स्थपित किया तथा उनके लिये अपनी बस्तियों में निवास-स्थान खोले जो अण्डमान होम्स कहलाते थे। इन स्थानों का प्रबंध एक अंग्रेज अधिकारी की देख-रेख में कैदी वार्डनों को सौप दिया गया। सभ्यता के साथ इस सम्पर्क को उन पर विपरित प्रभाव पड़ा। उनकी संख्या कम होती चली गई। केवल दो आदि निवासी जातियों-औंग और जरावा ने उनसे कोई सम्पर्क स्थापित नहीं किया। फलस्वरूप उनकी संख्या में कमी नहीं हुई। इन दो जातियों ने सदैव ब्रिटिश सत्ता का विरोध किया। शेष का विरोध धीरे-धीरे समाप्त हो गया। एल. पी. माथुर ने अण्डमान निकोबार के इतिहास में इन आदि निवासियों के विरोध की घटनाओं तथा उनकी संख्या में कमी के कारणों पर समुचित प्रकाश डाला है। उनके मत में अंग्रेजों द्वारा अपनाई गई नीतियों को दो को छोड़कर शेष आदि निवासियों के पतन की जिम्मेदार है।

आरम्भ में निकाबोर की जन-जातियों ने भी अंग्रेजों की सत्ता का विरोध किया लेकिन उनका यह विरोध कुछ समय बाद समाप्त हो गया।

जन-जातियों के विद्रोह की असफलता के कारण:

1. असंगठित होना- आम तौर पर इन विद्रोहों में संगठन का अभाव दिखाई देता है। इनकी कोई पूर्व योजना भी बनाई गई थी तथा एक जन जाति के समस्त सदस्यों का विद्रोह में भाग लेने के लिए आह्वान भी नहीं किया गया था।

2. योग्य नेतृत्व की कमी- यद्यपि गंगा नारायण कान्हू सिंधू बिरसा आदि ने कुछ स्थानों पर नेतृत्व प्रदान किया था किन्तु उनमें सफल नेतृत्व के गुणों की कमी थी।

3. समस्त जाति का सहयोग न मिलना- आम तौर पर इन विद्रोहों को एक के बल पर वे ब्रिटिश सेना का मुकाबला नहीं कर सकते थे।

4. हथियारों की कमी- आदिवासियों के पास केवल तीर व कमान थे। इन उन्हें सामान्य जनता का समर्थन नहीं मिला।

5. सामान्य जनता का समर्थन न मिलना- जन-जातियों के विद्रोह के समय उन्हें सामान्य जनता का समर्थन नहीं मिला।

6. अंग्रेजों की सैनिक शक्ति- वस्तुतः ये विद्रोह कमजोर समूहों द्वारा एक शक्तिशाली सत्ता के विरुद्ध किये गये थे। आदि निवासी तीर कमानों से एक ऐसी अंग्रेजी सेना का मुकाबला नहीं कर सकती थी जिसके पास तोपें व बन्दूक थी तथा अन्य प्रकार के साधन थे।

जन-जातियों के विद्रोहों का स्वरूप:

1. हिंसात्मक प्रदर्शन- अनेक अंग्रेज इतिहासकारों ने विद्रोह के समय आदिवासियों द्वारा किये गये हिंसात्मक कार्यों की निन्दा की है। उन्होंने इन्हे केवल उनकी हिंसात्मक प्रवृत्ति तथा लूटमार करने के स्वभाव का प्रतीक बताया है। लेकिन हमें यह नहीं भूलना चाहिये कि प्राचीन काल से ही आदिवासियों के पास अपने असंतोष को प्रकट करने के लिये केवल यही एक माध्यम रहा है। कुमार सुरेश सिंह के मत में उनके कार्यों की काँग्रेस आन्दोलन के अंहिसात्मक स्वरूप के माप-दण्ड से तोलना उचित नहीं होगा। यद्यपि उनके कार्य हिंसात्मक थे किन्तु इन्हें उनके स्वभाव से जोड़ना एक गलत धारणा है। उन्होंने इन विद्रोहों में केवल उन्हीं व्यक्तियों को अपने क्रोध का निशाना बनाया जिनसे उन्हें नुकसान पहुँचाया था।

2. आदिवासियों द्वारा असीम साहस का प्रदर्शन- यह जानते हुए भी कि वे ब्रिटिश शासन का सफलता पूर्वक मुकाबला नहीं कर सकते उन्होंने इन विद्रोहों के समय तथा निर्दोष व्यक्तियों की भी कत्ल किया।

3. विद्रोहों का निर्ममता पूर्वक दबाया जाना- ब्रिटिश शासकों ने इन विद्रोहों को निर्ममता के साथ कुचल दिया। उनके सैनिकों ने आदिवासियों को एक उज्ज्वल भविष्य की ओर ले जाने का वायदा किया।

4. कतिपय नेताओं का स्वयं को अवतार मानना- बिरसा मुंडा तथा कुछ अन्य नेताओं ने स्वयं को अवतार बताया तथा अपने अनुयायियों को एक उज्ज्वल भविष्य की ओर ले जाने का वायदा किया।

5. साम्राज्य की सीमा पर निवास करने वाली जन-जातियाँ तथा मुख्य भूमि पर रहने वाले आदिवासियों के विरोध में अन्तर- बंगाल सूबे के जंगलों में रहने वाली जन-जातियों ने ब्रिटिश सत्ता का हटकर विरोध किया। किन्तु मध्य प्रदेश राजस्थान व गुजरात में आदिवासियों के विद्रोह इतने व्यापक व भंयकर नहीं थे।

6. अण्डमान द्वीप समूह की जन-जातियों तथा भारत की मुख्य भूमि के आदि निवासियों के विरोध में अन्तर- अंडमान द्वीप-समूह की सभी जन-जातियों ने अपनी भूमि पर ब्रिटिश अधिकार के समय से ही उनका विरोध किया जो निरन्तर काफी समय तक चलता रहा। यद्यपि भारत की अन्य जन-जातियों में अंसतोष निरन्तर बना रहा लेकिन उन्होंने अवसर देखकर हर

विद्रोह किया।

7. कतिपय जन-जातियों के एक भाग का विद्रोह में सम्मिलित होना- कुछ विद्रोहों को छोड़कर जन-जातियों के विद्रोहों में उनकी समस्त शाखाओं ने भाग नहीं लिया। राजस्थान में भीलों के विद्रोह इसके ज्वलन्त उदाहरण हैं।

8. बींसवीं सदी के राजनीतिक आन्दोलन का प्रभाव- राजस्थान में मोती लाल तेजावत के नेतृत्व में भीलों में एक आन्दोलन चलाया गया जो अहिंसात्मक था। इसमें भीलों को शराब न पीने तथा नैतिकता का पालन करने का वचन देना पड़ता था। बिहार में खेरवारों का आन्दोलन भी असहयोग आन्दोलन से प्रभावित था।

जन-जाति के विद्रोह का प्रभावः

1. जन-जातियों के प्रदेशों में प्रशासकीय व्यवस्था में सुधार- ब्रिटिश अधिकारियों ने विद्रोहों के बाद जन-जातियों के प्रदेशों में प्रशासनीय व्यवस्थाओं का पुनर्गठन किया लेकिन ये उपाय अर्पाप्त थे। अतएव उनका विशेष लाभ नहीं हुआ।

2. जन जाति क्षेत्रो की अन्य के लिये और सुलभ बनाना- ब्रिटिश अधिकारियों ने सुरक्षा की दृष्टि से इन इलाकों में और सड़के बनवार्यी जंगल कटवाये तथा पुलिस चौकियाँ व सैनिक छावनियाँ स्थापित की। इसके फलस्वरूप इन इलाकों में बाहरी लोगों का आगमन व निवास और बढ़ा।

3. सामाजिक व धार्मिक सुधार की संस्थाओं का ध्यान आकर्षित होना-आर्य समाज व अन्य कई सुधारक संस्थाओं का ध्यान जन-जातियों के उत्थान की ओर आकर्षित हुआ तथा वे इन इलाकों में सेवा कार्यों के लिये गये।

4. राजनीतिक आन्दोलनों का आरम्भ-महात्मा गाँधी की विचार धारा से प्रभावित होकर जन-जातियों के उत्थान के लिये कार्य कर रहे नेताओं ने उनके प्रदेशों में भी अहिंसात्मक आन्दोलन आंरभ किए।

स्वन्त्रता प्राप्ति के बाद भारत सरकार ने जनजातियों के उत्थान के लिये विशेष कार्यक्रम बनाये है। इन कार्यक्रम के उत्साहजनक परिणाम सामने आये है, किन्तु अभी भी बहुत कुछ बाकी है।

चुने हुए विचारः

सुरेश सिंहः बिरसा मुंडा अपनी जाति के आर्थिक शोषण का विरोध करने के साथ साथ अपनी जाति की प्राचीन संस्कृति को पुनर्जीवित करने की कोशिश की।

रमेश चन्द्र मजूमदारः संथाल विद्रोह आर्थिक कारणों से उत्पन्न हुआ लेकिन शीघ्र ही इसका उददेश्य विदेशी शासक का अंत करना हो गया।

राष्ट्रीय आन्दोलन में क्रान्तिकारियों का योगदान

"क्रांतिकारियों का अन्तिम उद्देश्य आतंकवाद नहीं है अपितु क्रान्ति और क्रान्ति का उद्देश्य राष्ट्रीय सरकार स्थापित करना है।" -सुभाष चंद्र

बोस

ब्रिटिश इतिहासकारों व राजनीतिज्ञों के अनुसार क्रान्तिकारी आन्दोलन जो केवल मध्यवर्गीय युवकों में बेकारी के कारण हुआ। वास्तव में क्रान्तिकारी आतंकवादी आन्दोलन के वही कारण थे जिनसे राष्ट्रीय आन्दोलन में उग्रवाद का उदय हुआ था । भेद केवल इतना था कि तिलक व अन्य उग्रवादी नेताओं का हिंसा में विश्वास नहीं था किन्तु क्रान्तिकारी आतंकवाद का सहारा लेकर जल्दी सफलता चाहते थे। वे पूर्ण रूप से देशभक्त थे। उनके अनुसार अपने प्राणों का बलिदान दिये बना देश को स्वतंत्रता नहीं मिल सकती थी। वे इटली और आयरलैंड के क्रान्तिकारियों के समान आतंवादी तरीकों को अपनाने के पक्ष में थे। ब्रिटिश सरकार के विरुद्ध गुप्त षड़यंत्रों अथवा सशस्त्र विद्रोह को वे अनुचित नहीं मानते थे।

वे ब्रिटिश व भारतीय अधिकारियों को कत्ल कर उनमें आतंक फैलाना चाहते थे। उनके अनुसार अंग्रेजों ने छल की नीति अपना कर भारत को दासता की जंजीरों में जकड़ा है अतएव उनसे मुक्ति पाने के लिए किसी प्रकार के तरीके अपनाना जायज है। वास्तव में उदारवादियों के शांतिपूर्ण तरीकों और अतिवादियों को धीमें प्रभाव के तरीके से उन्हे निराशा हो चुकी थी।

रमेश चन्द्र मजूमदार के अनुसार वासुदेव बलवन्त फड़के के आधुनिक काल में सबसे पहले महाराष्ट्र में एक ऐसी गुप्त संस्था की स्थापना की थी। जिसका उद्देश्य सशस्त्र क्रान्ति द्वारा भारत में ब्रिटिश सरकार का तख्ता उलटना था। उसके पश्चात् पंजाब में नामधारी सिक्खों के गुरु राम सिंह के नेतृत्व में कूका आन्दोलन हुआ। ब्रिटिश सरकार ने कूका विद्रोह का दमन किया तथा राम सिंह को कैद करके बर्मा भेज दिया। इस आन्दोलन से भी क्रान्तिकारी गतिविधियाँ बढ़ने लगी। अनेक स्थानों पर युवकों को सैनिक प्रशिक्षण देने के लिए व्यायाम शालाओं का प्रबन्ध किया गया। पूना में स्थापित इस प्रकार की एक संस्था के दो उत्साही सदस्यों दामोदर और बालकृष्ण चापेकर ने 22 जून 1897 ईसवी की दो अंग्रेज अधिकारियों रेन्ड व आयर्स्ट की हत्या कर दी। चापेकर बन्धुओं के बलिदान का गहरा प्रभाव पड़ा। 1900 ईसवीं में उसने नासिक में मित्र मेला नामक एक गुप्त संस्था स्थापित की। 1904 ईसवी में इसका नाम बदल कर अभिनव भारत रखा गया तथा पूना को इसका केन्द्र बनाया गया। इस संस्था का उद्देश्य किसी भी तरीके से भारत की स्वतंत्रता प्राप्त करना था।

बंगाल के विभाजन ने उस प्रान्त में भी क्रान्तिकारियों का सक्रिय कर दिया। कलकत्ता में अनुशीलन समिति नाम एक गुप्त संस्था स्थापित की गई। शीघ्र ही सारे बंगाल में इसकी शाखाएँ खुल गईं। अरविन्द घोष ने भी ऐसी एक संस्था स्थापित की किन्तु उन्होंने शीघ्र ही अपनी इस सस्था को अनुशीलन समिति में मिला दिया। अनुशीलन समिति के नवयुवक सदस्यों को तलवार, लाठी, कुश्ती और शारीरिक व्यायाम द्वारा सैनिक प्रशिक्षण दिया जाता था। उन्हें त्याग, और बलिदान के लिए प्रेरित किया जाता था। वे दुर्गा की पूजा करते थे। अनुशीलन समिति की शाखाओं को चलाने के लिए आवश्यक धन की व्यवस्था हेतु इसके सदस्य कभी-कभी सरकारी खजानों अथवा धनी व्यक्तियों को लूट लेते थे। अनुशीलन समिति के समान कई अन्य गुप्त क्रान्तिकारी संस्थायें भी इस समय बंगाल के अनेक नगरों में खोली गईं। अरविन्द घोष ने ऐसी सब संस्थाओं को संगठित करने का प्रयास किया।

बंगाल के विभाजन का सशक्त विरोध करने के लिए अरविन्द घोष ने वन्दे मातरम् और उनके छोटे भाई बारीन्द्र घोष ने युगान्तर नामक समाचार-पत्र निकाले। वे खुले रूप से शक्ति के प्रयोग का समर्थन करने लगे। 22 अप्रेल 1906 ईसवी के अंक में युगान्तर में मत प्रकट किया कि जनता के हाथ में समस्या का समाधान है। भारत की तीस करोड़ जनता को इस अत्याचार के शाप को समाप्त करने के लिए अपने साठ करोड़ हाथ उठाने चाहिए बल प्रयोग का उत्तर बल प्रयोग से देना चाहिए। महाराष्ट्र से प्रकाशित काल नामक पत्रिका भी इस प्रकार के विचारों को समर्थन करती थी।

क्रान्तिकारी देशभक्तों की गतिविधियों को दबाने के लिए सरकार ने दमन चक्र चलाया। किन्तु इसका उन पर कोई प्रभाव नहीं पड़ा। दिसम्बर 1907 ईसवी में क्रान्तिकारियों ने बंगाल के लेफ्टीनेट गर्वनर की गाड़ी उड़ाने का प्रयास किया। इसी महीने में ढाका के मजिस्ट्रेट को गोली मार दी गई। अप्रेल 1908 ईसवी में प्रफुल्ल चाकी और खुदी राम बोस ने यह समझ कर एक गाड़ी पर बम फेंका कि इसमें मुजफ्फरपुर का मजिस्ट्रेट किंग्सफोर्ड बैठा है। उसके बदले केनेडी व उसकी पत्नी मारे गये। पकड़े जाने के पहले प्रफुल्ल चाकी ने स्वयं को गोली मार ली। खुदी राम बोस को फाँसी की सजा दी गई। 1908 में अलीपुर बम षड्यन्त्र केस में अरविन्द घोष व कुछ अन्य देशभक्त पकड़े गये। अरविन्द घोष पर षड्यन्त्र का आरोप सिद्ध नहीं हो सका। बारीन्द्र व उसके कुछ साथियों को काले पानी में आजीवन कारावास का दण्ड भोगने के लिए भेज दिया गया। शेष को विभिन्न अवधियों के लिए सजा दी गई।

विनायक दामोदर सावरकर को राजद्रोह के अपराध में आजीवन कारावास दिया गया। 1909 ईसवी में नासिक में एक अंग्रेज अधिकारी जेक्सन को मारा डाला गया। 37 व्यक्तियों पर मुकदमा चलाया गया जिनमें विनायक दामोदर सावरकार भी थे। इनमें से कुछ को आजीवन कारावास की सजा दी गई।

1904 ईसवी में जोतिन्द्र मोहन चटर्जी ने सहानपुर में एक गुप्त संस्था बनाई। बंग भंग के बाद पंजाब के क्रांन्तिकारियों, ने जिनमें सूफी अम्बा प्रसाद व अजीत सिंह भी थे, सरगर्मी आई। उन्होंने बंगाल के क्रान्तिकारियों से सम्पर्क स्थापित किया। 1907 ईसवी में लाला हरदयाल ने उनका नेतृत्व किया। 1907 ईस्वी में लाला लाजपत राय गिरफ्तार किये गये क्योंकि सरकार को यह संदेह था कि वे गुप्त रूप से क्रान्तिकारियों की मदद करते थे। कुछ दिनों बाद अजीत सिंह भी गिरफ्तार हो गये। सूफी अम्बा प्रसाद को आरोप सिद्ध न होने के कारण छोड़ दिया गया। नवम्बर 1909 ईसवी में अजीत सिंह की भारत माता बुक ऐजेंसी की तलाशी के समय भाई परमानन्द पकड़े गये। इसके पहले 1908 ईसवी मे लाला हरदयाल देश छोड़कर पहले यूरोप और फिर अमेरिका चले गये थे। उत्तरी भारत में क्रांतिकारी आन्दोलन का नेतृत्व रास बिहारी बोस ने संभाला। दिसम्बर 1912 ईसवी में देहली के चाँदनी चौक में हाथी पर बैठे भारत के वायसराय लार्ड हार्डिज पर एक बम फेंका गया जिससे वे बाल-बाल बच गये। किन्तु उनका अंगरक्षक मारा गया। रास बिहारी बोस को पकड़ा न जा सका किन्तु देहली षड्यन्त्र केस में मास्टर अमी चन्द, अवध बिहारी लाल मुकंद, बसन्त कुमार विश्वास को फाँसी की सजा, चरन दास को आजीवन काला पानी तथा अन्य को विभिन्न सजाएँ दी गई।

1907 ईसवी में इलाहाबाद में सुन्दर लाल ने एक जोशीला भाषण दिया। सरकार ने उन्हें

सख्त चेतावनी दी। 1909 ईसवी में उन्होंने घोषणा की कि वे कर्मयोगी नाम पत्र निकालेंगे। इलाहाबाद से प्रकाशित स्वराज्य में सरकार विरोधी लेख निरन्तर छपते थे। जून 1908 ईसवी में सरकार ने इसका प्रकाशन बन्द करने के आदेश दिये किन्तु यह छपता रहा। इसके चार सम्पादकों को सजाएँ दी गई।

बनारस में भी क्रान्तिकारी आन्दोलन का केन्द्र अमरावती था। यहाँ के प्रमुख क्रान्तिकारी गणेश श्री कृष्ण खापर्डे थे। तिलक व चापरेकर बन्धुओं से उनका सम्पर्क था। खापर्डे ने बंगाल के क्रांतिकारियों से भी घनिष्ठ सम्पर्क स्थापित किया था।

राजस्थान में श्याम जी कृष्ण वर्मा के प्रभाव से अर्जुन लाल सेठी, केसरी सिंह बारहठ तथा राव गोपाल सिंह खरवा क्रांतिकारी बन गए थे। ब्यावर के सेठ दामोदर दास राठी का नाम दिल्ली षड्यन्त्र केस के सिलसिले मं लिया गया था। बंगाल के क्रान्तिकारी अजमेर ब्यावर में आकर गुप्त रूप से रहते थे। शचीन्द्र नाथ सान्याल बम बनाने के लिए खरवा आये थे। 1911 ईसवी में केसरी सिंह बारहठ के पुत्र प्रताप सिंह देहली आये। दिल्ली षड्यन्त्र केस के अनुसार वे इस कांड में सम्मिलित थे। उन्हें पाँच साल की सजा हुई। शारीरिक यातनाओं के कारण सजा की अवधि में बरेली जेल में उनकी मृत्यु हो गई।

मद्रास में संगठित रूप से क्रान्तिवादी कार्य नहीं हुए। इस प्रदेश के क्रान्तिकारी नेताओं में चिदम्बरम् पिल्लई और सक्रपनिता शिवा उल्लेखनीय हैं। जून 1911 ईसवी में एक अंग्रेज मजिस्ट्रेट को मनियाची रेलवे स्टेशन पर गोली से मार दिया गया। गोली मारने वाली वांची अरूवर ने पकड़े जाने बचने के लिए आत्महत्या कर ली। तिनेवली षड्यन्त्र केस में उनके साथी शंकर कृष्ण अय्यर का पाँच साल की सजा हुई। वी.बी.एस.अय्यर की गतिविधियों का केन्द्र पांडीचेरी था।

लन्दन में क्रान्तिकारी सक्रिय थे। श्यामजी कृष्ण वर्मा ने जनवरी 1905 ईसवी मे लन्दन में ''इण्डियन होम रूल सोसायटी'' की। इसका मुख्य पत्र ''इण्डियन सोशियोलोजिस्ट'' था उन्होंने भारतीयों के लिये ''इण्डियन हाऊस'' नामक होस्टल की स्थापना की। इसमें एक हजार की छः छात्रवृत्तियाँ उन भारतीय लेखकों, पत्रकारों और अन्य योग्य व्यक्तियों की दी जाती थी जिन्हें भारत के बारे में भाषण देने पश्चिमी देशों में भेजा जाता था। इन छात्रवृत्तियों के माध्यम से भारतीय क्रांतिकारियों को लन्दन में बुलाया गया। इनमें से सावरकर, हरदयाल, व मदन लाल धींगरा प्रमुख थे। 1905 ईसवीं के बाद प्रत्येक वर्ष इण्डियन होम रूल सोसाईटी 1857 ईसवी के विद्रोह की जयन्ती मनाने लगी। जब 1907 ईसवी में श्याम जी कृष्ण वर्मा के विरुद्ध कार्यवाही करने पर विचार किया जा रहा था, वे पेरिस चले गये। 1914 तक वे वहाँ रहे और फिर स्वीटजरलैंड चले गये। 1900 ईसवी में इण्डियन सोशियोलोजिस्ट का प्रकाशन लन्दन से बन्द किये जाने पर यह पेरिस से छपने लगा।

जुलाई 1909 ईसवीं में मदन लाल धींगरा ने लन्दन में भारत सचिव विलियम कर्जन वाइली को एक सभा में गोली मारी। उनको इस अपराध में फाँसी दी गई। सावरकर पर भी मुकदमा चला कर उन्हें अजीवन निर्वासन की सजा दी गई। उन्हें एक जहाज में भारत भेजा गया किन्तु मार्सेलिज नामक बन्दरगाह में वे जहाज से कूदकर भागने के प्रयास में पुनः गिरफ्तार हुए। उन्हें भारत भेजा गया।

पेरस में सिंह जी रेवा भाई राना और श्रीमती भीखाजी रूस्तम कामा ने संगठन के कार्य में श्याम जी कृष्ण वर्मा का साथ दिया। श्रीमती कामा ने जर्मनी, ब्रिटेन, फ्रांस व अमेरिका में भारत के क्रान्तिवादी विचारों का प्रचार किया। राना और कामा ने 1907 ईसवीं में इन्टरनेशनल सोशलिस्ट कांग्रेस में भारत के प्रतिनिधियों के रूप में भाग लिया। मेडम कामा ने इस सभा में भारत का तिरंगा झण्डा भी लहराया। 1909 ईसवी पेरिस में रहते हुए भी जेनेवा से उन्होंने बंदेमातरम नामक मासिक पत्र निकाला। लाला हरदयाल इसके सम्पादक थे।

पेरिस में खासी राव नामक एक युवक गुप्त रूप से युद्ध सामग्री बनाने की कला सीख रहा था। बर्लिन से वीरेन्द्र चटोपाध्याय ने 1909 ई. में तलवार नाम पत्र निकाला।

विवेकानन्द के छोटे भाई भूपेन्द्र नाथ दत्त अगस्त 1908 ई. में न्यार्क पहुँचे। इसके पहले आयरिश क्रान्तिकारियों के एक संगठन की सहायता से मोहम्मद बरकतुल्ला और सेमुअल ल्यूकाश जोशी ने न्यूयार्क में ''पैन आर्यन एशोसियेशन'' की स्थापना की। फरवरी 1907 ईसवी में बरकतुल्ला जापान चले गये और ल्यूकाश जोशी भारत लौट आये।

अप्रेल 1908 ईसवी में कनाडा में वैंकूवर से तारक नाथ दास ने फ्री इण्डिया नाम पत्रिका निकाली। अमेरिका आने के पहले वे अनुशीलन समिति के सक्रिय सदस्य थे। कनाडा से वह अमेरिका के एक नगर सीटेल और वहाँ से न्यूयार्क चले गये। 1910 ईसवीं में संयुक्त राज्य अमेरिका के अधिकारियों ने फ्री इण्डिया का प्रकाशन बन्द कर दिया।

इस बीच कनाडा और संयुक्त राज्य अमेरिका का पश्चिमी तट भारतवासियों का प्रधान कार्य क्षेत्र बन गया था। इन प्रदेशों में काफी संख्या में भारतीय विशेषकर सिक्ख बस गये थे। अमेरिकन मजूदर उन्हें पसन्द नहीं करते थे। उनमें से कई ने भाग कर वैनकूवर में शरण ली।

पंजाब के रामनाथ पुरी 1906 ईसवीं के अन्त में अमेरिका गये। वहाँ वह दुर्भाषिये का काम करते थे। उन्होंने सेन फ्रांसिस्को में हिन्दुस्तान ऐसोसियेशन की स्थापना की। उन्होंने उर्दू में सर्कुलर-ए-आजादी निकाला। शीघ्र ही अर्थाभाव के कारण इसका प्रकाशन बन्द हो गया।

1907 ईसवीं में केलीफोर्निया के भारतीय विद्यार्थियों में से खेमेन्द्र चन्द्र, पांडुरंग खान-खोजे, तारक नाथ दास आदि ने मिल कर भारतीय स्वतंत्रता संघ की स्थापना की। उन्होंने वहाँ के प्रवासी सिक्खों में क्रान्तिवादी विचारों का प्रसार किया।

गदर पार्टी:

जनवरी 1910 ईसवी में वैनकूवर से गुरुदत्त कुमार ने गुरुमुखी में स्वदेश सेवक नाम पत्र निकला। मार्च 1911 ईसवी में इस पत्र का भारत आना रोक दिया गया। कुछ समय बाद में इसका प्रकाशन बंद हो गया। 1911 ईसवी में लाला हरदयाल ने अमेरिका पहुँचकर केलीफेर्निया में बर्कले नगर को अपनी गतिविधियों का केन्द्र बनाया। वे सिक्खों को क्रांति के लिये तैयार करने लगे। पौर्टलैंड के काशी राम ने उनका साथ दिया। सोहन सिंह गथीले भी पोर्टलेंड में काशी राम से आ मिले। 1913 ईसवी में हरदयाल ने उनसे परामर्श कर गदर पार्टी की स्थापना की। नबम्बर 1913 ईसवी में सोहन सिंह भकना व हरदयाल ने सेन-फांसिस्कों में गदर नाम पत्र निकाला। यह पहले गुरुमुखी और उर्दू निकलता था। 1914 ईसवी मे गुजराती और 1915 ईसवीं में हिन्दी में भी निकाला गया। इसके सम्पादक राम चन्द्र पेशावरी थे। इस पत्र का प्रकाशन युगांतर आश्रम से

होता था। इसका उद्देश्य भारत में ब्रिटिश सरकार के अत्याचारों को संसार के सम्मुख प्रस्तुत करना तथा भारतीयों को सभी प्रकार के बलिदान और त्याग के लिये तैयार करना था। गदर के विभिन्न अंको में भारत में ब्रिटिश सरकार के निर्दयी पुलिस शासन, व्यवस्थित रूप से देश का आर्थिक शोषण,1857 ईसवी की सशस्त्र क्रान्ति व अन्य आन्दोलनों पर लेख प्रकाशित किये गये। इसके अंको में विश्व के अनेक देशों में होने वाली महत्त्वपूर्ण घटनाओं पर भी विचार प्रकट किये। स्वतंत्रता और प्रजातंत्र की रक्षा के लिये अमेरिकन जनता से सहयोग की अपील की गई। प्रत्येक अंक में विदेशों में रहने वाले देशवासियों को सशस्त्र विद्रोह करने और अपने प्राणों को न्यौछावर करने के लिये प्रेरित किया गया। भारतीय सैनिकों को विदेशी सरकार के विरुद्ध विद्रोह करने के लिये उकसाया गया।

कामागाटा मारू की घटनाः

1914 ईसवी के आरम्भ में कामागाटा मारू नामक जहाज की घटना ने कनाडा और अमेरिका में रहने वाले भारतीयों के ब्रिटिश सरकार के विरुद्ध भड़काने में मदद की। कनाडा की सरकार ने अप्रत्यक्ष रूप से अपने देश में भारतीयों के प्रवेश पर प्रतिबन्ध लगा दिया था। इसके फलस्वरूप कनाडा में जीविका उमार्जित करने के लिये जाने वाले अनेक पंजाबी, विशेषकर सिक्ख, हताश हो गये। 1914 ईसवी के आरम्भ में गुरुदीप सिंह नामक एक सिक्ख ने हांगकांग में एक जापानी जहाज कामागाटा मारू के कप्तान को किराया देकर उसे कनाडा ले जाने के लिये तैयार किया। मई 1914 ईसवी में यह जहाज भारतीयों को लेकर कनाडा के बन्दरगाह वेनकूवर जा पहुँचा। कनाडा सरकार ने इस जहाज के अधिकांश यात्रियों को अपनी भूमि पर नहीं उतरने दिया। जुलाई 1914 ईसवी में इस जहाज को वेनकूवर छोड़ने के लिए बाध्य किया गया। कनाडा सरकार की इस कार्यवाही के कनाडा व प्रशान्त महासागर के अमेरिकी तट पर रहने वाले भारतीयों में असन्तोष फैला। गदर पार्टी ने भी इसके विरुद्ध प्रचार किया। इस जहाज के कनाडा से वापस लौटने के समय यूरोप में महायुद्ध छिड़ गया। अतएव जहाज को भारत जाने के आदेश दिये गये। मार्ग में गदर पार्टी के कार्यकर्ताओं ने इसके यात्रियों से सम्पर्क स्थापित किया। 29 सितम्बर को कामागाटा मारू कलकत्ता पहुँचा। कलकत्ता में सरकारी अधिकारियों ने जहाज की तलाश ली। इस तलाशी में उन्हें कोई आपत्तिजनक वस्तु नहीं मिली। इसके तुरन्त बाद ही जहाज के सिक्ख यात्रियों का दल एक गुरुद्धारे में गया। वहाँ से लौटते समय सरकारी अधिकारियों द्वारा उनके साथ किये गये दुर्व्यव्यवहार के कारण गड़बड़ फैल गई। गोली चलाये जाने से 18 सिक्ख मारे गये तथा 25 घायल हो गये। एक रेलवे अधिकारी व दो सिपाही भी मारे गये जहाज यात्रियों के अतिरिक्त शेष को गिरफ्तार कर पंजाब भेज दिया गया। इस घटना ने पंजाब में सरकार के विरुद्ध भावनाओं को और भड़काया। ऐसी विस्फोट परिस्थिति में गदर पार्टी ने पंजाब के सशस्त्र विद्रोह करने का निश्चय किया।

भारत में गदर पार्टी द्वारा सशस्त्र क्रान्ति का प्रयासः

गदर पार्टी ने पंजाब व विदेशों में स्थित भारतीय सैनिकों को विद्रोह के लिए उकसाया। अमेरिका से अनेक क्रान्तिकारियों को पंजाब जाने के लिये भेजा गया। किन्तु उनमें से अधिकांश को गिरफ्तार कर लिया गया।

1915 के आरम्भ में रंगून व सिंगापुर में भारतीय सैनिकों ने असफल विद्रोह किये। गदर पार्टी द्वारा भेजा गया शस्त्रों से लदा हुआ एक जहाज भारत पहुँचने मे असफल रहा।

इस बीच पंजाब में पहुँचने वाले क्रान्तिकारियों ने आवश्यक धन प्राप्त करने के लिये अनेक डकैतियाँ की। दिसम्बर 1914 में अमेरिका से विष्णु गणेश पिंगले पंजाब पहुँचा। उसने गदर पार्टी के सदस्यों से सम्पर्क स्थापित किया। शीघ्र ही रास बिहारी बोस भी पंजाब पहुँच गये। यह निश्चय किया गया। कि 21 फरवरी, 1915 को मियां मीर की छावनी में विद्रोह आरम्भ किया जाय। वे यह आशा करते थे कि शीघ्र ही यह विद्रोह व्यापक रूप धारण कर लेगा। कृपाल सिंह नामक एक व्यक्ति ने इस योजना के बारें में सरकार को सूचित कर दिया। कृपाल सिंह एक सरकारी गुप्तचर था और बड़ी आसानी के साथ विद्रोहियों का नेता बनने में सफल हो गया था। शीघ्र ही रास बिहारी बोस के अतिरिक्त इस षड्यन्त्र के शेष नेता गिरफ्तार कर लिये गये। इसके पश्चात् विद्रोह को सरकार ने आसानी के साथ कुचल दिया।

प्रथम महायुद्ध की अवधि में दक्षिणी पूर्व एशिया के प्रवासी भारतीयों और सैनिकों के विद्रोह को उकसाने को प्रयत्न भी गदर पार्टी ने किया। सिंगापुर मे एक भारतीय बटालियन रहती थी। इसके सब सैनिकों मुसलमान थे। फरवरी 1915 ई में इसे हांगकांग जाने के आदेश दे दिये गये लेकिन हांगकांग जाने के पहले इसने बगावत कर दी। उन्होंने जर्मन कैदियों को मुक्त कर दिया। उनके एक जत्थे ने कर्नल के बंगले पर असफल हमला किया। कुछ अंग्रेजों को सड़कों पर मौत के घाट उतार दिया। यह विद्रोह केवल तीन दिन चला। अंग्रेजी सेना ने इसको दबा दिया। इसके नेताओं को खुले बाज़ार फाँसी दे दी गई तथा 38 को गोली से उड़ा दिया गया। ऐसा विश्वास किया जाता है अमेरिका से गदर पार्टी के एक सदस्य मूल चन्द सिंगापुर आये थे। तथा उन्होंने सैनिकों को विद्रोह के लिये प्रेरित किया था।

श्याम में भी भारतीय क्रांतिकारियों की हलचलों से ब्रिटिश सरकार चिन्तित हुई। जुलाई। 1915 ईसवी में जोघ सिंह न्यूयार्क से बैंकाक पहुँचे। जोध सिंह के साथ सुकुमार चटर्जी और दरिसी चेंचिया भी आये। चीन से शिव दलाल कपूर बैंगकाक पहुँचे। इस समय विन्सेंट क्राफ्ट नामक एक जर्मन ने अंडमान पर अधिकार करने की योजना बनाई। उसे बर्लिन कमेटी ने बटेविया भेजा था। बटेविया में उसकी भेंट भारत से आये कुछ क्रान्तिकारियों से हुई। कुछ समय के बाद अंग्रेजों ने काफ्ट को सिंगापुर में गिरफ्तार कर लिया।

1915 ईसवी के आरम्भ में बर्मा में भारतीय क्रान्तिकारी सक्रिय हो गये। बर्मा आने वाले भारतीय जत्थों को गिरफ्तार किया गया। इनका सम्बन्ध गटर पार्टी से था। मेम्यों में सोहन लाल पाठक गिरफ्तार हुए। वे सेन-फ्रांसिस्को से आये थे। उनका एक साथी नारायध सिंह भी पकड़ा गया। दोनों को मृत्यु दंड दिया गया।

पश्चिम की ओर से भारत पर आक्रमण करने की योजना बनाई गई। भारतीय बर्लिन कमेटी ने कुछ भारतीय नौवान ईरासन भेजे। मार्च 1915 ईसवी में यें जत्था दो भागों में विभक्त हो गया। इनमें से एक दस्ता अगासे और पांडुरंग खानखोजे के कमान में था। सूफी अंबा प्रसाद और मिरजा अब्बास आदि क्रान्तिकारी पहले से ही ईरान में थे। इन सबको काफी मुसीबतों क सामना करना पड़ा। खानखोजे किसी तरह ब्लूचिस्तान की सीमा तक जा पहुँचे। उन्होंने ब्लूचियों को लेकर एक पल्टन बनाई लेकिन वहाँ के अमीर ने हमला करके उसे तोड़ दिया। खानखोजे

लौटकर अगासे व प्रथम नाथ से मिले। वास्त नामक नगर में खानेखोजे को अंग्रेजों ने गिरफ्तार कर लिया। वे किसी प्रकार भाग निकले। इस बीच अगासे व प्रथम नाथ गिरफ्तार हो गये। इस समय तक जर्मनी की हार हो चुकी थी।

अक्टूबर 1915 ईसवी के आरम्भ में भारतीय क्रान्तिकारियों के एक प्रतिनिधि मंडल तुर्की की राजधानी में अनवर पाशा से मिला। इसमें बरकतुल्ला, केरसाम्प और तारक नाथ दास शामिल थे। 1916 ईसवी में तुर्की में एक भारतीय सेना के बहुत से सिपाही गिररफ्तार हो गये थे। बर्लिन से वीरेन्द्र नाथ चट्टोपाध्याय, भूपेन्द्र नाथ दत्त और वीरेन्द्र नाथ दास भारतीय कैदियों से मिलने गये। लेकिन उन्हें जर्मनी व तुर्की का सहयोग नहीं मिला।

महाराजा महेन्द्र प्रताप बर्लिन कमेटी के एक प्रमुख सदस्य थे। उन्होंने कैंसर से भी मुलाकात की। बर्लिन कमेटी और जर्मन सरकार की सलाह से एक भारत-जर्मन मिशन को अफगानिस्तान भेजा गया। इसके भारतीय सदस्य महेन्द्र प्रताप थे। उनके साथ बरकतुल्ला भी थे। अफगानिस्तान के मार्ग में उन्हें काफी तकलीफों का सामना करना पड़ा। अक्टूबर 1915 ईसवी में इस मिशन ने काबुल पहुँचकर अमीर हबीबुल्ला से बात की। उनसे तथा अफगानिस्तान के सरकारी अधिकारियों से विचार-विमर्श करके दिसम्बर 1915 ईसवी को भारत की अस्थाई सरकार की स्थापना की गई। भारत की अस्थाई सरकार के राष्ट्रपति की हैसियत से महेन्द्र प्रताप ने रूस को भी एक पत्र भेजा। रूसी क्रांति के बाद वे रूस भी गये। 1918 ईसवी में वे बर्लिन पहुँचे। क्रान्तिकारियों को अनेक स्थानों पर सफलता मिलने के कारण अस्थाई सरकार समाप्त हो गई।

ज्योतिन्द्र नाथ मुकर्जी, जो कि जतीन मुकर्जी के नाम से विख्यात थे, बंगाल के एक प्रमुख क्रान्तिकारी नेता थे। उन्होंने कलकत्ता की मैसर्स रोड़ा एण्ड कम्पनी की 50 माउजर पिस्तौलें और 40,000 कारतूस उड़ाने की योजना बनाई।

बंगाल के क्रांतिकारियों ने संयुक्त राज्य अमेरिका से शस्त्र मंगाने के लिये प्रबन्ध किया। कलकत्ता में उन्होंने हेरी एण्ड संस नाम फर्म खोली। शस्त्रों के बेटेविया के मार्ग से आना भी किन्तु पुलिस को इसकी खबर लग गई। इसमें अनेक क्रांतिकारी पकड़े गये किन्तु जदु नाथ मुखर्जी भागने में सफल हुए। वे बम्बई होते हुए भारत से बाहर चले गये।

इसी समय उड़ीसा के तटीय नगर बालासोर में नरेन्द्र भट्टाचार्य ने शस्त्र भेजने की योजना बनाई। 9 सितम्बर 1915 ईसवी को पुलिस ने बालासोर के निकट कपटी-पाड़ा में पुलिस और क्रान्तिकारियों की मुठभेड़ हुई। जतीन्द्र नाथ मुखर्जी व उनके चार साथी घायल होने पर गिरफ्तार हो गये। जतीन्द्र मुखर्जी को देहान्त हो गया।

नरेन्द्र भट्टाचार्य को पुनः बटेविया भेजा गया। बटेविया पहुँचकर उन्होंने जर्मन कौंसल से बातचीत की। लेकिन जर्मनों ने उनके द्वारा प्रस्तावित दो योजनाओं को अव्यवहारिक मानकर सहायता देने से इन्कार कर दिया। निराश होकर वे जापान और चीन गए। जापान में वे रास बिहारी बोस से मिले। इसके बाद वे अमेरिका पहुँचे। उन्होंने अपना नाम मानवेन्द्र नाथ राय रखा।

इस प्रकार विदेशों से शस्त्र भेजने की सभी योजनाएँ असफल रही। पंजाब में भी विद्रोह फेलाने के प्रयास सफल नहीं हुए। पंजाब में गिरफ्तार किय गये सिक्खों पर तीन-तीन लाहौर षड़यंत्र केस चलाये गये। पहले मुकदमें में 61 अभियुक्त थे, जिनमें पृथ्वी सिंह, पंडित परमानन्द, कर्तार सिंह, भाई परमानन्द, विनायक गणेश पिंगले, जगत सिंह आदि प्रमुख थे।

इनमें से 7 को मृत्यु दंड, 44 को आजीवन काला पानी, 6 को कारावास और 4 को रिहा किया गया। मृत्यु दंड पाने वालों में पिंगले व कर्तार सिंह थे। कर्तार सिंह की आयु उस समय लगभग सत्रह वर्ष की थी। दूसरे मुकदमें में जो कि पहले का पूरक था, 6 को मौत की, 45 को आजीवन काला पानी और 8 को जेल की सजा सुनाई गई। मृत्यु दंड पाने वालों में बलवंत सिंह, मथुरा सिंह, बेता सिंह और वीर सिंह थे। दूसरे पूरक मुकदमें में उत्तम सिंह, अरुण सिंह, केसर सिंह, जीवन सिंह आदि छः को मृत्यु दंड, 5 को आजीवन कारावास और एक को कारावास का दंड दिया गया।

बनारस भी क्रान्तिकारियों का एक केन्द्र था। 1915 ईसवी में बनारस में भारत के विभिन्न प्रदेशों के क्रांतिकारियों की सभा हुई। इसमें राजपूताने के प्रतापसिंह, बरेली के दामोदर स्वरूप सेठ, बंगाल के नगेन्द्र ना, रास बिहारी बोस आदि ने भाग लिया। महाराष्ट्र, पंजाब, दिल्ली, बिहार आदि प्रान्तों के कार्यकर्ता भी आये। उन्होंने सभी को अपने-अपने प्रदेशों में सेना में विद्रोह फैलाने के लिये कहा गया। अन्य छावनियों में युवक भेजे गये। इस योजना की खबर मिलने पर पुलिस ने क्रान्तिकारियों को पकड़ना शुरू किया। रास बिहारी बोस भागकर जापान चले गये। बनारस षडयंत्र केस में शचीन्द्र नाथ सान्याल को काला पानी, 2 को सात साल की कैद की और 8 को इनसे कम सजाएँ दी गई।

तुर्की के विरुद्ध ब्रिटेन द्वारा युद्ध की घोषणा से भारत के मुसलमान प्रसन्न नहीं थे देवबंद के भूतपूर्व प्रोफेसर मौलवी ओबेदुल्ला के नेतृत्व में कुछ मुस्लिम नवयुवक अक्टूबर 1915 में काबुल पहुँचे। वहाँ उन्होंने कुछ भारतीय क्रान्तिकारियों से बातचीत की। महेन्द्र प्रताप के काबुल पहुंचने पर उनसे सम्पर्क स्थापित किया। उनके कुछ अनुयायियों ने तुर्की जाकर गालिव पाशा नामक एक तुर्की फौजी गर्वनर से जहाद की घोषणा हाँसिल की जिसे गालिबनामा कहते हैं। ओबेदुल्लाा ने अपने एक प्रमुख अनुयायी महमूद हसन को लिखा कि वह तुर्की में कुछ समय के लिये रह कर तुर्की की सरकार और मक्का के शरीफ का सक्रिय सहयोग प्राप्त करने का प्रयत्न करे तथा 'एक अल्ला की फौज' बनाये। इसे सेना का केन्द्र मक्का और इसके दफ्तर काबुल, तेहरान और कुस्तुन्तुनिया में बनायें। वस्तुतः यह सब इस्लामी देशों को एकता के सूत्र में बांध कर अंग्रेजों के खिलाफ लड़ने की योजना थी। ये पत्र 9 जुलाई, 1916 को पीले रेशम के कपड़े पर फारसी में लिखे गये थे। मार्ग में ये पत्र अंग्रेजों को हाथ पड़ गये। महमूद हसन व उसके यह षड़यंत्र असफल हो गया। भारत में भी इस सम्बन्ध में कुछ मुसलमानों का गिरफ्तार किया गया। इनमें अबुल कलाम आजाद भी थे। उन पर यह आरोप लगाया गया कि वे ओबेदुल्ला से पत्र व्यवहार करते थे।

विदेशों से संचालित सशस्त्र क्रांति की असफलता के कारण:

गदर पार्टी तथा अन्य क्रान्तिकारी दलों द्वारा आयोजित इस सशक्त क्रान्ति की असफलता के अनेक कारण थे। उनके नेताओं की यह गलत धारणा थी कि भारत की आम जनता सशस्त्र क्रान्ति के लिये तैयार थी तथा विद्रोह का संकेत मिलते ही देश के सब भागों में विद्रोह फैल जायगा। उनकी यह धारणा भी सही नहीं थी कि भारतीय सैनिक भी बगावत के लिये तैयार थे। ब्रिटिश सरकार की गुप्तचर व्यवस्था ने समय के पहले उनकी योजनाओं का पता लगाकर उन्हें विफल कर दिया। गदर पार्टी के नेताओं में भी कुछ मतभेद थे। भारत में भी विभिन्न प्रान्तों के

क्रान्तिकारियों में घनिष्ठ पारस्परिक सम्पर्क की कमी थी। कांग्रेस व अन्य राजनीतिक दलों ने उनका समर्थन नहीं किया। क्रान्तिकारियों के पास धन व साधन की कम थी। उन्हें विदेशी सरकारों से आशातीत सफलता नहीं मिल सकी। जनता से भी उनका कोई सम्पर्क नहीं था।

प्रथम महायुद्ध की अवधि में अंग्रेज सरकार ने क्रान्तिकारियों को बुरी तरह कुचला। उनके अनेक नेता जेल में डाल दिये गये तथा कुछ भूमिगत हो गये। मांटेग्यू-चेम्सफोर्ड सुधार को लागू करने के लिये सद्भावपूर्ण वातावरण बनाने के उद्देश्य से सरकार ने 1920 के शुरू में क्रान्तिकारियों को आम माफी के अन्तर्गत रिहा कर दिया। इसके तुरन्त बाद कांग्रेस ने असहयोग आन्दोलन छेड़ दिया।

क्रान्तिकारी आंतकवाद की पुनरावृत्ति

असहयोग आन्दोलन के सहसा स्थगित किये जाने से आतंकवाद में पुनः उग्रता आई। बंगाल में पुरानी अनुशीलन और युगान्तर समितियाँ पुनः जीवित हो उठी। उत्तरी भारत के अनेक नगरों में भी क्रान्तिकारी संगठनों की स्थापना हुई। लाहौर में नौजवान सभा का गठन किया गया, भगत सिंह इसके सदस्य थे।

इस बार विभिन्न क्रान्तिकारी संगठनों ने एक अखिल भारतीय संगठन बनाने का निश्चय किया। अतएव समस्त क्रान्तिकारी दलों का एक गुप्त सम्मेलन बुलाया गया। इसमें शचिन्द्र नाथ सान्याल, रामप्रसाद बिस्मिल, भागत सिंह, शिव वर्मा, सुखदेव, भगवती चरण व चन्द्र शेखर आजाद जैसे क्रान्तिकारी दलों ने भाग लिया। इसक फलस्वरूप 1928 में हिंन्दुस्तान समाजवादी समिति अथवा सेना का गठन किया गया।

इस दल के तीन उद्देश्य थे:

(1) भारतीय जनता में गाँधी जी की अहिंसात्मक नीति की निरर्थकता के प्रति जागृति पैदा करना।

(2) पूर्ण स्वतंत्रता प्राप्ति के लिये सीधी कार्यवाही और क्रांति की आवश्यकता का प्रदर्शन करना।

(3) अंगेजी साम्राज्यवाद के स्थान पर रूसी क्रान्ति तथा समाजवादी विचारधारा से प्रेरित एक संघीय गणतंत्र की स्थापना करना।

क्रान्तिकारियों की गतिविधियाँ:

(1) काकोरी षडयंत्र केस-अगस्त् 1925 में कानपुर के निकट काकोरी रेलवे स्टेशन पर एक रेलगाड़ी में रखे सरकारी खजाने को लूटा गया। इसके अभियुक्त पकड़े गये। रामप्रसाद बिस्मिल, अशफाकुल्ला, रोशन सिंह व राजेन्द्र लाहिडी को फँासी दी गई तथा अन्य को काले पानी अथवा लम्बी कैद की संजाएँ दी गई।

(2) लाहौर षड़यंत्र केस-साइमन कमीशन के विरुद्ध प्रदर्शन करते समय लाहौर में पुलिस ने लाला लाजपत राय पर लाठियाँ बरसाई जिससे उनकी मृत्यु हो गई। इसका बदला लेने के लिए भगत सिंह व उनके साथियों ने पुलिस इन्सपेक्टर सांडर्स को मार डाला। पुलिस उन्हें गिरफ्तार न कर सकी।

(3) असेम्बली बम केस-जनता को अपनी आवाज सुनाने के लिये अप्रेल 1929 में भगत सिंह व बटुकेश्वर दत्त ने केन्द्रीय विधान सभा में एक बम फेंका और गिरफ्तार हो गये। वे किसी को मारना नहीं चाहते थे। सरकार ने भगत सिंह, राजगुरु व सुखदेव को लाहौर षड्यंत्र केस में गिरफ्तार कर फाँसी की सजा दी। गाँधीजी व अन्य नेताओं ने सरकार से फाँसी की सजा बहाल करने की अपील की किन्तु मार्च,1931 को तीनों को चुपचाप फाँसी पर लटका दिया गया।

(4) चटगाँव शस्त्रागार पर हमला-अप्रेल, 1930 में सूर्य सेन के नेतृत्व में क्रांतिकारियों ने चटगाँव शस्त्रागार पर हमला किया और वे बहुत सी बन्दूकें व गोलियाँ ले जाने में सफल हुए। कुछ समय पश्चात् सूर्य सेन पकड़े गये तथा फाँसी पर लटका दिये गये।

(5) चन्द्रशेखर आजाद की शहादत-फरवरी, 1931 में इलाहाबाद में आजाद पुलिस से लड़ते हुए शहीद हो गये।

(6) जतिनदास की जेल में शहादत-लाहौर जेल में सजा भुगत रहे क्रान्तिकारियों ने जेल अमानवीय दशाओं में सुधार के लिये अनशन किया। सारे`श ने उनकी माँगो का समर्थन किया। अनशन के 64 वें दिन 13 सितम्बर, 1931 को जतिनदास शहीद हो गये।

(7) काले पानी में क्रान्तिकारियों को यातनाएँ-काले पानी (अंडमान द्वीप) में सजा भुगत रहे क्रान्तिकारियों को अनेक यातनाएँ दी गई। सावरकार व अन्य क्रान्तिकारियों के साथ वही व्यवहार किया गया जो एक अपराधी के साथ किया जाता था।

(8) आजाद हिन्द फौज-सुभाष चन्द्र बोस भी एक महान क्रांतिकारी माने जाते है। उन्होंने आजाद हिन्द फौज का गठन किया तथा बर्मा सीमा से भारत पर असफल आक्रमण किया।

1937 के लगभग क्रान्तिकारियों ने गुप्त रूप से कार्य करना बंद कर दिया। इस समय तक देश में अहिंसात्मक आन्दोलन प्रगति कर रहा था तथा क्रान्तिकारी अपने आदर्शों को जनता में फैलाने में असफल रहे थे। अतएव भारत में क्रान्तिकारी आतंकवाद लगभग समाप्त हो गया। भारत छोड़ों आन्दोलन के समय यह फिर उभरा लेकिन ब्रिटिश सरकार द्वारा दबा दिया गया।

पहले चरण व दूसरे चरण के क्रान्तिकारियों के आदर्शों और कार्यक्रमों में समानताएँ व भिन्नताएंः

प्रथम विश्व युद्ध के अन्त तक क्रान्तिकारियों, की गतिविधियाँ अपने प्रथम चरण से गुजरी। कुछ समय बाद इसकी पुनरावृत्ति हुई। यह इसका दूसरा चरण था।

समानताएँ:

(1) देशभक्ति व बलिदान की भावना: इस आन्दोलन के दोनों चरणों में क्रांतिकारियो में देशभक्ति व बलिदान की भावना दिखाई देती है। स्वयं गाँधीजी उनके तरीकों को सही न मानते हुए भी उनकी देशभक्ति व बलिदान की प्रशंसा की।

(2) भारत की स्वतंत्रता का लक्ष्य: सभी क्रान्तिकारी विदेशी सत्ता को भारत से उखाड़ फेंकना चाहते थे।

असमानताएँ:

(1) कार्य करने की प्रणाली की भिन्नता: पहले चरण के क्रान्तिकारियों ने अंग्रेज अफसरों, पुलिस के मुखबिरों आदि को अपना निशान आतंक फैलाने की कोशिश की थी। किन्तु दूसरे चरण में क्रान्तिकारियों ने एक फौज का गठन किया तथा गम्भीर सोच विचार के बाद अपनी कार्यवाहियां की। उन्होंने सरकारी संस्थाओं पर हमले करने तथा सरकारी कोष को लूटने का काम किया तथा उन्होंने सशस्त्र क्रांति की योजनाएँ भी बनाई।

(2) संगठन का महत्त्व: पहले चरण के क्रान्तिकारियों ने अलग-अलग क्षेत्रों में स्वतंत्र रूप से कार्य किया लेकिन दूसरे चरण में एक अखिल भारतीय संगठन बनाया।

(3) आतंकवादियों में आस्था: पहले चरण में अधिकांश आतंकवादी नेताओं में से कुछ विशेषकर बंगाल में शक्ति पूजा में विश्वास करते थे। इस प्रकार की आस्था दूसरे चरण में नहीं दिखाई देती। यहाँ तक कि भगत सिंह ने स्वयं को नास्तिक बताया।

(4) जनता में चेतना उत्पन्न करने के प्रयास: दूसरे चरण में क्रांतिकारियों ने जनता में चेतना उत्पन्न करने का प्रयास किया। वे चाहते थे कि जनता उनके ध्येय को समझे जनता को अपनी विचारधारा से अवगत कराने के लिये एक दस्तावेज **दी फिलोसफी ऑफ बम** तैयार कर प्रचलित किया गया। इसमें क्रांति को सामाजिक, राजनीतिक एवं आर्थिक स्वाधीनता के रूप में परिभाषित किया गया था। इसी उद्देश्य से 1928 में भगत सिंह ने पंजाब में क्रांतिकारियों के खुले संगठन (भारत नौजवान सभा) के संगठन में मदद की।

भगत सिंह व बुटकेश्वर दत्त का केन्द्रीय सभा में बम फेंकने का उद्देश्य किसी की हत्या करना नहीं था बल्कि क्रान्तिकारियों के आदर्शों व उद्देश्यों की ओर जनता का ध्यान आकर्षित करना था।

(6) क्रान्तिवादी दर्शन का प्रचार: पहले चरण में क्रान्तिकारियों का मूल उद्देश्य विदेशी सरकार को उखाड़ फेंकना था। इस चरण में अरविन्द घोष ने क्रान्तिकारी विचारधार: पर प्रकाश डाला। लेकिन दूसरे चरण में क्रान्तिकारियों ने अपने दर्शन की व्याख्या की तथा उसका प्रचार किया।

(7) समाजवादी प्रभाव: हिन्दुस्तानी समाजवादी गणतंत्रीय समिति का उद्देश्य अंग्रेजी सम्राज्य की समाप्ति कर रूसी क्रान्ति और समाजवादी विचारधारा के प्रेरित एक संघीय गणतंत्र की स्थापना करना था। इससे स्पष्ट है कि दूसरे चरण में क्रांतिकारियों पर समाजवाद का प्रभाव था। एक प्रसिद्ध क्रान्तिकारी एम.एन.राय काफी समय तक रूस में रहे थे तथा लेनिन से उनका घनिष्ठ सम्पर्क था।

(8) किसानों व मजदूरों के लिये कार्य: 1929 से 1931 के मध्य भगत सिंह तथा उनके क्रान्तिकारी साथियों ने जो बयान दिये उसभें उन्होंने बुद्धिजीवी क्रान्तिकारियों के नेतृत्व में समाज के शोषित वर्ग-किसान व मजदूरों के लिये जन आन्दोलन करने का आह्वान किया। भगतसिंह ने जेल से एक खत में लिखा था कि (किसानो को विदेशी शासकों से ही मुक्ति नहीं पाना है, बल्कि उन्हें जमीदारों और पूंजीपतियों के चंगुल से भी मुक्त होना है।)

(9) साम्प्रदायिकता के विरुद्ध आवाज: 1920 के बाद भारत में साम्प्रदायिकता उभरने लगी थी। अतएव क्रान्तिकारियों ने साम्प्रदायिकता के विरुद्ध आवाज उठाना अपना कर्तव्य

समझा। उनके मत में साम्प्रदायिकता उतनी ही खतरनाक थी जितना कि उपनिवेशवाद।

वास्तव में दूसरे चरण के क्रान्तिकारी लगातार अपने आदर्शों के बारे में विचार-विमर्श करते रहे। अतएव उनके विचारों में में तेजी के साथ बदलाव आते रहे। 1930-31 में भगत सिंह ने युवकों से अपील की कि वे क्रान्तिकारी आतंवाद का रास्ता छोड़ दें पर इस बात का सदैव ध्यान रखें कि इससे उनके बलिदानी साहस पर आँच न आए।

क्रान्तिकारियों की असफलता के कारण:

क्रांतिकारी अपने उद्देश्यों में सफल नहीं हो सके। वे जनमत में भी लोकप्रिय न हो सके। इसके कारण अनेक थे:

(1) जन आन्दोलन कि राजनीति का अभाव: "बिपिन चंद के मत में" प्रमुख बात तो यह थी कि इनकी राजनीति जन आन्दोलन नहीं थी। यद्यपि उन्होंने दूसरे चरण में आम जनता से सम्पर्क करने का प्रयास किया किन्तु राजनीतिक रूप से उसे उद्वेलित करने में वे असमर्थ रहे।"

(2) गाँधीजी का अहिंसात्मक आन्दोलन:1920 के बाद गाँधी जी के अहिंसात्मक आन्दोलन ने जनता को बहुत प्रभावित किया। उनका संदेश गाँव-गाँव तक पहुँच गया था। इस कारण भी क्रान्तिकारी सफल नहीं हो सके।

(3) भारतीय स्वभाव: स्वभाव से ही भारतीय हिंसा के विरुद्ध थे जब कि आतंक फैलाने के लिये क्रांतिकारियों को हिंसा का आश्रय लेना पड़ता था। हिंसात्मक कार्यों की व्यर्थता को उन्होंने भी समझा। केन्द्रीय विधान सभा बम कांड में भगत सिंह ने अदालत में कहा था "क्रांति के लिये रक्तरंजित संघर्ष जरूरी नहीं है।"

(4) सरकारी दमन: पहले की भाँति आतंकवादी के दूसरे चरण में भी सरकार ने क्रान्तिकारियों का दमन किया। अनेक क्रान्तिकारियों को फाँसी दी गई, अन्य को आजीवन कारावास तथा अधिकांश को लम्बी सजाएँ दी गई।

(5) साधनों की कमी: क्रान्तिकारियों के पास धन की कमी थी। धन प्राप्त करने के उद्देश्य से ही काकोरी में सरकारी कोष लूटा गया था।

(6) प्रमुख राजनीतिक संगठनों की उनके प्रति उदासीनता: प्रमुख राजनीतिक संस्थाओं के नेताओं ने उन की देशभक्ति की सराहना अवश्य की किन्तु उन्हें किसी भी प्रकार का सहयोग नहीं दिया। बिपिन चंद के मत में राष्ट्रवाद के उद्देश्य के कारण ही क्रांतिकारियों को अपने देश वासियों का प्यार व आदर मिला। गाँधीजी ने भगत सिंह की शहादत के बाद कहा "हमारे मस्तक भगत सिंह की देशभक्ति, साहस तथा भारतीय जनता के प्रति प्रेम तथा बलिदान के आगे झुक जाते है।"

क्रांतिकारियों का स्वतंत्रता संघर्ष में योगदान:

(1) युवको के प्रेरणा स्त्रोत: अपने बलिदानों से उन्होंने युवकों को देशभक्ति के लिये प्रेरित किया।

(2) समाजवाद का प्रसार: उब्ठरी भारत में समाजवादी विचारधारा के प्रचार-प्रसार में उनका योगदान उल्लेखनीय है। अनेक क्रान्तिकारी आतंकवादी का मार्ग छोड़ कर साम्यवादी अथवा समाजवादी दल में सम्मिलित हो गये।

बारीन्द्र घोष ने कहा था कि, ''इन तरीकों अर्थात् अंग्रेजों को मारने से हम देश को आजाद कराने की आशा नहीं करते हैं मगर हम लोगों को दिखाना चाहते हैं कि उन्हें देश की आजादी के लिये साहस के साथ मरने के लिए तैयार रहना चाहिए।'' इस संदेश को जनता तक पहुँचाने के लिये ही भगत सिंह व बटुकेश्वर दत्त ने केन्द्रीय विधान सभा में बम फेंका था। अतएव उन्होंने देशवासियों को साम्राज्यवाद से जूझने तथा उसके लिये बलिदान देने की प्रेरणा दी। बिपिन चन्द्र के अनुसार यह कोई मामूली सफलता नहीं थी पर इस सफलता का लाभ परम्परागत कांग्रेसी नेताओं ने बटोर लिया जबकि क्रान्तिकारियों ने उन्हें बुर्जुआ और मध्य वर्ग कह कर उनकी निंदा की थी और यह आशा की थी कि उनका स्थान कोई नई शक्ति लेगी।''

चुने हुए विचारः

भगत सिंहः ''क्रान्ति की तलवार में धार वैचारिक पत्थर पर रगड़ने से ही आती है। ''रामप्रसाद बिस्मिल '' मैं अंग्रेजी साम्राज्य के पतन की इच्छा करता हूँ।''

महात्मा गाँधी: ''क्या आप उस लेख को नही देखेंगे जो यह क्रान्तिकारी अपने रक्त से लिख रहे है?''

अजाद हिन्द फौज तथा भारतीय नौ सेना के सैनिकों का विद्रोह

''तुम मुझे रक्त दो, मैं तुम्हें आजादी दूँगा।'' **–सुभाष चन्द्र बोस**

बिपिन चन्द्र के 1942 के विद्रोह को दबाने तथा द्वितीय विश्व–युद्ध के अन्त तक भारत में विशेष राजनीतिक गतिविधियाँ देखने को नहीं मिलती। इस समय की मुख्य घटना भारत की आजादी के लिए सुभाष चन्द्र बोस द्वारा दक्षिणी–पूर्वी एशिया के कुछ देशों में आजाद हिन्द फौज का निर्माण करना था।

सुभाष चन्द्र बोस का भारत से पलायनः

1939 में सुभाष चन्द्र बोस कांग्रेस से अलग हो गये। जुलाई,1940 में सरकार ने उन्हें भारत रक्षा के तहत गिरफ्तार कर लिया। 29 नवम्बर, 1940 को उन्होंने जेल में भूख हड़ताल कर दी। उनकी बिगड़ती हुई दशा को देखते हुए सरकार ने उन्हें उनके मकान में नजरबंद कर लिया। लेकिन 17 जनवरी, 1941 की रात को वे पुलिस को चकमा देकर भाग गये। वे सबसे पहले अफगानिस्तान गये। कुछ समय बाद वे रूस जा पहुँचे। 28 मार्च, 1941 को सुभाष बोस बर्लिन पहुँच गये। जर्मनी में उन्होंने यह प्रयत्न किया कि धुरी राष्ट्र उनको सहायता दें, भारतीय युद्धबन्दियों की एक सेना बनाने में मदद करें। तथा भारत की स्वाधीनता की घोषणा करें। जर्मनी ने उनकी तीसरी माँग को नहीं माना। इस समय वे नेताजी के नाम से प्रसिद्ध हो गये। इस बीच रूस व जर्मनी में युद्ध छिड़ गया।

सूदूर पूर्व की घटनाएँ व आजाद हिन्द फौज का गठनः

सूदूर पूर्व में जापान निरन्तर एक के बाद एक सफलता प्राप्त कर रहा था। 15 फरवरी, 1942 ईसवी को जापानियों ने सिंगापुर पर अधिकार कर लिया। 28 मार्च, 1942 को रास बिहारी बोस ने टोकियो में एक सम्मेलन बुलाया। इसमें निश्चित किया गया कि भारतीय अफसरों के मातहत एक भारतीय राष्ट्रीय सेना संगठित की जाये। 23 जून, 1942 ईसवी को बर्मा, मलाया,

थाइलैंड, हिन्द-चीन, फिलीपीन्स, जापान, चीन, इण्डोनिशिया, हांगकांग और अण्डमान के लगभग 100 प्रतिनिधियों का सम्मेलन रास बिहारी बोस की अध्यक्षता में बैंकाक में हुआ। इसमें भारतीय स्वाधीनता लीग की नियमित स्थापना की गई तथा सुभाष बोस को पूर्वी एशिया में बुलाने को फैसला किया गया। बैंकाक सम्मेलन में भारतीय सैनिकों और पूर्वी एशिया के भारतीयों की एक सेना बनाने का निश्चय भी किया गया।

इस बीच जापानियों ने उब्ठरी मलाया में ब्रिटिश सेना को पराजित किया। वहाँ पहली भारतीय बटालियन के कप्तान मोहन सिंह व उसके सैनिकों को मजबूर होकर आत्मसमर्पण करना पड़ा। जापानियों के कहने पर वे भारत की स्वतंत्रता के लिए सहयोग करने को तैयार हो गये। सिंगापुर के चालीस हजार भारतीय युद्ध बंदी भी आजाद हिंद फौज के सेनापति मोहन सिंह को सुपुर्द किये गये। बैंकाक सम्मेलन तक 25 हजार भारतीय युद्ध बन्दी आजाद हिन्द फौज में भर्ती हो चुके थे। दक्षिणी पूर्वी एशिया के विभिन्न प्रदेशों में रहने वाले भारतीय नागरिक भी इसमें भर्ती हो गये।

सुभाष चन्द्र बोस का नेतृत्व व आजाद हिन्द फौज की गतिविधियाँ:

मोहन सिंह चाहते थे कि आजाद हिन्द फौज को कार्यवाही के लिए स्वतंत्र रखा जाय लेकिन जापानी ऐसा नहीं चाहते थे। इसमें दोनों पक्षों में तनाव बढ़ गया। मोहन सिंह को गिरफ्तार कर लिया गया। फरवरी, 1943 ईसवीं में सुभाष बोस एक जर्मन यू बोट से जापानी पनडुब्बी में सबार हुए तथा सुमात्रा होते हुए टोक्यो पहुँच गये। जापान के प्रधान मंत्री ने उनका स्वागत किया। सिंगापुर में रास बिहारी बोस ने सुभाष को नेतृत्व सौंपा। यहाँ उन्होंने स्वतंत्र भारत की सरकार बनाने और आजाद हिन्द फौज को लेकर हिन्दुस्तान जानें की घोषणा की। उन्होंने 'दिल्ली चलो' का नारा दिया। धुरी राष्ट्रों और पूर्वी एशिया की जापानियों द्वीरा नियन्त्रित सरकारों ने आजाद हिन्द फौज कि अस्थाई सरकार को मान्यता प्रदान की। जापान ने दिसम्बर 31, 1943 ईसवी को अण्डमान व निकोबार का प्रशासन इस सरकार को सौंप दिया। इनका नाम क्रमशः 'शहीद' और 'स्वराज्य' रखा गया।

आजाद हिन्द फौज के कुछ दस्ते जनवरी, 1944 ईसवी में रंगून पहुँचे। शीघ्र ही सुभाष बोस ने रंगून में अपनी फौज को विभिन्न टुकड़ियों में बाँटा। फरवरी, 1944 ईसवी में आजाद हिन्द फौज रंगून से रवाना हुई। मई, 1944 ईसवी में इसका एक दस्ता कोहिमा जा पहुँचा। इस स्थान पर अधिकार करके उन्होंने तिरंगा झण्डा लहराया। ब्रिटिश सेनाओं ने विभिन्न मार्गों से बढ़ रहे दस्तों पर भारी हमले किये। जापानियों ने उनहें सहायता नहीं पहुंचाई। लड़ाई, भूखमरी और बीमारी के कारण आजाद हिन्द फौज के सैनिकों की दशा बिगड़ने लगी। 1944 ईसवी के मध्य में बर्मा पर अंग्रेजों का पुनः कब्जा हो गया। सुभाष बोस वहाँ से चले गये। ऐसा बताया जाता है कि अगस्त, 1945 ईसवी मे जापान में ताई हौकू हवाई अड्डे पर उनका हवाई जहाज क्षतिग्रस्त हो गया तथा सुभाष बोस की मृत्यु हो गयी। भारत में आजाद हिन्द फौज के अफसर व सैनिक गिरफ्तार कर लिये गये।

आजाद हिन्द फौज का भारत का अधिकार करने में असफलता व उसके कारण:

इसमें कोई संदेह नहीं की आजाद हिन्द फौज के सैनिकों ने त्याग व देश प्रेम की भावना से प्रेरित होकर काम किया तथा भारत की ओर बढ़ते समय अनेक कष्ट सहे। लेकिन वे अपने लक्ष्य

को प्राप्त न कर सके। इसका वास्तविक कारण हमें उनके द्वारा अन्तर्राष्ट्रीय परिस्थितियों और शक्तियों के सही मूल्यांकन के अभाव में खोजना होगा। आजाद हिन्द फौज के नेता यह समझते थे कि धुरी राष्ट्रों की जीत होगी। लेकिन सुभाष चन्द्र बोस के टोक्यों पहुँचने के समय तक फासिष्ट शक्तियों की हार आरम्भ हो गई थी। जापान ने शुरू से ही आजाद हिन्द फौज को कार्यवाही को स्वतंत्रता नहीं दी। उन्होंने इस फौज को समुचित सहायता भी नहीं प्रदान की। आजाद हिन्द फौज के पास अच्छे अस्त्रों, धन व रसद की कमी हमेशा बनी रही। ब्रिटिश सरकार ने भारत की सीमा पर उनके विरुद्ध सशक्त सेनाएँ भेजी। लेकिन उनका बलिदान असफल नहीं रहा उन्हें जनता में देश प्रेम की भावना कूट-कूट कर भर दी।

आजाद हिन्द फौज के अधिकारियों पर मुकदमाः

भारत सरकार ने आजाद फौज के तीन अफसरों-शाह आलम, ढिल्लन और सहगल-पर देहली में एक फौजी अदालत में मुकदमा चलाया। उनकी पैरवी का प्रबंध कांग्रेस की ओर से किया गया। सारे देश में इन अफसरों की रिहाई की माँग की। तीनों को मृत्यु दण्ड दिया गया। इसके विरोध में देश भर में हड़तालें, प्रदर्शन व सभायें हुई। कई स्थानों पर प्रदर्शनकारियों तथा पुलिस में मुठभेड़ हुई। अन्त में इन तीनो को मौत के स्थान पर लम्बी-लम्बी सजायें दी गई। स्वतंत्रता प्राप्ति के समय इन्हें रिहा किया गया।

1937 के चुनाव के बाद मुस्लिम लीग के चरित्र में आये परिवर्तन

1937 के चुनाव के बाद मुस्लिम लीग में अत्यधिक उग्र भावना विकसित हो गयी। इसका प्रमुख उद्देश्य सहधर्मियों का सहयोग एवं समर्थन प्राप्त करना बन चुका था। जिन्ना के नेतृत्व में मुस्लिम लीग एक अत्यधिक कट्टर साम्प्रदायिक पार्टी बन गई। उसने संगठित भारत के खतरे के बारे में कहा और बताया कि बहुसंख्यक हिन्दू, अल्पसंख्यक मुसलमानों को पूर्ण रूप से नष्ट कर देंगे। सन् 1940 ई. में मुस्लिम लीग ने अपने लाहौर अधिवेशन में एक प्रस्ताव पास कर भारत विभाजन एवं पाकिस्तान के निर्माण की मांग की।

कम्यूनल एवार्ड

16 अगस्त 1932 को ब्रिटिश प्रधानमंत्री राम्जे मैक्डोनल्ड ने अपना साम्प्रदायिक निर्णय सुना दिया। साथ ही यह भी घोषित किया कि यदि भारतीय राजनीतिज्ञ इसकी अपेक्षा किसी अन्य योजना पर एक मत हो जाते हैं, तो ब्रिटिश शासन संसद से उसे लागू करने की अनुशंसा कर देगा।

निर्णय की शर्ते-

1. प्रान्तीय विधान मण्डलों में ही केवल स्थानों का बंटवारा किया गया। केन्द्रीय विधान मण्डलों के विशय में कुछ भी निश्चित नहीं किया गया।

2. मुसलमानों, सिक्खों, भारतीय ईसाईयों, ऐंग्लों-इण्डियनों एवं स्त्रियों के लिए पृथक निर्वाचन पद्धति की व्यवस्था की गई।

3. श्रम, व्यापार, उद्योग, जमींदारों एवं विश्वविद्यालयों के लिए भी पृथक, निर्वाचन पद्धति की व्यवस्था की गई, पर इनके स्थान निश्चित कर दिये गये। मुसलमानों, सिक्खों

एवं यूरोपियन मतदाताओं को छोड़कर शेष सम्प्रदायों (हिन्दुओं आदि) के लिये साधारण चुनाव क्षेत्र बनाये गये।

4. हरिजनों व दलित वर्ग को अल्पमत स्वीकार किया गया। हरिजनों को पृथक निर्वाचन का अधिकार दिया गया तथा उन्हें साधारण निर्वाचन में भी एक अतिरिक्त मत देने का अधिकार दिया गया।

5. जिन प्रान्तों में मुसलमान अल्पसंख्यक थे, वहाँ उन्हें उनकी जनसंख्या से अधिक स्थान दिये गये, पर हिन्दुओं को ऐसी सुविधायें नहीं दी गईं।

6. पंजाब में सिक्खों एवं बंगाल में यूरोपियनों को जनसंख्या से अधिक स्थान दिये गये।

सन् 1930 के पश्चात् क्रान्तिकारियों की गतिविधियों में कमी आने के कारण

लाहौर षड्यंत्र 1915 की असफलता के बाद क्रान्तिकारी बिखर गये। शासन ने तीव्रता से दमन–चक्र चलाया। शासन ने कुख्यात *'रोलेट एक्ट'* पास करके भाषण की स्वतंत्रता पर रोक लगा दी, जिसका भारतीयों ने विरोध किया। अप्रैल 1919 को इस काले कानून के विराध में एक सभा जलियां वाला बाग (अमृतसर) में हो रही थी। पर पंजाब के गवर्नर ओडायर के आदेश से जनरल डायर ने गोली चला दी। लगभग 1650 गोलियाँ चलाई गईं। हण्टर कमेटी के अनुसार गोली वर्षा से 379 व्यक्ति मारे गये तथा 1200 व्यक्ति घायल हुए। कांग्रेस द्वारा नियुक्त जाँच कमेटी के अनुसार कम से कम एक हजार व्यक्ति मारे गये। इस क्रूर हत्याकांड से देशभर में रोष फैल गया।

महात्मा गाँधी के नेतृत्व में स्वराज्य की प्राप्ति के लिए असहयोग एवं खिलाफत आन्दोलन (1920–22) चलाया गया था। परन्तु ये आन्दोलन अधिकतर निष्फल ही सिद्ध हुए, अतः क्रान्तिकारियों ने पुनः सशस्त्र संघर्ष प्रारम्भ कर दिया।

हिन्दुस्तान जानतान्त्रिक संघ– शचीन्द्र सान्याल तथा यतीन्द्र मुखर्जी ने 1920 में इस क्रान्तिकारी संस्था का संगठन किया। क्रान्तिकारियों के दमन के लिए शासन ने 25 अक्टूबर, 1924 को बंगाल 'आर्डिनेन्स' नामक दमनकारी कानून पास किया।

काकोरी षडयन्त्र, 9 अगस्त, 1925–राम प्रसाद बिस्मिल, अशमाकुल्लाह, शचीन्द्र सान्याल, राजेन्द्र लाहिड़ी, चन्द्रशेखर आजाद, मन्मथनाथ गुप्त आदि क्रान्तिकारियों ने धनाभाव को दूर करने के लिये ट्रेन से सरकारी खजाना लूट लिया। फलतः *'काकोरी षडयन्त्र'* के नाम से एक केस चला। सरकार ने क्रान्तिकारियों को कुचलने का प्रयास किया। इस केस में बिस्मिल, अशफाकुल्लाह, राजेन्द्र लाहिड़ी एवं रोशन सिंह को फांसी की सजा मिली। सरकार के दमनचक्र के कारण क्रान्तिकारी बिखर गये।

हिन्दुस्तान सोशलिस्ट रिपब्लिकन आर्मी–साईमन कमीशन (1928) का प्रत्येक भारतीय ने विशेष रूप से विरोध किया था। सम्पूर्ण देश में अनेक विरोध स्वरूप विशाल जुलूस निकाले गये थे। ऐसे ही जुलूस का नेतृत्व करते हुए लाला लाजपत राय पर पुलिस ने लाहौर में 5 अक्टूबर, 1928 को लाठियाँ बरसाईं, जिससे 17 नवम्बर को उनकी मृत्यु हो गई।

सांडर्स की हत्या–क्रान्तिकारियों ने सरदार भगतसिंह के नेतृत्व में हिन्दुस्तान

प्रजातान्त्रिक संघ का पुनर्गठन कर उसका नाम *'सोशलिस्ट रिपब्लिकन आर्मी'* रखा और इस राष्ट्रीय अपमान का बदला लेने के लिये सम्बद्ध हो गये।

17 दिसम्बर, 1928 को अंग्रेज पदाधिकारी सांडर्स की हत्या करके क्रान्तिकारियों ने राष्ट्रीय अपमान का बदला लिया।

असेम्बली बम काण्ड– हिन्दुस्तान रिपब्लिकन आर्मी का अगला महत्त्वपूर्ण कार्य 8 अप्रैल, 1929 को सम्पन्न हुआ। दिल्ली की केन्द्रीय असेम्बली में सार्वजनिक सुरक्षा अधिनियम पर बहस चल रही थी। जनता इस बिल के विरुद्ध थी। जनता की आवाज शासन के बहरे कानों तक पहुँचाने के लिए क्रान्तिकारियों ने योजना बनाई कि असेम्बली में एक अहिंसक बम विस्फोट किया जाये। भगतसिंह एवं बटुकेश्वर दत्त को यह काम सौंपा गया। बम विस्फोट के समय दोनों क्रान्तिकारियों द्वारा सदन में एक पर्चा फैंका गया, जिसमें लिखा था– **'बहरों को सुनाने के लिये बमों की आवश्यकता है।'**

23 मार्च, 1931 को भगतसिंह, राजगुरु एवं सुखदेव को प्राणदण्ड दिया गया। अन्य क्रान्तिकारियों को भी सजायें हुईं।

चन्द्रशेखर आजाद के कार्य– आजाद मुख्य रूप से काकोरी षड्यन्त्र के प्रमुख सहयोगी थे एवं साथ ही फरार भी थे। सरदार भगतसिंह को जेल से मुक्त कराने का भी उन्होंने भरपूर प्रयास किया था, जो कि असफल ही रहा। भगतसिंह को प्राणदण्ड सुनाया गया। अतः बदला लेने के लिए 22 दिसम्बर, 1929 को क्रान्तिकारियों ने वायसराय लार्ड इरविन की ट्रेन की पटरी के नीचे बम विस्फोट करके उलट दिया। परन्तु इस बम विस्फोट में इरविन पूरी तरह से बच गया।

27 फरवरी, 1931 को इलाहाबाद के अल्फ्रेड पार्क में एक भारतीय गद्दार की मुखबरी के कारण चन्द्रशेखर आजाद को पुलिस द्वारा घेर लिया गया। वहीं पर वे लड़ते हुए शहीद हो गये।

आजाद के शहीद होने के बाद हिन्दुस्तान सोशलिस्ट रिपब्लिकन आर्मी का नेतृत्व यशपाल ने सम्भाला, लेकिन 23 जनवरी, 1932 को वे भी गिरफ्तार हो गये। यशपाल को 14 वर्ष की सजा हुई। इस प्रकार क्रान्तिकारी आन्दोलन पूर्ण रूप से समाप्त हो गया।

क्रिप्स आन्दोलन के मुख्य प्रस्ताव

सर स्टेफर्ड ब्रिटिश संसद के समाजवादी सदस्य थे। ब्रिटेन के पक्ष में सोवियत रूस उन्हीं के प्रयत्नों से युद्ध में शामिल हुआ था। वे पं. जवाहर लाल नेहरू के मित्र थे। वे इसके पूर्व दो बार और भी भारत आ चुके थे। 22 मार्च, 1942 को वे भारत आये और लगभग 3 सप्ताह तक भारतीय राजनीतिज्ञों से विचार–विमर्श करते रहे।

क्रिप्स योजना– भारत में गतिरोध को दूर करने के लिए क्रिप्स ने जो योजना भारतीयों के सामने प्रस्तुत की उसके दो भाग थे–(अ) युद्ध के दौरान लागू होने वाले प्रावधान एवं (ब) युद्ध के बाद लागू होने वाले प्रावधान। इनका प्रमुख विवरण निम्न प्रकार है–

युद्ध के दौरान लागू होने वाले प्रावधान–युद्ध के दौरान होने वाले मुख्य प्रावधान निम्न प्रकार थे–

1. ब्रिटिश सरकार का भारत की सुरक्षा के लिये उत्तरदायित्व–ब्रिटिश शासन इस नाजुक समय में एवं भारत का संविधान बनने तक भारत की सुरक्षा का दायित्व वहन करेगा।

2. ब्रिटिश सरकार का नियंत्रण एवं निर्देशन–भारतीय सुरक्षा साधनों को, विश्वव्यापी युद्ध के निर्णायक दौर में पहुँचाने के लिए ब्रिटिश सरकार नियंत्रित एवं निर्देशित करेगी।

3. विभिन्न साधनों का संगठन– शासन भारतीय जनता के सहयोग से भारत के फौजी, नैतिक एवं भौतिक साधनों को संगठित करेगा, एवं

4. भारतीयों के सहयोग की आवश्यकता–शासन भारतीय राजनीतिज्ञों का पूरा सहयोग ब्रिट्रेन, राष्ट्रमण्डल एवं मित्र राष्ट्रों के परामर्श में चाहेगा।

युद्ध के बाद लागू होने वाले प्रावधान–

1. औपनिवेशिक स्वराज्य– एक नये भारतीय संघ की स्थापना कर इसे औपनिवेशिक स्वराज्य दिया जायेगा। इसे अपनी इच्छानुसार राष्ट्र संघ से सम्बन्ध विच्छेद करने का अधिकार होगा। यह ब्रिटिश शासन का अन्तिम ध्येय है।

2. नवीन संविधान–भारत का संविधान बनाने के लिए एक निर्वाचित निकाय गठित किया जायेगा। इसका निर्वाचन समानुपातिक प्रतिनिधित्व के आधार पर प्रान्तीय विधान मण्डलों के नवीन चुनाव कराये जायेंगे। संविधान निकाय में देशी रियासतों को भी प्रतिनिधित्व दिया जायेगा।

3. संविधान सभी की रचना– युद्ध की समाप्ति के पूर्व यदि भारतीय राजनीतिज्ञ किसी अन्य व्यवस्था पर एकमत न हो पायें, तो प्राथमिक निर्वाचन (प्रान्तीय विधान मण्डल) के बाद प्रान्तीय निम्न सदनों द्वारा आनुपातिक प्रतिनिधि पद्धति से संविधान सभा के प्रतिनिधि चुने जायेंगे। रियासतों एवं प्रान्तों के प्रतिनिधि की शक्तियाँ बराबर होंगी।

4. प्रान्तीय संविधान–सम्राट की सरकार इस प्रकार से बनाये गये संविधान को लागू करने की गारन्टी करती है। पर शर्त यह है कि जिन ब्रिटिश भारतीय प्रान्तों को यह संविधान पसन्द न होगा, वे अपनी वर्तमान संविधानिक स्थिति को बनाये रख सकेंगे अथवा उन्हें अपना नया संविधान बनाने का पूर्ण अधिकार होगा। यदि ऐसे प्रान्त बाद में भारतीय संघ में शामिल होना चाहें, तो वे ऐसा कर सकेंगे। सभी पृथक प्रान्त भारतीय संविधान के समान ही होंगे।

5. सम्राट की सरकार एवं नया संविधान–सम्राट की सरकार एवं नवीन संविधान परिषद् के मध्य एक संधि होगी, जिसमें शक्ति के हस्तान्तरण से उत्पन्न विशयों के सम्बन्ध में व्यवस्थायें होगीं। अल्पसंख्यकों की सुरक्षा का प्रबन्ध किया जायेगा। इस संधि से भारत की भावी विदेश नीति अप्रभावित रहेगी। क्रिप्स योजना की अन्तिम विशेषता यह थी कि इसमें दिये गये प्रावधानों में परिवर्तन अथवा संशोधन की गुंजाइश नहीं थी। भारतीय इसे स्वीकार भी कर सकते थे साथ ही वे इसे अपनी इच्छानुसार अस्वीकार भी कर सकते थे।

कांग्रेस की प्रतिक्रिया–इस योजना में कांग्रेस की केवल दो मांगों को स्वीकार कर

लिया गया था।

1. भारत को युद्ध के बाद स्वराज्य (औपनिवेशिक) दिया जाये एवं ब्रिटेन अथवा कामनवेल्थ से संबंध तोड़ने की स्वतंत्रता, तथा

2. कांग्रेस द्वारा की जाने वाली संविधान सभा की मांग।

इसमें निम्नलिखित प्रमुख दोष थे–

1. अल्पसंख्यक वर्ग के बारे में क्रिप्स के प्रस्ताव अनिश्चित थे।

2. वायसराय की सारी शक्तियों को ज्यों का त्यों रखा गया था।

3. यह बिल्कुल भी स्पष्ट नहीं था कि कथित संधि के समय ब्रिटेन, संविधान सभा से कौन–कौन सी शर्तें मनवाना चाहेगा। जिसके परिणामस्वरूप कांग्रेस ने यह योजना स्वीकार नहीं की।

क्रिप्स योजना पर मुस्लिम लीग की प्रतिक्रिया–मुस्लिम लीग ने अपने 11 अप्रैल, 1942 के प्रस्ताव द्वारा क्रिप्स योजना को पूर्ण रूप से अस्वीकार कर दिया। इसके प्रमुख कारण निम्न प्रकार थे–

1. इस योजना में मुख्य रूप से सम्पूर्ण भारत को एक रखने की कोशिश की गई थी।

2. संविधान सभा में अल्पसंख्यकों को बहुसंख्यकों की दया पर छोड़ दिया गया था।

3. प्रान्तों के विधान मण्डलों में अल्पसंख्यकों को प्रतिनिधित्व सन्तोषजनक नहीं था।

4. प्रांतों का संघ से अलग रहने का अधिकार अस्पष्ट था। इस संबंध में प्रान्त का भी मत जानने की कोई प्रभावशाली व्यवस्था प्रस्तावित नहीं की गई थी।

5. लीग का विश्वास था कि इस योजना द्वारा मुस्लिम पृथक राष्ट्र के निर्माण को सुदूर सम्भावना के क्षेत्र में धकेल दिया गया है।

क्रिप्स योजना पर अन्य भारतीय दलों की प्रतिक्रिया–भारतीय सिक्ख सम्प्रदाय पंजाब को भारतीय संघ से स्वायत्ता या पृथक होने का अधिकार देने के पक्ष में न था, क्योंकि इससे पंजाब के बहुसंख्यक मुसलमान सिक्खों को शासित करने की स्थिति में आ जाते। अतः सिक्खों ने क्रिप्स योजना अस्वीकार कर दी।

क्रिप्स की वापसी–भारत के राजनीतिक दलों ने क्रिप्स के प्रस्तावकों को अस्वीकार कर दिया। इसलिए क्रिप्स ने अपने प्रस्ताव वापिस ले लिये एवं इंग्लैंड के लिए रवाना हो गया। वास्तव नें क्रिप्स योजना का प्रस्ताव अमेरिका के आग्रह पर किया गया था और उसका वास्तविक उद्देश्य भारतवासियों को नहीं, बल्कि अमेरिका की जनता को संतुष्ट करना था।

सन् 1945 के पश्चात् ब्रिटिश सरकार के मनोभाव में परिवर्तन के कारण

अंग्रेजों के मनोभाव में परिवर्तन आने के अनेक कारण थे, जिनमें से प्रमुख निम्न प्रकार थे–

1. द्वितीय विश्व युद्ध 1945 में समाप्त हो गया था। इस युद्ध ने विश्व में शक्ति–संतुलन को बदल दिया था। संयुक्त राज्य अमरीका एवं सोवियत संघ बड़ी

शक्तियों के रूप में उभरकर सामने आए थे। ब्रिटेन युद्ध विजयी रहा था परन्तु सैनिक एवं आर्थिक दृष्टि से बहुत ही हानि उठाने के कारण उसकी आर्थिक एवं राजनीतिक सत्ता छिन्न–भिन्न हो गई थी।

2. 1945 के चुनाव में लेबर पार्टी सत्ता में आ गई जिसके नेता एटली थे। लेबर पार्टी साम्राज्यवाद विरोधी थी और वह भारत को स्वतंत्रता देने के लिए वचनबद्ध थी।

3. ब्रिटिश भारत की सरकार अब अपने आधार स्तम्भ राजतंत्र एवं सशस्त्र सेनाओं पर निर्भर कदापि नहीं रह सकती थी, क्योंकि उसमें विद्रोह के चिन्ह बड़े ही स्पष्ट दिखाई देने लगे थे। अब कांग्रेस राष्ट्रीय आन्दोलन को कुचलने के लिए इन पर किसी भी परिस्थिति में निर्भर नहीं रह सकते थे।

4. भारतीय जनता का विश्वासपूर्ण एवं कृतसंकल्प मनोभाव स्पष्ट हो चुका था। अंग्रेजों को यह बिल्कुल स्पष्ट हो गया था कि भारतवासी अब विदेशियों के अपमान को किसी भी कीमत पर और अधिक सहने के लिए कदापि तैयार नहीं थे।

5. कलकत्ता के छात्रों ने आजाद हिन्द फौज के बन्दियों की रिहायी के लिए एक विशेष विरोध प्रदर्शन किया। 11 फरवरी, 1946 ई. को आजाद हिन्द फौज के अधिकारी अब्दुर रशीद को दिए गए सात वर्ष के कारावास दण्ड के विरोध में छात्रों ने एक विशाल प्रदर्शन किया, एक सप्ताह बाद 18 फरवरी, 1946 ई. को रॉयल इण्डियन नेवी ने बम्बई में हड़ताल कर दी। इन घटनाओं ने सिद्ध कर दिया कि लोगों के मन में अंग्रेजों के प्रति भारी विरोध की भावना थी।

6. बम्बई एवं कलकत्ता में विभिन्न हड़तालें की गईं। विभिन्न स्थानों पर अनेक दुकानें लूटी गईं, थानों को जलाया गया एवं सार्वजनिक यातायात को पूरी तरह से रोक दिया गया। इनके समर्थन में सेना एवं वायुसेना ने भी हड़ताल की। निःसन्देह ये विद्रोह सत्ता को कड़ी चुनौती थे।

प्रारम्भिक राष्ट्रवादियों की विचारधारा कार्यक्रम और उपलब्धियाँ

कांग्रेस तो केवल एक ''सूक्ष्मदर्शी अल्पसंख्या'' का प्रतिनिधित्व करती है और कांग्रेस की माँग तो केवल ''अज्ञात में छलांग'' मारने के समान है। **–लार्ड डफरिन**

कांग्रेस के इतिहास के प्रथम बीस वर्षो में नरम दल अथवा उदारवादियों का प्रभाव बना रहा। सुमित सरकार के अनुसार निश्चय ही इस कालावधि में कांग्रेस के लक्ष्यों और गतिविधियों की पद्धति में मौटे तौर पर एकरूपता देखी जा सकती है।

इस समय में कांग्रेस पर पाश्चात्य शिक्षा प्राप्त बुद्धिजीवियों का प्रभाव था। उनके साथ संपतिधारी समूहों के कुछ व्यक्ति भी थे। इन संपतिधारी समूहों में बंबई के कुछ उद्योगपति, कुछ व्यापारिक घराने और लगभग सर्वत्र भूस्वामी अथवा जोतधारी सम्मलित थे। उनकी निजी जवन शैली अंग्रेजी पद्धति पर आधारित थी। अपने–अपने व्यवसायों में सफल होने के कारण राजनीतिक गतिविधियों के लिए उनके पास अधिक समय नहीं रहता था। उदाहरण के तौर पर फीरोज शाह मेहता अत्यधिक व्यस्त रहते थे। अनेक शीर्षस्थ कांग्रेसी नेताओं ने अभिताज्य जीवन शैली अपना ली थी। समाज के मध्यम व निम्न वर्ग से उनका सम्बन्ध नहीं था। कांग्रेस में भाग लेने वाले

अधिकतर व्यक्ति नगरों से आते। इस प्रकार का जीवन व्यतीत करने वाले व्यक्तियों से इन्कलाबी अथवा जन-आन्दोलन का समर्थन करने की आशा नहीं की जा सकती थी। रूसी लेखक जी.जी. कॉटोवास्की के अनुसार आरम्भ में भारतीय राष्ट्रीय आन्दोलन को भारतीय बुर्जुआ वर्ग का समर्थन मिला और वहीं उसका प्रवक्ता बना।

उदारवादी नेताओं के विचार व आस्थाएँ-मुख्य रूप से शिक्षा की पृष्ठभूमि के कारण कांग्रेस के नेता अंग्रेजी इतिहासकार और संस्कृति की सराहना करते थे। उनके मत में भरत में अंग्रेजी राज्य की स्थापना ''देवी कृपा'' थी। उनका यह दृढ़ विश्वास कि अंग्रेजी राज्य प्रजा के हित में है। अतएव वे अंग्रेजों को भारत का हितैषी मानते थे। वे विश्वास करते थे कि समय के साथ-साथ अंग्रेज उन्हें पाश्चात्य परम्परा के सर्वोत्तम मापदण्डों के अनुसार स्वशासन के योग्य बना देंगे। 1886 में कांग्रेस के अध्यक्ष दादा भाई नैरोजी ने अंग्रेजी राज्य के वरदानों का मुक्त कण्ठ से गुणगान किया। 1898 के कांग्रेस अधिवेशन के अध्यक्ष आनंद बोस ने कहा कि शिक्षित वर्ग अंग्रेजों का मित्र है शत्रु नहीं। इस प्रकार यह माना जाता था कि भारत की प्रगति में अंग्रेजी साम्राज्यिक प्रशासन बाधा नहीं है अपितु वास्तविक बाधा है भारतीयों की सामाजिक तथा आर्थिक पिछड़ापन या ऐग्लों इंडियन नौकरशाहों की प्रतिक्रियावादी नीति।

वास्तव में नरम दल के नेता अंग्रेजों के इस प्रचार से प्रभावित थे कि अंग्रेजों का भारत में बना रहना भारत के हित में है। उन्हें यह आशंका थी कि यदि अंग्रेजी साम्राज्य का अन्त हो गया तो भारत में अराजकता तथा अव्यवस्था फैल जायगी। शान्ति व व्यवस्था बनाये रखने के लिए अंग्रेजी शासन का बने रहना आवश्यक था। इस प्रकार के विचारों को गोपाल कृष्ण गोखले ने व्यक्त किया था। वास्तव में नरम दल के नेता ऐसा कुछ करने को तैयार नहीं थे जिससे साम्राज्य निर्बल हो। इस प्रकार सम्राज्यवादी संस्कृति में पनपे इन नेताओं का विश्वास था कि भारत में अंग्रेजी साम्राज्य बना रहे।

कार्य पद्धति-प्रत्येक वर्ष के अंत में कांग्रेस का एक त्रिदिवसीय अधिवेशन होता था जो एक राजनीतिक सभा के साथ-साथ एक महान सामाजिक अवसर भी होता था। कांग्रेस के अधिवेशनों के अध्यक्ष लम्बे-लम्बे भाषण देते थे। इन भाषणों के आरम्भ में अंग्रेजों की न्यायप्रियता के प्रति विश्वास प्रकट किया जाता था। वे संवैधानिकवाद में तथा क्रमवाद में विश्वास करते हुए अंग्रेज सरकार से प्रार्थना और याचना करते थे। अपने प्रस्तावों के स्वीकार न होने पर वे विरोध भी प्रकट करते गी। लेकिन उनकी नीति ब्रिटिश सरकार से सहयोग करने की थी न कि विरोध करने की। केम्ब्रिज विद्धानों ने इस कार्य पद्धति को होड़ तथा सहयोग बताया है लेकिन उग्रवादियों ने इसे भिखमंगी राजनीति का दर्जा दिया है। **नरम दलीय राजनीति के प्रमख चरण:** सुमित सरकार ने नरम दलीय राजनीति को मौटे तौर पर तीन चरणों में बांटा है:

पहला चरण (1885-1892): इस समय में कांग्रेस पर हयूम छाए रहे। केवल वे ही इसके पूर्णकालिक कार्यकर्ता थे। कांग्रेस के पहले पाँच अधिवेशनों में उपस्थिति तेजी के साथ बढ़ी। 1885 के प्रथम अधिवेशन में केवल 72 प्रतिनिधियों ने भाग लिया था। जबकि 1889 के अधिवेशन में यह संख्या 2,000 हो गई। इससे स्पष्ट है कि कांग्रेस की गतिविधियों में लोगों की रुचि बढ़ी। इस अवधि में कांग्रेस ने संवैधानिक सुधार, प्रशासनिक सुधार व आर्थिक सुधार की माँगे प्रस्तुत कीं।

1887–88 में सैयद अहमद खाँ के नेतृत्व में सयुक्त प्रान्त के अभिजनों के एक वर्ग, जिनमें बनारस के हिन्दू राजा भी सम्मिलित थे, ने चुनी हुई कोंसिलों एवं परीक्षा द्वारा सेवाओं में भर्ती को कांग्रेस की माँगों का विरोध किया इस पर ह्यूम ने बदरूदीन तैयबजी के माध्यम से मुसलमानों को सहयोग प्राप्त करने का प्रयत्न किया। इसके पहले उन्होंने किसानों का सहयोग प्राप्त करने का प्रयास किया था। लेकिन ऐसे प्रयत्नों को विशेष सफलता नहीं मिली। अलीगढ़ के मुसलमान अभिजनों पर इसका प्रभाव नहीं पड़ा। सरकारी दृष्टिकोण को देखते हुए ह्यूम ने कृषकों के साथ अपना सम्पर्क समाप्त कर दिया तथा 1892 में इंग्लैण्ड चले गये।

दूसरा चरण (1892–1900): इस काल में कांगेस निष्क्रिय रही। समस्त निर्णय एक गुट द्वारा लिये जाते थे। इसमें प्राय: सुरेन्द्र नाथ बनर्जी, डब्ल्यू सी. बेनर्जी, आनन्द चार्लू और फीरोज शाह मेहता होते थे। रानाडे उनके सलाहकार थे। 1899 में फीरोज शाह ने अपना दबदबा स्थापित कर लिया। इस अवधि में कांग्रेस अपनी ब्रिटिश कमेटी के माध्यम से इंग्लैण्ड में आन्दोलन करने में लगी हुई थी। इसी काल में उग्रवादियों का उदय हुआ।

तीसरा चरण (1900–1905): कर्जन की नीतियों ने ने नरम पंथियों मे नवजीवन का संचार किया। इस समय गोखले का प्रभाव बढ़ा। दूसरी और तिलक ने नरम दल की नीतियों और कार्यप्रणाली का बढ़ता हुआ विरोध किया। नरम दल व गरम दल के बीच मतभेद बढ़ते गये। 1907 में सूरत के अधिवेशन में दोनों दलों के मतभेद खुले रूप से सामने आये। इस अवधि में कौंसिलों में सुधार की बात कम सुनाई देती है।

नरम दल की माँगें: कांग्रेस के प्रत्येक अधिवेशन में प्राय: एक से ही प्रस्ताव पारित किया जाते थे। जिनका सम्बन्ध मौटे तौर पर शिकायतों से होता था।

(अ) कांग्रेस की मुख्य राजनीतिक माँगें:

सुप्रीम कोर्ट एवं स्थानीय लेजिस्लेटिव काउंसिलों में सुधार की होती थी। कांग्रेस के प्रथम अधिवेशन से ही सर्वोच्च तथा प्रान्तीय विधान परिषदों के गठन, इन परिषदों की क्षमता में विस्तार इत्यादि की माँग की गई। कांग्रेस चाहती थी कि इन परिषदों में सदस्यों को बजट पर बहस करने एवं प्रश्न करने अथवा हस्तक्षेप करने के अधिकार दिये जायें। स्थानीय निकायों चैंबर्स ऑफ कॉमर्स को उनमें सम्मिलित करके उन्हें प्रतिनिधि बनाया जाय। 1892 के भारतीय परिषद अधिनिमय ने विधान परिषदों का विस्तार तो किया किन्तु ये सुधार कांग्रेस को संतुष्ट न कर सके। यद्यपि कांग्रेस उस समय स्वाय शासन अथवा जनतंत्र की माँग नहीं कर रही थी लेकिलन उनके नेतआओं को सरकार से यह आशा थी कि वह ब्रिटिश नमूने पर इस ओर धीरे-धीरे बढ़ेगी जब तक कि यह देश उप अपेक्षित किन्तु दूरस्थ लक्ष्य को प्राप्त नहीं कर लेता जिसे दादा भाई नैरोजी ने अस्पष्ट रूप से स्वायत्त शासन अथवा स्वराज्य जैसा कि इंग्लैण्ड अथवा उपनिवेशों में है, बताया था। संवैधानिक सुधारों की माँग को प्रत्येक वर्ष दोहराया गया किन्तु ब्रिटिश सरकार ने कांग्रेस की वास्तविक सक्रिय प्रतिनिधित्व की माँग को स्वीकार नहीं किया।

(ब) प्रशासनिक सुधार माँगें:

(1) इन माँगों में सबसे अधिक महत्त्व सरकारी सेवाओं के भारतीयकरण को दिया गया था। अपने प्रथम अधिवेशन में कांग्रेस ने प्रस्ताव पारित किया कि सेवा के पदों के लिये प्रतियोगिता

इंग्लैण्ड और भारत में एक समय में होनी चाहिए जिससे कि अधिक संख्या में भारतीय इसमें भाग ले सकें। अंग्रेज प्रशासकों के मत में यह माँग अभिजन के छोटे से समूह को संतुष्ट करने के लिये की जाती थी ताकि उन्हें इंडियन सिविल सर्विस में प्रवेश करने का अवसर मिल सके किन्तु सुमित सरकार के अनुसार यह माँग इससे कहीं विस्तृत विषयों से जुड़ी हुई थी। भारतीयकरण से नस्लवाद पर प्रहार होता, इससे संपत्ति के दोहन पर भी रोक लगती क्योंकि श्वेत अधिकारियों को दिये जाने वाले मोटे वेतन और पेंशनों की रकम इंग्लैण्ड चली जाती थी और साथ ही प्रशासन भारतीयों की आवश्यकताओं के प्रति अधिक संवेदनशील बनता। यद्यपि 1893 में इंग्लैण्ड के हाऊस ऑफ कॉमन्स ने इस माँग के पक्ष में एक प्रस्ताव पारित कर दिया किन्तु कुछ समय तक कार्यान्वित नहीं किया गया।

(2) स्वतंत्र न्यायपालिका का गठनः यूरोपीय उदारवाद की भावना से प्रेरित हो कर नरम दल के नेताओं ने कार्यपालिका तथा न्यायपालिका के कार्यों को अलग-अलग करने की माँग की। 1899 में कुछ अनुभवी अंग्रेज प्रशासकों, जिनमें लार्ड हॉबहाऊस भी थे, जो एक समय वायसराय की कार्यकारिणी के सदस्य भी रह चुके, इस माँग के समर्थन में अपना मत प्रकट किया। 1902 में पी.सी.रे. ने इस विषय मे अधिकृत विचारों तथा वक्तव्यों को एक पुस्तकालय के रूप में प्रकाशित किया।

(3) जूरी द्वारा मुकदमों की सुनवाईः कांग्रेस ने इस की भी माँग की। नरम दल के नेताओं ने बाद में जूरी के अधिकारों को कम करने का विरोध किया।

(4) शस्त्र कानून का निरस्त्रीकरणः नरम दल ने शस्त्र कानून को हटाने की माँग की।

(5) सेना में भारतीयों को उच्च पद व सैनिक अधिकारियों को भारत में शिक्षा देने की व्यवस्था : नरम दल के नेता चाहते थे कि भारतीय सेना में भारतीयों को अधिक उच्च पद दिये जायें। उन्होंने सैनिक अधिकारियों के लिये भारत में कॉलेज खोलने पर जोर दिया।

(6) जन साधारण में शिक्षा का प्रसार-जन साधारण में शिक्षा का प्रसार तथा उच्च व तकनीकी शिक्षा का प्रबन्ध अपने जीवन काल के आरंभिक दो दशकों में कांग्रेस ने लगातार इन दोनों माँगो के दुहराया।

(7) प्रशासनिक व सैनिक व्यय में कमीः कांग्रेस चाहती थी कि सरकार भारत के प्रशासनिक व सैनिक व्यय में कमी करे।

(8) पुलिस व्यवस्था में सुधारः नरम दल ने सरकार से पुलिस व्यवस्था में भी सुधार की माँग की।

(9) प्रेस व भाषण की स्वतंत्रताः आरंभ से ही कांग्रेस ने इस माँग पर जोर दिया। 1897 में बम्बई की सरकार द्वारा तिलक व उनके साथियों पर भाषणों और लेखों द्वारा असंतोष फैलाने के आरोप में मुकदमा चलाये जाने पर कांग्रेस ने अपना रोष प्रकट किया।

(10) सेक्रेटरी ऑफ स्टेट की भारतीय परिषद का अन्तः उदारवादियों ने भारतीय परिषद का अन्त करने माँग की।

कांग्रेस की उपर्युक्त माँगों में नस्ली समानता के साथ-साथ नागरिक अधिकारों की चिन्ता भी स्पष्ट दिखाई देती है।

(स) आर्थिक दृष्टिकोण माँगे:

कांग्रेस के अधिवेशनों में उठाये जाने वाले सभी मुद्दे देश की व्यापक गरीबी और संपत्ति के दोहन के विषय से ही जुड़े होते थे।

(1) संपत्ति का दोहन: दादा भाई नैरोजी, रमेश चंद्र दत्त आदि ने विभिन तरीकों से भारत से संपत्ति दोहन की आलोचना की। उन्होंने आंकड़ो द्वारा यह सिद्ध करने का प्रयत्न किया कि भारत की बढ़ती हुई दरिद्रता के लिये अंग्रेजों की आर्थिक नीतियाँ ही उब्ठरदायी है। दादाभाई नैरोजी ने तो स्पष्ट रूप से कहा 'अंग्रेज भारत का रक्त चूस रहे हैं।' अतएव कांग्रेस के अधिवेशनों में इस नीति का अन्त करने की दिशा में सुझाव दिये जाते थे। इन सुझावों में निम्नांकित सुझाव महत्त्वपूर्ण थे:

स्थायी बन्दोबस्त का विस्तार: ब्रिटिश प्रान्तों में जहाँ स्थायी भूमि कर व्यवस्था नहीं है वहाँ इसे लागू किया जाय और जहाँ यह व्यवस्था लागू करना उचित न समझा जाय वहाँ अधिक कर निर्धारण पर प्रतिबन्ध लगाया जाय।

अकालों की जाँच: देश में पड़ने वाले आकालों की जाँच की जाये तथा अकाल पीड़ितों को समुचित सहायता दी जाय।

कृषकों की दशा में सुधार: कृषकों की दशा को सुधारने के लिये सभी सम्भव प्रयत्न किये जायें।

कृषि बैंको की स्थापना: कृषि बैंक खोले जायें तथा कृषि ऋण अधिनियम के अन्तर्गत ऋण लेने की प्रक्रिया को सरल बनाया जाये।

(1) उद्योगों को प्रोत्साहन: भारतीय उद्योगों को प्रोत्साहन दिया जाये। इसके लिये तकनीकी शिक्षा का प्रबन्ध किया जाये।

सैनिक व असैनिक विभागों में प्रशासकीय व्यय में कमी: भारत सरकार इन विभागों के व्यय में कमी करे तथा अपव्यय रोके।

अनुचित चुंगी व आबकारी करों की समाप्ति: कांग्रेस ने नमक कर तथा आय कर में कमी करने की माँग की।

(द) अन्य:

भारत की एकता: कांग्रेस के नेता भारतीय एकता की भावना प्रसार करना चाहते थे

रंग भेद की नीति का विरोध-उदारवादियों ने सदैव नस्ली समानता पर जोर दिया। उन्होनें अपने प्रस्तावों में भारत तथा ब्रिटिश सम्राज्य के अन्य भागों में रंगभेद की नीति को समाप्त करने की अपील की। सरकार से जनता पर विश्वास करने तथा आपत्ति के समय उसे देश की रक्षा करने में समर्थ बनाने की अपील की गई।

1892 के भारत सरकार अधिनियम से उदारवादी दल संतुष्ट नहीं था। उसे भी धीरे-धीरे इसका आभास होने लगा था कि अंग्रेज निकट भविष्य में भारतीयों को स्वशासन के अधिकार नहीं देना चाहते। अतएव उन्होंने ब्रिटिश सरकार के प्रति स्वमीभक्ति का प्रदर्शन करना कम कर दिया। लेकिन उन्होंने ब्रिटिश को भारत से जाने की माँग नहीं की। इस समय तक भी वे यह

विश्वास करते थे कि भारत में कुछ ऐसे तत्वों की कमी है जिनके कारण एक राष्ट्र का निर्माण होता है। अतएव वे आस्ट्रेलिया व कनाडा के आदर्श पर भारत में ब्रिटिश साम्राज्य के अन्तर्गत अधिकारों की माँग करते रहे। अपनी माँगो के बारे में उदारवादियों ने इंगलैंड की जनता को अवगत कराने के साथ-साथ भारत सचिव के पास अनेक शिष्टमंडल भी भेजे। उन्नीसवीं शताब्दी के अंतिम दशक में आर्थिक शोषण की नीतियों के विरुद्ध आवाज उठाने के साथ-साथ उदारवादियों ने स्वदेशी के प्रयोग का प्रचार किया। लेकिन इंग्लैण्ड की अनुदारवादी सरकारों ने इन माँगों पर ध्यान नहीं दिया।

❑ ❑ ❑

5

राष्ट्रीय आन्दोलन के प्रति सरकारी प्रतिक्रिया

'कांग्रेस एक अत्यन्त अल्पकालिंक वर्ग के प्रतिनिधियों की संस्था से अधिक कुछ नहीं है।'' यद्यपि ऐसा विश्वास किया जाता है कि ह्यूम ने राष्ट्रीय कांग्रेस की स्थापना एक सुरक्षा वाल्व के रूप में की थी और उन्हें तत्कालीन वायसराय डफरिन का आशीर्वाद प्राप्त था लेकिन इस धारणा का यहां पर विवेचन किये बिना यह कहा जा सकता है कि आरंभ से ही अंग्रेजी सरकार राष्ट्रीय भावना के विकास व राष्ट्रीय तत्वों के उत्थान को पंसद नहीं करती है।

उदारवादियों के प्रति दृष्टिकोण

डफरिन के निजी पत्रों से यह ज्ञात होता है कि उसके विचार में कांग्रेस का कार्य अनिवार्य रूप से सरकार की नीतियों अथवा कार्यों की आलोचना करना होगा और ऐसी माँगों को प्रस्तुत करना होगा, जिनको स्वीकार करना ब्रिटिश सरकार के लिये कठिन होगा। लेकिन इस दृष्टिकोण को प्रकट न करते हुए उसने कांग्रेस के प्रथम अधिवेशन में भाग लेने वाले प्रतिनिधियों के सम्मान में एक भोज दिया।

कांग्रेस के प्रथम दो अधिवेशनों में पारित किये प्रस्तावों व माँगों से ब्रिटिश नौकरशाही प्रसन्न नही हुई। उनके अप्रत्यक्ष प्रोत्साहन से सैयद अहमद के नेतृत्व में उत्तर प्रान्त के कुछ मुस्लिम व हिन्दू अभिजनों ने कौंसिलों से सम्बन्धित एवं परीक्षा द्वारा सेवाओं में भर्ती की कांग्रेस की माँगों का विरोध किया। लेकिन सरकार ने अपने दृष्टिकोण को स्पष्ट रूप से प्रकट नहीं किया। 1887 के अधिवेशन में भाग लेने वाले 607 प्रतिनिधियों का मद्रास के गर्वनर हाऊस में स्वागत् किया गया।

1888 में डफरिन ने लिखा कि कांग्रेस एक अत्यन्त अल्प संख्यक वर्ग के प्रतिनिधियों की संस्था से अधिक कुछ नहीं है। इसी साल सर जांन स्ट्रैची ने केम्ब्रिज में विद्यार्थियों को विश्वास दिलाया कि भारत देश जैसी कोई चीज न तो है और न कभी थी।----न तो कोई राष्ट्र है न ही भारत के लोग है जिनके बारे में हम इतना सुनते है। यह अंसम पंजाब बंगाल नौकरशाही और पश्चिमोत्तर प्रान्तों के लोग अपने को एक महान भारत का अंग मानें। ब्रिटिश सरकार द्वारा 1888 के अन्त में इलाहबाद में कांग्रेस के अधिवेशन के चुनने की प्रक्रिया में बाँधा डालने में देख सकते है।

1890 में बंगाल की सरकार ने अपने अधिकारियों को निर्देश दिये कि वे कांग्रेस अधिवेशनों में उपस्थित तो रह सकते हैं किन्तु उसकी कार्यवाही में भाग नहीं ले सकते ।

लेकिन एक ओर डफरिन ने कांग्रेस की गुरुता तथा प्रतिनिधि रूप के महत्व को कम करने का प्रयत्न किया तो दूसरी ओर कांग्रेस के आन्दोलन के महत्व को समझते हुए उसने अपने गुप्त पत्रों में विधान परिषदों का विस्तार करने तथा उन्हें उदार बनाने के सुझाव इंग्लैड की सरकार को भेजे। उसने परिषद एक समिति की भी नियुक्ति की, जिनका कार्य प्रान्तीय परिषदों के विस्तार करने उनकी प्रतिष्ठा को बढ़ाने उनके कार्यक्षेत्र को विस्तार करने उनमें आंशिक रूप से प्रतिनिधित्व प्रणाली आंरम्भ करने तथा एक राजनीतिक संस्था के रूप में उसका प्रसार करने के लिये योजना बनाना था। परन्तु उसने यह भी स्पष्ट कर दिया कि वह भारत में अंग्रेजी नमूने की संसदीय प्रणाली स्थापित नहीं करना चाहता। उसकी सिफारिशों पर विचार करने के बाद 1892 में भारतीय परिषद अधिनियम पारित किया गया।

दादा भाई नौरोजी, फिरोज शाह मेहता व गोपाल कृष्ण गोखले आदि उदारवादी नेताओं ने इस अधिनियम के प्रति अपना अंसतोष व्यक्त किया। लेकिन इंग्लैण्ड की अनुदारवादी सरकार तथा ब्रिटिश नौकरशाही पर इसका प्रभाव नहीं पड़ा। जैसा कि पहले बताया जा चुका है कि 1892 के बाद से 1904 तक हमें कौंसिलों में भारतीय प्रतिनिधित्व और अन्य सुधारों की बात कम सुनाई देती है। अब कांग्रेस ने इंग्लैण्ड में अपने प्रचार को तीव्र गति भी प्रदान की। ऐसी परिस्थितियों में ब्रिटिश सरकार राष्ट्रीयवादियों को षड्यन्त्रकारी व स्वामी द्रोही बताने लगी। भारत सचिव हेमिल्टन ने खुले शब्दों में दादा भाई नौरोजी की निंदा की। अब सरकार ने खुले रूप से कांग्रेस का दमन करने की नीति अपनाई। इसका एक कारण कांग्रेस के तत्वाधान में उग्रवाद तत्वों का उदय होना भी था। लार्ड कर्जन ने कांग्रेस की शक्ति और लोकप्रियता को कम करने के लिये प्रत्यक्ष व अप्रत्यक्ष रूप से कई कदम उठाये। 1900 में उसने कहा कि कांग्रेस अब पतन की ओर अग्रसर हो रही है तथा भारत में जब तक मैं हूँ इसकी शांतिपूर्ण मृत्यु के लिये कार्य करता रहूँगा। कुछ अंग्रेज अधिकारियों ने यह भी आरोप लगाया कि कांग्रेस को ब्रिटिश विरोधी प्रचार करने के लिये रूस से धन मिलता है।

कांग्रेस की बढ़ती हुई लोकप्रियता को रोकने के लिये ब्रिटिश सरकार ने 'फूट डालों और राज्य करो' की नीति अपनाई। उसने सैयद अहमद खां को कांग्रेस से मुसलमानों को पृथक रखने के लिये उकसाया। हिन्दी व उर्दू के प्रयोग को विवाद खड़ा किया गया। कट्टरपंथी हिन्दुओं द्वारा चलाये गये गौ-रक्षा आन्दोलन को साम्प्रदायिक रूप दिया गया। 1893 में भारत सचिव किम्बरले ने वायरसराय लैडसडाऊन को लिखा कि इस आन्दोलन के कारण हिन्दुओं व मुसलमानों में एकता स्थापित होना अंसभव है। वस्तुतः यह आन्दोलन कांग्रेस द्वारा भारत के निवासियों में एकता स्थापित करने के आन्दोलन की जड़ों पर प्रहार करता है।

इसके साथ-साथ प्रान्तीयता की भावनाओं को भी उकसाया गया। 1890 के दशक में कांग्रेस के नेताओं की गुटबंदी को आवश्यकता से अधिक महत्त्व दिया गया जबकि राजनीतिक अथवा समाज सुधार के मुद्दों से इसका विशेष संबंध नहीं था।

शिक्षित वर्ग में भी सरकारी नौकरियों के मुदद्दे को लेकर मतभेद पैदा किये गये। इसी प्रकार हिन्दुओं व मुसलमानों के विभिन्न वर्गों अथवा जातियों अथवा समूहों में भी मतभेदों को उभारने के प्रयास किये गये।

इस अवधि में सरकार द्वारा कांगेस के आन्दोलन का दमन करने का भी प्रयत्न किया गया। 1895 में इंग्लैण्ड में नौरोजी चुनाव हार गये, क्योंकि टोरी दल उनके विरुद्ध था। तिलक व कुछ अन्य उग्रवादी नेताओं को गिरफ्तार किया गया। 1898 में प्रेस कर स्वतंत्रता पर प्रतिबंध लगाये गये। पुलिस व न्यायाधीशों को और अधिकार दिये गये। तत्कालीन वायरसराय एल्गिन ने तो 1898 में यहाँ तक कहा कि भारत की विजय तलवार के बल पर हुई है और उसी के बल पर इसे साम्राज्य में बनाये रखा जायेगा। लेकिन इसके साथ ही साथ सरकार ने राष्ट्रवादियों के एक भाग को संतुष्ट रखने का प्रयास भी किया। 1892 का भारत परिषद अधिनियम इसी दिशा में एक असफल प्रयत्न था।

ब्रिटिश नौकरीशाही ने उदारवादियों के ऐसे नेताओं जो कि अंग्रेज सरकार की नीतियों की आलोचना करने लगे थे तथा ब्रिटिश सरकार की न्यायप्रियता में आस्था रखने वाले नेताओं के मध्य मतभेद पैदा करने की कोशिश की। उदाहरण के तौर पर 1890 में रानाडे और गोखले तथा अंग्रेजों की नीतियों के आलोचक दादा भाई नौरोजी और सुरेन्द्र नाथ बनर्जी के बीच मतभेद पैदा करने का प्रयत्न किया गया।

ब्रिटिश नौकरशाही के मतानुसार भारतीयों में राष्ट्रीयता के उदय व विकास का एक प्रमुख कारण उनमें शिक्षा का विकास था। इसलिये ब्रिटिश सरकार ने शिक्षा पर अपना नियंत्रण बढ़ाने के लिये कदम उठाये। 1899 में भारत सचिव हेमिल्टन ने वायसराय को लिखा कि सरकार शिक्षा व उसके संगठन पर यथा सम्भव नियंत्रण स्थापित करे। उसने यह भी सलाह दी कि पाठ्य पुस्तकों का सूक्ष्म अवलोकन करने के बाद ही उन्हें शिक्षा के लिये स्वीकार किया जाए। 1903 में कर्जन ने स्कूल व कॉलेजों की निरीक्षण व्यवस्था को पूर्ण रुप से सरकारी नियन्त्रण में ले लिया। एक सम्प्रदाय की धार्मिक संस्थाओं द्वारा चलाई जाने वाले स्कूलों व कालेजों को प्रोत्साहन दिया गया। धर्म निरपेक्षता के स्थान पर धार्मिक प्रवृति की शिक्षा देना पसन्द किया गया। यद्यपि प्राचीन काल व मध्यकालीन युग में भी धार्मिक शिक्षा देने वाली संस्थाओं को अच्छा समझा जाता था किन्तु अब ऐसी संस्थाओं को इसलिये पसंद किया गया क्योंकि ये बालकों व युवकों को आधुनिकता की ओर बढ़ाने में सहायक नहीं थी।

वास्तव में 1885 के बाद भारत के प्रति इंग्लैण्ड में टोरी लिबरल दृष्टिकोण का अन्तर निरन्तर धुंधला गया। सुमित सरकार के अनुसार भारतीय संदर्भ में ब्रिटेन के दलीय विभाजन कितने अप्रासंगिक हो गये थे, यह इसी से स्पष्ट है कि सैलिसबरी के टोरी मंत्रिमंडल द्वारा नियुक्ति वायसराय लैंसडाऊन ने बड़ी तत्परता के साथ डफरिन की इस निजी राय को स्वीकार किया कि प्रादेशिक कौंसिलों में भी चुनाव के लिये थोड़े स्थान रखे जाये। दोनों ने यही तर्क दिया कि कांग्रेस के पास लड़ने को कोई मुद्दा ही नहीं बचेगा।

वस्तुत: ब्रिटिश राज का एक पहलू नस्लवादी था इसका लक्ष्य अंतत: औपनिवेशिक शोषण को बनाये रखना था। ब्रिटिश सम्राज्यवादी व उसकी नौकरशाही अपने अधिकारों को खोना नहीं चाहती थी। अतएव उसका कांग्रेस का विरोध करना स्वाभाविक था। अतएव शिक्षित भारतीयों के प्रति, जिनका प्रतिनिधित्व कांग्रेस करती थी, उनमें निरन्तर वैमनस्य का भाव होना अनिवार्य था। 1903 में यह भावना अपनी चरम सीमा पर पहुँच गई। एल्गिन को कर्जन ने एक पत्र में लिखा कि कांग्रेस यदि निर्दोष है तो बेकार है, और यदि सरकार के प्रति वैर रखती है तो स्वाभाविक रुप से खतरनाक है। वस्तुत: कर्जन तो कांग्रेस को एक गंदी वस्तु मानता था और उसने उसके पतन की

कामना भी की थी।

यद्यपि उदारवादी ब्रिटिश सरकार के ईरादों में अपनी आस्था प्रकट करते रहे, किन्तु वे औपनिवेशिक अर्थतंत्र और उसके अन्तर्गत किये गये शोषण को उजारग करने से नहीं चूके। इसका उत्तर देते हुए उपनिवेशवादी शासक यह दुहाई देते रहे कि भारत के आर्थिक विकास के लिये उनका भारत में रहना जरूरी है। उन्होंने शिक्षा के माध्यम से भी जनता को यह समझाने का प्रयत्न किया कि ब्रिटिश शासन का चरित्र लोक-कल्याणकारी था। प्राईमरी स्कूल की किताबों में पहला पाठ होता था- ब्रिटिश शासन के लाभ।

1892 के अधिनियम के पारित हो जाने के बाद उदारवादियों ने विधान मंडलों में सरकारी नीति की आलोचना की। उन्होंने नौकरशाही की कमियों और दोषों को उजागर किया, सार्वजनिक वित्त से संबंधित मामलों पर आपत्तियाँ की तथा तत्कालीन विधान परिषदों की कार्य-प्रणाली की आलोचना की। विधान परिषदों में इस नई प्रवृत्ति से नौकरशाही तिलमिला उठी। वायसराय व प्रान्तीय गर्वनर भी इससे कुपित हो उठे लेकिन वे केवल उनको सुनने तथा जैसा भी बन पाता था वैसा उत्तर देने के अतिरिक्त कर भी क्या सकते थे।

उग्रवादियों के प्रति नीति-

कांग्रेस में तिलक, विपिन चंद्र पाल व लाला लाजपत राय के नेतृत्व में उग्रवाद के उदय से भी सरकार चिन्तित हुई। लार्ड कर्जन ने दमन की नीति अपनाई। उसने ऐसे नियम बनाये, जिससे कि शिक्षा व स्थानीय संस्थाओं पर सरकारी नियंत्रण बढ़ता हो। तिलक पर राजद्रोह के आरोप में मुकदमा चला कर सजा दी गई। बंग-विभाजन के विरुद्ध हुए आन्दोलन को दबाने की कोशिश की गई। इसी समय क्रान्तिकारी आन्दोलन सक्रिय हो गया। सरकारन ने अनेक क्रान्तिकारियों को गिरफ्तार कर सजाएँ दी। उन पर चलाये गये मुकदमों में अलीपुर षड्यन्त्र केस, नासिक षडयंत्र केस उल्लेखनीय है। विपिन चन्द्र पाल के अनुसार अब राष्ट्रीय आन्दोलन को कमजोर करने के लिये एक वैकल्पिक नीति अपनाई गई। इसके अन्तर्गत उदारवादियों को दुत्कारने के स्थान पर अपने साथ करने का प्रयास किया गया। गरमपंथी व क्रांतिकारियों का दमन करके नरमपंथियों में दहशत पैदा करना था। इसके बाद उन्हें कुछ रियायतें देकर रिझाने व समझाने की योजना थी। यदि एक बार नरमपंथी उनके जाल में फंस जाते तो गरमपंथियों को आसानी से समाप्त किया जा सकता था और फिर वापस नरमपंथियों को दुत्कारा जा सकता था।

दुर्भाग्यवश यह चाल सफल हो गई। उदारवादियों व उग्रवादियों में फूट पड़ गई। इसके बाद भी राष्ट्रीय आन्दोलन को दबाने के लिये यह चाल अपनाई गई किन्तु राष्ट्रीय नेतृत्व 1907-1909 की तरह फिर अंग्रेजों के जाल में नहीं फंसा।

साम्प्रदायिकता को बढ़ावा- इस समय अंग्रेजों ने साम्प्रायिकता को बढ़ावा दिया। बंगाल के विभाजन के बाद एक मुस्लिम शिष्ट मुण्डल वाससराय से मिला। 1909 के अधिनियम में मुसलमानों के लिये पृथक निर्वाचन प्रणाली स्वीकार की गई।

प्रथम महायुद्ध के समय सरकार की नीति- भारत रक्षा अधिनियम के तहत भारतीयों के नागरिक अधिकारियों को सीमित करके साम्राज्यवादियों ने यह स्पष्ट कर दिया कि वे वे अपने नागरिक साम्राज्य की रक्षा के लिये कुछ भी कर सकते है। उसने गदर पार्टी द्वारा संचालित सशस्त्र क्रान्ति को कुचला। युद्ध के आरम्भ में कांग्रेस ने अंग्रेजों के प्रति सहानुभूति की भावना प्रकट

करते हुए स्वशासन की माँग की तथा इसके समर्थन में तिलक व ऐनी बीसेंट ने होम रूल आन्दोलन चलाया। होम रूल आन्दोलन ने जैसे ही जोर पकड़ना शुरू किया, सरकार ने दमन चक्र तेज कर दिया। 23 जुलाई, 1916 को तिलक से 60 हजार रुपयें का मुचलका भरने को कहा गया। तिलक की ओर से कांग्रेस के वकीलों ने मुकदमा लड़ा और वे हाईकोर्ट में जीत गये। नवम्बर, 1916 में ऐनी बीसेंट पर बरार व मध्य प्रान्त में तथा 1917 में तिलक के पंजाब व दिल्ली जाने पर प्रतिबन्ध लगाया गया। जून 1917 में एनी बीसेंट व उसके साथियों को गिरफ्तार किया गया। सरकारी प्रतिबन्धों के बावजूद उनकी रिहाई के लिये एक विशाल प्रदर्शन किया गया। इस प्रकार सरकारी दमन ने आन्दोलन को बढ़ावा दिया। सरकार को अपनी नीति बदलनी पड़ी। भारत सचिव मोंटेग्यू ने सुधार की घोषणा की।

1919-1922 तक सरकार की नीति

लेकिन युद्ध की समाप्ति के बाद सरकार ने ''रौलट बिल'' को पारित करके जनता में असंतोष पैदा कर दिया। उसके विरुद्ध देश भर में असंतोष भड़का। कई स्थानों पर हड़तालों में हिंसात्मक घटनायें हुई। अप्रैल 1919 में अमृतसर में जलियावाला बाग में पुलिस की गोली से लगभग 379 निहत्थे भारतीय मारे गये। पंजाब में मार्शल लॉ लागू करके जनता पर अत्याचार किये गये। गाँधी जी ने असहयोग आन्दोलन को नेतृत्व किया। सरकार के दमन के बावजूद अनेक आंदोलनकारी विचलित नहीं हुए। सरकार ने स्वयं सेवी संगठनों को अवैध घोषित किया तथा देश भर में गिरफ्तारी की गई। अगले दो महीने में 30 हजार व्यक्ति जिनमें कांग्रेस के अनेक नेता भी गिरफ्तार किये गये। जनवरी 1922 में गाँधीजी द्वारा दमन बंद करने की अपील पर सरकार ने कोई ध्यान नहीं दिया। फरवरी, 1922 में चौरी-चौरा कांड के कारण आन्दोलन स्थगित कर दिया गया।

1923 से 1930 के मध्य सरकारी नीति

इस अवधि में सरकार को क्रांतिकारी आंतकवाद का तथा स्वराज्य दल द्वारा विधान मंण्डलों में प्रतिरोध का सामना करना पडा। सरकार ने आंतकवादियों का दमन किया। उसने हिन्दू व मुसलमानों में मतभेदों को बढ़ाने के लिये मुसलमानों को उकसाया। जिन्ना के नेतृत्व में मुस्लिम लीग कांग्रेस से दूर होती गई। हिन्दू महासभा फिर से सक्रिय हुई। यद्यपि स्वराज्य दल ने विधान मंडलों में प्रतिरोध किया किन्तु सरकार उससे विचलित नहीं हुई।

साइमन आयोग के गठन ने साम्राज्यवाद विरोधी जन-आक्रोश को फिर से उभार दिया। भारतीय राष्ट्रीय कांग्रेस ने इसके बहिष्कार को जन-आंदोलन को रूप दिया। 1928 में साइमन कमीशन का सफल बहिष्कार किया गया। पुलिस ने लाठी चार्ज आदि तरीकों से प्रदर्शनकारियों पर जितना अत्याचार किया जनता ने उतना ही क्रोध जताया। कांग्रेस ने अब पूर्ण स्वतंत्रता की माँग की।

सविनय अवज्ञा आन्दोलन व सरकार

गाँधी जी के अहिंसात्मक आन्दोलन ने सरकार को दुविधा में डाल दिया। लेकिन आन्दोलन की तेजी से बढ़ती लोकप्रियता को देखकर सरकार ने अपने चेहरे पर पड़ी प्रजात्कत्य के नकाब

को उठाकर दमन की नीति अपनाई। गाँधी जी गिरफ्तार किये गये। अनेक स्थानों पर प्रदर्शनकारियों पर अत्याचार किये गये। लेकिन जनता ने उन्हें चुपचाप सहा। जनता के नागरिक अधिकारियों में कटौती के अध्यादेश जारी किये गये तथा प्रांतीय सरकारों को सिविल नाफरमानी करने वाले संगठनों पर प्रतिबन्ध लगाने को कहा गया।

गाँधी-इरविन समझौते के तहत् कांग्रेस ने अपना आन्दोलन समाप्त किया। राजनीतिक बंदियों को रिहा किया गया।

सविनय अवज्ञा आन्दोलन के पुन: शुरू किये जाने पर सरकार ने भारतीय नौकरशाही में गाँधी के बढ़ते प्रभाव के फलस्वरूप फैली निराशा को रोकने का प्रयास किया। उसने ग्रामीन इलाकों में इसकी जड़ों को फैलने से रोकने का भी प्रबन्ध किया। 1932 में गाँधी जी की गिरफ्तारी के बाद प्रशासन को मनमाना अधिकार देने वाले अध्यादेशों को एक सिलसिला जारी किया गया। पहले चार महीने में 80 हजार सत्याग्रही कैद किये गये। सरकार का दमन-चक्र बढ़ता गया। सरकार यह समझाने लगी कि वह कांग्रेस का प्रभाव कम करने में सफल हुई है। 1933 में **विलिंगडन** ने लिखा, "1930 की तुलना में इस समय कांग्रेस की हालत निश्चित तौर पर गड़बड़ है, जनता के बीच उनकी पकड़ नहीं रही।" लोगों पर दमन का प्रभाव कुछ हद तक अवश्य पड़ा किन्तु कांग्रेस में उनकी आस्था और दृढ़ हुई।

इस समय में क्रान्तिकारी आन्दोलन को दबाया गया। मुस्लिम लीग ने कांग्रेस का विरोध किया। गोल मेज सम्मेलन में साम्प्रदायिकता की माँगों को बढ़ावा दिया गया।

1935-1939 तक की नीतियाँ

इस अवधि मे सरकार ने राष्ट्रीय आन्दोलन को दबाने के लिये जो नीतियाँ अपनाईं वे इस प्रकार थीं। उसने सोचा कि सुधारों का चारा फेंक कर वह उदारवादियों, संविधानवादियों और उन तमाम नरमपंथियों को, जो सविनय अवज्ञा आन्दोलन की अवधि मे जनता का समर्थन खो चुकें थे, अपनी ओर मिला लेंगे। इसके साथ ही बड़े पैमाने पर दमन चक्र चालू करने से कांग्रेस का एक बड़ा भाग संघर्ष के असंवैधानिक तरीकों को छोड़कर संवैधानिक संघर्ष की राह पकड़ेगा व जनता से दूर हो जायेगा। एक बार सत्ता का सुख भोगने के बाद कांग्रेसी बलिदान और संघर्ष की राजनीति में वापस नहीं आयेंगे। वह यह भी विश्वास करती थी कि सुधारों के सवाल पर कांग्रेस में फूट पड़ जायेगी। फूट पड़ने के बाद दमन के बल पर सरकार वामपंथियों की रही-सही ताकत को खत्म कर देगी।

1935 के अधिनियम के पारित होने के बाद सरकार ने नरम रुख अपनाया। सुधारों के मसले पर नहेरू व कुछ कांग्रेसी नेताओं मे मतभेद पैदा हुए। गाँधी जी ने समाजवादी सिद्धान्तों को पसन्द नहीं किया। प्रांत के चुनावों में भाग लेने के मसले पर भी कांग्रेसी मे मतभेद उभरे। फरवरी, 1937 में कांग्रेस ने चुनावों में भाग लिया। कांग्रेस के दोनों खेमों ने अपने मतभेदों को दबाये रखा। सरकार को निराशा हुई। कांग्रेस द्वारा मंत्रिमण्डल बनाये जाने से उसकी प्रतिष्ठा बढ़ी। मुस्लिम लीग को इन चुनावों में विशेष सफलता नहीं मिली। उसने कांग्रेस शासन के अट्ठाईस मासों को मुस्लिम के हितों के विरुद्ध बताया। 1939 मे कांग्रेस मंत्रिमंडलों के इस्तीफे के बाद वे कांग्रेसी नेता, जो मंत्री रह चुके थे, पुन: संघर्ष की राजनीति मे आ गये। उससे भी सरकार को निराशा हुई।

द्वितीय विश्व युद्ध में सरकार की नीति

कांग्रेस ने फासिस्ट ताकतों की निंदा करते हुए इस बात की भी भर्त्सना की कि भारत को उसकी जनता की राय के बिना युद्ध में धकेलना उचित नहीं था। ब्रिटिश सरकार ने नकारात्मक प्रतिक्रिया अपनाते हुए मुस्लिम लीग और देशी राज्यों को कांग्रेसियों के विरुद्ध भड़काने की कोशिश की। इंग्लैंड व भारत सरकार ने भारतीयों, विशेषकर हिन्दुओं व मुसलमानों के बीच, के मतभेदों पर जोर दिया और विशुद्ध हिन्दू संगठन बनाया। इससे स्पष्ट है कि ब्रिटेन भारत पर अपनी गिरफ्त कमजोर नहीं करना चाहता था और जरूरत पड़ने पर कांग्रेस को शत्रु भी मान सकता था। उसने 1940 में आरम्भ हुए व्यक्तिगत सत्याग्रह को दबाने का भी प्रयत्न किया।

जून 1941 में सोवियत रूस ने युद्ध में प्रवेश किया। सरकार ने साम्यवादियों को, जो अब तक युद्ध को साम्राज्यवादी बताते थे लेकिन अब ब्रिटेन का साथ देने को तैयार थे, जेल से रिहा कर दिया।

1942 के विद्रोह का दमन

जापान के युद्ध में प्रवेश करने के कारण भारतीय सामाज्य की सुरक्षा को खतरा बढ़ गया। क्रिप्स मिशन के प्रस्तावों से यह स्पष्ट हो गया कि ब्रिटिश सरकार युद्ध में भारत की अनिच्छुक साझेदारी को तो बरकरार रखना चाहती थी। ऐसी परिस्थिति में कांग्रेस ने संघर्ष को अपरिहार्य माना। अगस्त 1942 में 'भारत छोड़ो' आन्दोलन आरंभ हुआ। युद्ध की आड़ लेकर सरकार ने अपने को सख्त से सख्त कानूनों से लैस पहले ही कर लिया था और अब उसने शांतिपूर्ण राजनीतिक गतिविधियों को भी प्रतिबंधित कर दिया। 9 अगस्त को उसने देश भर में कांग्रेस के सभी बड़े नेताओं को गिरफ्तार कर लिया। वायसराय ने लिखा कि कांग्रेसी के किसी भाग द्वारा संघर्ष की घोषणा का जवाब उस संगठन को पूर्ण रूप से कुचलना ही है। नेताओं की गिरफ्तारी के बाद नेतृत्वही जनता मे आन्दोलन स्वयं चलाया। इसमें हिंसात्मक घटनायें भी हुई। सरकार ने दमन की नीति अपनाई। गाँधी जी ने इस आन्दोलन में हिंसा के लिये सरकार को दोषी ठहराया। गाँधी जी के उपवास करने पर उनकी रिहाई की माँग ने जोर पकड़ा, लेकिन सरकार टस से मस नहीं हुई। चर्चिल ने गाँधी जी के प्रति अपमानजनक शब्दों का प्रयोग किया। वायसराय ने कहा कि गाँधी के न रहने पर समझौते की संभावनाएँ बढ़ जायेंगी। सेना की टुकड़ियों को गांधी जी की मृत्यु के बाद अंतिम संस्कार की तैयारियाँ करने को कहा गया। लेकिन गाँधी जी ने उपवास तोड़ दिया। मई, 1944 में गाँधी जी की रिहाई के बाद कांग्रेस पर कड़ी नजर रखी गई। वेवेल ने समस्या के समाधान के लिए प्रस्ताव रखे किन्तु शिमला सम्मेलन असफल हुआ। आजाद् हिन्द फौज के भारतीय सीमा पर आक्रमण को अंग्रेजों ने विफल कर दिया, लेकिन उससे जनता में बड़ा उत्साह फैला। युद्ध के बाद समस्या को सुलझाने के प्रयास ब्रिटेन की नई लेबर सरकार ने यह निर्णय लेकर किया कि वह शीघ्र ही भारतीयों को सत्ता हस्तांतरित कर देगी। ब्रिटिश राज्य के उस आखिरी दौर में केबीनेट मिशन ने अपनी योजना प्रस्तुत की जिसे भारत के राजनीतिक दलों ने स्वीकार नहीं किया। मुस्लिम लीग को प्रोत्साहन दिया गया और वह पाकिस्तान की माँग पर अड़ी रही। देश के अनेक स्थानों पर भयंकर साम्प्रायिक दंगे हुए। गाँधी जी की रिहाई, आजाद हिन्द फौज के अवसरों पर चलाए गए मुकदमों और भारतीय नौ सेना के विद्रोह ने अधिकारी वर्ग के मनोबल को कमजोर कर दिया। 1942 के क्रूर दमन ने उदारवादियों तथा सरकार परस्तों की

संवेदना को आहत किया था। इंग्लैंड की सरकार पर अमेरिका व चीन का दबाव बढ़ता जा रहा था। वे उसे भारतीयों से समझौता करने के लिए कह रहे थे। अतएव इन परिस्थितियों में साम्राज्यवाद और राष्ट्रवाद का संघर्ष जिसका सैद्धान्तिक तौर पर समाधान हो गया था। 1946 के आरंभ में पर्दे के पीछे चला गया लेकिन ब्रिटिश सरकार ने जिस मुस्लिम लीग को संरक्षण देकर आगे बढ़ाया था उसे अब दबाना नहीं था। अगस्त 1946 'डाइरेक्ट एक्शन' के दिन कलकत्ता में साम्प्रदायिक पागलपन देखने को मिला। अब पुनः ब्रिटिश सरकार लीग को सन्तुष्ट करने में लगी। उसने विभाजन का प्रस्ताव रखा जिसे कांग्रेस ने भी अनेक कारणों से माना।

राष्ट्रवादी आन्दोलन के समय दोनों पक्षों में अपना वर्चस्व बनाए रखने के लिये संघर्ष हुआ। राष्ट्रवादी तत्त्व धीरे-धीरे तथा जीवन के प्रत्येक क्षेत्र में औपनिवेशिक शासकों के वर्चस्व यानी वैचारिक प्रभावों को नष्ट करना चाहते थे। वे जानते थे कि ब्रिटिश ताकत के सहारे ही नहीं अपितु इस विश्वास पर भी टिके थे कि उनका भारत में रहना जरूरी है। अतएव कांग्रेस ने लगातार इस पर हमले किए। उसने औपनिवेशिक शासन के प्रशासनिक यंत्र को भी कमजोर करने की नीति अपनाई। इसके साथ-साथ विधान मंण्डलों में सरकार की नीतियों के खोखलेपन को भी उजागर किया। इस संघर्ष की अवधि में सरकार आम तौर पर दमन व समझौते के मार्गों के बीच उलझी रही। ऐसे मौकों पर वह सोचती थी, यदि दमन किया गया तो राष्ट्रीय आन्दोलन ताकतवर होगा और नहीं किया गया तो उसके द्वारा संचालित प्रशासनिक ढांचा लड़खड़ा जायेगा। कुछ समय तक दमन का मार्ग न अपनाने के बाद उसने दमन ही किया।

दोनों पक्षों के मध्य इस संघर्ष में एक साम्राज्यवादी ताकत को एक अहिंसात्मक आन्दोलन के सामने झुकना पड़ा। इस आन्दोलन को जनता का समर्थन मिला और यही इसकी प्रमुख शक्ति थी। अंग्रेजों की दमन नीति भारत की निहत्थी जनता को अपने निश्चय से नहीं डिगा सकी। इस संघर्ष में राज्य सत्ता पर एक क्रान्तिकारी आन्दोलन द्वारा एक झटके से कब्जा नहीं किया गया अपितु लम्बी राजनीतिक लड़ाई द्वारा इस लक्ष्य को हासिल किया गया। किन्तु ब्रिटिश साम्राज्यवादी देश की दो प्रमुख कौमों में मतभेद उत्पन्न कराने व उनको बढ़ावा देने की अपनी नीति में सफल हुए जिसके फलस्वरूप देश का विभाजन हुआ।

चुने हुए विचार-

1. विपिन चन्द्र पाल- ''राष्ट्रीय आन्दोलन के उद्‌भव और विकास में ब्रिटिश राज का मुख्य योगदान यह रहा कि उसने भारतीय लोगों के बीच ईर्ष्या और संघर्ष को तेज किया।''

2. जवाहर लाल नेहरू- ''ब्रिटिश शासन के अन्तर्गत भारत का प्रमुख मनोयोग भय था, चतुर्दिक व्याप्त दमनकारी, गलघोटू भय का मनोवेग, सेना का भय, पुलिस का भय, दमनकारी कानूनों और जेल का भय, जमींदारों के गुमाश्तों का भय, सूदखोरों का भय, बेरोजगारी और भुखमरी का भय। ये भय हमेशा लोगों के दरवाजे पर दस्तक देते रहते थे।''

उदारवादियों की उपलब्धियों का मूल्यांकनः

तिलक व अन्य उग्रवादी नेताओं ने उदारवादियों की नीतियों को राजनीतिक भिक्षावृति क संज्ञा दी है। **तिलक** के अनुसार ''यदि हम एक बार मेंढ़कों की तरह टर्र-टर्र करके चुप होते रहे तो हमें कभी अपने प्रयासों में सफलता नहीं मिलेगी'' लेकिन यह मानना उचित नहीं होगा कि उदारवादियों का स्वतंत्रता संग्राम में योगदान नगण्य था। इसी प्रकार लाला लाजपत राय की यह

आलोचना कि कुछ उदारवादी नेता अवसरवादी थे तथा उन्हें देशभक्ति के नाम पर अपना व्यापार बढ़ाने का अवसर मिला आवश्यकता से अधिक कठोर प्रतीत होती है।

यद्यपि कांग्रेस के आरंभिक काल में उदारवादी नेताओं की माँगो पर ब्रिटिश सरकार ने समुचित ध्यान नहीं दिया किन्तु उनका बीस बर्षा का कार्य व्यर्थ नहीं गया। मैकलेन के मत में यद्यपि कांग्रेस के प्रथम बीस वर्षों में नाटकीय का अभाव था किन्तु फिर भी इन्हीं बीस वर्षो में महत्त्वपूर्ण प्रयोग दिये गये। राष्ट्रीय नेताओं को प्रशिक्षण मिला, जिससे भारतीय राजनीति में आने वाले प्रतिवादी, गाँधीवादी तथा साम्प्रदायिक तत्वों को विकसित होने में सहायता मिली। इसमें कोई संदेह नहीं कि उदारवादियों ने भारत के शिक्षित वर्ग को राजनीतिक आन्दोलन चलाने का प्रशिक्षण दिया। उन्होंने जनता में भी चेतना पैदा की।

उनका एक प्रमुख योगदान ब्रिटिश की शोषण की नीति की ओर जनता का ध्यान आकर्षित करना था। दादा भाई नैरोजी और रमेश चन्द्र दत्त ने यह सिद्ध करने की कोशिश की कि भारत की जनता की गरीबी का प्रमुख कारण अंग्रेजों की स्वार्थपूर्ण नीतियां थीं।

उन्होंने भारतीयों के लिये अधिकारों की माँग करके तथा अन्याय के विरुद्ध प्रस्ताव पारित करके अंग्रेजी शासन की कठोरता को कम करने में कुछ हद तक सफलता प्राप्त की।

नरम दल के नेताओं को निष्ठाहीनता के स्रोत मान सकते हैं। ब्रिटिश सरकार में आस्था प्रकट करते हुए भी उनका उद्देश्य भारतीयों को अधिकाधिक अधिकार दिलाना था। अन्त में उनकी माँगों पर उचित ध्यान न देने का परिणाम उग्रवाद का जन्म होना था।

चुने हुए विचार

महादेव गोविंद रानाडेः ''उदारवाद अथवा नरम दल का अर्थ यह है कि हम असंभव अथवा दूर स्थित आदर्शों तथा उद्देश्यों के लिये व्यर्थ ही प्रयत्न न करें अपितु प्रत्येक दिन अगला पग उठायें जो कि प्राकृतिक विकास का भाग है और हमारे पास ही है और औचित्य तथा समझौते की भावना से प्रेरित है।''

मैकलेनः नरमदलीय कांग्रेस अधिकाधिक रूप से ''राष्ट्रवादी भावना के एक छोटे से भाग को ही प्रतिबिंबित कर रही थी।''

सुमित सरकारः ''नरमदलीय आर्थिक चिन्तन बाद में राष्ट्रवाद के समस्त चरणों में विदेशी शासन की भारतीय समीक्षा का सार रहा-भले ही वह चरण उग्रवादी, क्रांतिवादी, आतंकवादी गाँधीवादी, बल्कि समाजवादी ही क्यों न रहा हो।''

भारत की राजनीति में गाँधीजी का उदय, असहयोग आन्दोलन एवं 1923-30 तक घटनाएँ।

''सत्याग्रह एक क्रान्तिकारी दर्शन है। यह बल प्रयोग के विपरीत है।'' **-महात्मा गाँधी**

गाँधी का भारतीय राजनीति में प्रवेशः

1915 ईसवी में गाँधी दक्षिण अफ्रीका से भारत लौटे। दक्षिण अफ्रीका में रंग-भेद के कानूनों के विरुद्ध किये गये सत्याग्रह के कारण वे भारत में प्रसिद्ध हो गये थे। उन्होंने गोपाल कृष्ण गोखले को अना गुरु माना। गोखले के समान वे भी युद्ध प्रयत्नों में सरकार को सहयोग देने के पक्ष में थे।

इसलिए उन्होंने रंगस्टों की भर्ती तथा घायल व्यक्तियों की देख-भाल के लिए अपनी सेवाएँ अर्जित की। उनकी सेवाओं के लिए सरकार से उन्हें पदक भी मिला। ऐनी बिसेंट की अध्यक्षता में हुए 1917 की कांग्रेस के वार्षिक अधिवेशन में उन्होंने ब्रिटिश उपनिवेशों में रहने वाले भारतीयों के साथ बुरा व्यवहार किये जाने के सम्बन्ध में प्रस्ताव पेश किया। चम्पारन सत्याग्रह 1917 में वे बिहार में चम्पारन गये। उन्हें इस जिले के नील की खेती करने वाले किसानों ने बुलाया था। उनके अंग्रेज मालिक उन पर बड़ा जुल्म करते थे। चम्पारन पहुँचने के पहले सरकार ने उनके प्रवेश पर रोक लगा दी किन्तु उन्होंने इस निषेधाज्ञा का पालन नहीं किया। उनके नेतृत्व में किसानों ने सत्याग्रह भी किया। अन्त में वे किसानों की अधिकांश माँगें सरकार को माननी पड़ी।

अहमदाबाद के मजदूरों के आन्दोलन में भाग:

इस समय देश के कई स्थानों में मजदूरों ने अपने संगठन बना लिये थे। कई स्थानों में हड़तालें भी हुई थीं। 1918 ईसवी के आरम्भ में अहमदाबाद में मिल मालिकों ने मजदूरों के बोनस में कमी कर दी। इससे वहाँ पर हड़ताल हुई। मजदूरों के प्रति गाँधी जी की सहानुभूति थी। लेकिन इसके साथ वे यह भी चाहते थे कि मजदूर-महाजन संघ का संगन किया। उन्होंने मजदूरों के लिये अनशन भी किया। इसका मिल मालिकों पर असर पड़ा।

खेड़ा सत्याग्रह:

खेड़ा के किसान आन्दोलन में गाँधीजी की भूमि का वर्णन एक अन्य अध्याय में किया गया है।

1918 ईसवी के कांग्रेस अधिवेशन में गाँधी जी व ऐनी बिसेन्ट ने उन लोगों का नेतृत्व किया जो मांटेग्यू-चेम्सफोर्ड सुधारों को स्वीकार करने और सरकार के साथ सहयोग करने के पक्ष में थे। लेकिन शीघ्र ही वे सरकार के सहयोगी के स्थान पर असहयोगी बन गये। इसके लिये रौल्ट एक्ट जलियां वाला बाग की घटना, युद्ध के बाद ब्रिटेन द्वारा तुर्को के साथ की गई कठोर सन्धि तथा खलीफा के बारे में अंग्रेजों का रवैया जिम्मेदार था।

सहयोगी से असहयोगी बनने के कारण:

1. रौल्ट एक्ट -नवम्बर, 1917 ईसवी की रूसी क्रान्ति के तुरन्त बाद ब्रिटिश सरकार ने इंग्लैण्ड के हाई कोर्ट के एक जज रौलट की अध्यक्षता में सिडीशन कमेटी नियुक्त की। उसने विभिन्न राजद्रोहात्मक कार्यों की जाँच करके अप्रेल 1918 ईसवी में अपनी रिपोर्ट पेश की। उसके सुझावों के अनुसार भारत सरकार ने मार्च, 1919 ईसवी में एक कानून पास किया जो रौल्ट एक्ट कहलाता है। ब्रिटिश सरकार ने युद्ध काल में, जो विशेषाधिकार प्राप्त कर लिये थे, उन्हें युद्ध की समाप्ति क बाद भी जारी रखने का प्रावधान इस कानून में था। राजद्रोहात्मक कार्यों के सन्देह पर किसी को भी बिना मुकदमा चलाये जेल में अथवा किसी अन्य स्थान पर नजरबन्द रखने, उससे जमानत लेने अथवा उनकी हलचलों पर प्रतिबन्ध लगाने का अधिकार सरकार ने अपने हाथ में रखा। गाँधीजी ने इस कानून का विरोध करने के लिये ''सत्याग्रह लीग'' की स्थापना की। उनकी सलाह से कांग्रेस ने 30 मार्च 1919 ईसवी को सारे देश में हड़ताल करने का निश्चय किया। बाद में इसे 6 अप्रेल को करना निश्चित हुआ। हड़ताल, प्रदर्शन और जुलुसों को शान्तिपूर्ण ढंग से करने के आदेश दिये गये।

2. जलियांवाला बाग की घटनाः

यह हड़ताल सभी स्थानों में काफी सफल रही। पंजाब में जन सभाओं, जुलुसों और सभाओं ने व्यापक रूप धारण किया। अगले दिन अमृतसर में हिन्दुओं व मुसलमानों ने एक सम्मिलित जुलुस निकाला। सरकार ने इसके नेता डाक्टर सत्यपाल डाक्टर किचलू को गिरफ्तार कर अमृतसर से बाहर भेज दिया। इसके विरोध में 10 अप्रेल को फिर एक जुलुस निकाला गया। सिपाहियों तथा भीड़ में झड़पें हुईं। सिपाहियों ने फिर गोली चलाई। इससे 20 आदमी मारे गये तथा काफी घायल हुए लौटते समय उत्तेजित भीड़ ने शहर में कुछ हिंसात्मक वारदातें कीं। गाँधीजी पंजाब की ओर रवाना हुए किन्तु देहली के समीप पलवल में उन्हें रोक दिया गया। इसके विरोध में देहली व कई अन्य स्थानों में हड़तालें हुई।

19 अप्रेल को अमृतसर के जलियांवाला बाग में एक सभा बुलाई गई। इस के पहले पंजाब के गर्वनर माइकेल ओडायर ने सारे अमृतसर को एक सैनिक अधिकारी जनरल डायर को सौंप दिया। धारा 144 भी लगा दी गई। इस पर भी सभा में लगभग बीस हजार व्यक्ति उपस्थित हुए। लगभग पाँच बजे शाम को डायर ने बिना किसी चेतावनी की गोली चलाने के आदेश दिये। क्योंकि बाग से बाहर निकलने का केवल एक ही रास्ता था इसलिए व्यक्तियों का निकलना कठिन हो गया । प्रत्यक्ष दर्शियों के अनुसार एक हजार से ज्यादा व्यक्ति मारे गये। डायर ने मार्शन लॉ लगा दिया। फौजी अदालतों ने लागों को मनमानी सजाएँ दीं। सड़कों पर व्यक्तियों की निर्मम पिटाई की गई। उन्हें पेट के बल सड़क पर चलना पड़ा।

इन घटनाओं के विरोध में पंजाब के नगरों में व्यापक प्रदर्शन हुए। लाहौर में भी मार्शल लॉ लागू किया गया। सारे पंजाब में जनता पर जुल्म किया गया। पंजाब की घटनाओं के समाचार पाकर देश के अन्य भागों में भी प्रदर्शन हुए। अहमदाबाद में मजदूरों व सिपाहियों में भिड़न्त हुई।

3. हंटर अयोग का प्रतिवेदनः

सरकार ने जलियांवाला बाग की घटना की जांच के लिये हंटर की अध्यक्षता में एक आयोग नियुक्त किया इसके सामने बयान देते हुए डायर ने कहा कि उसने जान-बूझ कर गोली चलाने का आदेश दिया था। वह भारतीयों को आतंकित करना चाहता था। आवश्यकता से अधिक बल प्रयोग का दोषी पाये जाने पर भी ब्रिटिश जनता ने डायर की प्रशंसा की तथा उसे बीस हजार पौंड की थैली भेंट की।

4. तुर्की के साथ ब्रिटेन की सन्धिः

युद्ध के अन्त मे ग्रेट ब्रिटेन ने तुर्की के साथ सेव्र की संधि की। इसमें तुर्की के साम्राज्य का विभाजन किया गया। अन्य शर्तें उस पर लादी गई। इससे भारतीय मुसलमानों में अप्रसन्नता की लहर दौड़ गई।

5. खिलाफत का प्रश्नः

तुर्की का सुल्तान मुस्लिम जगत का खलीफा भी माना जाता था। तुर्की के विभाजन के कारण अब उसका राजनीतिक प्रभुत्व एक छोटे प्रदेश तक ही सीमित रह गया था। इसका विरोध करने के लिये भारत में 1918 ईसवी में खिलाफत कमेटी बनी। यद्यपि यह आन्दोलन प्रतिक्रियावादी

था लेकिन भारत में इसे साम्राज्य विरोधी रूप देकर राष्ट्रीय बना दिया गया।

6. आर्थिक कठिनाईयाँ:

प्रथम विश्व युद्ध के कारण मंहगाई बढ़ गई। नगरों व गाँवों के मध्यम व निम्न वर्ग के सदस्य परेशान थे। युद्ध के बाद भी महंगाई खत्म नहीं हुई थी।

कलकत्ता अधिवेशन:

अहिंसात्मक आन्दोलन चलाने का निश्चय किया गया। उनके कार्यक्रम की स्वीकृति के लिये कलकत्ता में सितम्बर, 1920 ईसवी में कांग्रेस उच्च समिति का एक विशेष अधिवेशन हुआ, जिसके सभापति लाला लाजपत राय थे। इसमें महात्मा गाँधी ने कहा कि न तो ब्रिटिश सरकार ने खिलाफत के बारे में किये गये अपने वचनों का पालन किया है और न ही पंजाब के निद्रोष व्यक्तियों पीर अत्याचार करने वाले अधिकारियों के विरुद्ध कोई कार्यवाही की है, अतएव जब तक इन भूलों को सुधारा नहीं जाता तथा भारत का औपनिवेशिक स्वाशासन नहीं दिया जाता, महात्मा गाँधी द्वारा बताये गये प्रगतिशील अहिंसात्मक असहयोग आन्दोलन के मार्ग को देश स्वीकार करे। मोतीलाल नेहरू व अली बन्धुओं ने इस प्रस्ताव का समर्थन किया।

नागपुर अधिवेशन:

दिसम्बर, 1920 ईसवी में कांग्रेस के नागपुर अधिवेशन में इसका पुनः समर्थन किया गया। यद्यपि उग्रवादी नेता पूर्ण स्वतंत्रता की माँग के पक्ष में थे किन्तु इस समय औपनिवेशिक स्वशासन को ही कांग्रेस का लक्ष्य घोषित किया गया। इस लक्ष्य की प्राप्ति के लिये शान्तिपूर्ण और वैध उपायों का पालन करने का निश्चय किया गया।

असहयोग आन्दोलन:

असहयोग आन्दोलन का कार्यक्रम इस प्रकार था।

1. विदेशी माल का बहिष्कार और स्वेदेशी माल का प्रयोग किया जाये। सभी क्रांग्रेसियों को चर्खा कातने का आदेश दिये गये और लाखों जुलाहों को घरों में कपड़ा बनाने के लिये उत्साहित करने का निश्चय किया गया।
2. ब्रिटिश सरकार द्वारा दी गयी उपाधियों तथा अनैतिक पदों को त्यागने की अपील की गई।
3. स्थानीय संस्थाओं से नामजद सदस्यों को भी त्याग-पत्र देने को कहा गया।
4. सरकारी दरबारों में भाग न लेने का निश्चय किया गया।
5. सरकारी स्कूलों अथवा सरकारी सहायता से चलाये गये स्कूलों से बालकों को धीरे-धीरे हटाने की अपील की गई।
6. वकीलों तथा विवादितों को न्यायालयों का बष्किार कने की सलाह दी गई।
7. अंग्रेजों द्वारा स्थापित धारा सभाओं के चुनावों में वोट न देने की अपील की गई।
8. सैनिकों, बाबुओं तथा मजदूरों को कहा गया कि वे मेसोपोटोनिया के लिये अपनी सेवाएँ न दें।
9. विदेशी वस्तुओं का बहिष्कार किया जाय।

उपर्युक्त सभी कार्यक्रमों का उद्देश्य सरकारी नौकरियाँ, कौंसिलों, न्यायालों और स्कूलों तथा कॉलेजों का बहिष्कार करना था। इसके अतिरिक्त रचनात्मक कार्यक्रम भी अपनाया गया। इसमें मुख्य रूप से सरकारी स्कूलों व कॉलेजों के स्थान पर राष्ट्रीय शिक्षण संस्थाएँ खोलना, सरकारी अदालतों की जगह जनता की अदालतें खोलना, घर-घर में चर्खा चलाना और सूत कातना, हिंदू-मुस्लिम एकता को पक्का करना व छुआछूत को दूर करना आदि कार्य थे। खिलाफत आन्दोलन को भी इसके साथ जोड़ा गया।

1921 में आन्दोलन की प्रगति:

महात्मा गाँधी ने देश का दौरा किया तथा जनता को इसमें भाग लेने के लिये उत्साहित किया। उन्होंने लोगों को उपाधियाँ वापस करने, न्यायालयों और सरकारी समारोहों तथा उत्सवों का बहिष्कार करने के लिये कहा। उन्होंने विद्यार्थियों से सरकारी समारोहों का बहिष्कार करने तथा कॉलेजों को छोड़कर राष्ट्रीय स्कूलों और कॉलेजों में प्रवेश लेने की अपील की। इस हेतु कई राष्ट्रीय संस्थाएं खोली गईं जैसे गुजरात विद्यापीठ, बिहार विद्यापीठ, बनारस विद्यापीठ व तिलक विद्यापीठ आदि। अनेक वकीलों ने ''अदालत छोडो'' आन्दोलन में भाग लिया।

डाक्टर अन्सारी, मौलाना आजाद व अली बन्धु जैसे प्रसिद्ध राष्ट्रीय मुसलमान नेताओं ने देश के विभिन्न भागों का दौरा करके जनता को इस आन्दोलन में भाग लेने को उत्साहित किया।

कोई भी कांग्रेसी केन्द्र व प्रान्तों के विधान मण्डलों के चुनावों में खड़ा नहीं हुआ। ड्यूक ऑफ कनॉट के भारत आने पर उसके स्वागत समारोहों में अनेक भारतीयों ने भाग लिया। विदेशी कपड़ों की होलियाँ जलाई गई। स्वराज्य फण्ड में एक करोड़ तथा कुछ लाख रुपये इकट्ठे हो गये। अनेक लोगों ने अपनी सरकारी उपाधियों को वापिस कर दिया।

नवम्बर 1921 ईसवी के प्रिन्स ऑफ वेल्स के बम्बई आने पर कांग्रेस ने अपने अनुयायियों को उनके स्वागत समारोहों में भाग न लेने के आदेश दिये। बम्बई में कुछ लोगों के स्वागत समारोहों में भाग लेने पर झगड़ा हो गया व हिंसात्मक घटनाएँ हुईं जिनकी गाँधी जी ने घोर निन्दा की। इसके लिये उन्होंने पाँच दिन का उपवास भी रखा।

पंजाब में अकालियों ने गुरुद्वारों के उन महन्तों के विरुद्ध, जिन्हें सरकार का समर्थन प्राप्त था, आन्दोलन किया। विवश होकर सरकार ने 1922 में गुरुद्वारा नियन्त्रण अधिनियम पास किया। मिदनापुर जिले में ग्रामीणों ने ग्राम शासन के लिये लगाया गया कर देने से मना किया। सरकार ने इसे हटा लिया। चिटाला व जियवाड़ा में स्थानीय संस्थाओं को कर नहीं दिया गया। पालनाड़ में चरागाह कर अदा नहीं किया गया। बिहार में आदिवासियों ने आन्दोलन में भाग लिया।

दिसम्बर 1921 ईसवी में कांग्रेस का अधिवेशन अहमदाबाद में हुआ। इस समय तक गाँधीजी के अतिरिक्त अगभग सभी नेता गिरफ्तार हो चुके थे।

अहमदाबाद अधिवेशन में गाँधी जी को कांग्रेस का ''सर्वाधिकारी'' नियुक्त किया गया। उन पर आन्दोलन की भावी रूपरेखा को तैयार करने का भार भी छोड़ दिया गया।। उन्होंने 1 फरवरी, 1992 ईसवी को जलार्ड रीडिंग को लिखा कि यदि एक हफ्ते के अंदर दमन बन्द नहीं किया गया तो वे बारदोली में सामूहिक सविनय अवज्ञा आन्दोलन आरम्भ करेंगे। वायसराय ने अपने उत्तर में जनता को दोषी ठहराया तथा परिस्थिति को काबू में रखने के लिये उचित उपायों को काम में

लाने का निश्चय प्रकट किया। इस पर असहयोग आन्दोलन तेज किया गया। सारे देश की जनता ने इसमें भाग लिया।

संयुक्त प्रदेशों में किसानों ने भी असहयोग आन्दोलन में सक्रिय भाग लिया। दस हजार के लगभग किसानों ने फैजाबाद के प्रदर्शनों में हिस्सा लिया। उन्होंने लगान बन्दी को अपनाया।

चौरा-चौरी की घटनाः

5 फरबरी, 1922 ईसवी को गोरखपुर के चौरा-चौरी में एक हिंसक घटना हुई। एक उत्तेजित भीड़ ने वहाँ की पुलिस चौकी में आग लगा दी जिससे 22 सिपाही जलकर मर गये। इस समय आन्ध्र प्रदेश के गंटूर जिले में कर न देने का आन्दोलन आरंम्भ हो गया था। गाँधी जी ने इसे रोक देने का आदेश किया। रजनी पाम दत्त के मत में इससे साम्राज्यवाद के साथ-साथ जमीदारों पर भी आघात पहुँचता। अब गाँधी जी ने 12 फरवरी, को बारदोली में कांग्रेसी की वर्किंग कमेटी की बैठक बुलाकर आन्दोलन को स्थगित कर दिया। इसकी आलोचना कई कांग्रेसी नेताओं ने की सुभाष चंन्द्र बोस ने लिखा कि जब सारे देश की स्थिति सविनय अवज्ञा आन्दोलन के लिये बहुत ही ज्यादा अनुकूल है, गाँधी जी ने आन्दोलन को स्थगित कर महान भूल की है। चितरंजन दास, मोती लाल नेहरू और आसफ अली भी इससे असन्तुष्ट थे, जवाहर लाल नेहरू ने भी कहा कि ऐसे समय जब हम सब मोर्चों पर आगे बढ़ रहे थे इसे स्थगित नहीं करना चाहिये था। रजनी पाम दत्त ने इस निर्णय की अलोचना में भाग लेने से उन्हें यह आशंका हुई कि वह अब अमीर वर्ग के विरुद्ध संघर्ष करेगी। यद्यपि आन्दोलन स्थगित हो गया किन्तु सरकार का दमन बन्द न हुआ।

10 मार्च, 1922 ईसवी को महात्मा गाँधी गिरफ्तार किये गये। 18 मार्च, 1922 ईसवी को अहमदाबाद में सेशस जज ब्लूमफील्ड की अदालत में गाँधी जी पर मुकदमा चलाया गया और उन्हें 6 वर्ष की कैद की सजा दी गई। इसके बाद असहयोग आन्दोलन स्वयं बंद हो गया।

समीक्षाः

अनेक मामलों मे असहयोग आन्दोलन पूर्ण रूप से सफल नहीं रहा, जिनके निम्न कारण थे-

1. न्यायालयों, सरकारी स्कूलों व कॉलेजों, विधान मण्डलों के बहिष्कार और उपाधियों के त्यागने का कार्यक्रम पूर्णतया सफल नहीं रहा। कांग्रेस के प्रत्याशियों की अनुपस्थिति में सरकार के वफादार व्यक्ति विधान सभाओं में चुन लिये गये।

2. आन्दोलन को स्थगित करने से जनता में निराशा फैल गई।

3. इस आन्दोलन में महात्मा गाँधी ने ब्रिटिश सरकार के विरुद्ध मुसलमानों का सहयोग प्राप्त करने और हिन्दू-मुसलिम एकता को पक्का करने का प्रयास किया लेकिन जनता को इसमें रुचि नहीं थी, क्योंकि यह केवल मुसलमानों की एक धार्मिक समस्या थी। खिलाफत आन्दोलन के नेता गाँधीजी की तरह इसे हिन्दू-मुस्लिम एकता की ओर ले जाने वाला नहीं मानते थे। स्वयं मुहम्मद अली ने कहा कि हिन्दुओं व मुसलमानों के बीच मतभेद समाप्त नहीं हुए हैं।

4. आन्दोलन को एकदम स्थगित करने से हिन्दू-मुस्लिम तनाव भी बढ़ा क्योंकि अधिकांश मुसलमानों ने आन्दोलन के अहिंसात्मक स्वरूप को भली-भाँति नहीं समझा, इसके अतिरिक्त

मुस्लिम लीग ने यह भी प्रचार किया कि प्रचार महात्मा गाँधी ने अपने उद्देश्य की सिद्धि के लिये मुसलमानों को बेवकूफ बनाया है। फलस्वरूप अनेक स्थानों पर साम्प्रदायिक दंगे हुए।

इन असफलताओं के होते भी असहयोग आन्दोलन की निम्नलिखित उपलिब्धयाँ सराहनीय हैं-

1. कांग्रेस द्वारा अब तक के किये गये आन्दोलनों में यह सबसे अधिक महत्त्वपूर्ण था क्योंकि इसमें प्रार्थना पत्रों को भेजने की नीति को त्याग दिया गया था तथा जनता से आन्दोलन में भाग लेने को कहा गया था। अत: अब कांग्रेस का आन्दोलन पढ़े-लिखे लोगों तक सीमित नहीं रहा बल्कि किसानों, मजदूरों और आम जनता के साथ उसका सम्पर्क हो गया।

2. जनता का डर मिट गया और जेलों में जाना अब सबसे बड़ी देश भक्ति मानी जाने लगी। बच्चे-बच्चे की जबान से स्वराज्य का शब्द सुनाई देने लगा।

3. इस आंदोलन से ब्रिटिश सरकार की दमनकारी नीतियों के बारे में जनता जान गई। अब कांग्रेस आन्दोलन जन-आन्दोलन बन गया।

4. कांग्रेस के रचनात्मक कार्यक्रमों से देश को भारी लाभ हुआ। स्वदेशी वस्तुओं के प्रयोग के प्रचार से कुटीर उद्योगों को प्रोत्साहन मिला। खादी आन्दोलन ने जनता व नेताओं को एक सूत्र में बाधा।

5. प्रथम बार कांग्रेस ने हिन्दी को राष्ट्र भाषा के रूप में स्वीकार किया। स्वतंत्र भारत के संविधान में भी इसे राष्ट्र भाषा माना गया।

6. मोती लाल नेहरू, चितरंजन दास आदि नेताओं ने विधान सभाओं में भारतीयों को स्वशासन के अधिकार देने के लिये माँग की।

7. कांग्रेस के संविधान में परिवर्तन: असहयोग आन्दोलन को आरम्भ करने के पहले गाँधी जी ने कांग्रेस संविधान में परिवर्तन कराया।

1922 से 1929 तक की घटनायें: मोती लाल नेहरू व चितरंजन दास ने दिसम्बर 1922 में होने वाले विधान सभाओं के चुनावों में कांग्रेस में सदस्यों के भाग लेने की अनुमति माँगी। उनके अनुसार इससे निम्नांकित लाभ हो सकते थे:-

1. जनता के सामने कांग्रेस को एक नया कार्यक्रम रखने तथा प्रचार करने का अवसर मिलेगा। इससे जनता को कांग्रेस के कार्यक्रमों के बारे में सही ज्ञान प्राप्त होगा।

2. अक्सरवादियों व सरकार के समर्थकों को विधान मण्डलों में जाने का अक्सर नहीं मिलेगा। तथा सरकार अपनी मनमानी नहीं कर सकेगी।

3. असहयोग का कार्यक्रम कौंसिलों में ले जाया जायेगा एवं सरकार की निरंकुशता पर रोक लगाने का प्रयास किया जाएगा।

4. सरकार की कड़ी आलोचना से जनता में जागृति उत्पन्न की जायेगी, जिससे स्वराज्य की माँग जीवित रहेगी।

5. 1919 ईसवी के अधिनियम में सुधार करने के लिये सरकार को विवश किया जायेगा।

6. विधान मण्डल में भारतीयों के लाभ के लिए कानून बनाये जायेंगे जिससे स्वराज्य की माँग जीवित रहेगी।

इसी कार्यक्रम क राजगोपालाचारी, वल्लभ भाई पटेल, डॉ. अन्सारी आदि ने विरोध किया।

इस पर चितरंजन दास ने कांग्रेस से त्याग-पत्र दे दिया तथा 1923 ईसवी में स्वराज्य दल बनाया। स्वराज्य दल के अनुयायियों में कांग्रेस के प्रति बढ़ते हुए क्षोभ को दूर करने के लिए सितम्बर, 1923 ईसवी में मौलाना आजाद की अध्यक्षता में दिल्ली में कांग्रेस का एक विशेष अधिवेशन बुलाया गया। इसमें कांग्रेसियों को विधान मण्डलों में प्रवेश करने की अनुमति दी गई । गाँधी ने भी स्वराज्य दल के राजनीतिक कार्यक्रम का समर्थन किया।

इसी कार्यक्रम का राजगोपालाचारी, वल्लभ भाई पटेल, डॉ. अन्यासी आदि ने विरोध किया। इस पर चितरंजन दास ने कांग्रेस से त्याग-पत्र दे दिया तथा 1923 ईसवी में स्वराज्य दल बनाया। स्वराज्य दल के अनुयायियों में काँग्रेस के प्रति बढ़ते हुए क्षोम को दूर करने के लिये सितम्बर, 1923 ईसवी में मौलाना आजाद की अध्यक्षता में दिल्ली में कांग्रेस का एक विशेष अधिवेशन बुलाया गया। इसमें काँग्रेसियों को विधान मण्डलों में प्रवेश करने की अनुमति दी गई। गाँधी ने भी स्वराज्य दल के राजनीतिक कार्यक्रम का समर्थन किया।

स्वराज्य दल का मुख्य उद्देश्य ब्रिटिश साम्राज्य के अन्तर्गत रह कर औपनिवेश स्वराज्य या अधिराज्य स्थिति प्राप्त करना था। यही लक्ष्य कांग्रेस ने भी अपनाया था। गाँधीजी इस लक्ष्य को असहयोग आन्दोलन द्वारा प्राप्त करना चाहते थे। वे अवाँछनीय व्यक्तियों के चुनावों को रोकना चाहते थे। 1919 ई. के सुधारों में परिवर्तन की माँग भी उन्होनें की। वे रचनात्मक कार्यो के साथ विधान मण्डलों में भाग लेना भी आवश्यक समझते थे। गाँधीजी के सत्याग्रह आन्दोलन में शामिल होने में उन्हें कोई आपत्ति नहीं थी।

1923 ईसवी में विधान मण्डलों के चुनावों में स्वराज्य दल के प्रत्याशियों को आशा से अधिक सफलता मिली। बंगाल तथा मध्य प्रदेश के विधान मण्डलों में उनका सबसे बड़ा दल बना। केन्द्रीय विधान मण्डल में स्वराज्य दल के विरोधी नेता माती लाल नेहरू थे। अनेक राष्ट्रवादियों व स्वतंत्र सदस्यों ने उनका साथ दिया। उनके सहयोग से केन्द्रीय विधान मण्डल में निम्नलिखित प्रस्ताव 8 फरवरी, 1924 को पारित किया गया।

"यह असेम्बली गवर्नर जनरल को भारत के लिए उत्तरदायी सरकार स्थापित करने की दृष्टि से 1919 ईस्वी के अधिनियम में एक परिवर्तन करने की सलाह देती है। इसके लिए भारत के विभिन्न राजनीतिक दलों के सदस्यों का एक गोल-मेज सम्मेलन शीघ्र बुलाया जाये।"

ब्रिटिश सरकार द्वारा 1919 ई. के सुधारों में परिवर्तन की कोई सम्भावना को न देखकर स्वराज्य दल के नेताओं ने अड़ंगे की नीति अपनाई। केन्द्रीय विधान मण्डल की 1924-25 ईसवी की बैठकों में सरकार की बजटों की माँगों को अस्वीकार किया गया। फलस्वरूप गवर्नर जनरल को अपनी विशेष शक्तियों का प्रयोग करना पड़ा 1918 ईसवी के दमनकारी कानूनों के विरुद्ध भी प्रस्ताव पास किये गये। राजनीतिक नेताओं की रिहाई के लिए प्रस्ताव पास किये गये। कई अन्य मामलों में भी सरकार के विरुद्ध प्रस्ताव किये गये।

विवश होकर सरकार ने 1919 ईसवी के अधिनियम की जाँच के लिए गृह सदस्य अलेक्जेडर मुद्दीमैन की अध्यक्षता में एक आयोग नियुक्त किया। मोतीलाल नेहरू ने इसका सदस्य बनने से इन्कार कर दिया। इस आयोग के प्रतिवेदन को केन्द्रीय विधान मण्डल ने स्वीकार नहीं किया।

1925 ईसवी मे देशबन्धु चितरंजन दास का स्वर्गवास हो गया। उनकी मृत्यु के बाद स्वराज्य दल कमजोर हो गया। 1926 ईसवी के चुनावों में स्वराज्य दल को पहले की अपेक्षा कम सफलता

मिली, क्योंकि स्वराज्य दल की अड़ंगा नीति की कुछ नेताओं ने आलोचना की थी। विपिन चन्द्र पाल जैसे कांग्रेसियों ने तथा जोसेफ बाप्तेस्ता जैसे स्वतंत्र सदस्यों ने उसे निरर्थक बताया। उदारवादी भी इसके विरुद्ध थे। सुरेन्द्र नाथ बनर्जी ने इसे बेकार और अर्थ शून्य बताया। इन सब नेताओं का कहना था कि इससे सरकार के कार्यों में वास्तविक बाधा उपस्थित नहीं हुई। उनकी यह आलोचना पूर्ण रूप से सही नहीं थी। असहयोग आन्दोलन के सफल न होने पर स्वराज्य दल ने जनता का ध्यान राष्ट्रीय समस्याओं की ओर आकर्षित किया। इसलिए आगे चलकर जनता ने सविनय अवज्ञा आन्दोलन में अधिक भाग लिया। स्वराज्य दल ने ब्रिटिश सरकार को गोल-मेज सम्मेलन बुलाने के लिये बाध्य किया तथा दोहरे शासन का अन्त करके प्रान्तों स्वायत्तता देने के लिये विवश किया।

साईमन कमीशन :

1919 के अधिनियम के अनुसार दस वर्ष बाद भारत में उत्तरदायी सरकारी की प्रगति को जांच करने के लिये एक आयोग की नियुक्ति की जानी थी।

1927 में ब्रिटिश सरकार ने इंग्लैण्ड की लिबरन पार्टी के एक सदस्य सर जॉन साइमन के नेतृत्व में एक आयोग की नियुक्ति की। इस आयोग के समय से पूर्व नियुक्त होने के अनेक कारण थे। भारतीयों ने 1919 ईसवी के सुधारों में शीघ्र परिवर्तन की माँग की थी। 1929 ईसवी में इंग्लैण्ड में चुनाव होन वाले थे और इसमें मजदूर दल की जीत की पूर्ण आशा थी, सत्तारूढ़ दल भारत के भविष्य की मजदूर दल के हाथों में नहीं छोड़ना चाहता था, क्योंकि उसे यह भय था कि कहीं मजदूर दल भारत को पूर्ण स्वराज्य न दे दे। भारतीय नेता भी इसके विरुद्ध नहीं थे।

साइमन कमीशन के उद्देश्य-

आयोग को आदेश दिया गया कि वह ब्रिटिश भारतीयों प्रान्तों में जाकर पता लगाये कि सरकार कैसे चल रही है, प्रतिनिधि संस्थायें कहाँ तक ठीक कार्य कर रही हैं तथा शिक्षा में कितनी उन्नती हुई है। इसके बाद वह सिफारिश करे कि भारतीयों को शासन के और अधिकार दिये जाये उन्हें कम किया जाये।

साइमन कमिशन का बहिष्कार-

कमीशन के सारे सदस्य अंग्रेज थे। भारत सचिव के अनुसार उसमें भारतीयों को इसलिए नहीं लिया जा सकता था, क्योंकि इसका प्रतिवेदन ब्रिटिश पार्लियामेण्ट के सम्मुख पेश होना था। सरकार ने यह भी कहा कि भारत ने अनेक दल हैं, अगर एक दल से प्रतिनिधि लिया गया तो दूसरा दल विरोध करेगा और सब दलों के एक-एक सदस्य लिये जाने से सदस्यों की संख्या अधिक हो जायेगी। आयोग में एक भी भारतीय सदस्य को न लिये जाने को जनता ने अपना अपमान समझा। इसलिये हिन्दू महासभा, मुस्लिम लीग और इण्डियन नेशनल कांग्रेस ने इसका बहिष्कार करने का निश्चय किया। 7 फरवरी, 1928 ई. को कमीशन के बम्बई पहुंचने पर इसके विरुद्ध प्रदर्शन किये गये। जहाँ भी कमीशन गया वहाँ काले झण्डों से उसका स्वागत किया गया व 'साइमन कमीशन वापस जाओ' के नारे लगाये गये। लाहौर में लाला लाजपत राय के नेतृत्व में इसके विरुद्ध प्रदर्शन किया गया। पुलिस अधिकारी सॉन्डर्स ने लाला लाजपत राय पर लाठी के सख्त प्रहार किये, जिससे कुछ दिनों बाद उनका देहान्त हो गया।

साइमन कमीशन की रिपोर्ट-

साइमन आयोग का प्रतिवेदन 1930 ई. में प्रकाशित हुआ। इसकी सिफरिशें निम्नलिखित थी-

1. दोहरे शासन की समाप्ति कर दी जाये। सारा प्रान्तीय शासन मंत्रियों को सौंप दिया जाय। संविधान के असफल होने पर राज्यपालों को विशेष शक्तियाँ दी जाये। संविधान के असफल होने पर राज्यपालों को विशेष शक्तियों के अनुसार प्राँन्तों का शासन सम्भालने का अधिकार दिया जाये।

2. प्रान्तों और केन्द्र मे अल्पसंख्यकों के हितों की रक्षा के लिए राज्यपालों तथा महा राज्यपालों को विशेष शक्तियाँ दी जायें।

3. कम से कम 10 या 15 प्रतिशत आबादी को मताधिकार दिया जाये।

4. पहले की भांति केन्द्र के अनुत्तरदायी शक्तिशाली सरकार की स्थापना पर बल दिया गया।

5. महत्त्वपूर्ण प्रान्तों की विधान सभाओं में 200 से 230 तक सदस्य लिये जाये।

6. एक ऐसी परिषद की स्थापना की जाये जिसमें ब्रिटिश प्रान्तों व देशी रियासतों के प्रतिनिध शामिल हों, इसे केवल कुछ मामलों पर विचार करने का अधिकार दिया जाये।

7. संघीय आधार पर केन्द्रीय विधान मण्डलों का संगठन किया जाय। केन्द्रीय विधान सभा में भावी संघ में शामिल होने वाले प्रान्तों के प्रतिनिधि शामिल हों, देशी रिसायतों के प्रतिनिधि भी यदि इसमें मिलने को तैयार हों तो सम्मिलित किये जाये।

8. बर्मा को भारत व सिन्ध को बम्बई से अलग किया जाये।

9. कमीशन ने सेना का भारतीयकरण करने की सिफरिश की।

10. भारत सचिव को परामर्श देने के लिये भारत परिषद को कायम रखा जाये।

11. हर दस वर्ष बाद भारत की संवैधानिक प्रगति की जाँच पड़ताल की पद्धति को त्याग दिया जाये। इसके स्थान पर संविधान को इस प्रकार से तैयार किया जाये कि वह स्वयं ही विकसित हो सके।

इस कमीशन के प्रतिवेदन में औपनिवेशिक स्वशासन के उद्देश्य को कहीं जिक्र नहीं था। केन्द्र में उत्तरदायी सरकार की स्थापना की सिफरिश नहीं की गई थी। प्रतिरक्षा को भी भारतीयों के हाथों में सौंपना स्वीकार नहीं किया गया था। यद्यपि अनेक विषयों में स्वशासन के अधिकार देने की सिफरिश की गई थी किन्तु प्रान्तों के राज्यपालों को विशेष अधिकार देकर उनकों निरर्थक बना दिया गया था। इसलिये सभी भारतीय दलों ने इसे रद्दी कागजों की ढ़ेरी मे रखने योग्य बताया।

नेहरू रिपोर्ट

साइमन कमीशन के विरूद्ध जनता के आक्रोश का एक कारण भी था कि उसके सभी वर्ग चाहते थे कि भारत के भावी संविधान उन्हीं को बनाना चाहिये। चूंकि उस समय अंग्रेज की उपेक्षा नहीं की जा सकती थी इसलिये यह कहा गया कि शासकों को ऐसा संविधान भारतीयों की सलाह

से व उनकी देख-रेख मे बनाना चाहिये। साइमन आयोग में किसी भारतीयों का न होना इस बात का द्योतक था कि बिटिश सरकार भारतीयों को स्वशासन के योग्य नहीं मानती थी। अतएव साईमन आयोग के बहिष्कार के आन्दोलन के समय फरवरी, 1928 मे विभिन्न विचारधाराओं के नेताओं का एक सम्मेलन बुलाया गया। इस सर्वदलीय सम्मेलन ने लगभग तीन महीने तक विचार-विमर्श कर मोतीलाल नेहरू की अध्यक्षता में एक समिति का गठन किया। इस समिति ने जुलाई, 1928 में उसके द्वारा तैयार किये गये मसविदे को प्रकाशित किया जो नेहरू रिपोर्ट के नाम से प्रसिद्ध है। इसकी मुख्य सिफारिशे निम्नांकित थीं-

1. इसमें कनाडा व आस्ट्रेलिया के समान डोमिनियन स्टेटस (अधिराज्य का दर्जा) मांगा गया।

2. भारत की शासन प्रणाली में कार्यपालिका पूर्ण रूप से विधान मण्डल के प्रति उत्तरदायी हो। विधान मण्डल का दर्जा ब्रिटिश साम्राज्य के अन्दर किसी स्वराज्य प्राप्त उपनिवेश ने कम नहीं होना चाहिये।

3. जनता को भाषण देने, समाचार-पत्र निकालने, सभाएँ करने, संगठन बनाने की स्वतंत्रता होनी चाहिये।

4. धर्म या जाति पर आधारित भेद-भावों की समाप्ति होनी चाहिये।

5. पृथक सांप्रदायिक प्रनिनिधित्व का अन्त होना चाहिये।

6. सभी बालिगों को मत का अधिकार मिलना चाहिये।

अगस्त 1928 में इस पर विचार करने के लिये एक सर्वदलीय बैठक हुई। इसमें आम सहमति प्रकट की गई किन्तु कुछ समय बाद जिन्ना ने मुसमानों के रवैये के बारे में कुछ सुझाव दिये। ये सुझाव नहीं माने गये। इस पर जिन्ना, आगा खाँ और मुहम्मद शफी के नेतृत्व में मुस्लिम लीग इससे अलग हो गई। कांग्रेस में भी एक ऐसा वर्ग था जो अधिराज्य के दर्जे के स्थान पर पूर्ण स्वतंत्रता चाहता था।

सर्वदलीय सम्मेलन अपने उद्देश्यों में सफल नहीं हों सका क्योंकि इसके आरम्भिक विचार विमर्श में गाँधी व जिन्ना ने भाग नहीं लिया था। जिन्ना व उसके साथियों के रवैये से कांग्रेस व लीग के बीच जो खाई पैदा हुई, उसे कभी मिटा नहीं जा सका। इसकी असफलता ने साइमन आयोग के काम को सरल बना दिया। आयोग ने कहा कि विभिन्न दलों के बीच मतभेदों के कारण भारत स्वशासन के योग्य नहीं है।

1929 में कांग्रेस के कलकत्ता अधिवेशन में नेहरू रिपोर्ट को स्वीकार कर लिया गया। सरकार को चेतावनी दी गई कि वह उस वर्ष के अन्त तक इसे स्वीकार कर ले वरना कांग्रेंस अपना अहिसात्मक आन्दोलन फिर शुरू कर देगी।

अक्टूबर, 1929 में सरकार ने घोषणा की कि भारत के लिये एक नया संविधान बनाने के लिये लन्दन में एक गोल-मेज सम्मेलन बुलाया जायगा। गाँधीजी व अन्य कांग्रेसी नेताओं ने अंग्रेजों की ईमानदारी पर शक किया। यदि कांग्रेस ने गोल मेज सम्मेलन मे भाग लिया तो कांग्रेस के बाहर व अन्दर उग्रवादियों व वामपंथी तत्वों को प्रोत्साहन मिलेगा। अतः उसने इसमें भाग न लेने का निश्चय किया।

पूर्व स्वतंत्रता की माँग-1929 में गाँधी जी ने देश का दौरा किया। दिसम्बर 1929 में लाहौर में कांग्रेस का अधिवेशन जवाहर लाल नेहरू के सभापतित्व में हुआ। कांग्रेस ने अब औपनिवेशिक स्वराज्य के स्थान पर 'पूर्ण स्वराज्य' लेने का निश्चय किया। कांग्रेस के सदस्यों को आदेश दिये गये कि वे अब कौंसिलों के चुनावों में भाग न लें तथा कौंसिलों के सदस्य त्याग पत्र दे दें। भारतीय कांग्रेस कमेटी को यह अधिकार दिया गया कि वह जब और जहाँ चाहे सविनय अवज्ञा और करबन्दी का कार्यक्रम प्रारम्भ कर दे।

26 जनवरी, 1930 को देश भर में पूर्ण स्वाधीनता दिवस मनाया गया। इसने जनता में उत्साह भर दिया। अब सविनय अवज्ञा आन्दोलन की तैयारियाँ होने लगीं।

चुने हुए विचार-

जवाहर लाल नेहरू- "गाँधी के असहयोग आन्दोलन ने आत्म निर्भरता एवं शक्ति संचित करने का पाठ पढ़ाया।... सरकार पर दबाव डालने का यह प्रभावशाली ढंग है।"

तारा चंद- "गाँधी के आन्दोलन के संकुचित राजनीतिक उद्देश्य नहीं थें। यद्यपि स्वराज्य प्राप्ति और खिलाफत की पुनर्स्थापना गाँधी के उद्देश्य थे किन्तु ये साधन मात्र थे, साध्य नहीं।"

कांग्रेस का प्रतिज्ञा पत्र (26 जनवरी, 1930)- "अब हम यह यह मानते है कि विदेशी शासन ने चारों तरफ से हमारे देश का सत्यानाश किया है, उसके शासन के आगे समर्पण करना मनुष्य और ईश्वर के प्रति अपराध है।"

वेवेल योजना व शिमला सम्मेलन:

क्रिप्स मिशन की असफलता के बाद "भारत छोड़ो" आन्दोलन तथा आजाद हिन्द फौज की गतिविधियों ने यह सिद्ध कर दिया कि भारतवासी अब अंग्रेजों की उपस्थिति को सहन करने के लिए तैयार नहीं थे। द्वितीय महायुद्ध के अन्त होते ही इंग्लैंड में चुनाव हुए तथा लेबर पार्टी की सरकार बनी। इंग्लैंड के नये प्रधान मन्त्री एटली ने भारत में संविधानिक गतिरोध को दूर करने के लिए लार्ड़ वेवेल को वायसराय बनाकर भेजा।

14 जून, 1945 ईसवी को वेवेल ने एक योजना की घोषणा की जिसकी प्रमुख बातें निम्न थी।

1. ब्रिटिश सरकार भारत के राजनीतिक गतिरोध को दूर करना एवं उसे स्वशासन देना चाहती है।

2. इसे दृष्टिगत रखते हुए वायसराय की कार्यकारणी परिषद् का विस्तार किया जायेगा, जिसमें वायसराय ओर प्रधान सेनापति (जो युद्ध मन्त्री होगा) को छोड़कर शेष सभी सदस्य विभिन्न राजनीतिक दलों के नेता होंगे।

3. वैदेशिक मामलों का विभाग (सीमान्त और कबाइली मामलों को छोड़कर) भी कार्यकारिणी परिषद् के भारतीय सदस्य के हाथ में होगा।

4. परिषद् में सुवर्ण हिन्दुओं और मुसलमानों की संख्या होगी तथा

5. कार्यकारिणी परिषद अन्तर्कालीन राष्ट्रीय सरकार के समान होगी और गर्वनर जनरल अकारण निषेधाधिकार का प्रयोग नहीं करेंगे। क्रिप्स योजना के मुकाबले वेवेल योजना अधिक

स्पष्ट एवं समुन्नत थी, क्योंकि इसमें कार्यकारिणी समिति का भारतीयकरण कर दिया गया था।

वायसराय ने शिमला में 29 जून, 1945 ईसवी की 22 भारतीय प्रतिनिधियों का सम्मेलन बुलाया। आमन्त्रित व्यक्तियों में कांग्रेस और मुस्लिम लीग के अध्यक्षों के अतिरिक्त समस्त प्रान्तों के मुख्यमंत्री और भूतपूर्व मुख्यमंत्री, भूला भाई दिसाई, लियाकत अली, वी. शिवराज तथा मास्टर तारा सिंह आमन्त्रि थे। 25 जून को सम्मेलन आरम्भ हुआ और तीन दिन की बातचीत के बाद स्थगित कर दिया। 11 जुलाई को जिन्ना ने वायसराय को स्पष्ट कर दिया कि मुस्लिम लीग को ही सरकार समस्त मुसलमानों का प्रतिनिधि माने। उसने मुसलमानों के लिए विशेष संरक्षण भी माँगा। उसकी माँग थी कि यदि कार्यकारी परिषद् के किसी निर्णय को मुस्लिम लीग स्वीकार न करे तो उसे उस समय तक स्वीकार नहीं किया जाना चाहिए, जब तक कि दो-तिहाई सदस्य उसको स्वीकार न करें। कांग्रेस ने जिन्ना की माँगों का विरोध किया। पंजाब की यूनियनिष्ट पार्टी व प्रांत के मुख्य मन्त्री खिजर हयात खाँ ने भी इनका विरोध किया। तीन दिन बाद वेवेल ने शिमला सम्मेलन को असफल बताकर समाप्त कर दिया।

असफलता के कारण-

(1) इसकी असफलता के लिए जिन्ना उब्ठरदायी थे। उसने यह माँग की कि वायसराय की कार्यकारणी के पाँचों मुस्लिम सदस्य मुस्लिम लीग के प्रतिनिधि होने चाहिए। उसने मुस्लिम सदस्यों के लिए विशेष संरक्षण की माँग भी की जो अनुचित थी।

(2) वेवेल भी इसकी असफलता के लिए उत्तरदायी था। उसे अपनी कार्यकारी परिषद् के गठन के सम्बन्ध में भारतीय नेताओं से परामर्श कर लेना चाहिए था उसे मुस्लिम लीग को प्रस्तावों के मानने में रुकावट पैदा करने की छूट नहीं देनी चाहिए थी।

(3) इंग्लैंड की सरकार भी इसकी असफलता के लिए आंशिक रूप से उत्तरदायी थी। सम्मेलन के प्रारम्भ में वेवेल ने कांग्रेस अध्यक्ष को यह विश्वास दिलाया था कि उसकी योजना में किसी को भी जान-बूझकर बाधा डालने की अनुमति नहीं दी जायेगी लेकिन ऐसा लगता है कि क्रिप्स की भाँति वेवल को भी अन्तिम समय में कुछ अन्य ही आदेश मिले थे।

परिणाम-

(1) भारत में संवैधानिक गतिरोध बना रहा।

(2) जिन्ना की स्थिति और भी सुदृढ़ हो गई। मुस्लिम लीग यह अच्छी तरह जान गई कि वह किसी भी प्रस्तावित समझौते में बाधाएँ उपस्थित कर सकती है।

(3) जुलाई,1945 में इंग्लैंड में श्रमिक दल की सरकार स्थापित हुई। प्रधान मन्त्री एटली ने वेवल को विचार विमर्श के लिए लंदन बुलाया। वेवेल ने लौटने के बाद यह घोषणा की कि केन्द्रीय तथा प्रान्तीय विधान मण्डलों के चुनाव शीघ्र कराये जायेंगे तथा चुनावों के तुरन्त बाद एक संविधान सभा बनाई जाएगी।

मन्त्रिमण्डलीय शिष्ट-मण्डल योजना फरवरी,1946:

(1) इंग्लैंड की श्रमिक दल की सरकार भारत में संवैधानिक गतिरोध दूर करना चाहती थी।

(2) भारत सचिव लार्ड पेथिक लारेंस की काफी समय से भारत के प्रति सहानुभूति थी।

(3) आजाद हिन्द फौज की तीन अधिकारियों के मुकदमें ने यह बता दिया था कि अब भारतीय न जो दमन सहन करेंगे और ही अस्पष्ट प्रस्तावों से सन्तुष्ट होंगे।

21 फरबरी, 1946 को एटली ने एक मंत्रि-मण्डलीय शिष्ट मण्डल को भारत भेजन की घोषणा की। इस शिष्ट मिण्डल में पेथिक लारेंस, स्टेफर्ड क्रिप्स तथा एलेक्जेंडर सम्मिलित थे।

उक्त प्रतिनिधि मण्डल 24 मार्च, 1946 ईसवी को दिल्ली पहुँचा। 13 अप्रेल तक वह भारत के प्रमुख प्रतिनिधियों से मिला। 8 मई को जिन्ना ने भारत मंत्री को पत्र लिखा कि प्रतिनिधि मण्डल को योजना से कोई वास्तविक लाभ नहीं होगा। कांग्रेस ने उक्त मण्डल से एक अन्तरिम सरकार के निर्माण की अपील की। दोनों दलों ने अपने निजी प्रस्तावों को प्रतिनिधि मण्डल के सम्मुख रखा। दोनों दलों की विरोधी अवस्था को देखते हुए भी प्रतिनिधि मण्डल ने 16 मई, 1946 ई. को अपनी योजना प्रस्तुत की जो इस प्रकार से थी:

1. एक भारतीय संघ हो, जिसमें ब्रिटिश भारत और देशी रियासतें दोनों सम्मिलित हों और जिसके अधीन परराष्ट्र सम्बन्ध, रक्षा और यातायात के विषय रहें।

2. संघ का एक कार्यपालिका समिति और एक विधान मण्डल हो जिसमें ब्रिटिश भारत और भारतीय रियासतों के प्रतिनिधि हों, यदि विधान मण्डल में कोई महत्त्वपूर्ण साम्प्रदायिक मामले को प्रस्तुत किया जाए तो उसके निर्णय के लिए दोनों सम्प्रदायों का पृथक-पृथक रूप से बहुमत तथा सम्पूर्ण उपस्थित सदस्यों का बहुमत अनिवार्य हो।

3. संघ को समर्पित विषयों के अतिरिक्त सब विषय प्रान्तों के अधीन हों और अवशिष्ट शक्तियाँ भी प्रान्तों के अधीन रहें।

4. देशी रियासतों का उन सब विषयों पर अधिकार रहे जो संघ में समर्पित करने के पश्चात् अवशिष्ट हों।

5. प्रान्तों को अपने समूह बनाने का अधिकार हों। प्रत्येक प्रान्त समूह की पृथक कार्यपालिका समिति और विधान मण्डल हो। प्रत्येक प्रान्त समूह को यह निश्चित करने का अधिकार हों कि कौन से विषय सामूहिक शासन में रहेंगे।

6. भारतीय संघ और प्रान्त समूहों के संविधान में इस प्रकार की व्यवसा की जाये जिसके अन्तर्गत प्रत्येक प्रान्त अपने विधान मण्डल के बहुमत से प्रथम दस वर्ष के पश्चात् और तत्पश्चात् प्रति दस वर्ष के बाद संविधान की शर्तो पर पुनर्विचार करने का प्रस्ताव प्रस्तुत कर सके।

7. उपर्युक्त प्रस्तावों के अतिरिक्त केबिनेट प्रतिनिधि मण्डल ने इस बात पर भी जोर दिया कि भारतीयों द्वारा संविधान निर्मित हो। प्रान्तीय विधान सभाएँ संविधान निर्माणी परिषद् के सदस्यों का दस लाख व्यक्तियों पर एक व्यक्ति के अनुपात में निर्वाचन करेगी। सिक्ख और मुसलमान प्रतिनिधि अपनी जाति में से जन संख्या के आधार पर निश्चित संख्या में चुने जाने को थे। एकांकी हस्तान्तरित मतदान की अनुपातिक प्रतिनिधित्व की चुनाव प्रणाली अपनायी जाने को थी। सम्पूर्ण प्रतिनिधियों को क, ख, ग तीन भागों में विभाजित करना था। ''क'' भाग में बंगाल और ''ग'' भाग में शेष प्रान्तों के प्रतिनिधि थे। संविधान निर्मात्री परिषद् की कुल सदस्य संख्या 385+4=389 रखी गई जिनमें 296 ब्रिटिश एवं भारत और 93 देशी रियासतों के प्रतिनिधि थे।

8. केबिनेट प्रतिनिधि मण्डल ने यह भी सिफारिश की कि जब तक नया संविधान कार्यान्वित न हो तब तक भारत का शासन चलाने के लिए एक अन्तर्कालीन सरकार का निर्माण किया जाये।

9. इसके अतिरिक्त केबिनेट प्रतिनिधि मण्डल ने कुछ और भी सिफारिशें पेश कीं। उसके अनुसार अल्प संख्यकों, कबायली और अपवर्जित प्रदेशों के लिए परामर्शदात्री समिति नियुक्त होगी। नये संविधान के कार्यान्वित होते ही तथा प्रत्येक प्रान्त को चुनाव के पश्चात् अपने विधान मण्डल के निर्णय से यह अधिकार होगा कि वह उस समूह से बाहर निकल जाये जिसमें उसे रखा गया हो। सत्ता हस्तान्तरण के परिणाम स्वरूप उत्पन्न कुछ मामलों के सम्बन्ध में यूनियन की संविधान सभा और ब्रिटेन में संधि आवश्यक होगी। इसके अतिरिक्त सभा का अध्यक्ष यह निर्णय करेगा कि प्रस्तुत प्रस्तावों में से कौन सा ऐसा है जो साम्प्रदायिक है। यदि दोनों में से किसी भी प्रमुख सम्प्रदाय के सदस्य बहुमत से अनुरोध करे, तो अध्यक्ष अपना निर्णय देने के पूर्व संघीय न्यायालय का परामर्श लेगा। केबिनेट प्रतिनिधि मण्डल ने पाकिस्तान निर्माण की माँग को अनुचित ठहराया।

केबिनेट प्रतिनिधि मण्डल की यह योजना कई कारणों से महत्त्वपूर्ण थी। पहला, इसने विधान निर्मात्री परिषद् का निर्माण भारतीयों द्वारा की जाने की व्यवस्था की। दूसरा, इसका निर्माण लोकतंत्रात्मक पद्धति पर किया जाने को था। तीसरा, इसमें किसी दल को अत्यधिक सन्तुलन नहीं दिया गया था। चौथा, इसने सम्पूर्ण देश को एक सूत्र में बाँधने की योजना बनाई और पृथक पाकिस्तान निर्माण की माँग का विरोध किया। पाँचवा, इसने विधान निर्मात्री परिषद् को अंग्रेजी या सरकारी हस्तक्षेप से मुक्त कर दिया।

इस योजना में कई दोष भी थे:

(1) इसमें प्रस्तावित प्रान्तों के समूहों की योजना अलोकतांत्रिक व अस्पष्ट थी।

(2) मुस्लिम लीग ने प्रान्तों के समूहीकरण को अनिवार्य माना।

(3) इन प्रस्तावों के अनुसार पहले प्रान्तों व समूहों का और उसके बाद संघ का संविधान बनाया जाना था।

(4) इसमें सिक्खों के जातिगत् अधिकारों के संरक्षण की कोई व्यवस्था नहीं थी जबकि वे इनको प्राप्त करने के लिए आग्रह कर रहे थे।

(5) आरम्भ में कांग्रेस ने यह समझा कि प्रान्तों के लिए समूह बनाना वैकल्पिक है जब कि मुस्लिम लीग ने इसे अनिवार्य माना। सरकार ने मुस्लिम लीग के विचार का समर्थन किया।

केबीनेट मिशन के प्रस्तावों को कांग्रेस, मुस्लिम लीग, सिक्खों व अन्य दलों ने अस्वीकार किया। यद्यपि **महात्मा गाँधी** ने कहा, "तत्कालीन परिस्थितियों में ब्रिटिश सरकार द्वारा यह सबसे अच्छा प्रलेख था।" फिर भी कांग्रेस को अनेक आपत्तियाँ थी।

परिणामः

(1) केबीनेट मिशन भी भारत के संवैधानिक गतिरोध को दूर नही कर सका।

(2) मुस्लिम लीग ने कांग्रेस के प्रति अपना विरोध जारी रखा उसने कांग्रेस व सरकार व दोनों को धूर्त बताया तथा कहा कि अब समय आ गया है जबकि पाकिस्तान की प्राप्ति के लिए मुसलमान सीधी कार्यवाही करें।

(3) देश के अनेक भागों मे साम्प्रदायिक दंगे भड़क उठे। 16 अगस्त 1946 को मुस्लिम लीग ने ''सीधी कार्यवाही दिवस'' मनाया। उस दिन कलकत्ता में सहस्त्रों की संख्या में हिन्दू मारे गये व उनके घरों को लूटा गया।

भारतीय नौ-सेना विद्रोह (1947 ईसवी):

जिस समय एटली के एक मंत्रिमण्डलीय शिष्टमंडल को भारत भेजने की घोषणा की उस समय बम्बई में भारत में नौ-सेना में विद्रोह फैल रहा था।

कारण:

(1) स्वतन्त्रता संघर्ष की आवाज सैनिकों के कानों में भी गूंजने लगी थी। वे भी अनुभव कर रहे थे कि ब्रिटिश सरकार अब अधिक देर तक भारत में नहीं टिक सकती।

(2) सुदूर पूर्व में अनेक स्थानों पर अंग्रेजों की हार ने भी उन्हें प्रभावित किया था।

(3) आजाद हिन्द फौज की गतिविधियों तथा उसके तीन अधिकारियों पर मुकदमें के समय देशवासियों के समर्थन से भी प्रभावित हुए थे।

(4) भारतीय नौ सेना के अधिकांश अफसर अंग्रेज थे तथा वे भारतीयों का अपमान करते थे।

(5) भारतीय अफसरों व नौ-सैनिकों को अंग्रेज अफसरों व नौ सैनिकों के समान सुविधाऐं नहीं दी जाती थी।

(6) नौ-सेना से छँटनी होने पर उनकी नौकरी की व्यवस्था नहीं की जाती थी।

(7) आकस्मिक: जनवरी, 1946 में एक अंग्रेज अधिकारी के बुरे व्यवहार तथा अंग्रेज अधिकारियों के बराबर सुविधाएँ न देने के समर्थन में बम्बई में हवाई सेना के 1,500 सैनिकों ने विद्रोह किया।

घटनाएँ: 19 फरवरी, 1946 को बम्बई में 20 जहाजों के नाविकों ने हड़ताल आरम्भ की। जहाजों पर यूनियन जैक के स्थान पर भारतीय झण्डे लहराने लगे। ''अंग्रेजों भारत छोड़ो'' के नारे लगाए गये। 21 फरवरी तक इस हड़ताल में गोदी मजदूर व जहाज की मरम्मत करने वाले कारीगर भी सम्मिलित हो गये। ब्रिटिश सैनिकों ने विद्रोही सैनिको को बैरकों में घेर कर गोलाबारी की। इसके विरोध में बम्बई के श्रमिकों ने आम हड़ताल की। समस्त देश में भी प्रदर्शन हुए। 21-23 फरवरी के बीच बैरकों तथा बम्बई शहर में लगभग 250 आदमी मारे गये। स्थल व हवाई सेना में भी असन्तोष के चिह्न दिखाई देने लगे। इस समय तक इंगलैण्ड की सरकार मंत्रिमण्डलीय शिष्ट मण्डल भेजने की घोषणा कर चुकी थी। अत: कांग्रेस व मुस्लिम लीग ने नौ-सैनिकों को हड़ताल समाप्त करने की सलाह दी। उन्होंने यह कह कर कि ''हम भारत के समाने आत्मसमर्पण कर रहे है, ब्रिटेन के सामने नहीं'' हड़ताल समाप्त कर दी।

प्रभाव:

(1) नौ-सेना के विद्रोह ने ब्रिटेन की सरकार को झकझोर दिया। वे अब यह अच्छी तरह समझ गये कि केवल जनता ही नहीं अपितु भारतीय सेना भी उनके विरुद्ध हो गई है।

(2) अतएव उन्होंने भारत से जल्दी जाने का निश्चय किया।

चुने हुए विचारः

सुभाष चन्द्र बोसः "ईश्वर के नाम पर हम भारतीय जनता से अपील करते है कि हम एक झण्डे के नीचे खड़े हों तथा भारत की आजादी के लिये लड़ें।"

नौ-सेना की हड़ताल कमेटी के अध्यक्षः "हम भारत के सामने आत्म-समर्पण कर रहे हैं, ब्रिटेन के सामने नहीं।"

भारतीय राष्ट्रीय आन्दोलन–सिंहावलोकन

सन् 1885 में कांग्रेस केवल कतिपय शिक्षित सम्भ्रान्त व्यक्तियों की संस्था थी। पर शीघ्र ही यह जन–आन्दोलन में परिणत होने लगी। सन् 1905 के बंग–भंग आन्दोलन के फलस्वरूप बड़े–बड़े प्रदर्शन हुए, जिनमें अधिकतर स्त्रियों एवं छात्रों ने भी भाग लिया। सन् 1906 से 1918 ई. के दौरान नरम दल, उग्र दल राष्ट्रवादियों एवं क्रान्तिकारियों ने राजनीतिक चेतना विकसित करने में महत्त्वपूर्ण भूमिका निभाई तथापि आन्दोलन ने गाँधी जी के नेतृत्व में ही जन–आन्दोलन का रूप धारण किया था।

गाँधी जी का मूल उद्देश्य जनसाधारण को सक्रिय राजनीति में लाना था। उन्होंने कहा, "जिस स्वराज की लोग मांग करते हैं उसे वे प्राप्त कर सकेंगे जब वे इसे प्राप्त करने की शक्ति प्राप्त कर लेंगे। भारतीय सशस्त्र विद्रोह स्वतंत्रता प्राप्त नहीं कर सकते क्योंकि शक्तिशाली ब्रिटिश साम्राज्य उसे कुचल सकता है। स्वतंत्रता प्राप्ति एकमात्र साधन सत्याग्रह है। सत्याग्रह की सफलता जन–सहयोग पर निर्भर है।"

जनता की सहभागिता हेतु नागपुर अधिवेशन में कांग्रेस ने अपनी संगठनात्मक व्यवस्था को सुगठित एवं प्रभावशाली राजनीतिक संगठन का रूप दे दिया था। अखिल भारतीय एवं प्रान्तीय कार्य समितियाँ बना दी गईं थीं। गाँव, खण्ड, ताल्लुक और जिला (मंडल) स्तर पर भी कार्य समितियाँ बनाई गई थीं। इस प्रकार आन्दोलन की जड़ें भारत के नगरीय एवं ग्रामीण क्षेत्र में थी।

नेताओं की अपील का जन–मानस के मन–मस्तिष्क पर बहुत गहरा प्रभाव पड़ा। उनकी अपील का आधार धर्म, जाति अथवा क्षेत्रीय भाव नहीं था बल्कि उन्होंने अच्छे और बुरे शासन की भावना को उभारा था। जून 1920 ई. में गाँधी जी ने वायसराय को पत्र में लिखा था कि, "अनादि काल से लोगों को अधिकार है कि एक कुशासन देने वाली सरकार को सहयोग ने दें।"

अस्पृश्यता को हटाने की लड़ाई में गाँधी जी तथा डॉ. बी. आर. अम्बेडकर का योगदान

समस्त हिन्दू समाज में अस्पृश्यता एक शर्मनाक एवं अपमानजनक प्रथा थी जो समाज को विभाजित कर रही थी। गाँधी जी द्वारा सभी अछूतों को हरिजन कहा जाता था। इनके उत्थान के लिए गाँधी जी द्वारा निम्नलिखित कार्य किये–

1. समाज कार्यकर्त्ताओं की व्यवस्था की।
2. उनका हरिजन अभियान मानवता एवं तर्क पर आधारित था।
3. उन्होंने अपने लेखों एवं क्रियाकलापों से स्पष्ट किया कि अस्पृश्यता एक बुराई

है जो मनुष्य को मनुष्य से अलग करती है।

4. जब ब्रिटिश सरकार ने कम्यूनल अवार्ड (साम्प्रदायिकता को बढ़ावा) घोषित किया था तो स्वयं गाँधी जी ने अन्य राष्ट्रवादियों के साथ–साथ इसका बहुत ही कड़ा विरोध प्रकट किया।

5. हरिजन सेवक संघ की स्थापना की और हरिजनों के सुधार के लिए अनेक कार्यक्रम रखे। उन्हें शिक्षा, स्वास्थ्य सुरक्षा एवं शराब छोड़ने के लिए अत्यधिक प्रेरित किया गया।

डॉ. बी. आर. अम्बेडर जैसे अन्य लोगों ने सुधार आन्दोलन को सशक्त बनाने में निम्न सहयोग दिये–

1. उन्होंने अखिल भारतीय दलित वर्ग संघ की स्थापना की।

2. जाति विरोधी आन्दोलन को राष्ट्रीय आन्दोलन से जोड़ दिया गया।

3. उन्होंने घोषणा की कि स्वतंत्र भारत के लिए अस्पृश्यता उन्मूलन आवश्यक है।

नारी मुक्ति आन्दोलन

उन्नीसवीं शताब्दी में राष्ट्रीय आन्दोलन के साथ–साथ ही नारी मुक्ति आन्दोलन का प्रारम्भ हुआ। बीसवीं शताब्दी में इस आन्दोलन की गति में काफी वृद्धि हो गई।

1. सन् 1905 ई. में बंग विभाजन विरोधी आन्दोलन से स्त्रियाँ राष्ट्रीय आन्दोलन में शामिल हो गई थीं। **गाँधी जी** ने कहा, ''स्त्रियों को निर्बल कहना पुरुषों द्वारा स्त्रियों पर अन्याय है।''

2. सन् 1930 ई. में नमक सत्याग्रह के समय गाँधी जी ने स्त्रियों से आन्दोलन में शामिल होने की अपील की। अकेले दिल्ली (जिसे रूढ़िवादी नगर समझा जाता था) में 1600 स्त्रियों को राजनीतिक गतिविधियों के कारण बन्दी बनाया गया।

3. शराब एवं अफीम की दुकानों पर धरना देने, राजनीतिक प्रदर्शन में भाग लेने एवं गोलियों का सामना करने तथा जेल भरने में स्त्रियों ने अपनी भूमिका बड़े ही उत्साहपूर्वक निभाई।

4. स्त्रियों ने चुनाव में भाग लिया था और सरोजनी नायडू कांग्रेस की अध्यक्ष निर्वाचित हुई थीं।

5. कांग्रेस द्वारा हिंसात्मक संघर्ष शुरू करने के कारण स्त्रियाँ एवं अनेक अन्य वर्ग इसमें भाग ले सके थे। यदि यह सशस्त्र संघर्ष होता तो ऐसा सम्भव नहीं होता।

इस प्रकार राष्ट्रीय आन्दोलन विशेष कर अपने अन्तिम चरण में स्त्रियों के उत्थान को अत्यधिक आगे बढ़ा सका।

❑❑❑

6

पुर्तगालियों का आगमन और अंग्रेजों की सफलता

17 मई, 1498 को कालीकट के निकट एक गांव में समुद्री मार्ग से वास्को–डी–गामा का आगमन भारत के इतिहास में एक युगान्तरकारी घटना थी। भारत के समुद्री मार्ग की खोज के बाद पुर्तगालियों ने अरब सागर के तट से व्यापार आरंभ किया। उनके बाद डच, डेन, अंग्रेज व फ्रांसीसियों ने भी व्यापार के क्षेत्र मे कदम रखा। उन्होंने भारत के समुद्र तट पर अपनी अनेक बस्तियाँ स्थापित कीं। मुगल साम्राज्य के पतन के समय में इन यूरोपियन जातियों में व्यापारिक एकाधिकार और राजनीतिक प्रभुत्व के लिये संघर्ष हुआ। अंत में इस संघर्ष में अंग्रेजों की विजय हुई। भारत में अपने साम्राज्य विस्तार की प्रक्रिया में अंग्रेजों को विशेषकर मराठे, मैसूर के हैदर अली व टीपू सुल्तान, सिंध के अमीरों, सिक्ख के अमीरों, सिक्ख व अन्य शक्तियों के प्रतिरोध का अंत करना पड़ा।

भारत की भूमि पर यूरोपियनों का आगमन एक ऐसे समय में हुआ लब यूरोप के अनेक देश नये युग में प्रवेश कर रहे थे। इन देशों में समंतवाद अपने अध:पतन की ओर अग्रसर हो रहा था, राष्ट्रीय राज्यों की शक्ति बढ़ रही थी।, वैज्ञानिक एवं भौगोलिक खोजों ने जनता मे एक नयी चेतना व उत्साह भर दिया था तथा धार्मिक सुधार आदोलन ने उनमें स्वतंत्रता की भावना को विकसित किया था। उन सब परिवर्तनों के फलस्वरूप यूरोपीय देशों मे एक व्यापरिक क्रान्ति हो रही थी। अमेरिका की खोज से स्पेन, पुर्तगाल, इंग्लैंड व फ्रांस को काफी लाभ हुआ था। अतएव भारत के समुद्री मार्ग की खोज के बाद यूरोपियनों का ध्यान इस ओर आकर्षित हुआ। उन्होंने शक्तिशाली मुगल सम्राट, उनके सूबेदारों व स्थानीय शासकों से व्यापार करने की अनुमति प्राप्त कर ली। अठारहवीं सदी के आरम्भ में मुगल साम्राज्य का पतन तेजी के साथ आरंभ हुआ केन्द्रीय सत्ता दुर्लभ होती चली गई। प्रान्तीय सूबेदार मनमानी करने लगे। मराठों की शक्ति बढ़ी। अमीरों की दलबंदी व पारस्परिक ईष्या ने स्थिति को और बिगाड़ दिया। नादिर शाह के आक्रमण ने मुगल साम्राज्य की रही सही शक्ति को भी नष्ट कर दिया। देश में अराजकता फैल गई। इसका लाभ यूरोपियन जातियों ने उठाया।

पहले उनमें व्यापारिक एकाधिकार प्राप्त करने के लिये संघर्ष हुआ। अंग्रेजों ने धीरे-धीरे पुर्तगालियों और डचों की शक्ति का नष्ट किया। इसक बाद उनमे तथा फ्रांसियियों में व्यापारिक प्रतिद्वंद्विता आरंभ हुई। भारत के विभिन्न भागों में फैली हुई अराजकता के करण उनमें राजनीतिक महत्त्वकाक्षा को हराया। तत्पश्चात् उन्होनें भारत की अन्य शक्तियों को भी परास्त किया। 1848 तक समस्त भारत प्रत्यक्ष अथवा अप्रत्यक्ष रूप से उनके साम्राज्य का अंग बना गया।

भारतीय समुद्र में पुर्तगाली नियंत्रण

वास्को-डी-गामा के साथ कालीकट के हिन्दू राजा जमोरिन ने मित्रतापूर्ण व्यवहार किया। वास्को-डी-गामा ने तीन महीने बाद अपनी यात्रा शुरू की। सितम्बर, 1500 में पेड्रो अल्वारिज के नेतृत्व में छः पुर्तगाली जहाज कालीकट पहुँचे। उसने मुसलमानों के गरम मसाले के व्यापार के एकाधिकार को भंग करने की चेष्टा की। धीरे-धीरे स्थानीय लोगों व मुसलमानों से उसके सम्बन्ध बिगड़ते गये। दिसम्बर, 1500 में उसने एक अरब जहाज को घेरने की कोशिश की। इस पर जमोरिन अप्रसन्न हुआ। अतः जनवरी, 1501 में वह कोचीन चला गया और वहाँ से पुर्तगाल में पाँच साल तक झड़पें होती रही।

हिन्द महासागर के क्षेत्र मे अरबों की समुद्री शक्ति का अन्त करने के लिये पुर्तगाल ने डी अल्मेडा के नेतृत्व में एक जहाजी बेड़ा भेजा। उसने अरबों के अनेक जहाज लूटे ओर अरब सागर में पुर्तगालियों का आतंक स्थापित किया। उसने 1509 मे ड्यू के पास मिश्र व भारत की सम्मिलित मुस्लिम शक्ति का हराकर पुर्तगाल को एशिया के साथ में आ गया। भारत में दुर्गों के निर्माण, स्थल सेनिकों की संख्या बढ़ाने तथा राजनीतिक सत्ता स्थापित करने में अल्मोड़ा को रुचि नही थी। उसने पुर्तगाल सरकार को लिखा "जितने दुर्ग तुम्हारे अधीन होंगे, उतनी ही तुम्हारी शक्ति कमजोर हो जायेगी। हम अपनी सारी शक्ति समुद्र में रखे, क्योंकि यदि हम समुद्र में शक्तिशाली न हुए तो तत्काल सारी परिस्थितियों हमारे प्रतिकूल हो जायेगी।"

1509 में उस स्थान पर अल्मियदा भारत में पुर्तगाल बस्तियों का गवर्नर बन कर आया। अलमियदा ने जमोरिन के समुद्री बेड़े को नष्ट किया। उसने फारस की खाड़ी में ड्यू के निकट उरमुज के मुस्लिम शासक को हराकर अरब सागर में अरबों का प्रभुत्व समाप्त कर दिया। 1509 में उल्बुकर्क पूर्व में पुर्तगाली बस्तियों का गवर्नर बना। उसके विचार अल्मेंडा से भिन्न थे। उसने अपने को निम्नांकित चार बिन्दुओं पर आधारित किया-

1. महत्त्वपूर्ण व्यापारिक केन्द्रों पर नियतंत्रण स्थापित करना,
2. स्थानीय निवासियों के साथ विवाह सम्बन्ध स्थापित कर एकता बढ़ाना।
3. नये दुर्गों का निर्माण करना, तथा
4. स्थानीय व्यापारियों से अपने राजा के लिए उपहार लेना।

1510 में उसने बीजापुर से गोआ जीत लिया। बीजापुर का सुल्तान यूसुफ अदिल खाँ गोआ वापस न ले सका। उसने शीघ्र ही फारस की खाड़ी में स्थित आर्मेज के बन्दरगाह कर अधिकार कर लिया। उसके बाद मलक्का पर भी पुर्तगालियों का कब्जा हो गया। लेकिन वह अवन न जीत सका। **डाडवेल** लिखता है "1515 में अपनी मृत्यु के समय तक अल्बुकर्क ने यूरोप व पूर्व के व्यापार की तीन प्रमुख कुंजियों-मलक्का, ओर्मेज व अदन- के महत्त्व को भली-भाँति जान लिया था।"

अल्बुकर्क के समय में पुर्तगालियों ने श्रीलंका पर भी अपना नियंत्रण स्थापित कर लिया था। इस प्रकार गोआ से लेकर श्रीलंका के समुद्र तट का मार्ग भी उनके नियंत्रण में आ गया था। अफ्रीका के पूर्व में समुद्र पर भी वे छाये हुए थे। लगभग एक शताब्दी तक इन क्षेत्रों मे उनका व्यापारिक प्रभुत्व बना रहा। सत्रहवीं शताब्दी के आरंभ में डचों व अंग्रेजों ने उनको चुनौची दी। पुर्तगाली उनका सामना न कर सके।

भारतीय शासकों के साथ पुर्तगालियों के सम्बन्ध

1535 में पुर्तगालियों ने हुमायूँ के विरुद्ध गुजरात के शासक बहादुर शाह की मदद क॥ इसके बदले में बहादुर शाह ने उन्हें बम्बई, साल्सिट व बेसिन दिये। किन्तु यह जाने पर कि पुर्तगाली इन केन्द्रों की किलेबन्दी कर रहे हैं, बहादुरशाह ने उन्हें बेदखल करने के आदेश दिये। पुर्तगालियों ने इस विषय पर बातचीत करने का प्रस्ताव किया। पुर्तगालियों के साथ बातचीत करते समय जहाज में दोनों पक्षों में झड़प हो गई। अपनी जान बचाने के लिये बहादुरशाह समुद्र में कूदा किन्तु डूब कर मर गया।

बंगाल के सूबेदार के साथ सम्बन्ध

पुर्तगालियों ने बंगाल मे भी अपनी बस्तियाँ स्थापित की। 1533 में गोआ से पुर्तगाली गवनग्रनुनों-ड-कुन्हा ने मार्टर के नेतृत्व में एक जहाज चटगांव भेजा। मार्टम ने मुस्लिम व्यापारियों को तंग किया। इस पर बंगाल के नवाब ने उसे गिरफ्तार कर लिया। कुन्हा द्वारा भेजे पुर्तगाली जहाजी बेड़े ने चटगांव के बन्दरगाह भेजा। इस समय बंगाल के सूबेदार शेरशाह से संघर्ष करना पड़ा। अतएव उसने पुर्तगालियों से मित्रता की तथा पुर्तगाली बन्दूकचियों को अपनी सेना में भर्ती किया।

मुगल सम्राटों के साथ सम्बन्ध

अबुल फजल लिखता है कि अकबर यह मानता था कि जब तक पुर्तगालियों का नियन्त्रण पश्चिमी समुद्र तट पर रहेगा तब तक भारत की पश्चिमी सीमा सुरक्षित न रहेगी। इसी प्रकार वह भारत में व्यापार करने वाले अन्य यूरोपियनों से भी आशंकित था। 1572 मे गुजरात अभियान के समय उसका एक उद्देश्य पुर्तगाली शक्ति को नष्ट करना था किन्तु आगरा की अनिश्चित स्थिति व अन्य घटनाओं के कारण अकबर उनके विरुद्ध कुछ न कर सका। आशीर्वादी लाल श्रीवास्तव ने 'अकबर महान' के यह मत प्रकट किया है कि अकबर ने पुर्तगालियों से तोपें, बन्दूकें व बारूद प्राप्त करने का असफल प्रयत्न भी किया।

यद्यपि अकबर पुर्तगालियों को संदेह की दृष्टि से देखता था किन्तु उसने उनके विरुद्ध धार्मिक असहिष्णुता की नीति का पालन नहीं किया। अपनी जिज्ञासा को संतुष्ट करने के लिये उसने गोआ से पुर्तगाली पादरियों को दरबार में बुलाया। पहला पुर्तगाली शिष्ट मंडल 1591 मे लाहौर पहुँचा किन्तु जब उन्होंने देखा कि अकबर ईसाई बनना नहीं चाहता तो वे गोआ लौट गये। 1594 मे अकबर ने फिर पादरियों का भेजने का संदेश गोआ भेजा। उसके दरबार मे तीन पादरी आये। इनमें से जेरोम जेवियर 23 साल तक दरबार में रहा। आर्शीवादी लाल श्रीवास्तव के अनुसार जोवियर भी धर्म प्रचार के साथ साथ पुर्तगालियों का राजनीतिक प्रभुत्व करने के लिये उत्सुक था। उसने लगातार अंग्रेजों द्वारा व्यापारिक अधिकार प्राप्त करने का विरोध किया।

1608 में इंगलिश ईष्ट इंडिया कंपनी ने विलियम हाकिन्स को भारत भेजा। पुर्तगालियों ने उसके सूरत आने पर बाधाएँ उपस्थित कीं। नवम्बर 1609 में हाकिन्स ने जहांगीर से भेट की। पुर्तगालियों ने खुर्रम से अंग्रेजों को व्यापारिक सुविधाएँ देने का विरोध किया। इसी समय अरब सागर में अंग्रेजों ने एक पुर्तगाली जहाजी बेड़े को हराया। अंग्रेज जहांगीर से व्यापार करने की अनुमति पाने में सफल हुआ।

1617 ई. मे इंग्लैंड के सम्राट जेम्स प्रथम के प्रतिनिधि टॉमस रो ने जहांगीर से मुलाकात की। उसने देखा कि खुर्रम पुर्तगालियों का समर्थक था। पुर्तगालियों व डचों के विरोध के कारण टॉमस रो को आशातीत सफलता नही मिल सकी। उसने अंग्रेज ईस्ट इण्डिया कम्पनी के संचालकों को लिखा कि यदि हमें भारत में अपने व्यापार को बढ़ाना है तो सबसे पहले हमें पुर्तगालियों और डचों की शक्ति को नष्ट करना होगा।

शाहजहाँ के पुर्तगालियों के सम्बन्धः

शाहजहाँ के समय में बंगाल में पुर्तगालियों की उद्दण्डता बढ़ने लगी थी। उन्होंने बलपूर्वक भारतीयों को ईसाई बनाना शुरू कर दिया था। समय-समय पर शाही भूमि और बाजारों लूटमार आरम्भ कर दी थी। इसके अतिरिक्त उन्होंने मुगलों के विरुद्ध अराकान के राजा को भी सहायता दी थी। 1632 मे उन्होंने चटगाँव मे मुमताज महल की कुछ दासियों को पकड़ लिया था इससे नाराज होकर शाहजहाँ ने पुर्तगालियों को दण्ड देने का निश्चय किया। बंगाल के सूबेदार ने साढ़े तीन महीने के घेरे बाद हुगली जीत लिया। अनेक पुर्तगाली गिरफ्तार किये गये तथा कुछ मारे गये। गिरफ्तार पुर्तगालियों में से कुछ ने इस्लाम स्वीकार कर लिया। कुछ जवान स्त्रियों को हरम में ले लिया गया।

औरंगजेब के समय में पुर्तगालियों के साथ मुगलों के सम्बन्धः

बंगाल में पुर्तगालियों ने शाहजहाँ के समय से ही आतंक मचा रखा था। उस समय चटगाँव व उसके आस-पास कई पुर्तगाली बस्तियों थी। वे बंगाल को अपनी जागीर समझते थे तथा लूटमार करते रहते थे। शाहजहाँ ने इनको दण्ड दिया किन्तु उन्हें दबाया नहीं जा सका। औरंगजेब ने बंगाल के सूबेदार मीर जुमला को पुर्तगालियों का दमन करने के लिये आदेश दिये लेकिन असम मे व्यस्त रहने के कारण वह ठोस कदम न उठा सका। 1664 में उसकी मृत्यु के बाद शाईस्ता खाँ बंगाल का सूबेदार बना। उसने 1666 ई. में उसने चटगाँव का किला जीत लिया। इसके बाद शेष लुटेरों ने आत्म समर्पण कर दिया। आलमगीरनामा के अनुसार इन लोगों ने बंगाल के अनेक किसानों को बन्दी बना रखा था। इन्हें मुक्त करके उनके घरों को वापस भेज दिया गया।

अरब सागर के तट पर पुर्तगाली कभी मराठों से मिल जाते थे और कभी मुगलों से। 1665 मे गोआ के पुर्तगाली गवर्नर ने मिर्जा राजा जय सिंह को लिखा कि वे शिवाजी को किसी प्रकार की मदद नहीं देंगे। 1667 मे पुर्तगालियों और मुगलों के बीच एक सन्धि हुई। इसमें एक शर्त यह थी कि पुर्तगाली किसी ऐसे व्यक्ति की रक्षा नहीं करेंगे जो मुगल सम्राट का विद्रोही हो। लेकिन 1668 ई. में उन्होंने शिवाजी से सन्धि कर ली। 1683 ई. में जब शम्भूजी ने शाहजादा अकबर के साथ गोआ पर आक्रमण किया तो पुर्तगालियों ने पहले अफसरों के साथ सहयोग किया तथा बाद

में मराठों से संन्धि कर ली। कुछ समय बाद शाहजादा शाह आलम ने गोआ पर आक्रमण किया। लेकिन वह सफल नहीं हुआ। 1693 ई. में मराठी और पुर्तगालियों की मित्रता के कारण फिर मुगलों ने पुर्तगालियों के इलाके बेसीन और दमन पर आक्रमण कर दिया। अन्त में गोआ के वायसराय ने संधि कर ली।

मराठों के पुर्तगालियों से सम्बन्धः

शिवाजी भी पुर्तगालियों से नाराज थे। इन दोनों के बीच मनमुटाव के अनेक कारण थे जो निम्नलिखित है-

1. पुर्तगाली चाहते थे कि उनके क्षेत्र में आने वाले जहाज उन्हें कर अदा करें लेकिन मराठे इसके लिये तैयार न थे।

2. रत्नागिरि के देसाई शासक ने मराठों से हार कर पुर्तगालियों के यहाँ शरण ली थी। यहाँ से वह मराठों के विरुद्ध अभियान करता रहता था।

3. दमन के निवासियों से शिवाजी चौथ वसूल करते थे। क्योंकि यह प्रदेश पुर्तगालियों के पास था, इसलिये वे इसका विरोध करते रहते थे।

पुर्तगालियों से मनमुटाव होने पर भी शिवाजी ने काफी समय तक उनसे कभी खुला संघर्ष नहीं किया। सिद्दियों के विरुद्ध संघर्ष में उन्होंने पुर्तगालियों से मदद लेने का प्रयास किया किन्तु पुर्तगालियों ने सिद्दियों की सहायता की। उनकी सहायता से देसाई ने बारदेस मे मराठा सैनिकों पर आक्रमण करना शुरू किया। उनकी सहायता से देसाई ने बारदेश पर अनेक आक्रमण कर पुर्तगालियों का बन्दी बना लिया। दिसम्बर 1667 मे दोनों के बीच एक संधि हुई। इसके अनुसार पुर्तगालियों ने यह वायदा किया कि वे शिवाजी के क्षेत्र के बीच घाटों के ऊपर तथा भारत के अन्य जहाजों को पुर्तगाली अनुमति पत्र देंगे। शिवाजी ने भी अपने अधिकारियों को पुर्तगालियों व्यापारियों को न सताने अथवा उन पर कर का भार समाप्त करने के आदेश देने का वचन दिया। छोटे छोटे मराठा व्यापारियों को पुर्तगालियों को पुर्तगाली इलाकों में व्यापार करने के लिये अनुमति पत्र लेने की जरूरत समाप्त कर दी गई।

इसके बाद भी शिवाजी के प्रति पुर्तगालियों की नीति संदेहपूर्ण बनी रही। 1675 ई. मे शिवाजी द्वारा फौडा के घेरे के समय पुर्तगालियों ने वहाँ के किलेदार को खाद्य सामग्री पहुँचाने का प्रयत्न किया किन्तु शिवाजी के जहाजों ने उनको ऐसा करने से रोका।

इस प्रकार शिवाजी ने अपनी सूझ-बूझ से पुर्तगालियों को अपने नियंत्रण में रखा। शीघ्र ही पुर्तगालियों की शक्ति को डचों और अंग्रेजों ने अरब सागर व हिन्द महासागर ने नष्ट कर दिया।

बाजीराव प्रथम का पुर्तगालियों के विरुद्ध अभियान-

पेशवा बाजीराव प्रथम व पुर्तगालियों मे संघर्ष के निम्नांकित कारण थे-

1. पुर्तगाली हिन्दुओं पर अत्याचार करते थे तथा उन्हें बलात् ईसाई बनाते थे। कभी-कभी तलवार की नोक पर पूरे गाँव के निवासियों को वे ईसाई बना लेते थे।

हिन्दू धर्म की रक्षा के लिये पेशवा ने उनका दमन करने का निश्चय किया।

2. गोआ के नये गवर्नर सेन्डो मिले ने 1732 ई. में थाना के सुदृढ़ दुर्ग का निर्माण करना

प्रारम्भ किया। वह अपनी शक्ति बढ़ाकर मराठों से संघर्ष करना चाहता था।

3. उसके एक सेनापति ने मराठों के दूत का अपमान किया। 1736 ई. में मराठा सेनापतियों ने पुर्तगालियों को हराकर कैम्वे पर अधिकार कर लिया। 1737 ई. मे चिमनाजी अप्पा ने पुर्तगालियों से थाना जीत लिया। इस समय पेशवा के निजाम के साथ भोपाल के युद्ध शुरू किया। 1739 ई. के आरम्भ मे मराठों ने बेसिन के दुर्ग को जीत लिया। लगभग 800 पुर्तगाली मारे गये। शेष को दुर्ग से जाने की अनुमति दी गई। पुर्तगालियों ने मराठों को 75 मील तक लम्बा क्षेत्र प्रदान किया। उत्तरी कोकण में पुर्तगालियों ने सबको धार्मिक आचरण की स्वतंत्रता प्रदान की। **एच. एन. सिन्हा** के अनुसार ''इस प्रकार मराठों के सफल अभियानों ने पश्चिमी समुद्र तट पर पुर्तगाली शक्ति का पूर्ण विनाश कर दिया।'' अरब सागर व हिन्द महासागर में उनकी शक्ति पहले ही नष्ट हो चुकी थी।

पुर्तगालियों की सफलता के कारण:

1. व्हाइटवे के अनुसार समुद्री मार्ग से आने वाले पुर्तगाली प्रथम यूरोपियन जाति थी। आम तौर पर पूर्वी देशों मे प्रथम आक्रान्ता का विरोध किया जाता था। अतएव भारतीयों ने भी उनका विरोध किया।

2. 1580 ई. में पुर्तगाल का राज्य स्पेन में मिल गया। इस समय से पुर्तगाल की दशा बिगड़ने लगी। उसे स्पेन के युद्धों में भाग लेना पड़ा। रोमन कैथोनिक देश होन के कारण स्पेन और यूरोप के प्रोटेंस्टेंट राज्यों से संघर्ष करना पड़ा। अन्त में वे इंग्लैंड और हालैण्ड के सामने टिक नहीं सके।

3. राबर्ट्स के मत में ब्राजील की खोज के बाद पुर्तगालियों ने अपनी अधिकांश शक्ति उस देश मे लगा दी।

4. एब्रे रेलान नामक एक पुर्तगाल इतिहासकार के मत में उस समय में पुर्तगाली एक पतनोन्मुख प्रजाति थी। वे धर्मान्ध, क्रूर, लालची और विलासी थे।

5. उन्होनें भारत में अपनी बस्तियों में धार्मिक नीति का पालन किया। 1540 ई. में गोआ मे हिन्दू मन्दिरों को नष्ट किया। युद्ध-बन्दियों को ईसाई धर्म स्वीकार करने अथवा मौत को गले लगाने के लिये बाध्य किया। उन्होंने बालात् धर्म परिवर्तन की नीति अपनाई। अपनी धर्मान्धता के कारण वे अलोक-प्रिय हो गये।

6. भारत मे पुर्तगाली अधिकारियों व सैनिकों ने हर तरीके से धन बटोरने की कोशिश के लिये उनके हाथ, कान आदि काट लेते थे। **अल्फाजों** नामक एक पुर्तगाली लेखक ने कहा है, ''पुर्तगाली एक हाथ में तलवार और दूसरे हाथ में क्रास लेकर भारत में घुसे थे किन्तु भारत को सोना बटोरने के लिये उन्होंने क्रास जमीन पर रख दिया और जब जेबें भारी हो गईं तो तलवार भी फेंक दी। ऐसी दशा में जो लोग उनके बाद में आये वे आसानी से उन पर हावी हो गये।''

7. अल्बकर्क के बाद कोई भी योग्य पुर्तगाली सेनापति भारत में नहीं आया। गोआ के गवर्नर भ्रष्टाचार व विलासिता में लिप्त होकर अपने कर्त्तव्यों को भूल गए।

8. भारत में आने वाले अनेक पुर्तगालियों के मुकाबले में श्रेष्ठ थी। अतः वे उनके मुकाबले में नहीं ठहर सके। डचों ने उन्हें समाले के द्वीपों, मलाया प्रायद्वीप व श्रीलंका से भी खदेड़ दिया।

अंग्रेजों ने उन्हें समुद्री युद्धों में हराया।

10. 1661 ई. में इंग्लैंड मे सम्राट जेम्स द्वितीय का विवाह पुर्तगाल की राजकुमारी कैथोरिन के साथ हुआ। उस दहेज में बम्बई का बन्दरगाह मिला। उसने यह बन्दरगाह ईस्ट इंण्डिया कम्पनी को दे दिया। जब यह बात गोआ के पुर्तगाली शासक को मालूम हुई तो उसने अपनी गृह-सरकार को लिखा कि ''जिस दिन अंग्रेज बम्बई में बस जायेंगे उसी दिन भारत हमारे हाथ से निकल जायेगा।'' इंग्लिश ईस्ट इण्डिया कम्पनी ने बम्बई का शीघ्र ही एक महत्त्वपूर्ण बस्ती में बदल दिया। इस स्थान से उन्होंने आसानी के साथ पुर्तगाली शक्ति पर आक्रमण किये।

11. मुगलों तथा मराठों ने भी पुर्तगालियों की शक्ति पर प्रहार किये।

पुर्तगाली नियंत्रण का राजनीतिक व आर्थिक परिणाम-

डाडवेल के अनुसार भारत मे पुर्तगाली नियंत्रण के राजनीतिक व आर्थिक परिणाम हानिकारक सिद्ध हुए।

राजनीतिक-

1. पुर्तगालियों ने भारतीयों शासकों को पारस्परिक संघर्षों में सहायता देने की पद्धति का आरम्भ किया। उन्होनें गुजरात के बहादुर शाह को सहायता दी। बाद में मराठों से भी उनका संघर्ष हुआ। इस प्रकार उन्होंने अंग्रेजों व फ्रांसीसियों को भारत मे राजनीतिक प्रभुत्व स्थापित करने का मार्ग दिखाया।

2. डाडवेल के अनुसार पुर्तगाली अपना साम्राज्य स्थापित करने में असफल रहे किन्तु व अरबों को समुद्री यद्धों मे हराकर भारत में यूरोपियन साम्राज्य की पृष्ठभूमि तैयार की। उन्होंने यूरोपियन शक्तियों को यह भी बता दिया कि भारतीयों की समुद्री शक्ति अत्यन्त दुर्बल है।

3. वह सबसे पहली यूरोपियन जाति थी जिसने सेना में भारतीयों को सैनिक प्रशिक्षण दिया। उनका अनुसरण अन्य यूरोपियन जातियों ने किया। अँग्रेजों ने भारतीयों के बल पर ही भारत को जीता।

आर्थिक-

1. सोलहवीं शताब्दी के अन्त तक गोआ से लेकर श्रीलंका के समुद्री तट पर पुर्तगालियों का नियंत्रण था। उन्होंने अरबों व तुर्कों के व्यापारिक जहाजों को लूटकर अथवा नष्ट करके इन देशों से होने वाले भारत के व्यापार को हानि पहुँचाई। लगभग सौ साल तक उनके पास भारत के पूर्वी समुद्र के व्यापार का एकाधिकार रहा किन्तु इस समय में उनके अधिकारियों ने निजी स्वार्थ के वशीभूत होकर व्यापार सिद्ध नहीं हुआ और इस ओर ध्यान नहीं दिया। अतएव विदेशी व्यापार आशा के अनुकूल लाभदायक सिद्ध नहीं हुआ।

2. पुर्तगाली भारत से सोना व धन बटोरने मे लगे रहे। उन्होंने अपनी बस्तियों में रहने वाले निवासियों का निर्मम शोषण किया।

मुगल साम्राज्य के पतन के समय भारत में पुर्तगाली शक्ति क्षीण हो गई थी। अत: केन्द्रीय शक्ति के ह्रास तथा प्रादेशिक शक्तियों की पारस्परिक प्रतिस्पर्धा का लाभ दूसरी यूरोपियन जातियों ने उठाया। अन्त में व्यापारियों का एकाधिकार और राजनीतिक प्रभुत्व संधर्ष में अंग्रेजों

की विजय हुई।

डचों की भारत में गतिविधियाँ:

पुर्तगालियों के माध्यम से डच और अंग्रेज ने पूर्व के साथ अत्यन्त लाभप्रद व्यापार सोलहवीं शताब्दी में आरम्भ कर दिया था। 1580 ईसवी में स्पेन के फिलिप द्वितीय का पुर्तगाल पर अधिकार करने के कारण हालैण्ड व इंग्लैंड के साथ स्पेन के संघर्ष में पुर्तगाल को भी सम्मिलित होना पड़ा जिसके फलस्वरूप पुर्तगालियों के व्यापार को बड़ा धक्का पहुँचा। 1588 ईस्वी में स्पेनिश आर्मेडा की पराजय ने स्पेन की जल शक्ति को अत्यन्त दुर्बल बना दिया। इनका लाभ हालैण्ड ने उठाया। उसने स्पेन को आर्थिक हानि पहुँचाने की दृष्टि से पूर्व मे पुर्तगाल के व्यापारिक जहाजों को लूटना आरम्भ किया।

1592 ईसवी में हालैण्ड की राजधानी एमटरडम मे डच इण्डिया कम्पनी की स्थापना की गई। 1595 ईसवी में एक डच बेडे ने केप आप गुड होप में प्रवेश किया। शीघ्र ही हालैण्ड के अनेक नगरों में पूर्व के साथ व्यापार करने के लिए भिन्न भिन्न कम्पनियाँ स्थापित हुई। अन्त में 1602 ईसवी में एक यूनाईटेड कम्पनी बनाई गई। इस कम्पनी ने आरम्भ में बड़े जहाजों का एक बेड़ा पुर्तगाली साम्राज्य के प्रमुख केन्द्रों–मोजम्बिक, गोआ और मलक्का पर आक्रमण करने के लिए भेजा किन्तु उन्हें सफलता डचों को सबसे पहले सफलता मोलुक्कास (स्पाईवस आइलैण्स्) में प्राप्त हुई। 1609 ईसवी में डचों ने इंडोशिया मे अम्बोयना पर अधिकार कर लिया। 1619 ई. तक डचों का अधिकार जकार्ता पर हो गया। उन्होंने वहाँ बटाविया नगर बसा कर उसे अपनी गतिविधियाँ का केन्द्र बनाया। भारत में भी उन्होंने अपनी व्यापारिक बस्तियाँ स्थापित की। कोरोमंडल तट पर मासुलीपम, पेटापाली और देवनामप नाम स्थानों पर उन्होंने सत्रहवीं शताब्दी के प्रथम दशक में बस्तियाँ बना ली थीं। पुलीकट में बस्ती स्थापित कर डचों ने उसे अपना केन्द्र बनाया। 1617 ई. तक सूरत, पोर्टोनोवा, संदरसपम, गोलकुण्डा और बम्बलीपम मे भी उनकी फेक्ट्रियाँ स्थापित हो चुकी थी। कुछ समय पश्चात् कोचीन, पुराखद ओर त्रावनकोर मे भी उनके व्यापारिक केन्द्र स्थापित हुए। 1639 ई. में मद्रास, 1635 ई. में चिनसुरा व कुछ समय बाद कासिम बाजार और पटना में भी उन्होंने बस्तियाँ स्थापित की। इन सभी स्थानों पर डचों ने अपनी बस्तियों की साधारण किलेबन्दी की। डचों ने भारत के साथ व्यापार की अपेक्षा इण्डोनेशिया के द्वीपों के साथ गर्म मसाले के व्यापार को अधिक महत्त्व दिया। अत: उन्होंने अपनी शक्ति इस ओर लगाई। डाडवेल के अनुसार भारत का व्यापार स्पष्ट रूप से डचों के लिये स्पाईस आइलेंड्स के व्यापार के मुकाबले में कम महत्त्व रखता था। इसलिये उन्होंने इन द्वीपों में इंग्लैण्ड के व्यापार को पनपने का अवसर नहीं दिया। यूरोप मे दोनों देशों में स्पेन के विरुद्ध मित्रता होने पर भर उन्हांने इंग्लैण्ड का विरोध इन द्वीपों मे किया। अत: इन द्वीपों के व्यापारिक महत्त्व के लिए दोनों देशों की कम्पनियों में संघर्ष हुआ। अन्त में 1623 ई. में इण्डोनेशिया मे अम्बोयना नामक स्थान पर डचों ने कुछ अंग्रेज व्यापारियों को कत्ल करके इस संघर्ष का अन्त किया। इसके पश्चात् अंग्रेज ने इस द्वीप समूह ने अपना प्रभुत्व स्थापित करने का गम्भीर प्रयत्न नहीं किया।

श्रीलंका ने डचों का ध्यान सत्रहवीं शताब्दी के आरम्भ से ही आकर्षित किया। वहाँ पर भी पुर्तगालियों ने उनका विरोध किया। अनेक समुद्री संघर्षों के पश्चात् डचों ने भारत के नेगापट्टम बन्दरगाह से 1643 ई. में एक जहाजी बेड़ा भेजकर पुर्तगालियों को श्रीलंका में नेगोम्बो के

बन्दरगाह मे परास्त किया। 1658 ई. उन्होंने कोलम्बों से भी पुर्तगालियों को खदेड़ दिया। श्रीलंका के शासक डचों ने मलाया प्रायद्वीप के प्रसिद्ध बन्दरगाह मलक्का से भी पुर्तगालियों को मार भगाया। 1652 ई. मे डचों को केप आफ गुड होप के तट पुर्तगालियों को हराने में सफलता मिल चुकी थी।

मालाबार तट पर भी डचों व पुर्तगालियों मे संघर्ष हुआ। डचों ने गोआ के निकट वेनगुरिआ ने अपनी बस्ती स्थापित कर किलेबन्दी की। 1633 ई. में डचों के कोचीन में पुर्तगाली प्रभाव को सामाप्त किया। शनैः शनैः उन्होंने गोआ, दमन और ड्यू के अतिरिक्त सभी स्थानों से पुर्तगालियों की शक्ति को नष्ट कर दिया।

डचों की असफलता के कारणः

पुर्तगालियों के समान डच भी भारत मे अपने व्यापारिक हितों की रक्षा नहीं कर सके। भारत मे उनकी असफलता के निम्नलिखित कारण थे–

1. यूरोप मे हालैण्ड की तत्कालीन परिस्थितियों ने भारत मे उनके प्रयासों को सफल नहीं होने दिया। यूरोपियन राजनीति में उन्हें इंग्लैण्ड व फ्रांस के विरोध का सामना करना पड़ा। 1648 ई. में विक्टोरिया की संधि से अन्त होने वाले स्पेन के साथ लम्बे संघर्ष के चार वर्ष उनका संघर्ष इंग्लैण्ड से छिड़ गया। यह संघर्ष के समय हालैण्ड जैसा छोटा देश अपनी पूर्व शक्ति पूर्व की ओर नही लगा सकता था। तारा चंद के अनुसार लगातार युद्धों से उनकी आर्थिक स्थिति शोचनीय हो गई थी। यूरोप के युद्ध में भाग्य ने डचों का साथ नहीं दिया।

2. सत्रहवीं शताब्दी मे भारत में डचों की स्थिति समुद्री शक्ति पर निर्भर थी। उन्होंने समुद्री युद्धों मे ही पुर्तगाल को हराया था। मुगलों के साथ सम्बन्ध मे भी उन्होंने कभी कभी अपनी सामुद्रिक श्रेष्ठता का परिचय दिया था। क्योकि अंग्रेज उस समय विश्व के समुद्रों में सबसे अधिक शक्तिशाली थे। अतः वे उनके सम्मुख नहीं टिक सके।

3. सत्रहवी शताब्दी की प्रारभिक दशाब्दियों मे अंग्रेज व डच कम्पनियाँ पुर्तगालियों से टक्कर लेने में व्यस्त रही, किन्तु उसके बाद दोनों एक दूसरे को मिटाने की भावना जागृत हो गई। इस समय दोनों को भारतवर्ष की मुख्य भूमि की चाह नहीं थी बल्कि दोनों ही सुदूर पूर्व में मलाया द्वीप मण्डल पर मुग्ध थे, क्योंकि वहाँ उनको तुरन्त लाभ दिखाई दे रहा था। राबर्ट्स के अनुसार इस संघर्ष में डचों की विजय हुई जिन्होंने अपनी शारीरिक का लाभ उठाकर अंग्रेज को इस क्षेत्र से बाहर निकाल दिया। उनका यह कार्य अंग्रेजों के लिए वरदान सिद्ध हुआ। एक ओर डचों ने अपना अधिकांश ध्यान उधर लगाया तो दूसरी ओर अंग्रेजों ने भारत के समुद्री तट को अपनी गतिविधियों का मुख्य केन्द्र बनाया।

4. डचों ने पुर्तगालियों के व्यापारिक तरीकों का अनुसरण किया। उन्होंने अपने अधीन प्रदेशों में व्यापार का एकाधिकार सुरक्षित रखा। कम कीमतों पर भारतीय माल खरीदा तथा अधिक मूल्यों पर यूरोपियन वस्तुओं को बेचा। तारा चंद के अनुचार डचों ने अपने प्रदेशों के निवासियों का निर्मम शोषण किया तथा कठोरता के साथ शासन किया। अतः उनके विरुद्ध भी घृणा का उत्पन्न होना स्वाभाविक था।

5. डाडवेल के मत मे डच ईस्ट इण्डिया कम्पनी की व्यवस्था में गम्भीर दोष थे। उन्होंने बटेरिया को अपनी गतिविधियों का मुख्य केन्द्र बनाया। वहाँ से वे न तो हालैण्ड के साथ ही शीघ्र

सम्पर्क स्थापित कर सकते थे और न ही भारत में अपनी गतिविधियों का संचालन योग्यता के साथ कर सकते थे। भारत मे उनकी बस्तियों के प्रशासकों ने शासन तंत्र की दूरी का पूरा-पूरा लाभ उठाया। इस कारण उनमें भ्रष्टाचार बढ़ता गया।

6. डचों ने अपनी कम्पनी की आर्थिक स्थिति को सुदृढ़ बनाये रखने के लिए समुचित प्रबन्ध नहीं किये। विभिन्न स्थानों पर की गई किलेबन्दी और समय पर होने वाले युद्धों का भार कम्पनी पर डाला गया। व्यापार की आमदनी व व्यय का पृथक ब्यौरा कभी भी नहीं रखा गया। अठारहवीं शताब्दी मे व्यापार से काफी लाभ होने पर भी धीरे धीरे कम्पनी का घाटा बढ़ता गया। डाडवल के अनुसार इस शताब्दी के नौवें दशक में यह घाटा एक अरब गिल्डर (डच मुद्रा)से अधिक था।

7. डचों का विरोध दक्षिण के शासकों ने भी किया। त्रावनकोर के योग्य शासकों-मार्तण्ड वर्मा और राम वर्मा- ने उन्हें मनमानी करने से रोका। हैदर अली ने मलाबार की विजय के बाद उन्हें वहाँ से खदेड़ दिया।

8. दक्षिण में फ्रांसीसी प्रभाव की स्थापना ने भी डचों को प्रभावित किया। डूप्ले ने 1750 ई. में मासुलीपम पर अधिकार कर लिया। इस प्रकार अठारहवीं शताब्दी के मध्य तक भारत मे डच प्रयत्नों की असफलता स्पष्ट हो गई। प्लासी के युद्ध के पश्चात् क्लाइव ने वडेरा के संघर्ष में डचों को परास्त करके यह स्पष्ट कर दिया कि भारत में डच शक्ति का अन्त हो चुका है।

इंग्लिश ईस्ट इण्डिया की स्थापना व आरंभिक गतिविधियाँ:

हालैण्ड के समान इंग्लैण्ड ने भी सार्वजनिक रूप से पोपतन्त्र की अवज्ञा भौगोलिक, धार्मिक एवं राजनीतिक कारणों से की। प्रथम, उत्तरी मार्ग खोजने में उन्हें निराशा हाथ लगी। द्वितीय, पोप की आध्यात्मिक सत्ता के प्रति उनके मन मे दबा विरोध प्रबल हो उठा तथा तृतीय, 1580 ई. स्पेन ने पुर्तगाल को अपने में मिला लिया। इसके अतिरिक्त पुर्तगाल को पूर्वी व्यापार से होने वाले अत्यधिक लाभ ने उनकी आँखें चकाचौध कर दी। तारा चंद के अनुसार 1600 ई. में लन्दन मे ईस्ट इंण्डिया कम्पनी की स्थापना इंग्लैंड के व्यापार के लिए किये गये साहसिक प्रयत्नों के एक लम्बे क्रम का परिणाम थी। चौदहवीं शताब्दी में इंगलैण्ड मे ऊन के व्यापारिक एकाधिकार के लिए एक संघ स्थापित किया गया था। धीरे-धीरे इस प्रकार के अनेक संघ बने गये। सोलहवीं शताब्दी के उत्तरार्ध में इंग्लैण्ड के कुछ संगठित कम्पनियों की स्थापना हुई जिन्होंने सरकार से विभिन्न देशों के साथ व्यापार करने का एकाधिकार हस्तगत किया। यद्यपि 1581 ई. मे स्थापित तुर्की कम्पनी (कालान्तर मे लैवेन्ट कम्पनी) को ईस्ट इण्डीज तक स्थल मार्ग द्वारा व्यापार करने की अनुमति 1593 ई. में मिल गई थी। किन्तु मार्ग की जटिल बाधाओं के कारण उसे अपने लक्ष्य में पूर्ण सफलता नही मिल सकी। अत: उन्होंने 1599 ई. में पूर्व के उन स्थानों से व्यापार करने के अधिकार के लिए प्रार्थना की जहाँ पर स्पेनिशों तथा पुर्तगालियों का कोई किला, चौकी या कमाडेंट नहीं था। 31 दिसम्बर, 1600 ई. के चार्टर द्वारा इंगलैंड की सरकार ने 'दि गवर्नर एण्ड कम्पनी आफ मर्चेट्स आफ लन्दन ट्रेडिंग दि ईस्ट इण्डिया, नामक कम्पनी को पन्द्रह वर्ष के लिए पूर्वी समुद्र में व्यापार का एकाधिकार प्रदान किया।'

तारा चंद के अनुसार अपने जीवन के पहले सौ साल में ईस्ट इण्डिया कम्पनी को तीन प्रकार की समस्याओं को सामना करना पड़ा। पहली समस्या ताज द्वारा अपने विशेषाधिकारों का

प्रयोग करके उसे एकाधिकार प्रदान करने के स्वरूप से सम्बन्धी थी। दूसरी समस्या पूर्व में पुर्तगालियों, डचों और फ्रांसीसियों के विरोध की थी। यह निश्चित था कि पूर्व से व्यापार करने वाले यूरोपियन राष्ट्र अंग्रेजों कम्पनी की सशस्त्र व्यापारी की हैसियत का विरोध करेंगे। तीसरी समस्या यूरोपियन विरोधियों तथा स्थानीय शासकों की विरोधी नीतियों से भारत मे कम्पनी की बस्तियों की रक्षा करना था।

यहाँ पर प्रथम समस्या से सम्बन्धित संक्षिप्त में वर्णित की गई है। क्योंकि यह समस्या भारत के इतिहास मे अन्य दो समस्याओं के कम महत्त्व रखती है। डाडवेल लिखता है कि एलिजाबेथ के उत्तराधिकारी जेम्स प्रथम ने 1609 ई. में कम्पनी का पन्द्रह वर्ष के स्थान पर सदैव के लिए पूर्व से व्यापार करने का एकाधिकार प्रदान कर उसकी स्थिति रद्द कर दी। चार्ल्स प्रथम (1625–49 ई.) के शासक काल में कम्पनी के एकाधिकार को समाप्त करने की चेष्टा की गई। पार्लियामेन्ट व चार्ल्स प्रथम में गम्भीर झगड़े के कारण सम्राट को धन की सदैव आवश्यकता रहती थी। अत: उसने एक नई कम्पनी को ईस्ट इण्डीज से व्यापार करने की अनुमति दे दी। दोनों कम्पनियों ने एक दूसरे के अधिकार को समाप्त करने के लिये अनेक प्रयत्न किये। राबर्टस् के अनुसार 1649 ई. में इन दोनों संस्थाओं को मिलाकर एक किया गया। इस संगठित कम्पनी के सदस्यों के आपसी मतभेदों के कारण क्रामवेल ने 1657 ई. में भारत से व्यापार करने की अनुमति सबको दे दी। किन्तु शीघ्र ही एक नये राज पत्र के अनुसार कम्पनी को पुन: एकाधिकार दे दिया। 1688 ई. क्री रक्तहीन क्रान्ति से वास्तविक सत्ता पार्लियामेन्ट के हाथ में आ गई। उसने इस कम्पनी के एकाधिकार को समाप्त करने के प्रयास किये। 1698 ई. मे पार्लियामेन्ट ने एक नवीन कम्पनी को पूर्व में व्यापार के एकाधिकार दिये। दस वर्ष बाद इन दोनों कम्पनियों को मिला कर एक किया गया। इसके पश्चात् इस कम्पनी को एकाधिकार को समस्या मे विशेष कठिनाइयों का सामना नहीं करना पड़ा।

पूर्व के साथ व्यापार करने में अंग्रेजों को पुर्तगालियों, डचों फ्रांसीसियों के विरोध का सामना करना पड़ा। यद्यपि पूर्व में पुर्तगालियों की शक्ति को नष्ट करने का प्रमुख भार डचों ने वहन किया किन्तु विजय अंग्रेजों की हुई। 1604 ई. में अंग्रेजों ने फारस के शाह के साथ एक सन्धि करके उसकी सहायता से पुर्तगालियों को फारस की खाड़ी मे परास्त कर उनके दुर्ग उरमुख पर अधिकार कर लिया। 1608 ई. में अंग्रेजों ने हाकिन्स को मुगल सम्राट से भेंट करने के लिये भेजा। पुर्तगालियों के विरोध के कारण उसे 1611 ई. मे आगरा से निराश लौटना पड़ा। इसके पश्चात् अंग्रेजों ने खुले रूप से भारतीय समुद्रों में पुर्तगालियों को चुनौती दी। 1611 ई. में ताप्ती के मुहाने में जब अंग्रेजी जहाजों बेड़े ने प्रवेश करने का प्रयत्न किया तो पुर्तगालियों की उससे झड़प हुई। अंग्रेजों के बेड़े के कप्तान थोमस बैस्ट तथा कप्तान निकोलस डान्टल ने कई झड़पों में पुर्तगालियों को परास्त किया। फरवरी, 1613 ई. मे जहाँगीर ने अंग्रेजों को सूरत में व्यापार करने की अनुमति दे दी। साथ ही दरबार में एक प्रतिनिधि रखने की भी आज्ञा दी। 1615 ई. में सूरत के निकट स्वाली की झड़प में भी अंग्रेज विजयी रहे। इन विजयों ने पुर्तगालियों के मुकाबले में अंग्रेजो की समुद्री शक्ति की श्रेष्ठता को स्थापित कर दिया। इसी वर्ष सर टामस रो जहाँगीर से मुलाकात की। वह इंग्लैण्ड के बादशाह जेम्स प्रथम का प्रतिनिधि था। उसने अजमेर में जहाँगीर से मुलाकात की। उसने अनुभव किया कि शाहजहाँ के नेतृत्व में एक शक्तिशाली गुट पुर्तगालियों का समर्थन कर रहा था। यद्यपि वह अपनी इच्छानुसार सन्धि न कर सका किन्तु उसने भारत के अनेक नगरों

में अंग्रेज के कारखाने स्थापित करने की अनुमति प्राप्त कर ली।

1619 ई. तक अंग्रेजों ने सूरत और मासूलीपम की बस्तियों को अपनी गतिविधियों का मुख्य केन्द्र बना लिया था। केम्बे व करवार के बन्दरगाह के अतिरिक्त आगरा, अहमदाबाद व भड़ौच मे उनकी फैक्ट्रियाँ थी। 1630 ई. मे इंग्लैंड व सपेन की सन्धि के द्वारा इंग्लैंड व पुर्तगालियों के मध्य इस संघर्ष का अन्त करने का निश्चय किया गया। 1640 ई. में मद्रास में बस्ती स्थापित की गई।

आरम्भ मे अंग्रेजों व डचों में स्पेन का विरोधी होने के कारण सहयोग की भावना बनी रही किन्तु पूर्व का व्यापार इतना लाभदायक था कि उस दोनों मे शीघ्र ही द्वेष उत्पन्न हो गया। सर्व प्रथम पूर्वी द्वीप समूह मे उनके बीच व्यापारिक प्रभुत्तव के लिए तीव्र संघर्ष हुआ जिसमें डचों की विजय हुई। अम्बोयना के डच गवर्नर वान स्पेल्ट ने 1623 ई. मे एक अंग्रेज ऐजेंट, नौ अंग्रेज व अठारह जापनियो पर झूठे आरोप लगा कर उन्हें फाँसी पर दे दी। इसके पश्चात् अंग्रेजों ने इण्डोनेशिया द्वीप समूह में डच अधिकार को गम्भीर चुनौती नहीं दी। उधर भारत में डच अंग्रेजों का सशक्त विरोध करने में असमर्थ रहे। प्लासी के युद्ध के बाद वडेरा में क्लाइव ने उन्हें हराया। इसके पश्चात् उन्होंने भारत में अंग्रेजों से छेड़-छाड़ नहीं की।

1600 ई. में इंग्लिश ईस्ट कम्पनी की स्थापना के समय से ही उसके कर्मचारी भारत के बन्दरगाहों से व्यापार आरम्भ करने में जुटे हुए थे। वे मुख्य-मुख्य स्थानों पर अपनी फैक्ट्रियाँ लगाने की अनुमति प्राप्त करने की दिशा में भी प्रयत्नशील थे। हाकिन्स को इसमें सफलता नहीं मिली। टामस रो अपनी व्यवहार कुशलता के कारण अंग्रेज के प्रति मुगल विरोध को मिटाने में तो सफल हो गया किन्तु वह भी अंग्रेजों फैक्ट्रियों की स्थापना के लिये बादशाह की अनुमति प्राप्त नहीं कर सका। अन्त में पुर्तगालियों के विरुद्ध बैस्ट को विजय के पश्चात् जहाँगीर ने अंग्रेज ईस्ट इण्डिया कम्पनी के एजेन्ट थामस एल्डवर्थ को एक फैक्टरी स्थापित करने की अनुमति दे दी।

सबसे पहले अंग्रेजों ने सूरत में अपना व्यापारिक केन्द्र स्थापित किया। सूरत की फैक्टरी के बाद उन्होंने 1620 और 1632 ई. में आगरा से बिहार में पटना तक कलमी शोरे का व्यापार करने का असफल प्रयत्न किया। उन्होंने मासुलीपम् मे अपनी एक बस्ती स्थापित की। 1633 ई. में बालासोर व हरिहरपुर में बस्तियाँ बनाई। 1605 ई. में उन्होंने मद्रास में सेन्ट जार्ज का किला बनाना आरंभ किया। 1651 ई. में उन्होंने बंगाल में हुगली नामक स्थान पर अपना प्रथम व्यापारिक केन्द्र स्थापित किया। बंगाल के सूबेदार शुजा ने उन्हें सब प्रकार की चुंगी व अन्य करों के बदले प्रति तीन हजार रुपये अदा करने पर अपने सूबे में व्यापार करने की इजाजत दे दी। 1688 और 1676 ई. में क्रमशः ढ़ाका और मालदा के केन्द्र स्थापित किये गये। 1688 ई. में ही बम्बई में फैक्ट्री खोली गई।

औरंगजेब के शासन के आरंभ से ही मुगलों व अंग्रेजों में मतभेद आरंभ ही गये। मुगल अधिकारी अंग्रेज से नियम विरुद्ध रुपया वसूल करते थे। तथा उनके व्यापार में बाधा डालते थे। अंग्रेजों ने बंगाल के सूबेदार शाहस्ता खाँ से बातचीत कर समस्या का समाधान करने का असफल प्रयत्न किया। अब अंग्रेज ने अपने व्यापार को सुचारु रूप से चलाने के लिये स्वयं ही अपने सुरक्षा की व्यवस्था के प्रयत्न किये। इस पर दोनों पक्षों में झगड़ा छोड़ना पड़ा। वे सुतनती चले गये। फरवरी, 1687 ई. मे फिर संघर्ष छिड़ गया। अंग्रेजों ने हिजली पर अधिकार कर लिया।

लेकिन मुगल सेना के आने पर उसे खाली कर दिया। शाईस्ता खाँ ने अंग्रेजों को खूब डांटा। लेकिन 1689 ई. अंग्रेजों ने बालासोर के मुगल किले पर आक्रमण किया। इस पर औरंगजेब ने आक्रमणकारियों को कैद करने तथा अंग्रेजों का व्यापार करने के आदेश दिये। फरवरी 1690 ई. में दोनों पक्षों में संधि हो गई। अंग्रेजों को फिर से व्यापार करने की अनुमति दी गई। इसी समय जार्ज चारनाक ने कलकत्ता की स्थापना की।

भारत से व्यापार आरम्भ करने के समय से ही अंग्रेजों ने अपनी शक्ति का प्रदर्शन करके लाभ उठाने की चेष्टा की। तारा चंद के अनुसार 1617 ई. मे अंग्रेज कप्तान मिडलटन ने गुजरात और लाल सागर के मध्य यातायात को रोक कर मुगलों पर दबाव डालने का प्रयत्न किया। सूरत मे फैक्ट्री की स्थापना के बाद से ही उन्होंनें इस मार्ग से भारतीय व्यापार में बाधा डाली। मुगलों ने उनकी इन कार्यवाहियों को पसन्द नहीं किया तथा उन पर कठोर नियंत्रण स्थापित किया। 1636 में औरंगजेब की नियुक्ति दक्षिण के सूबेदार के पद पर हुई। उसके स्थान पर मुगल साम्राज्य बीजापुर, गोलकुण्डा और शिवाजी ने 1664 व 1670 ई. में सूरत को लूटा। पश्चिमी समुद्र तट की बस्तियों की अपेक्षा पूर्वी समुद्र तट पर बस्तियाँ स्थापित की। इनमें हरिहरपुर व बासासूर के अतिरिक्त पीपली, पुलीकट, पट्टापोली, मासुलीपट्ट तथा मद्रास अधिक प्रसिद्ध हैं।

1649 से 1689 ई. के मध्य कम्पनी को भारत के व्यापार से अत्यधिक लाभ हुआ। 1674 ई. मे सर जोसिया चाइल्ड कम्पनी का डायरेक्टर बना। अगले पच्चीस वर्षों में उसके प्रभावशाली व्यक्तित्व व नीतियों के कारण कम्पनी का उत्कर्ष हुआ। एण्डरसन के अनुसार उसके निर्देशन मे कम्पनी ने पहली बार राजनीतिक महत्त्व और शक्ति के लिए दौड़ लगाना आरम्भ किया। उसके एक सम्बन्धी सर जान चाइल्ट ने 1682 ई. मे सूरत और बम्बई की फैक्ट्रियों के सभापति के पद से उसे सहयोग प्रदान किया। जान चाइल्ड ने भारतीय व्यापारियों के ऋण को नहीं चुकाया। मुगल सरकार द्वारा कार्यवाही की सम्भावना को देखकर उसने संघर्ष की तैयारियाँ आरम्भ कर दी। सूरत, मासूलीपट्टम और विजयगाट्टम की अंग्रेजी बस्तियों पर मुगलों ने अधिकार कर लिया। जंजीरा के सिद्दियों ने बम्बई के किले के अतिरिक्त वहाँ की शेष बस्ती को जीत लिया। अंग्रेजों द्वारा माफी माँगने पर 1690 ई. में औरंगजेब ने उन्हें भारतीय व्यापारियों का चुकारा करने, साम्राज्य को पहुँचाई गई हानि का मुआवजा देने और जान चाईल्ड को भारत मे वापस बुलाने की शर्तों पर माफी दी। इस घटना के बाद अगले पचास वर्षों में अंग्रेजों ने भारत के शासकों को अप्रसन्न होने का अवसर प्रदान नहीं किया। ताराचंद के अनुसार व्यापारिक अधिकार एवं अन्य सुविधाओं के लिए सदैव खुशामद से काम लेते रहे।

अठारहवीं शताब्दी के प्रथम दशक के अंत तक कम्पनी की दशा प्रत्येक दृष्टि से बहुत अच्छी हो गई थी। भारत में पुर्तगालियों और डचों का व्यापार समाप्त हो गया था तथा अंग्रेजों का व्यापार का एकाधिकार मिल गया था। पश्चिमी तट पर बम्बई, बंगाल में कलकत्ता और कोरोमण्डल तट पर मद्रास उनके महत्त्वपूर्ण केंद्र थे। इन तीनों की रक्षा करना उनके लिए कठिन नहीं था। कम्पनी के व्यापार में भी दिन प्रतिवृद्धि हो रही थी। अब कम्पनी के डायरेक्टरों ने राजनीतिक अधिकार प्राप्त करना अपना एक प्रमुख लक्ष्य बनाया किन्तु वे सुअवसर की खोज में रहे। इस लक्ष्य की ओर बढ़ने के लिए यूरोप व भारत में परिस्थितियाँ भी अनुकूल थी। दोनों कम्पनियाँ संगठित हो गई थीं। यूटेक्ट की संधि (1713) से लेकर आस्ट्रियाँ के उत्तराधिकार का युद्ध (1740) तक यूरोप युद्धों से मुक्त था।

लुई चौदहवें के युद्ध से थक कर स्पेन, फ्रांस और हालैण्ड अपनी बिगड़ी स्थिति को सुधारने मे लगे हुए थे। इंग्लैण्ड का प्रधान मंत्री वालपोल शान्ति की नीति का समर्थक था। भारत में मुगल साम्राज्य की अवनति तेजी के साथ हो रही थी। प्रांतीय सुबेदार व मराठे मनमानी कर रहे थे। ताराचंद के मत मे यद्यपि ऐसी परिस्थितियों में भी अंग्रेज ने मुगल साम्राज्य पर प्रत्यक्ष आक्रमण करना खतरनाक माना किन्तु उन्होंने हर संभव तरीके से अपनी आमदनी बढ़ाने की नीति अपनाई। मिल व विल्सन के अनुसार तंजौर के शासक से मित्रता स्थापित कर उन्होंने फ्रांसीसियों के विरुद्ध उसकी सहायता प्राप्त की। इसके पश्चात् बिना किसी कारण के उन्होंने तंजौर के एक किले देवीकोटा, जिसकी आमदनी 8,000 पैगोडा वार्षिक थी, कब्जा कर लिया तथा राजा को सिंहासन से उतारने के लिये सेना भेज दी। पूर्वी समुद्रों में मराठा सेनानायक अंग्रिया के नेतृत्व मे मराठा नौ-सेना से उनकी झड़पे होती रहीं। बंगाल में अलीवर्दी खां के कठोर नियंत्रण के कारण वे शांत रहे ।

अठारहवीं शताब्दी के पूर्वार्द्ध में कम्पनी की आर्थिक अवस्था पहले की अपेक्षा और अच्छी हो गई। 1708 ई. में भारत में 61,000 पौण्ड मूल्य का माल आयात किया गया। 1748 ई. में 1,27,000 पौण्ड का माल आयात हुआ। इसी प्रकार इसी समय से इंग्लैण्ड का निर्यात 5,00,000 पौण्ड से बढ़कर 10,00,000 पौण्ड तक पहुँच गया।

भारत मे फ्रांसीसियों का आगमन उस समय हुआ जब कि पुर्तगाल व हालैण्ड की शक्ति लगभग नष्ट हो चुकी थी। पूर्व से व्यापार करने का सबसे पहला संगठित प्रयत्न फ्रांस के सम्राट हेनरी चतुर्थ ने 1604-09 ई. के मध्य दो फ्रेच ईस्ट इण्डिया कम्पनी की स्थापना कर के किया। किन्तु ये कम्पनियाँ धन एवं सार्वजनिक समर्थन के अभाव में सफल न हो पाई। रोबर्टस के अनुसार 1642 ई. मे फ्रांस के प्रधान मंत्री रिशूल ने एक नयी कम्पनी की स्थापना की, किन्तु इस कम्पनी ने अपनी सारी शक्ति मेडागास्कर से 1650 व 1660 ई. के मध्य कुछ फ्रांसीसी व्यापारिक जहाज अरब अथवा भारत तट पर आये। चौदहवे लुई के प्रधान मंत्री कोलबर्ट ने 1664 ई. में पूर्व में व्यापार करने, उपनिवेश स्थापित करने, ईसाई धर्म का प्रचार तथा देशी शासकों के साथ संधि समझौता करने का अधिकार एक नवीन फ्रांसीसी ईस्ट इण्डिया कम्पनी को दिया। 1668 व 1669 ई. क्रमशः सूरत व मासुली पट्टम में फैक्ट्रियाँ स्थापित की गई। 1674 ई. में मद्रास में पचास मील दूर पर एक भू-भाग में फ्राकुई मार्टिन ने पाण्डेचेरी की स्थापना की। 1691 ई. बंगाल में चन्द्रनगर में एक फाँसीसी बस्ती बसाई गई।

चौदहवें लुई के शासन काल (1643-1715 ई.) से यूरोपियन युद्धों के कारण फाँसीसी कम्पनी आशा के अनुसार प्रगति नहीं कर सकी। 1672 से 1713 ई. तक हालैण्ड व फ्रांस में संघर्ष चलता रहा। इस लम्बे युद्ध की अवधि में डचों ने भारत में फाँसीसी व्यापार को हानि पहुँचाई। 1672 ई. में डचों ने इसे फिर जीत लिया। 1693 से 1699 ई. तक पाण्डीचेरी डचों के कब्जे में रहा। इस संघर्ष के कारण सूरत, मेंटम तथा मासुलीपट्टम की फ्रांसीसी बस्तियाँ उजड़ गईं तथा कम्पनी की स्थिति मरणासन्न हो गई।

1720 ई. में इस कम्पनी को परपीचुअल कम्पनी ऑफ दी इण्डीज के नाम से पुनर्गठित किया गया। इसके पश्चात् यह कम्पनी उन्नति करने लगी। 1721 ई. में फ्रांसीसियों ने मारीशस पर अधिकार कर लिया। 1725 ई. में ड्यूमा पाण्डेचरी का गवर्नर नियुक्त हुआ। तारा चंद के अनुसार उसने व्यापारिक हितों को बढ़ावा देने के साथ-साथ राजनीतिक प्रभाव करने का प्रयत्न करने की

नीति पर विचार किया किन्तु इस नीति पर 1740 ई. से ही कार्य किया गया।

राबर्ट्स के मत मे ड्यूमा और उसके उत्तराधिकारी डूप्ले ने फाँसीसी कम्पनी को शीघ्र ही अंग्रेजी कम्पनी के समान स्तर पर ला दिया। किन्तु यह बात निर्विवाद रूप से सिद्ध हो चुकी है कि कर्नाटक में आंग्ल-फाँसीसी संघर्ष के आरम्भ होने के समय वित्तीय सत्ता, वाणिज्यि वैभव तथा भौतिक साधनों की दृष्टि से अंग्रेजी कम्पनी अपनी प्रतियोगी कम्पनी से बहुत आगे थी। फ्रांसीसी कम्पनी का आयात और निर्यात अंग्रेजी कम्पनियों के आयात की तुलना में बहुत कम था।

सत्रहवीं शताब्दी में फ्रांसीसी कम्पनी की गतिविधियों से अंग्रेजों को विशेष चिन्ता नहीं हुई। वास्तव में 1718 ई. तक इण्डीज में डचों को ही सबसे शक्तिशाली यूरोपियन शक्ति माना जाता था। राबर्टस लिखता है भारत में हालैण्ड के क्षीण होते दबाव का ठीक अनुमान न लगाने के कारण अंग्रेज यह नहीं जान पाये कि उनके लिए एक नया प्रतिद्वंद्वी तैयार हो रहा है।

1740 ई. में यूरोप आस्ट्रियन उत्तराधिकार का युद्ध आरम्भ हो गया। इस युद्ध में फ्रांस व अंग्रेज एक दूसरे के शत्रु थे। 1742 ई. में डूप्ले पांडीचेरी का गवर्नर बना। उसने व्यापार का एकाधिकार प्राप्त करने के लिए राजनीतिक प्रभाव और प्रदेशों पर नियन्त्रण करना आवश्यक समझा। उधर अंग्रेज भी भारत में फ्रांसीसियों के व्यापार को नष्ट करना चाहते थे ऐसी परिस्थिति में दोनों देशों की कम्पनियों के बीच संघर्ष होना अनिवार्य हो गया। 1743 से 1763 मे मध्य दोनों कम्पनियों के बीच कर्नाटक में तीन युद्ध हुए। वास्तव में ये युद्ध भारत में व्यापारिक एकाधिकार तथा राजनीतिक प्रभुत्व के लिये लड़े गये थे।

प्रथम कर्नाटक युद्ध (1743-48)-

इस संघर्ष के निम्नलिखित कारण थे-

1. यूरोप की राजनीति में इंग्लैंड व फ्राँस एक दूसरे का विरोध करते थे।

2. विश्व के अनेक भागों में उनमें औपनिवेशिक प्रतिद्वन्द्वता थी।

3. दोनों शक्तियाँ भारत मे एक दूसरे के व्यापार को समाप्त करना तथा राजनीतिक प्रभाव करना चाहती थीं।

4. भारत के शासकों की आपसी फूट के कारण पारस्परिक संघर्ष के लिये अनुकूल परिस्थितियों पैदा कर दी थीं।

5. 1740 ई. ईसवी में इंग्लैण्ड फ्रांस के मध्य यूरोप में आस्ट्रिया के उत्तराधिकार का युद्ध छिड़ गया था। यद्यपि दोनों कम्पनियों के संचालकों ने भारत मे कार्यरत अधिकारियों को युद्ध न करने के आदेश दिये थे किन्तु उन्होंने इन आदेशों का पालन नहीं किया।

6. इस समय भारत में डूप्ले फ्रांसीसी बस्तियों का गवर्नर था। तत्कालीन परिस्थितियों को देखते हुए उसने संघर्ष आरम्भ करने का निश्चत किया। फ्रांसीसी सरकार कम्पनी की आर्थिक दशा को सुधारने के लिये किसी प्रकार का कदम उठाने को तैयार नहीं थी। उसका ध्यान यूरोपीय युद्धों में लगा रहता था। फ्रांसीसी कम्पनी पर ऋण बढ़ता जा रहा था। अतएवं डूप्ले ने कम्पनी के व्यय की पूर्ति और ऋण की अदायगी के लिए धन की व्यवस्था भारत में ही करने का निश्चय किया। राजनीतिक प्रभुत्व और व्यापारिक एकाधिकार प्राप्त करना सम्भव था। लेकिन यह जानता

था कि पूर्ण तैयारियाँ किये बिना अंग्रेजों से युद्ध छेड़ना फ्रांसीसियों के हित में नहीं होगा क्योंकि अंग्रेज की समुद्री शक्ति उनके मुकाबले अच्छी थी। इसलिये उसने अंग्रेजों के सामने शान्ति बनाये रखने के प्रस्ताव रखे किन्तु अंग्रेजों ने इन्हें ठुकरा दिया।

7. इस समय कर्नाकट के प्रदेश हैदराबाद कू निजाम के अधीन थे। मराठा व अन्य शक्तियों के साथ निरन्तर संघर्ष में लगे रहने के कारण निजाम उन पर पूर्ण रूप से नियन्त्रण स्थापित न कर सका। 1740 ई. में कर्नाटक के नवाब दोस्त अली ने त्रिचनापल्ली के मृत हिन्दू राजा कि विधवा पत्नी को हटाकर नगर पर अधिकार कर लिया। 1741 ईसवी में मराठों के साथ हुए युद्ध करते हुए दोस्त अली मारा गया। मराठों ने उसके दामाद चाँद साहिब ही को गिरफ्तार कर लिया। शीघ्र दोस्त अली के उत्तराधिकारी सफदर अली की हत्या हो गई। अब दोस्त अली का अल्पवयस्क पुत्र मुहम्मद अली नबाव बना । निजाम ने अनवरूद्दीन को उसका संरक्षक नियुक्त किया। अनवरूद्दीन ने उससे सत्ता छीन ली। उन घटनाओं से कर्नाटक में अशान्ति फैल गई। फ्रांसीसियों के समान अंग्रेजों ने भी इसका लाभ उठाने का निश्चय किया। डूप्ले को फ्रांस से सहायता मिलने के पहले ही अंग्रेजों ने युद्ध छेड़ दिया।

यद्यपि कर्नाटक के तीनों युद्धों के क्षेत्र आजकल तमिलनाडु, कर्नाटक और आंध्र प्रदेश में स्थित हैं किन्तु उस समय उन विदेशी कम्पनियों ने इन्हें कर्नाटक युद्ध की ही संज्ञा दी।

परसीवल स्पियर के अनुसार डूप्ले ने अंग्रेजों को इंगलैंड से सहायता मिलने के पहले ही उनके समुद्री शक्ति को हानि पहुँचाने का निश्चय किया। अतएंव उसने एक जहाजी बेड़ा कोरोमंडल तट की ओर भेजा। इस बीच मारीशस के फ्रांसीसी गवर्नर ने अपनी सरकार के आदेशानुसार कुछ जलपोत भारत भेजे। 1745 ईसवी में एक अंग्रेजी जहाजी बेड़ा कमोडोर बार्नेट के नेतुत्व में भारत पहुँचा। यह बेड़ा मारीशस से युद्धपोत आने के पहले ही आ पहुँचा था। इससे पांडीचेरी की सुरक्षा खतरे में पड़ गई। बार्नेड ने कुछ फ्रांसीसी जहाजों को डुबो दिया। जुलाई 1746 ई. में ला बोर्दानियों के नेतृत्व में फ्राँसीसी जहाजी बेड़ा मारीशस से भारत पहुँचा। डूप्ले ने बोर्दानिया को सचेत रहने की सलाह दी। वह जानता था कि अंग्रेजों की समुद्री शक्ति फ्रांसीसियों के मुकाबले अधिक है तथा मद्रास की रक्षा व्यवस्था सुदृढ़ है। अतएवं उसने फिर अंग्रेजों से सन्धि का प्रस्ताव रखा। पुनः अंग्रेजों ने इसे नहीं माना।

मद्रास की सुरक्षा व्यवस्था की दृढ़ता को देखते हुए डूप्ले ने फोर्ट सेन्ट डेविड पर आक्रमण करने की सलाह दी। लेकिन बोर्दानिया ने उसकी सलाह न मानते हुए मद्रास पर आक्रमण किया। सितम्बर, 21,1746 ईसवी को मद्रास पर आक्रमण बोर्दानिया ने चालीस हजार बेड़ा नष्ट हो गया। डूप्ले ने मद्रास पर अधिकार कर लिया। इस समय निजाम व कर्नाटक के नवाब ने दोनों कम्पनियों को युद्ध बन्द करने का आदेश दिया। इन आदेशों का पालन दोनों ने नहीं किया। मद्रास के बाद डूप्ले ने फोर्ट सेन्ट डेविड पर आक्रमण किया किन्तु स्ट्रिचर लारेंस ने इसे विफल कर दिया। इंगलैंड से तेरह जहाजों के आगमन पर अंग्रेजों ने पांडीचेरी का घेरा डाल दिया। इस बस्ती पर अंग्रेजों के अधिकार होने के पहले यूरोप में 1748 ईसवी में इंग्लैंड और फांस के बीच एलाशैपल की संधि होने से समाचार भारत में दोनों कम्पनियों के अधिकारियों को मिल चुके थे । इस सन्धि के अनुसार फ्राँसीसियों ने अमेरिका में लुइसबर्ग के बदले मे मद्रास अंग्रेजों को लौटा दिया। सरकार व दत्त के अनुसार अमेरिका में अनिश्चित लाभ के बदले फ्रांसीसियों ने भारत में निश्चित लाभ छोड़ दिया तथा वे शीघ्र ही अमेरिका के लाभ को भी खो बैठे।

डाडवेल ने प्रथम कर्नाटक युद्ध के परिणामों को दूरगामी बताया है। यद्यपि इस संघर्ष मे दोनों शक्तियों ने प्रकट रूप से कुछ भी प्राप्त नहीं किया तथा भारत की राजनीतिक सीमाएँ भी नहीं बदलीं किन्तु फिर भी इसने भारत में एक नये युग का आरम्भ किया। डाडवेल के मत में इसकी महत्ता निम्नलिखित बिन्दुओं में है-

1. इसने सूझ-बूझ के साथ निर्देशित समुद्री शक्ति के प्रभाव को दर्शाया।

2. भारतीय सेनाओं द्वारा पालन किये गये युद्ध के तरीकों के मुकाबले में यूरोपियन युद्ध-तरीकों की श्रेष्ठता को स्थापित किया। इस संघर्ष की अवधि में एक छोटी फ्रांसीसी सेना ने नवाब की एक बड़ी सेना को परास्त किया।

3. भारतीय राजनीतिक व्यवस्था के पतन को स्पष्ट किया।

4. यूरोपियन कम्पनियों द्वारा भारत के शासकों के आन्तरिक मामलों में हस्तक्षेप करने की प्रवृत्ति को बढ़ावा दिया।

इस युद्ध के पश्चात् दोनों शक्तियों ने अपनी सैनिक शक्ति में वृद्धि की। वे आगामी संधर्ष की तैयारी करने लगे। मैलसेन के मत में यद्यपि 1748 ईसवी में यूरोप में दोनों शक्तियों मे बन्द हो गया किन्तु भारत में दोनों के मध्य वास्तविक शांति स्थापित नही हो सकी। वह लिखता है, "महत्त्वकांक्षाओं के उदय, पारस्परिक ईष्या की भावनाओं के विस्फोट और अपने द्वार पर प्रदेशों के विस्तार के प्रलोभन को खटखटाते हुए सुनने की स्थिति में इन दोनों को अब शान्ति से क्या लेना था" इस लक्ष्य की ओर बढ़ने की दिशा में उन्होंने देशी राज्यों के आन्तरिक मामलों में प्रतिद्वन्द्वियों को सैनिक सहायता देने की नीति अपनाई। डाडवेल की सुविधा देने लगे। 1738 ईसवी में सर्वप्रथम अंग्रेजों ने तंजोर में ऐसा ही किया।

कर्नाकट का द्वितीय युद्ध (1748-54 ईसवी):

उपयुक्त विवेचन से स्पष्ट है कि दोनों कम्पनियों के अधिकारियों संघर्ष छेड़ने के लिये एक सुअवसर की तलाश मे थे। 1748 ईसवी में निजामुलमुल्क की मृत्यु पर छिड़े उत्तराधिकारी के संघर्ष ने उन्हें यह अवसर प्रदान कर दिया।

निजाम का द्वितीय पुत्र नासिर जंग उसके स्थान पर हैदरबाद का सूबेदार बना क्योंकि उसका बड़ा भाई मर चुका था। उसके विरूद्ध निजाम के नवासे मुजफ्फर जंग से फ्रांसीसियों से सहायता ली। कर्नाटक में भी अनवरूद्दीन व चांदा साहिब में छिड़ गया। 1748 ईसवी में मराठों की कैद से छूटने के बाद चाँद साहिब ने डूप्ले से सहायता का वचन ले लिया। मुजफ्फर जंग, चांद साहिब एवं डूप्ले की सम्मिलित सेनाओं ने अनवरूद्दीन को अम्बर नामक स्थान पर हराया। कुछ समय बाद अवनरूद्दीन की हत्या हो गयी। उसके पुत्र मुहम्मद अली ने त्रिचनापल्ली में शरण ली। कर्नाटक के अधिकांश भागों पर चाँदा साहिब ने अधिकार कर लिया। उसने डूप्ले को पाँडीचेरी के निकट में अस्सी गांव जागीर के रूप मे दिये। इनकी आमदनी दस हजार पौण्ड सालाना थी। उसे कृष्णा नदी से कुमारी अन्तरीप तक के प्रदेशों का गवर्नर बनाया गया। अंग्रेजों ने अपनी स्थिति को खतरे में देख कर नासिर जंग व मुहम्मद अली को सहायता देने का निश्चय किया। एक युद्ध में पहले मुजफ्फर जंग हारा किन्तु दूसरे मे उसने नासिर जंग को परास्त किया। 1750 ईसवी में नासिर जंग की हत्या हो गई तथा मुजफ्फर जंग ने स्वयं को निजाम घोषित कर दिया।

उसने फ्राँसीसियों को बहुत सा धन तथा डूप्ले को जागीर दी। जनवरी, 1751 ईसवी मे मुजफ्फर जंग की मृत्यु पर हैदराबाद मे डूप्ले के प्रतिनिधि बुसी ने निजामुल्मुल्क आसाफजाह के तृतीय पुत्र सलाबत जंग की गद्दी पर बैठा दिया। सलाबत जंग ने उत्तरी सरकार के चार जिले फ्राँसीसियों को दिये। इस प्रकार दक्षिण में अंग्रेजों की स्थिति चिन्ताजनक हो गई लेकिन अर्कांट के घेरे में राबर्ट क्लाइव ने सफलता प्राप्त करके पासा पलट दिया। उसने थोड़ी सी सेना लेकर चांदा साहिब की राजधानी अर्काट पर सहसा आक्रमण कर अधिकार कर लिया। चाँदा साहिब ने, जो उस समय त्रिचनापल्ली मे मुहम्मद अली के विरुद्ध व्यस्त था, अपनी फौज का एक भाग अर्काट भेजा। तिरेपन दिन तक क्लाइव ने इस फौज का कड़ा मुकाबला किया। इस बीच लारेंस मे चाँदा साहिब को हराया। कुछ समय बाद चाँदा साहिब की मृत्यु तंजोर में हो गई। मुहम्मद अली कर्नाटक का नवाब बना। डूप्ले ने कम्पनी की शोचनीय आर्थिक स्थिति और अंग्रेजों की समुद्री शक्ति को देखते हुए संधि के प्रस्ताव रखे। अंग्रेज चाहते थे कि डूप्ले मुहम्मद अली का नवाब माने। डूप्ले के राजी न होने पर वार्ता असफल हो गई। 1754 ईसवी के अन्त में अंग्रेज कम्पनी से पांडीचेरी की संधि कर ली। इनकी शर्तें निम्नांकित थीं-

1. अंग्रेज व फ्रांसीसी अधिकारी मुगल सम्राट तथा अन्य शासकों द्वारा दिये गये पदों व सम्मानों का त्याग करेंगे।

2. भविष्य में देशी राज्यों के मामले में हस्तक्षेप नहीं करेंगे।

3. दक्षिण में दोनों कम्पनियों के पास समान भू-क्षेत्र रहेंगे।

4. जहाजरानी और सीमा सम्बन्धी शर्तें निश्चित की गयी।

5. फोर्ट सेन्ट डेविड के किले तथा देवीकोटाई पर अंग्रेजों का अधिकार रहेगा तथा फ्रांसीसी मासुलीपट्टम पर से अपना अधिकार छोड़ देंगे।

6. युद्ध की क्षतिपूर्ति के बारे में समझौता किया गया।

7. दोनों ने वचन दिया कि वे इस सन्धि को गृह सरकार अनुमोदित करायेंगे से तथा ऐसी स्वीकृति मिलने तक न तो युद्ध करेंगे और न ही किलेबन्दी करेंगे।

डूप्ले ने इस सन्धि को अपमानजनक और विनाशकारी बताया। फ्रांसीसी इतिहासकारों ने इस मत को माना है। मैलेसन ने भी इसे अंग्रेज के पक्ष में होना बताया है किन्तु तत्कालीन परिस्थितियों के अवलोकन से ज्ञात होता है कि संधि करते समय फ्राँसीसियों की स्थिति अच्छी नही थी। उनकी आर्थिक स्थिति चिन्ताजनक थी। डूप्ले व अन्य फ्रांसीसी अधिकारियों मे मतभेद था। अंग्रेज की समुद्री शक्ति अधिक थी इस प्रकार परिस्थिति का अनुभव स्वयं डूप्ले ने 1753 ईसवी में किया था तथा संधि का प्रस्ताव रखा था। अतएव उसका पद से हटने के बाद सन्धि की आलोचना करना उचित नहीं है। फ्राँस की सरकार ने भी इसे अपमानजनक नहीं माना। इसके अतिरिक्त इस सन्धि से अंग्रेजों को, जो भूमि प्राप्त हुई थी, उसकी वार्षिक आमदनी एक लाख रुपया थी जबकि फ्रांसीसियों के पास आठ लाख रुपये सालाना आमदनी की भूमि थी। हैदराबाद में अभी फ्राँसीसियों का प्रभाव था।

पहले कर्नाटक युद्ध के समान द्वितीय कर्नाटक युद्ध का भी अत्यधिक महत्त्व है इस युद्ध मे दोनों ने खुले रूप से देशी शासकों के आन्तरिक झगड़ों में भाग लिया। अब वे अपनी राजनीतिक लक्ष्यों की प्राप्ति की ओर बढ़ने के लिये प्रयत्लशील हो गये। इस युद्ध ने अंग्रेजों की सुदृढ़ स्थिति

को भी स्पष्ट कर दिया।

डूप्ले का मूल्यांकन-यद्यपि डूप्ले 1720 ईसवी में भारत आया था किन्तु उसने गवर्नर के पद पर 1742 से 1754 ईसवी तक कार्य किया। भारत से लौटने के बाद फ्रंास में उस पर मुकदमा चलाकर उसे दण्ड दिया गया। उसकी मृत्यु के पश्चात् फ्राँसीसी इतिहासकारों ने उसकी प्रशंसा की।

डूप्ले ऐसे समय मे भारत मे फ्राँसीसी बस्तियों का गर्वनर बना जबकि भारत में उसकी आर्थिक स्थिति खराब थी। फ्राँस की सरकार इस कम्पनी व्यापारिक लाभ को भी अन्य मदों मे व्यय कर रही थी। आल्फेड मार्टिन्यू में मत मे आर्थिक कठिनाइयों से मुक्ति पाने के लिए डूप्ले ने भारत मे ही धन जुटाने की नीति अपनाई। भारत मे व्याप्त अराजकता का लाभ उठा कर उसने एक निश्चित क्षेत्र से राजस्व प्राप्त करने के लिये राजनीतिक सत्ता हस्तागत करना आवश्यक माना। उसने व्यापारिक एकाधिकार प्राप्त करने के प्रयत्न किये क्योंकि इसके द्वारा ही वह अंग्रेजों के व्यापार को नष्ट करके उन्हें भारत से हटा सकता था। आरम्भ में उसकी महत्त्वकांक्षा व्यापारिक अधिकार प्राप्त करने तक ही सीमित थी किन्तु तत्कालीन राजनीतिक परिस्थितियों को देखते हुए उसने देशी राज्यों से गठबन्धन करने, उनके मामलों में हस्तक्षेप करने अथवा सहायता देने की नीति अपनाई। उसे अपनी इन नीतियों में असफलता मिली। इसके अनेक कारण थे-

1. अंग्रेजी की समुद्री शक्ति, आर्थिक सम्पन्नता व यूरोप मे फ्रांसीसियों की अपेक्षा अच्छी स्थिति ने उसे सफल होने नहीं दिया।

2. डूप्ले ने फ्रांस की सरकार तथा कम्पनी के संचालकों को भारत की वास्तविक स्थिति से पूर्ण रूप से अवगत नही कराया। उसने सदैव यही लिखा कि इन युद्धों में कम्पनी को धन व्यय नहीं करना पड़ेगा, उसे तो देशी राजाओं से धन प्राप्त होगा। अपनी कठिनाइयों और असफलताओं को क्षणिक बताया। अतएव उसे फ्रांसीसी सरकार से सहायता न मिल सकी।

3. मार्टिन्यू ने डूप्ले को हठी व्यक्ति बताया है। दूरदर्शी राजनीतिज्ञ होने के साथ-साथ वह उग्र व दम्भी स्वभाव का व्यक्ति था। उसने अपने अधिकारियों की सलाह व सहयोग लेने का प्रयत्न नहीं किया।

4. उसकी योजनाएँ असंतुलित थी। कर्नाटक व हैदराबाद के आन्तरिक मामलों में अलग कर उसने अपना कार्य क्षेत्र आवश्यकता से अधिक विस्तृत कर लिया। मुहम्मद अली के विरुद्ध चांदा साहिब को मदद देना भी एक भूल थी। लगभग छः वर्ष तक मराठों की कैद मे रहने के कारण चांदा साहिब का प्रभाव कर्नाटक मे कम हो गया था। चांदा साहिब ने अनेक आमलों मे उसकी सलाह नहीं मानी।

5. उसने युद्ध के समय कम्पनी के व्यापार बनाये रखने पर विशेष ध्यान नहीं दिया।

6. उसने धन का अपव्यय भी किया। कर्नाटक व हैदराबाद मे जागीरें प्राप्त करने के बाद वैभवपूर्ण जीवन व्यतीत किया।

7. फ्रांसीसी अधिकारियों से उसका मत भेद बना रहा। बोर्दानिया ने उसे पूर्ण सहयोग नहीं दिया।

8. क्लाईव व लारेस जैसे योग्य अंग्रेज अधिकारियों ने उसकी योजनाओं को विफल कर दिया।

9. मैलसन ने उसकी असफलता का उत्तरदायित्व ऐसी घटनाओं के संयोग पर डालने का प्रयत्न किया है जिसवकी पहलें से आशा नहीं की जा सकती थी जैसे तूफान से बोर्दानिया के बेड़े का नष्ट होना आदि। किन्तु हमें डाडवेल के इस कथन को सही मानना होगा कि उसकी नीति मे सफलता के मूल तत्त्वों का अभाव था।

यद्यपि डूप्लें ने कुछ भूलों की तथा अन्त में वह असफल रहा किन्तु उससे उसकी महानता कम नहीं होती। वह अपना फ्रांसीसी था जिसने भारत की तत्कालीन स्थिति से अपने देश को लाभ पहुँचाने की नीति अपनाई। उसकी नीति का अनुसरण करके अंग्रेजों ने धीरे-धीरे भारत में अपना साम्राज्य स्थापित किया। अपने लक्ष्य की प्राप्ति के लिये डूप्ले ने अपना सर्वस्व भी लुटा दिया।

तृतीय कर्नाटक युद्ध (1757-1763 ईसवी):

द्वितीय कर्नाटक युद्ध मे अपनी पराजय से फ्रांसीसी चिन्तित थे। अतएव उन्होंने आगामी संघर्ष की तैयारियाँ शुरू कर दी। 1757 ई. में प्लासी मे अंग्रेजों की विजय के तुरन्त बाद ही दोनों पक्षों में फिर युद्ध छिड़ गया। इसका आकस्मिक कारण यूरोप मे इंग्लैंड और फ्रांस के बीच 1756 ई. में सप्तवर्षीय युद्ध का आरम्भ होना था। इसके समाचार मिलते ही भारत में दोनों पक्षों ने एक दूसरे के ठिकानों पर आक्रमण शुरू कर दिये। अंग्रेजों ने बंगाल सूबे में चंदन नगर, कासिमबाजार, बालासोर एवं पटना की फ्रांसीसी बस्तियों पर अधिकार कर लिया। फाँसीसीयों ने त्रिचनापल्ली को जीतने का असफल प्रयास किया। 1758 ई. मे फ्रांस की सरकार ने काऊट डी लैली को भारत के सम्पूर्ण फ्रांसीसी प्रदेशों का सेनापति बनाकर भेजा। उसे पूर्ण सैनिक व प्रशासनिक अधिकार देने की सलाह भी दी गई। लैली ने भारत आते ही फोर्ट सैट डेविड पर हमला करके की सलाह भी दी गई। लैली ने भारत आते ही फोर्ट सैट डेविड पर हमला करके उसे जीत लिया। उसकी इच्छा मद्रास पर भी अधिकार करने की थी लेकिन धन की कमी के कारण उसने ऐसा न करके तंजौर पर हमला किया। इसमें वह असफल रहा। इसी समय एक फ्रांसीसी नौ सेनापति डी अंग्रेजों से समुद्री युद्ध में परास्त हुआ। लैली के स्वभाव व कुछ प्रशासनिक सुधारों के कारण अन्य फ्रांसीसी अधिकारियों ने भी उसे पूर्ण सहयोग नहीं दिया। अपनी स्थिति को संकटमय जान कर भी लैली निराश नहीं हुआ। उसने मद्रास का घेरा डाला तथा मदद के लिये बुसी को हैदराबाद से बुला लिया। बुसी कूटनीति के द्वारा अंग्रेंजों की शक्ति को नष्ट करने की नीति का समर्थन करना चाहता था। धन, रसद व सैनिकों की कमी के कारण फ्रांसीसियों को मद्रास से हटना पड़ा सितम्बर, 1959 ई. में डी. एच भारत लौटा किन्तु अंग्रेजी सेनापति आयर कूट ने बुसी को वांडेवास के युद्ध में हराकर बंदी बना लिया। जनवरी 1761 ई. मे लैली ने पाँडीचेरी में आत्मसमर्पण कर दिया। उसे बंदी बना पहले इंग्लैण्ड फिर फ्रांस भेजा गया। 1766 ई. में उसे मृत्यु दण्ड दिया गया।

1763 ई. में पेरिस की संधि द्वारा यूरोप में युद्ध समाप्त होने के बाद भारत में संघर्ष का अन्त हो गया। उस संधि के अनुसार पाँडीचेरी व चंद्रनगर फ्रांसीसीयों को लौटा दिये गये। फ्रांसीसियों ने वायदा किया कि वे इन बस्तियों की किलेबन्दी नहीं करेंगे। दक्षिण में उनके सैनिकों की संख्या कम कर दी गई। जैसा कि पहले संकेत दिया गया है 1783 ई. के पश्चात् फ्रांसीसी संगठित रूप से भारत अंग्रेजी शक्ति के विस्तार का विरोध नही कर सके। वे देशी राज्यों के यहाँ सेनापति, प्रशिक्षण व सलाहकार के पदों पर काम करते रहे। वेलजली ने सहायक संधियों द्वारा ऐसे

फ्रांसिसियों को पदों से हटवा दिया।

अंग्रेजों की सफलता के कारण-

यूरोपियन शक्तियों, विशेषकर फ्रांसीसियों के विरुद्ध अंग्रेजों की सफलता के निम्नांकित कारण थे-

1. आर्थिक स्थिति- अंग्रेज कम्पनी की आर्थिक फ्रांसीसी कम्पनी की प्रार्थना स्थिति के मुकाबले मे सदैव अच्छी रही। सरकारी कम्पनी होने के कारण फ्रांसीसी द्वारा कमाया गया मुनाफा अन्य मदों में खर्च हो जाता था जब कि अंग्रेज ईस्ट इण्डिया कम्पनी की व्यापारिक कमाई का लाभ उसके भागीदारों को मिलता था। अंग्रेज कम्पनी के अधिकारियों द्वारा युद्ध के समय भी व्यापार पर ध्यान दिया जाता था। फ्रांसीसी अधिकारी ऐसे समय में व्यापार की उपेक्षा करते थे। वे समय पर सैनिकों को वेतन भी नहीं दे सके। 1757 ई. में बंगाल सूबे में अंग्रेजों का प्रभुत्व स्थापित हो जाने से उनकी कम्पनी की आर्थिक दशा सुधरी तथा उन्होंने बंगाल से धन भेजा। राबर्टस के मत मे पर्याप्त धन की व्यवस्था किये बिना डूप्ले द्वारा भारत में फ्रंासीसियों को राजनीतिक सत्ता बनाना एक मूल भूल थी।

2. कम्पनियों के संचालन के भेद- अंग्रेजी कम्पनी के मामले में सरकार हस्तक्षेप नहीं करती थी। किन्तु फ्रांसीसी कम्पनी एक सरकारी संस्था थी, अतएव वहाँ की सरकार एक ओर इसके मामले में अनावश्यक हस्तक्षेप करती थी तो दूसरी ओर इसको समय पड़ने पर पूर्ण सहायता नहीं देती थी। वह भारत मे कार्य करने वाले फ्रंासीसी अधिकारियों के साथ भी अच्छा व्यवहार नहीं करती थी। डूप्ले व लैली के साथ किया गया व्यवहार इसके उदाहरण हैं।

3. फ्रांसीसी सरकार की अन्य नीतियाँ- फ्रांस की सरकार ने भारत की अपेक्षा अमेरिका व कनाडा में उपनिवेशों की स्थापना को अधिक महत्त्व दिया। इसके अतिरिक्त उसका लक्ष्य यूरोप की राजनीति मे अपना प्रभाव जमाना था। इस लक्ष्य की पूर्ति के लिये लुई चौदहवें के समय में फ्रांस लगातार युद्धों में सलंग्न रहा। सप्तवर्षीय युद्ध में अंग्रेजों की यूरोप में विजय ने भारत में भी इनके भाग्य का निर्णय कर दिया।

4. अंग्रेजी नौ-सैना की श्रेष्ठता-इस समय विश्व में अंग्रेजों की नौ सैनिक शक्ति का मुकाबला कोई भी राष्ट्र नहीं कर सकता था। विश्व के ओर भागों की तरह भारत में भी अंग्रेजों की सफलता का यह एक महत्त्वपूर्ण कारण था। डूप्ले की प्रारम्भिक सफलताओं का अन्त इंग्लैंड में एक जहाजी बेड़े के भारत आने के साथ ही हो गया। डी एच को दो बार समुद्री युद्ध में अंग्रेजों ने हराया। फ्रांस से आने वाले जहाजों को इंग्लैण्ड मार्ग मे रोक सकता था। बंगाल व बम्बई से भी अंग्रेजों ने दक्षिण में अपने अधिकारियों को निरंतर सहायता पहुँचाई। आल्फेड लायल के मत फ्रांसीसी जल सेना की दुर्बलता ने उसके जहाजों के साथ भारत में उसके साम्राज्य को भी डुबो दिया। डाडवेल ने भी अंग्रेजी नौ सेना की श्रेष्ठता को इनकी सफलता का मुख्य कारण माना है।

5. अंग्रेजों के पास भारत में सुरक्षित आधारों का होना-उनके पास बम्बई, कलकत्ता व मद्रास के बन्दगाह थे, किन्तु फ्रांसीसियों के पास केवल पांडीचेरी का बन्दरगाह था। विंसेंट स्मिथ के अनुसार पांडीचेरी को आधार बनाकर एक ऐसी शक्ति से युद्ध करने में, जिसके पास बंगाल तथा सामुद्रिक शक्ति थे, सिकन्दर महान एवं नेपोलियन भी भारत में साम्राज्य स्थापित करने में सफल नहीं हो सकते थे।

6. अंग्रेज अधिकारियों की योग्यता व एकता–अंग्रेज अधिकारियों मे पारस्परिक सहयोग की भावना थी। 1757 ई. में बंगाल में अंग्रेजी अधिकारियों की सहायता के लिये क्लाइव को मद्रास से भेजा गया। क्लाइव, लारेंस तथा आयर कूट ने योग्यता के साथ फ्रांसीसियों का मुकाबला किया। यद्यपि डूप्ले और बोर्दानिया योग्य थे किन्तु उनमें सहयोग की भावना नहीं थी।

7. फ्रांसीसी अधिकारियों के मतभेद– डूप्ले तथा बोर्दानिया, लैली तथा बुसी और लैली तथा एच डी ने सहयोग से काम नहीं किया। डूप्ले व लैली उग्र स्वभाव के थे तथा अपने अधिकारियों से सलाह नहीं लेते थे। बोर्दानिया ने डूप्ले की सलाह लेने के पहले ही अंग्रेजों को मद्रास लौटा दिया। लैली ने बुसी की इच्छा के विरुद्ध उसे हैदराबाद से बुला लिया। इसके फलस्वरूप निजाम अंग्रेजों के प्रभाव में चला गया।

इस संघर्ष में अंग्रेजी कम्पनी की सहायता का श्रेय व्यक्तिगत भूलों अथवा योग्यता को न देकर दोनों कम्पनियों की कार्य प्रणाली, आर्थिक स्थिति, इंग्लैंड की समुद्री शक्ति तथा यूरोप में तत्कालीन परस्थितियों को देना चाहिये। लायेल के अनुसार फ्रांसीसियों की हार का मूल कारण उनका दुर्भाग्य अथवा योग्यता की कमी नहीं था अपितु परिस्थितियों का सामूहिक सहयोग था।

8. अंग्रेजों द्वारा अनियमित व्यापार–इस विषय पर अंग्रेजों की स्वार्थपूर्ण नीति ने दोनों के मध्य संघर्ष को अनिवार्य कर दिया। कई बार मीर कासिम ने वेन्सीटार्ट से अपील की कि अंग्रेज अधिकारी ऐसा न करें किन्तु कलकत्ता कौंसिल के अधिकांश सदस्य अपनी जिद पर अड़े रहे। विवश होकर मीर कासिम ने सभी व्यापार को कर मुक्त कर दिया। वेन्सीटार्ट और कलकत्ता कौंसिल के सदस्य वारेन हेस्टिंग्ज ने अन्य सदस्यों को समझाने का असफल प्रयत्न किया। कौंसिल के सदस्यों ने बहुमत से यह निश्चय किया कि नवाब इस आदेश को वापस लें। नवाब ने ऐसा करने से इनकार किया। इस पर दोनों तरफ से युद्ध की तैयारियाँ होने लगीं।

9. अंग्रेजी झंडे का बढ़ता हुआ प्रयोग–अंग्रेजों ने अपने स्वार्थ के लिये ईस्ट इंडिया कंपनी के झंडे का बढ़ता हुआ प्रयोग किया। वारेन हेस्टिंग्ज ले लिखा कि अंग्रेजों का झंडा हर जगह हर गाँव में फहराया जाता है और यह जनता को बुरा लगता है।

10. ऐलिस की कार्यवाही–पटना की अंग्रेजी फैक्ट्री के प्रमुख एलिस ने नवाब के कार्यों में बाधा डालनी आरम्भ की। इससे नबाव रूष्ठ हो गया। उसने एक अंग्रेज अधिकारी को गिरफ्तार कर लिया। इसके प्रत्युत्तर में एलिस ने पटना पर आक्रमण करके उसे लूट लिया। इस घटना से युद्ध आरम्भ हो गया।

घटनाएँ–जुलाई, 1763 ईसवी में मेजर एडम्स ने मीर कासिम को कटवा में हराया। इसके बाद तीन अन्य स्थानों पर भी अलग–अलग युद्ध में हार कर मीर कासिम पटना पहुँचा। पटना पर अधिकार करके उसने राम नारायण को फाँसी दी। अक्टूबर में उसने एक यूरोपियन सैनिक अधिकारी समरू ने कुछ अंग्रेजों का कत्ल करवा दिया। पटना पर अंग्रेजों का पुनः अधिकार होने के पहले मीर कासिम इलाहाबाद चला गया। इलाहाबाद में मुगल सम्राट शाह आलम द्वितीय तथा अवध के नवाब शुजाऊद्दौला ने उसे सहायता देने का वचन दिया। 22 अक्टूबर 1764 ईसवी को अंग्रेज सेनापति हेक्टर मुनरो ने बक्सर के यंद्ध तीनों की सम्मिलित सेनाओं को परास्त किया। जनवरी एवं अप्रेल 1765 ईसवी में शुजाऊद्दौला क्रमशः बनारस व कड़ा के निकट परास्त हुआ। मीर कासिम देहली चला गया, जहाँ 1772 ईसवीं मे उसकी मृत्यु हो गई।

बक्सर के युद्ध का महत्त्व:

प्लासी का युद्ध पूर्ण रूप से निर्णायक युद्ध नहीं था। इसने बंगाल के वास्तविक शासक के बारे में अन्तिम निर्णय नहीं किया था किन्तु बक्सर ने अंग्रेजों को बंगाल का वास्तविक शासक बना दिया। यह दूसरी बात है कि क्लाइव ने दोहरा शासन स्थापित करके इस तथ्य को छुपाने का प्रयत्न किया।

सैनिक दृष्टि से भी बक्सर के युद्ध ने यह सिद्ध कर दिया कि उसकी सैनिक शक्ति भारतीयों से कहीं अधिक है।

प्लासी की विजय से अंग्रेजों का नियन्त्रण केवल बंगाल सूबे पर ही स्थापित हुआ था, अब अवध भी उनके संरक्षण में आ गया। मुगल सम्राट ने भी उनका संरक्षण स्वीकार किया।

बंगाल के बाद अवध के भी ब्रिटिश नियन्त्रण में आने साम्राज्य विस्तार का कार्य अंग्रेजों के लिये सरल हो गया। अवध में भी ब्रिटिश सेना रखी गई तथा बंगाल व मराठों के मध्य को एक सुरक्षा प्रकोष्ट के रूप में काम लाया गया।

यद्यपि प्लासी ने ईस्ट इण्डिया कम्पनी को एक राजनीतिक सत्ता बना दिया था, किन्तु बक्सर ने उसे भारत की एक प्रमुख राजनीतिक सत्ता के रूप में स्थापित किया। अंग्रेजों ने शाह आलम व शुजाऊद्दौला से संधियों अपनी शर्तों पर की।

कम्पनी ने इलाहाबाद की संधि द्वारा मुगल सम्राट से बंगाल की दीवानी प्राप्त कर बंगाल में अपने आधिपत्य को वैधानिक रूप दिया।

रेम्जे म्यूर के मत में बक्सर ने प्लासी के अधूरे कार्य को पूरा किया। उसने भारत में अंग्रेजी साम्राज्य की स्थापना की कीलें जड़ दीं। यदि प्लासी ने बंगाल में अंग्रेजी प्रभाव की स्थापना की तो बक्सर ने उसे सुदृढ़ किया तथा अवध तक उसका विस्तार किया।

बंगाल में दोहरा शासन प्रबन्ध (1765-1767 ईसवीं):

1764 ईसवी में मीर कासिम के साथ संघर्ष छिड़ने, कम्पनी के अधिकारियों के भ्रष्टाचार तथा बंगाल की बिगड़ती हुई स्थिति के समाचारों से चिन्तित होकर कम्पनी के संचालकों ने क्लाईव को विशेषाधिकार देकर भारत भेजा। उसे आदेश दिये गये कि वह भ्रष्टाचार समाप्त करे तथा बंगाल की स्थिति सुधारे। 1765 ईसवीं में क्लाइव के भारत आगमन के समय तक अंग्रेज बक्सर के युद्ध में विजय प्राप्त कर चुके थे। उन्होंने मीर कासिम के स्थान पर मीर जाफर को पुनः नवाब बनाया तथा उसके देहावसान पर उसे अल्पव्यस्क पुत्र नजमुद्दौला को गद्दी पर बिठाया। दोनों ही अवसरों पर अंग्रेज अधिकारियों ने उपहार के रूप में भारी रकम ली। अंग्रेजों ने शाह आलम को देहली तक जाने में सहायता का वचन दिया था। अतएव क्लाइव को इस सम्बन्ध में भी निर्णय करना था तथा अवध से भी उसे समझौता करना था।

क्लाइव की विदेश नीति:

क्लाइव ने नजमुद्दौला के साथ समझौता कर के उसकी पेशन तिरेपन लाख रू. सालाना निश्चित कर दी। बाद में यह घटाकर इकतालीस लाख और वारेन हेस्टिंग्ज के समय में बत्तीस लाख कर दी गई। शाह आलम द्वितीय से इलाहाबाद की संधि में अंग्रेजों ने बंगाल की दीवानी के

अधिकार प्राप्त कर नवाब के पास केवल निजामत का कार्य ही रहने दिया। सैनिक शक्ति कम्पनी के हाथ में रही।

यद्यपि वह अवध को ब्रिटिश साम्राज्य में मिला सकता था किन्तु विदेशी शक्तियों, मराठों एवं अन्य भारतीयों शक्तियों के विरोध की सम्भावनाओं को देख कर, इंगलैण्ड की लोक सभा तथा जनता के हस्तक्षेप से बचने के लिए उसने ऐसा नहीं किया। इसके अतिरिक्त उस समय अंग्रेजों के पास प्रशासनिक अधिकारियों की कमी थी।

अबध से संधि-

1765 ईसवीं में इलाहाबाद की संधि के अनुसार उसने अवध की सुरक्षा का भार कम्पनी पर डाल दिया। अवध के नवाब ने बाह्य खतरों से सुरक्षा के लिये भेजी गई अंग्रेजी सेना का व्यय वहन स्वीकार किया। अवध के कड़ा व इलाहाबाद के जिले कम्पनी ने लिये तथा उन्हें शाह आलम को सौंप दिये। शुजाऊद्दौला ने बनारस व गाजीपुर को बलतंज सिंह की जागीर माना। उसने पचास लाख रुपये क्षति पूर्त्ति देना भी स्वीकार किया। अवध को अंग्रेजी साम्राज्य में मिलाया जाता जो उसकी सीमाएँ मराठा प्रदेशों से मिल जातीं। फलस्वरूप उस पर मराठों का आक्रमण हो सकता था। ए.एम. डेविस ने इस नीति की आलोचना की। उसके मत में 1765 ईसवी के बाद अंग्रेजों को सदैव अवध की सुरक्षा का प्रबन्ध करना पड़ा। इसके लिये उन्हें समय-समय पर अवध के आन्तरिक मामलों में हस्तक्षेप करना पड़ा। उनके हस्तक्षेप के कारण अवध के नवाब प्रशासनिक जिम्मेदारियों के प्रति अपने दायित्व को न निभा सके। किन्तु रेम्जे म्यूर के मत में अवध के साथ घनिष्ठ सम्बन्ध बनाये रखने की नीति के कारण ही मराठे उस पर आक्रमण नहीं कर सके। डाडवेल ने भी इस नीति की प्रशंसा की है।

शाह आलम से संधिः

अगस्त 1765 ईसवीं में क्लाइव ने शाह आलम से इलाहाबाद में एक पृथक संधि की। उसने शाह आलम को देहली जाने तक सहायता न देने का निश्चय किया क्योंकि ऐसा करने से उसे उन सब कठिनाईयों का सामना करना पड़ता, जिनकी कि अवध को ब्रिटिश साम्राज्य में मिलाने की स्थिति में अंग्रेजों के सामने उपस्थित होने की सम्भावनाएँ थी। इस संधि के द्वारा मुगल सम्राट ने अंग्रेजों को बंगाल सूबे की दीवानी प्रदान की। कम्पनी ने सम्राट को छब्बीस लाख रुपया प्रति वर्ष देना स्वीकार किया। कड़ा व इलाहाबाद के जिले सम्राट के अंग्रेजों को बंगाल सूबे की दीवानी प्रदान की। कम्पनी के कुछ अधिकारियों ने मुगल सम्राट को, जिसकी शक्ति कुछ भी नहीं थी तथा जो पहले के सम्राटों की परछाई मात्र था, दो जिले तथा छब्बीस लाख रुपये वार्षिक कर देने की शर्तों की आलोचना की। किन्तु सिल्विया के मत में शाह आलम को दिये गये वचनों को भंग कर के क्लाइव ने अंग्रेजों को एक ऐसी स्थिति से बचाया जिसमें उनका भारतीय राजनीति के संघर्ष में उलझना अवश्यंभावी था। डाडवेल ने, यह मत प्रकट किया है कि तत्कालीन परिस्थितियों को देखते हुए यह एक सही निर्णय था उस समय भारत की सभी राजनीतिक शक्तियाँ मुगल सम्राट की वैधानिक सत्ता को मानते थे। अतएव क्लाइव ने बंगाल में अंग्रेजी सत्ता को वैधानिक मान्यता दिलाकर उचित ही किया। इसके अतिरिक्त शाह आलम को नितान्त असहाय अवस्था में छोड़ने की स्थिति में उसका मराठों के आश्रय में जाने की सम्भावना थी। नन्द लाल चटर्जी ने

बंगाल सूबे की दीवानी के अधिकार प्राप्त करने को उस प्रशासनिक व्यवस्था की आधार-शिला माना है जो कि अंग्रेजों के शासन काल में भारत में विकसित हुई।

द्वैध शासनः

अनुभवी अधिकारियों की कमी के कारण तथा स्थिति छुपाने के लिये क्लाइव ने दीवानी का कार्य करने के लिये दो नायब दीवान नियक्त किये। बंगाल में मुहम्मद रजा और बिहार में सिताब राय को इस पद नियुक्त किया गया। उनके माध्यम से अंग्रेजों ने भूमि कर वसूल करने की जिम्मेदारी ठेकेदारों पर डाल दी। हर वर्ष के लिये राजस्व की नीलामी का ठेका दिया जाता था। इससे कम्पनी को राजस्व की निश्चित रकम प्राप्त होने लगी किन्तु ठेकेदारों ने कृषकों से मनमाना धन वसूल किया। प्रत्येक वर्ष पहले से अधिक रकम की बोली लगान की दर बढ़ती गई। 1765 ईसवीं मे बंगाल सूबे का राजस्व अस्सी लाख था। 1766-1767 ईसवी में यह बढ़ कर दो करोड़ पच्चीस लाख के लगभग हो गया। फलस्वरूप अनेक कृषकों ने खेती छोड़ दी। 1770 ईसवी में बंगाल में भीषण अकाल पड़ा

कम्पनी की नीति के कारण बंगाल के जुलाहों को अर्थिक क्षति पहुँची। कम्पनी के गुमाश्ते उन्हें उनके माल की कम कीमत देते थे। अनेक जुलाहों ने अपना कार्य छोड़ दिया। 1769 ईसवी में, बेचर नामक एक अंग्रेज़ अधिकारी ने स्वीकार किया कि कम्पनी की नीतियों के कारण बंगाल का सुन्दर प्रवेश, जो स्वेच्छाचारी शासन में भी सम्पन्न था, वर्बादी की ओर बढ़ रहा है।

द्वैध शासन के अन्तर्गत कम्पनी के अधिकारी की शक्ति का दुरुपयोग कर अपने निजी व्यापार में वृद्धि की तथा भ्रष्टाचार में लिप्त रहे। इससे कम्पनी की आर्थिक स्थिति पर प्रतिकूल प्रभाव पड़ा। क्लाइव ने स्वयं यह माना कि अंग्रेजों ने अनेक भारतीय व्यापारियों रोजी रोटी छीन ली है। इंग्लैंड की संसद में कार्नवालिस ने कहा कि बंगाल में अंग्रेजों जैसी भ्रष्ट,विश्वासघाती और लोभी सरकार अन्यत्र देखने को नहीं मिलती।

इस व्यवस्था के अन्तर्गत नवाब को शांति बनाये रखने, फौजदारी मुकदमों का निर्णय करने तथा कारागृहों की देख-रेख करनी पड़ती थी। सैनिक शक्ति न होने के कारण उसे काफी कठिनाईयों को सामना करना पड़ा। उसके कोष में धन का अभाव भी था। इसलिये वह राज्य की पुलिस और न्यायाधीशों को समय पर तथा पूर्ण वेतन नहीं दे सका। फलस्वरूप भ्रष्टाचार बढ़ता गया। न्यायाधीश व अन्य अधिकारी अपराधियों व कैदियों से रिश्वत लेने लगे। इसका प्रतिकूल प्रभाव राज्य की शांति व सुव्यवस्था पर पड़ा। दीवानी मामलों के निबटारे के लिये प्रजा को कलकत्ता जाना पड़ता था। कभी-कभी कम्पनी के अधिकारी अंग्रेजी कानून से इनका न्याय करते थे। अतएव कानून की व्यवस्था की दशा एक गिरगिट के समान हो गई जो रंग बदलती रहती थी।

डाडवेल के मत में द्वैत शासन व्यवस्था उत्तरदायित्व व अधिकारों के बीच एक तलाक था। नवाब के पास अधिकार नहीं था तथा कम्पनी के पास शासन का उत्तरदायित्व नहीं था। कम्पनी वास्तविक और नवाब नाम मात्र का शासक था। क्लाइव ने लिखा कि हमने तत्कालीन परिस्थितियों मे जान बूझकर इस परछाई को सम्मान दिया है। नन्दलाल चटर्जी के मत में नवाब केवल एक रबर की मुहर था। क्लाइव ने इस बात की चिन्ता नहीं की कि सत्ता के विभाजन का परिणाम अराजकता होता है। नन्द लाल चटर्जी का यह कथन सही कि उसके द्वारा स्थापित द्वैध शासन तर्क संगत न होने के साथ अव्यवहारिक भी था। क्लाइव ने बंगाल में अपनी स्थिति को छुपाने

के लिये एक एक कुटिल चाल चली। लॉरेंस के मत में इस व्यवस्था का लाभ उठाकर कम्पनी के अधिकारियों ने जल्दी से जल्दी लूट खसोट कर भारत से दस या बीस लाख रुपया लेकर स्वदेश लौटने का उद्देश्य अपने सामने रखा। उन्होंने एक ओर बंगाल की प्रशासनिक व्यवस्था को प्रभावहीन बनाया तथा बंगाल को विनाश की ओर अग्रसर किया तो दूसरी ओर कम्पनी के आर्थिक हितों को भी क्षति पहुँचाई। नन्द लाल चटर्जी का यह कथन उपयुक्त है कि द्वैध व्यवस्था बंगाल के विनाश का स्तम्भ थी।

कम्पनी की प्रशासनिक व्यवस्था में क्लाइव द्वारा किये गये सुधार (1765-67 ईसवी):

1765 ईसवी में भारत आने पर क्लाइव ने संचालकों को लिखा कि कलकत्ता में भ्रष्टाचार, विलासिता और सिद्धान्तहीनता के विचार कर्मचारियों के मस्तिष्कों पर छाये हुए है। उसने कम्पनी के कर्मचारियों की शीघ्रता के साथ धनवान होने की प्रवृति की निन्दा की। वास्तव में अराजकता, अनिश्चिता, रिश्वत और भ्रष्टाचार का ऐसा दृश्य बंगाल के अतिरिक्त अन्यत्र कहीं न देखा गया अथवा सुना गया। क्लाइव के अनुसार इस प्रदेश मे अंग्रेजों का नाम बहुत अधिक बदनाम हो गया था। लेकिन क्लाइव यह भूल गया कि उसने स्वयं मीर जाफर से उपहार लेकर यह प्रथा प्रारम्भ की थी। 1772 ईसवी में इंग्लैण्ड के संसद की सिलेक्ट सिक्रेट कमेटी ने अपने प्रतिवेदन में इस मामले में क्लाइव की निन्दा की थी। क्लाइव के इंग्लैंड जाने के बाद भी कम्पनी के अधिकारियों ने कम्पनी के आर्थिक हितों की चिन्ता न करते हुए नवाब व उसके अधिकारियों के से काफी धन वसूल किया था। उनके निजी व्यापार ने कम्पनी के व्यापार को हानि पहुँचाई थी। अतएव 1765 ईसवी में क्लाइव के लिए कम्पनी के अधिकारियों के भ्रष्टाचार और निजी व्यापार को रोकना आवश्यक था। ऐसा केवल सख्ती के साथ पेश किया जा सकता था क्योंकि लगभग सभी अधिकारी अपने निजी स्वार्थो के कारण इसका प्रबल विरोध करने के लिये तैयार थे। क्लाइव इस परिस्थिति को जानता था। इसलिये उसने लिखा कि मुझे हरक्यूलिस के समान 'आजियन स्टेबल' को साफ करना है।

सबसे पहले क्लाइव के कम्पनी के प्रत्येक कर्मचारी से प्रतिज्ञा पत्र पर हस्ताक्षर करवाये। इसके अनुसार उन्होंने वचन दिया कि वे भविष्य में रिश्वत और भेंट नहीं लेंगे। इसका विरोध कम्पनी के संचालक मण्डल के कुछ सदस्यों ने किया। इसमें जानस्टन प्रमुख था। लेकिन क्लाइव का यह कदम सफल नहीं हुआ। डेविस के अनुसार स्वयं क्लाइव आलम से दो लाख रुपये पुरस्कार के रूप में लिये। क्लाइव ने इंग्लैण्ड में अपने गुमाश्ते द्वारा कम्पनी के हिस्से खरीदे क्योंकि उसे कम्पनी की आमदनी बढ़ने व अधिक लाभांश वितरित होने की आशा थी। थाम्पसन व गैरेट के मत में क्लाइव ने उच्च अधिकारियों द्वारा अनुचित रूप से धन कमाने पर रोक नहीं लगाई। उसका आदेश केवल अन्य कर्मचारियों पर लागू किया गया। उसने मत प्रकट किया कि कम्पनी के एक सैनिक अधिकार के पास कर्नल बनने के पहले इतना धन नहीं होना चाहिए कि वह शान के साथ रह सके, किन्तु कर्नल बनते ही उसका धनी होना जरूरी है।

उसने निजी व्यापार पर प्रतिबन्ध लगाया। इससे कम्पनी के वरिष्ठ कर्मचारियों को होने वाली हानि आंशिक पूर्ति के लिये उसने एक व्यापारिक संस्था सोसाइटी ऑफ ट्रेड खोली। इसे नमक, तम्बाकू व सूपारी के निःशुल्क व्यापार का एकाधिकार दिया गया। इसका लाभ वरिष्ठ अधिकारियों के हितों की चिन्ता थी। 1768 ईसवी में इस संस्था को बंद कर दिया गया।

अंग्रेजी सेना को कलकत्ता कौंसिल के प्रभावशाली नियन्त्रण में लाने के लिये क्लाइव ने उसे तीन ब्रिगेडों में विभक्त किया। इनका मुख्यालय मुंगेर, बांकीपुर व पटना में रखा गया। प्रत्येक ब्रिगेड में यूरोपियन पैदल फौज, एक तोपखाना व देशी घुड़सवार दस्ता रखा गया।

कम्पनी के व्यय में कमी करने के लिए उसने सैनिकों को दोहरे भत्ते की अदायगी समाप्त की। इसके अनुसार कम्पनी के सैनिकों को अपनी मुख्य छावनी से दूसरे स्थान पर जाने पर अतिरिक्त भत्ता दिया जाता था। यह भत्ता उस देशी शासक से वसूल किया जाता था, जिसकी सहायता के लिये सैनिक दस्ता भेजा जाता था। अब उसने बंगाल सूबे से बाहर जाने वाले सैनिकों को ही दो गुना भत्ता देने की अनुमति दी। उसके इस आदेश का कड़ा विरोध हुआ। कम्पनी के तीनों ब्रिगेडियर, फ्लेचर, स्मिथ तथा बाकर ने विरोध पत्र लिखे। फ्लेचर के नेतृत्व में विद्रोह भी हुआ। लेकिन मद्रास से आये सैनिक दस्ते की सहायता से इसे दबा दिया गया।

कम्पनी के अवकाश प्राप्त अपाहिज सैनिकों की सहायता के लिय क्लाइव ने एक कोष स्थापित किया जिसे क्लाइव कोष कहते हैं। इसके लिये क्लाइव ने मीर जाफर से उपहार के रूप में प्राप्त पाँच लाख रुपया दिया।

क्लाइव की उपलब्धियाँ:

1740 ईसवी में सत्रह वर्ष की आयु में क्लाइव एक बाबू के पद पर कार्य करने मद्रास आया था। लेकिन उसने अपनी प्रतिभा व योग्यता के आधार पर असाधारण सफलताएँ प्राप्त की। यहाँ तक कि भारत में ब्रिटिश साम्राज्य का संस्थापक होने का श्रेय उसे मिला। सर्व प्रथम उसने अर्काट के घेरे का सुझाव देकर तथा उसका सफलतापूर्वक नेतृत्व कर एक कुशल, निडर तथा साहसी सेनापति होने का प्रमाण दिया। वस्तुत: उसने कर्नाटक युद्ध का पासा ही पलट दिया। उसकी दूसरी सफलता बंगाल में सिराजुद्दौला को हराना था।

❑❑❑

7

राष्ट्रीय आंदोलन

राष्ट्रीयता सरल शब्दों में उस भावना को कहते हैं जो एक जनसमूह मे परस्पर एकता तथा अन्य जन-समूहों से पृथकता के रूप मे पाई जाती है। इस एकता को प्रोत्साहन देने वाले ब्राह्य लक्षण धार्मिक, सांस्कृतिक, जातीय, भाषाई, भौगोलिक, राजनीतिक एकता अथवा इनमें कोई एक या एक से अधिक हो सकते हैं। लेकिन उस जन-समूह में उस इकाई अर्थात् कल्पना के दो आधार रहे हैं- पश्चिमी प्रतिमान के अनुसार अथवा भारतीय सांस्कृतिक एकता के आधार पर। पश्चिमी प्रतिमान के मौलिक आधार राजनीतिक एकता था, जो 19वीं सदी में पूर्ण रूप से स्थापित हुई। भारत में एकता के आधारों-भाषा, जाति,धर्म- का अभाव दिखाई पड़ा इसलिए राष्ट्रीयता को भौगोलिक और राजनीतिक आधारों पर स्थापित किया। इस आधार पर भारतीय नेता अंग्रेजी साम्राज्य के प्रति आभारी रहे तथा उसके गुणगान करने और राजनीतिक सुविधाएँ माँगने तक सीमित रहे। राष्ट्रीयता का दूसरा प्रतिमान भारतीय सांस्कृतिक एकता और प्राचीन भारतीय संस्कृति, धर्म तथा उपलब्धियों के आधार पर था। 19वीं सदी में प्राचीन भारतीय संस्कृति, धर्म तथा इतिहास का पुन: अध्ययन आरम्भ हुआ। बहुत से विद्वानों तथा विचारकों ने एकता की प्रेरणा भारतीय साहित्य, धर्म तथा पुरानी महानता से ली। अंग्रेजी साम्राज्य के प्रति उनका विनीत और विनम्र दृष्टिकोण नही था जैसा पश्चिमी प्रतिमान पर राष्ट्रीयता की कल्पना करने वाले का था। राजनीतिक एकता के आधार पर राष्ट्रीयता का प्रतिमान भारतीय विचारकों को अंग्रेजी साम्राज्य के प्रति ऋणी भाव से भर देता था। जबकि सांस्कृतिक आधार पर राष्ट्रीय एकता की कल्पना उन्हें भारतीय गौरव से ओत-प्रोत करती थी।

सामान्यत: राजनीतिक अधिकारों की चेतना और राष्ट्रीयता की भावना के विकास को पर्यायवाची समझा जाता है लेकिन वास्तव में ऐसा नहीं है। विभिन्न उपनिवेशों में अथवा अधीन राज्यों में राष्ट्रीय आन्दोलन हुए है लेकिन वे आवश्यक रूप से राजनीतिक सुविधाओं और अधिकारों तक सीमित नहीं रहे हैं। राजनीतिक अधिकारों के आंदोलन भी राष्ट्रीय बन सकते है यदि वह आंदोलन समस्त देशवासियों को प्रेरित तथा प्रभावित कर सकें। राजनीतिक अधिकार के संबंध मे यह प्रश्न महत्त्वपूर्ण है कि उन्हें किस प्रकार प्राप्त किया गया? माँगकर, कृपापात्र बनकर, अपनी राज्य भक्ति का आश्वासन देकर अथवा अपने राष्ट्रीय अधिकार के रूप में प्रस्तुत

करके। स्वराज्य शब्द का प्रयोग दोनों ही प्रकार के विचारकों ने किया है। लेकिन इसका अर्थ दोनों में भिन्न दिखाई पड़ता है। सामान्यतः एकता से प्रेरित राष्ट्रीयता के समर्थक स्वराज्य की माँग राष्ट्रीय अधिकार की प्राप्ति के लिए करते थे। जबकि भौगोलिक राजनीतिक एकता से प्रेरित विचारक इसका अर्थ अंग्रेज सरकार से केवल कुछ ऐसी सुविधाएँ समझते थे जिनसे प्रशासन से संबद्ध होने का अधिकार प्राप्त हो जाए। इंडियन नेशनल कांग्रेस के अधिकांश नेता 1916 ई. तक प्रायः राष्ट्रीय अधिकार की बात नहीं करते। कुछ नेताओं के चिंतन में 19वीं सदी में राष्ट्रीय अधिकार की कल्पना पाई जाती है जो राष्ट्रीय आंदोलन का सूत्रपात कर सकती थी। ऐसे नेता कांग्रेस के वार्षिक अधिवेशनों में भी भाग लेते थे। लेकिन उनकी आवाज अल्पमत होती थी जब उनका मत कुछ प्रभावशाली हुआ तब उन्हें कांग्रेस से बाहर आना पड़ा और कुछ वर्षों पश्चात् जब उनका पलड़ा भारी हुआ तब राजनीतिक सुविधाओं के समर्थक विचारकों को कांग्रेस से बाहर जाना पड़ा। इंडियन नेशनल कांग्रेस का रूप बदलता रहा है। आरंभ में यह केवल राजनीतिक अधिकारों अथवा सुविधाओं की माँग प्रस्तुत करने वाली संस्था थी।

राष्ट्रीयता में सहायक तत्त्व

राष्ट्रीयता की परिभाषा से ही स्पष्ट हो जाता है कि इस विकास में वे तत्त्व सहायक हुए जिन्होंने भारतीय एकता की भावना को प्रोत्साहन दिया। राजनीतिक जागरण को देशव्यापी बनाने के लिए सहायक तत्त्वों के अतिरिक्त (जिनका पिछले अध्याय में वर्णन किया है) निम्नलिखित उल्लेखनीय है-

1. धर्म सुधार आंदोलन-19वीं सदी में बंगाल, महाराष्ट और उत्तरी भारत में विभिन्न धर्म सुधार आन्दोलन हुए इनमें से कुछ आंदोलन तो अंग्रेजीकरण और ईसाई मत की ओर आकर्षित होने की रोकथाम के लिए हुए। कुछ अन्य आंदोलन उस प्रहार के प्रति उत्तर में हुए जिसका अभिप्राय भारतीय सांस्कृतिक अथवा धार्मिक व्यक्तित्व को समाप्त करना था। कुछ अन्य आन्दोलन उस सामान्य सुधार परम्परा के प्रतीक थे जो भारतीय समाज मे समय-समय पर होते रहे हैं। ब्रह्म समाज प्रथम प्रकार का आंदोलन था। आर्य समाज और रामकृष्ण मिशन दूसरी प्रकार के आंदोलन तीसरी प्रकार के थे और महाराष्ट्र में हुए 18वीं-19वीं सदी के धर्म तथा समाज सुधार आंदोलन थे[1] इन तीनों प्रकार के आंदोलनों का वर्णन करेंगे। बंगाल में अंग्रेजीकरण और ईसाई धर्म की ओर आकर्षित होने की भावना को कम करने में ब्रह्म समाज कुछ सफल रही लेकिन यह केवल बंगाल में अंग्रेज पढ़े लिखे व्यक्तियों तक ही सीमित रहा। आर्यसमाज ने भारतीय परंपरा और महान् भारत की कल्पना को अत्यधिक प्रोत्साहित दिया। स्वामी विवेकानंद ने पश्चिमी देशों की अपेक्षा भारत में अध्यात्मिक ज्ञान अधिक विकसित बताया और यह बात अमरीका और यूरोप के अन्य देशों में कहीं। आर्य समाज ने वेदों को समस्त ज्ञान का भंडार बताकर भारत का मस्तिष्क ऊंचा किया। इन दोनों सुधार आंदोलनों का परिणाम भारतीय होने में गौरव पैदा करना हुआ। 18वी-19वीं सदी में हुए महाराष्ट्र में विभिन्न आदोंलनों का ही परिणाम था कि महाराष्ट्र में सामाजिक और धार्मिक प्रश्नों पर ईसाई धर्म और पश्चिम के प्रति आकर्षक बंगाल की भांति नहीं हुआ। महाराष्ट्र में सामाजिक ढ़ाचा अधिक व्यवस्थित था। सरदार गोपाल हरी देशमुख लोकहितवादी तथा ज्योतिबा फुले जैसे सुधारकों ने समाज सुधार हिंदू समाज में दलित वर्गों के उत्थान के लिए अंग्रेजी साम्राज्य का स्वागत किया किन्तु विष्णु कृष्ण चिपलंकर, वसुदेव फड़के

जैसे सुधारकों ने ईसाई मिशनरियों तथा अंग्रेज शासकों की आलोचना की तथा समाज में दोषों की अपेक्षा विदेशी नियंत्रण को अधिक आपत्तिजनक बताया। इन धर्म सुधार आंदोलनों ने हिंदुओं में आत्मविश्वास तथा अपनी परंपरा के प्रति श्रद्धा प्रोत्साहित की।

कुछ आधुनिक इतिहासकारों ने इन धर्म सुधार आदोंलनों को प्रतिक्रियावादी कहा है तथा सांप्रदायिकता के लिए उत्तरदायी माना है। यह अनुचित है क्योंकि इन सुधारकों के समक्ष समस्या अंग्रेज लेखकों तथा ईसाई मिशनरियों के आपेक्षों से भारतीय समाज को बचाने की थी। ये आक्षेप एक ऐसी हीनता की भावना पैदा कर रहे थे कि विदेशी सत्ता के विरुद्ध संघर्ष करने का साहस ही लुप्त हो रहा था। विश्व के उन देशों में राष्ट्रीयता की भावना जिन्हें विदेशी सत्ता के विरुद्ध संघर्ष करना पड़ा है, अतीत में गौरव ढूंढ़कर ही जागृत हुई है। इसलिए भारत मे भी इस गौरवपूर्ण समय की तलाश हुई। हिंदू धर्म सुधार आंदोलनों ने वैदिक काल अथवा गुप्त काल में यह महानता ढूंढी। उससे भारतीय राष्ट्रीयता के विकास में कोई बाधा नहीं पड़ सकती थी। वेदों में भारतीय राष्ट्र की व्याख्या पर्याप्त दी हुई है और वह वैदिक युग की महानता तथा वैदिक पुनर्रुत्थान का अर्थ सांप्रदायिकता बताना गलत है।

2. प्राचीन इतिहास का पुनः अध्ययन– 19वीं सदी के आरंभ में प्राचीन इतिहास का ज्ञान बहुत कम था। केवल मध्यकालीन तथा 18वीं सदी के इतिहास का कुछ ज्ञान था। पश्चिमी इतिहासकारों ने अतीत के विषय मे ज्ञान प्राप्त करने के लिए विश्व के अन्य देशों की प्राचीन सभ्यताओं का पता लगाया। मिश्र की चित्रात्मक तथा सुमेरिया और बैबिलोनिया की कलाकार लिपियों को इसी समय पढ़ा गया। प्राचीन खरोष्ठी तथा गुप्त लिपि को भी पढ़ा गया और प्राचीन भारतीय सभ्यताओं का पता लगा। उनकी उपलब्धियों तथा महानता के ज्ञान से भारतीय नेताओं को गौरवान्वित होने का अवसर मिला। भारतीय गौरव के विकास से ही अंग्रेज साम्राज्यवादियों और ईसाई के आलोचनात्मक प्रचार का प्रतिकार हो सका। ईसाई मिशनरियों और अंग्रेज लेखकों पैदा ही नहीं हो सकता था और सवैधानिक सुविधाओं की माँग करने से अंग्रेजीकरण, पाश्चात्यकरण ही संभव था। स्वतंत्र प्राप्ति और धर्म निरपेक्ष राज्य की स्थापना के पश्चात् कुछ लेखकों ने समस्त प्राचीन इतिहास में गौरव को ही सांप्रदायिकता का द्योतक मान लिया है। यह राष्ट्रीयता क विकास में एक प्रमुख तत्त्व को भुला देना तथा सांप्रदायिकता के विकास के वास्तविक कारणों की ओर से मुँह मोड़ना है। हिंदुओं में मुसलमानों में सांप्रदायिकता का विकास हुआ है। उस सांप्रदायिकता की आलोचना आवश्यक है लेकिन उसके साथ समस्त प्राचीन संस्कृति, इतिहास आदि में गौरव अनुभव करने को सांप्रदायिकता का सूचक बताना अनैतिहासिक है।

3. साहित्य का विकास–19वीं सदी में क्षेत्रीय भाषाओं के साहित्य का विकास हुआ। इस साहित्य में सामाजिक सुधार तथा राष्ट्रीय भावनाओं की अभिव्यक्ति भी थी। बंगला और हिंदी तथा मराठी साहित्य में भारतीय होने में गौरव, भारत माता के प्रति भक्ति अथवा बंगला भाषी क्षेत्र को एक माता के समान मानना क्षेत्रीयता को प्रोत्साहन अवश्य देता था लेकिन यह क्षेत्रीयता राष्ट्रीयता विरोधी नहीं थी। मराठी साहित्य में शिवाजी के गुणगान तथा उनका मुगलों के विरुद्ध संघर्ष का वर्णन विदेशी सत्ता के विरुद्ध संघर्ष को प्रोत्साहन देने के लिए किया गया। इसी प्रकार हिंदी साहित्य में प्राचीन संस्कृत साहित्य की महानता, वेदों मे वर्णित उपलब्धियों की व्याख्या स्वाभाविक रूप से भारतीय देशप्रेम और गौरव को बढ़ाने मे सहायक हुई। इन क्षेत्रीय भाषाई

साहित्यों में भावनात्मक आधार पर जागरण पैदा करने का प्रयत्न किया गया। यह भावनात्मक एकता तथा जागरण राष्ट्रीयता को प्रोत्साहन देने वाली बनी।

बंगला और मराठी भाषाओं में 19वीं सदी के उत्तरार्ध में साहित्य का पर्याप्त विकास हुआ। इस साहित्य मे जहाँ एक ओर क्षेत्रीयता दिखाई पड़ती है साथ ही उस क्षेत्र के प्रति भक्ति, बलिदान और त्याग की भावना का भी विकास हुआ। यह कल्पना आगे चलकर राष्ट्रीयता में सहायक हुई। राष्ट्रीयता मातृभूमि के साथ लगाव के बिना नहीं पैदा हो सकती थी। भारतीय राष्ट्रीयता प्राचीन समय से सांस्कृतिक एकता पर आधारित थी विभिन्नताएँ यहाँ पहले से विद्यमान थीं और उन विभिन्नताओं को मानते हुए एकता स्थापित थी। राजनीतिक एकता अवश्य इस कल्पना में नहीं थी इसलिए यह भ्रांति बहुत बार पैदा हो जाती है कि राजनीतिक एकता के अभाव में राष्ट्रीयता नही हो सकती। राष्ट्रीयता को राजनीतिक सीमाओं पर आधारित रखना (राष्ट्रीयता राज्यों की कल्पना) अवश्य पश्चिमी देन है। इसलिए राजनीतिक सुविधाओं की माँग करने वाले विचारक अंग्रेजों द्वारा राजनीतिक एकता स्थापित किए जाने को ही राष्ट्रीयता के लिए उत्तरदायी मानते थे। लेकिन वास्तविकता उससे भिन्न है। राष्ट्रीयता की भावना के लिए उन विचारकों का कुछ राष्ट्रीय आदर्शों तथा मूल्यों के लिए सन्निहित होना आवश्यक है।

नेशनल कांग्रेस ने पहले 20 वर्षों में राजनीतिक जागरण अवश्य पैदा किया लेकिन कांग्रेस का सारा ढाचा दो मौलिक कल्पनाओं पर टिका हुआ था- अंगरेज सम्राट के प्रति अटूट भक्ति और भारत का अंग्रेज साम्राज्य का अभिन्न अंग होना। इनमें से कोई भी कल्पना भारतीय राष्ट्रीयता की पर्यायवाची नहीं हो सकता थी। कांग्रेस ने परोक्ष रूप में सभी प्रांतों के नेताओं को एक मंच पर एकत्र करने में सहायता दी। इससे अंतर्क्षेत्रीय सम्पर्क से भारतीय राष्ट्रीयता को बढ़ावा मिला यद्यपि कांग्रेस अपने वार्षिक अधिवेशन में अथवा प्रस्तावों में उसकी अभिव्यक्ति ने कर सकी। कांग्रेस मे पारित प्रस्तावों से ऐसा लगता था कि वह केवल एक वर्ग के स्वार्थों तक ही सीमित हो। राष्ट्रीयता से प्रेरित नेता पहले कांग्रेस में एक छोटे दल के रूप में थे। धीर-धीरे उनका प्रभाव नवयुवकों पर बढ़ता गया और एक प्रभावशाली वर्ग बन जाने पर वे कांग्रेस के बाहर हो गए।

19वीं सदी भारतीय राष्ट्रीयता के सांस्कृति एकता पर आधारित परिकल्पना के प्रमुख राजनीतिक विचारक तथा समर्थक बालगंगाधर तिलक थे।

बाल गंगाधर तिलक 1856-1920

तिलक का जन्म जुलाई, 1856 ई. में रत्नगिरी कें एक चितपावन ब्राह्मण परिवार में हुआ। उनके पिता गंगाधर रामचन्द्र तिलक संस्कृत के विद्वान थे। बाल गंगाधर तिलक अपने विद्यार्थी जीवन में ही अपनी स्वतंत्रता, अध्ययन और निडरता के लिए विख्यात थे। 17 वर्ष की आयु में उनका पिता का देहान्त हो गया। 1879 ई. में तिलक ने डेकन कॉलेज से बी.ए.एल.एल. बी पास किया। कालेज से निकलते समय उन्होंने लोक सेवा और जनहित कार्यों में लगे रहने तथा सरकारी नौकरी न करने का संकल्प किया। सर्वप्रथम एक इंग्लिश स्कूल की स्थापना की। शिक्षा संबंधी प्रयत्नों को व्यक्ति प्रधान न रखकर संस्थागत करने के लिए डेकन एजुकेशन सोसायटी की 1884 ई. में स्थापना की गई। तिलक ने 1881 में दो सामाचार-पत्र 'केसरी' के संपादन का उत्तरदायित्व तिलक के मित्र गोपाल गणेश अगरकर पर और 'मराठा' का संपादन स्वयं तिलक

पर था। दोनों में गहरी दोस्ती तथा विचारों की एकता थी। 'केसरी' का लक्ष्य सामान्य लोगों को राजनीतिक शिक्षा प्रदान करना और 'मराठा' का लक्ष्य महाराष्ट्र के लोगों के विचारों को सरकार तथा अन्य प्रांतों तक पहुँचाना था। दोनों समाचार-पत्रों मे निडरता से लेखक अपने विचार अभिव्यक्ति करते थे।

तिलक का अपने अन्य समकालीन राजनीतिक विचारों से मौलिकता अंतर यह था कि उनके लिए राष्ट्रीयता केवल एक राजनीतिक कल्पना मात्र नहीं थी बल्कि एक ऐसी भावना थी जो उनके लिए समस्त जीवन को प्रभावित किए हुए थी। पश्चिमी सभ्यता तथा संस्कृति ने भारतीय नेताओं के मस्तिष्क पर अपनी प्रधानता की छाप लगा दी थी। तिलक उस प्रधानता को समाप्त करके भारतीय धरोहर और अतीत में गौरव अनुभव कराना चाहते थे। वह पहले नेता थे। जिसने यह बताया कि अंग्रेज आधिपत्य का मूल कारण नैतिक था न कि सैनिक। अंग्रेज नैतिक उच्चता स्वीकार करके भारतवासी अंग्रेज साम्राज्य के साथ सहयोग की नीति अपना लेते थे। तिलक का जीवन भर प्रयत्न अंग्रेज नैतिक उच्चता को उच्चता के मंत्र जाल को तोड़ना रहा। इसी लक्ष्य को पूरा करने के लिए उन्होंने अपने ही साधन तैयार किए जैसे केसरी, मराठा, न्यू इंग्लिश स्कूल, डेकन एजुकेशन सोसायटी आदि। राष्ट्रीयता के प्रति ऐसा उत्साह उन्होंने अपने अनुयाइयों में भर दिया जैसा किसी अनुयाइयों में भर दिया जैसा किसी धर्म प्रचारकों में होता है।

अंग्रेजी चिंतन प्रणाली से मुक्ति प्राप्त करने के लिए भारतीय इतिहास से कुछ ऐसे नायकों का चयन भी आवश्यक था जो भारतीयों को प्रेरणा तथा उत्साह से भर सके। शिवाजी ऐसे नायक थे जिनके औरंगजेब के साथ संघर्ष को एक विदेशी सत्ता के विरुद्ध संघर्ष बताया जा सकता था। तिलक का उद्देश्य भारतीय इतिहास को सांप्रदायिक दृष्टि से देखना नहीं था। यह आपेक्ष लेखकों तथा प्रशासकों ने तिलक पर लगाया। बेलेंटाइन शिरोल, पोवेल प्राइस ने तिलक पर मुस्लिम विरोधी होने का आक्षेप लगाया, इसके विपरीत मौलाना मोहम्मद अली, शौकत अली, जिन्ना जैसे सांप्रदायिक ने तिलक उन्हें राष्ट्रीयता समर्थक बताया है।

तिलक का उद्देश्य महाराष्ट्र के लोगों को जागृत करना था और इस कार्य के लिए शिवाजी से अधिक अच्छा कोई नहीं हो सकता था। इसी प्रकार उन्होंने गणपति उत्सवों को राष्ट्रीयता जगाने में सहायक बनाया। गणपति उत्सव महाराष्ट्र में पहले से प्रचलित था। लेकिन तिलक ने उसको राजनीतिक उपयोग किया। उस अवसर पर राजनीतिक भाषण आदि का आयोजन करके उन लोगों को जो राजनीतिक सम्मेलनों से अलग रहते थे राजनीतिक शिक्षा प्रदान की। यह कार्य 1895 ई. मे आरम्भ किया गया। तिलक के राजनीतिक चिंतन में भी एक विशेषता थी जो अन्य समकालीन विचारकों से भिन्न थी। वह भारतवासियों के लिए केवल प्रशासन से संबद्ध होने का अधिकार नहीं माँगते थे बल्कि यह भारत में स्वराज्य एक अधिकार के रूप में चाहते थे। अंग्रेजों द्वारा सुविधाएँ दिए जाने की अपेक्षा वह अपने देशवासियों की ओर से अधिकारों को प्रस्तुत करना अधिक आवश्यक समझते थे। उनका इस सम्बन्ध में कहा गया वाक्य प्रसिद्ध है-'स्वराज्य मेरा जन्म सिद्ध अधिकांर है और मै इसे लेकर रहूंगा।' तिलक के उपरोक्त कार्यों से अंग्रेज से केवल कुछ सुविधाओं की याचना करते थे।

जून, 1897 ई. में पूना में शिवाजी उत्सव कुछ दिनों पश्चात् वहाँ के कलक्टर रेड और अन्य अंग्रेज अधिकारी आयर्स्ट ने तिलक को अंग्रेज विरोधी ठहराया और उन्हें 18 महीने की कड़ी सजा दी। यद्यपि न्यायाधीश ने भी यह स्वीकार किया कि तिलक को कारावास दिए जाने से तिलक

की वाणी का महत्त्व और भी अधिक हुआ। स्वतंत्रता तथा अधिकारियों की बात और अधिक लोकप्रिय हुई। तिलक ने अपने लेखों और भाषणों के प्रति अंग्रेज सरकार से क्षमा याचना की। तिलक ने राष्ट्रीयता के लिए त्याग, बलिदान और कष्ट सहन करने के मार्ग को अधिक लोकप्रिय बनाया।

तिलक पर सांप्रदायिकता को प्रोत्साहन देने का आक्षेप एक अन्य आधार पर भी लगाया जाता है कि उन्होंने गौरक्षिणी सभाओं को प्रोत्साहन दिया। शिरोल ने अपनी पुस्तक 'इंडियन अनरेस्ट' में यह आक्षेप तिलक पर लगाया। शिरोल ने तिलक पर मुकदमा चलाया आैर शिरोल समस्त सरकारी रिकार्ड की सहायता से भी यह सिद्ध नहीं कर सका कि तिलक ने 1893 ई. के हिंदू-मुस्लिम उपद्रवों में, उसके पूर्व अथवा उसके बाद में, किसी प्रकार से सांप्रदायिकता को प्रोत्साहन दिया।

1906-7 ई. में तिलक ने नए दल के निर्माण तथा गठन में बहुत अधिक सहायता दी। वास्तव में उन्होंने ही सबसे पहले अंग्रेजी साम्राज्य के विरुद्ध शांतिपूर्ण प्रतिरोधक नीति अपनाने की बात कही। तिलक एक ऐसी राष्ट्रीयता को प्रोत्साहन देना चाहते थे जिनका लक्ष्य राजनीतिक था। वह स्वराज्य को भारतीय स्वतंत्रता के लिए आवश्यक समझते थे। 1908-1914 ई. तक तिलक कारावास में रहे। 1914-15 ई. में कुछ प्रयत्न कांग्रेस के दोनों दलों में समझौते के हुए लेकिन कोई विशेष सफलता का विकास हुआ। मुसलमानों में तुर्की के प्रति अंग्रेजी व्यवहार से असंतोष बढ़ा। अधिकांश प्रभावशाली मुस्लिम नेता भी जेल में थे। भारतीय सेना पर अंग्रेज निर्भरता बढ़ रही थी और भारत का औद्योगिक तथा मध्य शिक्षित वर्ग अंग्रेजी साम्राज्यवादी नीतियों के दुष्परिणामों से दु:खी था वे भी उग्र राष्ट्रीय आंदोलन आरंभ किया। होमरूल अर्थात स्वराज्य का अभिप्राय इस समय अंग्रेज साम्राज्य को समाप्त करना नहीं था। इसका अर्थ था अंग्रेज साम्राज्य के अधीन स्वायत्ता प्राप्त करना। 1919 ई. मे तिलक ने पेरिस शांति सम्मेलन में भारत के भाग लेने के अधिकार तथा विल्सन के आत्मनिर्णय के सिद्धान्त के आधार पर भारत के लिए भी इसी अधिकार की माँग प्रस्तुत की। वह खिलाफत आंदोलन के समर्थक थे। तिलक और ऐनिबेसेंट के होम रूल आंदोलन के अभिप्राय का अंतर दोनों के उस कार्य से स्पष्ट होगा जो 1918 ई. के बाद हट गई और उन्होंने किसी अन्य राजनीतिक रंगमंच से एकदम हट लिया न ही और किसी अन्य राजनीतिक आंदोलन में सक्रिय भाग लिया।

19वीं सदी के अंतिम दशक तथा 20वीं सदी के प्रथम दशकों मे भारतीय राजनीतिक त्रिमूर्ति-बाल, लाल, पाल-में बाल सबसे अधिक प्रभावशाली रहे। उनके प्रभाव का रहस्य यह था कि उन्होंने अपने आदर्शों को स्वयं साकार किया। उनमें अपने लक्ष्यों के प्रति संघर्ष करने का साहस था। उनके समकालीन अन्य महान नेता- रानाडे, गोखले, सुरेंद्रनाथ बनर्जी, अरविन्द्र, विपिचन्द्र पाल, लाला लाजपतराय आदि थे। तिलक उन परोक्ष या प्रत्यक्ष रूप से निर्भर रहते थे सुरेन्द्रनाथ बनर्जी और फिराजशाह मेहता पारिवारिक परिस्थितियों से विवश थे। अरविंद यद्यपि प्रभावशाली वक्ता थे लेकिन राजनीतिक जीवन के संघर्ष को सहन नहीं कर सके। विपिनचंद्र पाल अधिक प्रभावशाली वक्ता थे लेकिन राजनीतिक अनुशासन से कम परिचित थे। लाला लाजपतराय की दृष्टि स्पष्ट थी लेकिन उन्हें भी अधिकांश प्रचार कार्य भारत से बाहर जाकर ही करना पड़ा। तिलक ने अंग्रेजों के विरुद्ध एक धर्म प्रचारक की भांति उत्साह से कार्य किया। उनके कार्यों का उनके जीवन काल में अंग्रेजों ने जान-बूझकर गलत प्रस्तुत किया। वह उनकी देशभक्ति को

राजद्रोह मानते थे। इसलिए उनके संबंध में बहुत सी गलत धारणाएँ फैलाते थे।

उग्र राष्ट्रवाद का विकास

19वीं सदी के अंतिम दशक में इंडियन नेशनल कांग्रेस की लोकप्रियता बहुत कम हो चुकी थी। इसका सामान्य जनता पर प्रभाव भी बहुत कम था। वर्ष में एक बार केवल तीन दिन के लिए सम्मिलित होकर कुछ प्रस्तावों के पास कर देने से अधिक इसका कोई कार्य नहीं था। सरकार इसकी माँगों की अनदेखी करती थी लेकिन 1895-1905 ई. के दशक में कुछ घटनाएँ ऐसी हुईं जिन्होंने ने केवल कांग्रेस में एक नया जीवन डाल दिया बल्कि राष्ट्रीय आंदोलन में अंग्रेज विरोधी भावनाओं को प्रोत्साहन दिया। यह प्रोत्साहन इतना अधिक हुआ कि कांग्रेस के दो दल हो गए। अंग्रेज लेखकों ने इस विकास को उग्र राष्ट्रीयता का विकास कहा है। इसमे निम्नलिखित तत्त्व सहायक हुए-

1. कांग्रेसी संवैधानिक आंदोलन की असफलता- सरकार से अधिकारी की माँग करने की कांग्रेसी नीति स्पष्ट रूप से असफल दिखाई पड़ी। 1892 ई. के सुधारों में कोई भी वह सिद्धान्त स्वीकार नहीं किया गया जिस पर कांग्रेस ने 1885 ई. से बल दिया था। केवल भारतीय सदस्यों की संख्या मात्र ही बढ़ाई गई थी। अंग्रेज सरकार की साम्राज्यवादी नीतियों में कोई फेर बदल नही हुआ और न ही प्रजातीय विभेद नीति किसी प्रकार कम होती दिखाई दी। कांग्रेसी आंदोलन की लोकप्रियता भी कम थी लाला लाजपतराय के अनुसार कांग्रेसी नेताओं के कुछ राजनीतिक विचार मात्र थे। इस समय तक त्याग और बलिदान की कल्पना कांग्रेस के अधिकांश राजनीतिक नेताओं मे नहीं थी।

2. कंजरवेंटिव दल की अकुशल प्रशानिक नीति- 1888 से 1905 ई. तक इंग्लैंड में कजरवेंटिक दल की सरकार सत्ताधारी रही। इस अवधि में गवर्नर जनरल तथा अंग्रेज नौकरशाही ने भारतीय के प्रति अविश्वास तथा प्रजातीय विभेद नीति व्यापक रूप से लागू की। लोकसेवा आयोग की रिपोर्ट ने भारतीय क लिए आई.सी. एस. में समानता का तर्क स्वीकार नहीं किया और उनके लिए प्रोविंशियल सिविल सर्विस की स्थापना की। 1896-97 ई. के पश्चात् कई ऐसी घटनाएँ हुई जिनसे प्रशासन का जनता के प्रति क्रूर तथा अमानवीय व्यवहार स्पष्ट हुआ। 1896-97 ई. में बंबई प्रांत में प्लेग के प्रकोप की रोकथाम के लिए अंग्रेज अधिकारियों का भारतीय जीवन प्रणाली की आलोचना तथा लोगों को बलपूर्वक घरों से निकालकर बाहर करना, दो अंग्रेज अधिकारियों की हत्या के लिए नाटू भाइयों को बिना मुकदमा चलाए जेल में बंद रखना तथा तिलक पर मुकदमा चलाकर उन्हें दंड देना इस बात के स्पष्ट उदाहरण थे कि अंग्रेज भारतवासियों को प्रशासन के दोषों का ज्ञान उपलब्ध नहीं होने देना चाहते थे। 1899-1901 ई. के मध्य दो बार अकालग्रस्त क्षेत्रों के राहत कार्यों में अंग्रेज अधिकारियों का औपचारिक दृष्टिकोण अत्यंत कठोर था। अंग्रेज भक्त भारतवासियों का अंग्रेज न्यायाप्रियता तथा ईमानदारी पर विश्वास डगमगाने लगा। प्रजातीय विभेद यहाँ तक बढ़ा कि रुड़की इंजीनियरिंग कालेज में प्रवेश शुद्ध भारतीय के लिए मना कर दिया गया। कर्जन की प्रशासनिक नीतियों का परिणाम विस्फोटक हुआ। उच्च शिक्षा पर सरकारी नियंत्रण स्थापित करने, कलकत्ता कारपोरेशन पर सरकारी प्रभाव बढ़ाने, दिल्ली दरबार पर धन का अपव्यय और बंगाल का विभाजन आदि ऐसी घटनाएँ थी जिन्होंने अंग्रेज प्रशासन की ईमानदारी और उनके भारतीय शुभाकांक्षी होने में अधिकांश शिक्षित

वर्ग का विश्वास समाप्त कर दिया।

3. भारत की बढ़ती हुई आर्थिक दरिद्रता- 1870 ई. के पश्चात् ही कुछ भारतीय नेताओं का अंग्रेजी साम्राज्य के आर्थिक परिणामों पर ध्यान आकर्षित होने लगा। धन निष्कासन और आर्थिक शोषण की अंग्रेज नीति सदी के अंत तक अधिक नेता समझने लगे थे। भारतीय कुटीर उद्योगों का विनाश, कृषि पर राजस्व का अत्यधिक बोझ, कृषकों की निर्धनता और सरकार की भारतीयों के लिए नौकरी अथवा उद्योग वृद्धि के अवसर उपलब्ध न होने देना ऐसी समस्याएँ थी जिनसे यह स्पष्ट हो गया कि अंग्रेज शासक केवल भारत से धन कूटकर ले जाने को अधिक महत्त्वपूर्ण मानते थे। 1860 ई. के पश्चात् ही अकालों का प्रकोप बढ़ने लगा। दादाभाई नौरोजी, रमेश चन्द्र दत्त और विलियम डिगवी की पुस्तकों द्वारा अंग्रेज नीति की वास्तविकता स्पष्ट हो रही थी। वास्तविक आर्थिक स्थिति भी इतनी खराब थी। भारतीयों को पूंजी संचय का अवसर ही उपलब्ध नहीं था। प्रभावशाली व्यापारिक प्रतिष्ठान भी अंग्रेजों के नियंत्रण में अवश्य था लेकिन उसके विकास मार्ग में अंग्रेजों ने आयात कर समाप्त करके विभिन्न कठिनाइयाँ खड़ी कर दी थीं। नए मध्यवर्ग के लिए उचित अवसर नहीं थे। सरकारी सेवाओं को मार्ग उनके लिए प्रायः बंद ही था। उस व्यापक आर्थिक कठिन परिस्थितियों में उग्र विचारों का विकास स्वाभाविक ही था।

इन उग्र विचारों के विकास में भारतीय व्यापारियों तथा उद्योगपतियों ने भी सहयोग दिया। इंग्लैंड में बने हुए कपड़े खुले आयात से और भारत मे कपड़ा उद्योग पर लगे उत्पादन कर से यहाँ औद्योगिक विकास बहुत कठिन हो गया था। कांग्रेस ने भी उद्योगों में पूंजी लगाने के लिए भारतीय पूंजीपतियों को प्रोत्साहन दिया। 19वीं सदी के उत्तरार्द्ध में जापान की आर्थिक प्रगति अत्यधिक प्रसंशनीय तथा अनुकरणीय थी। भारत में यह प्रगति केवल इसलिए नहीं हो सकी थी कि यहाँ अंग्रेज नीति का नियंत्रण अत्यधिक था।

4. पश्चिमी सर्वोच्चता की कल्पना का अंत-अंग्रेज इतिहासकारों तथा प्रशासकों ने विभिन्न प्रकार से इस बात पर बल दिया कि भारतीय इतिहास में आक्रान्ता सदा ही सफल रहे। भारतीय पराजय के लिए यहाँ की सामाजिक, धार्मिक, राजनीतिक, सैनिक दुर्बलताओं पर बल दिया गया। साथ ही–जलवायु, जाति, आर्थिक तथा सामाजिक ढ़ाँचे के आधार पर –विभिन्न प्रकार के मतों के प्रतिपादन से पश्चिमी देशों की तुलना में भारतीय हीनता पर ध्यान केद्रित करके पश्चिमी सर्वोच्चता की कल्पना को व्यापक बनाई गई। जिससे पश्चिमी साम्राज्य सुरक्षित रह सकें। 1896 ई. में एबीसीनिया द्वारा इटली को और 1904-5 ई. में जापान द्वारा रूस को पराजित कर दिए जाने के बाद पश्चिमी सर्वोच्चता की यह कल्पना आरंभ हो गई। कुछ भारतीय नेताओं ने जापान की प्रगति का अध्ययन आरंभ किया। जब जापान जैसा छोटा पूर्वी देश रूस जैसे विशाल पश्चिमी देश को हरा सकता था तब भारत भी उन्हीं आधारों पर चलकर बड़ी सरलता से शक्तिशाली बन सकता था। इसलिए भारत की दुर्बलता वास्तविक नहीं थी।

5. बंगाल विभाजन: 1905- अंग्रेजी साम्राज्यवादी नीति के विरुद्ध असंतोष बंगाल विभाजन के पश्चात् बड़ी सरलता से उग्र रूप धारण कर सका। 19वीं सदी के उत्तरार्द्ध में बंगाल भाषी क्षेत्र को मातृभूमि मानने की कल्पना का विकास हुआ। कर्जन द्वारा किया गया बंगाल विभाजन प्रांतीय नेताओं को प्रशासनिक सीमाओं का फेर बदल न होकर मातृभूमि का विभाजन प्रतीत हुआ। इसलिए विभाजन के विरुद्ध सामान्य बंगालियों की भावनाओं को उत्तेजित किया जा सका। बंगाल की नई पीढ़ी के कुछ युवक अंग्रेजी सत्ता के विरुद्ध सशस्त्र विद्रोह की भी योजना बनाने लगी।

वहाँ के अधिकांश राजनीतिक नेता निश्चित रूप से प्रार्थना-पत्र प्रस्तुत करने को पर्याप्त समझने लगे और उग्र आंदोलन का सूत्रपात हुआ।

5. हिंदू पुनर्रुत्थान तथा भारतीय महानता से प्रेरणा- राजनीतिक अधिकारों की माँग प्रस्तुत करने वाले अधिकांश नेता पश्चिमी दर्शन, साहित्य, राजनीतिक संस्थाओं की सर्वोच्चता से प्रभावित थे। इसलिए उनका अंग्रेजी साम्राज्य के प्रति दृष्टिकोण विनम्र तथा विनीत था। 19वीं सदी के अंतिम चतुर्थांश में प्राचीन भारतीय सांस्कृतिक महानता हिंदुओं की आध्यात्मिक तथा धार्मिक उपलब्धियों का ज्ञान भारतीय जनता में फैलने लगा। दयानन्द सरस्वती, स्वामी विवेकानन्द, लोकमान्य तिलक, अरविंद घोष आदि ने इस भावना को लोकप्रिय बनाया। भारतीय महानता तथा आत्मस्वाभिमान से प्रेरित नेताओं ने अंग्रेजों के प्रति अत्यधिक विनीत दृष्टिकोण न रखकर उग्र विचार पद्धति के विकास मे सहायता दी।

उग्र दल का विकास सूरत फूट 1907:

कांग्रेस में उग्र विचारधारा के प्रमुख नेता बाल गंगाधर तिलक, लाला लाजपतराय और विपिनचंद्र पाल थे। 1904 ई. तक उग्र और नरम दल सम्मिलित थे। 1905 ई. में कांग्रेस के बनारस अधिवेशन में सबसे पहली बार इन नेताओं ने अपने अनुयाइयों के साथ अलग बैठक की। बंगाल विभाजन अक्टूबर, 1905 ई. में किया गया। फलस्वरूप कांग्रेस अधिवेशन मे सविनय प्रार्थना की पुरानी नीति से असंतुष्ट सदस्यों की संख्या बढ़ती दिखाई दी। स्वदेशी और बायकाट के प्रश्नों पर मतभेद स्पष्ट था। 1906 ई. में प्रिंस आफ वेल्स के भारत आगमन पर स्वागत के संबंधित प्रस्ताव कुछ सदस्यो की अनुपस्थिति में ही पास किया जा सका। तिलक चाहते थे कि सरकार के विरुद्ध शांतिपूर्ण प्रतिरोधक नीति के संबंध में एक प्रस्ताव किया जाए लेकिन न हो सका। फलस्वरूप 1905 ई. की समाप्ति पर इन दो विभिन्न विचारधाराओं के अनुयायियों में मनमुटाव बढ़ता दिखाई पड़ा। 1906 ई. में कलकत्ता कांग्रेस अधिवेशन उग्र पक्ष के लिए शक्ति परीक्षा स्थल बन गया। वे तिलक को कांग्रेस अध्यक्ष बनाना चाहते थे जिसे संवैधानिक नीति के समर्थक स्वीकार नहीं कर सकते थे।

अंत में वृद्ध दादाभाई नौराजी को अध्यक्ष बनाने पर दोनों सहमत हो गए। 1905 ई. में इंग्लैंड में लिबरल दल को निर्वाचन में बहुमत मिल जाने से संवैधानिक पक्ष को अपने कार्यक्रम के सफल होने की अंतिम आशा दिखाई पड़ी। 1906 ई. में बंगाल में स्वदेशी और बायकट (विदेशी कपड़े का बहिष्कार) की नीति जोरें पर रही। कांग्रेस के कलकत्ता अधिवेशन (1906 ई.) में उग्र दल की समस्त नीति अत्यधिक वाद-विवाद के पश्चात् स्वीकृत हुई। 'स्वराज्य', 'स्वदेशी', 'बायकाट' और 'राष्ट्रीय शिक्षा' से संबंधित चार प्रस्ताव पास किए गए। संवैधानिक मत वाले लोग प्रस्ताव पास कर देना मात्र ही पर्याप्त समझते थे। वे इस दिशा में कोई अन्य कार्य नहीं करना चाहते थे। इसलिए उग्र पक्ष की नीति का अनुमोदन भी संतोषप्रद नहीं था दूसरी ओर मिंटो ने उग्र पक्ष को प्रभावशाली न बनने देने के लिए भावी सुधारों के विषय में 'संवैधानिक' पक्ष के नेताओं से विचारों विमर्श आरंभ किया। मोर्ले और गोखले में एक प्रकार का समझौता इंग्लैंड में चुका था। उग्र पक्ष का संवैधानिक पक्ष पर संदेह स्वाभाविक ही था। इसलिए 1907 ई. में कांग्रेस संगठन पर दोनों पक्षों ने अपना प्रभुत्व स्थापित करने का प्रयत्न किया। संवैधानिक पक्ष ने 1906 ई. में पास किए गए प्रस्तावों से पीछे हटना चाहा। इस प्रकार 1907 ई. में आयोजित

कांग्रेस का सूरत अधिवेशन अत्यधिक महत्त्वपूर्ण सिद्ध हुआ।

सूरत में कांग्रेस फूट का मूल कारण यह था कि नरम दल के नेता 1906 ई. में पास किए गए प्रस्तावों को लागू नहीं करना चाहते थे। संभवतः इसके पीछे अंग्रेज सरका का हाथ था जिससे उग्र पक्ष कांग्रेस से अलग हो जाए। अधिवेशन आरंभ होन के पूर्व तिलक ने अलग संगठन बनाने का सुझाव अस्वीकृत कर दिया। वह 1906 ई. में पास किए हुए कार्यक्रम को लागू करना अथवा आगे बढ़ाना चाहते थे। 1907 ई. के लिए लाजपत राय के स्थान पर रासबिहारी घोष को अध्यक्ष बनाना चाहते थे। अधिवेशन आरंभ होने के पश्चात् तिलक ने मंच पर आकर निर्वाचन के संबंध में कुछ आपत्तियाँ उठानी चाहीं लेकिन उन्हें बोलने की अनुमति नहीं दी गई। इस अवसर पर श्रोताओं में से किसी ने एक जूता सुरेन्द्रनाथ बनर्जी पर फेंका और फिर पंडाल मे अव्यवस्था फैल गई। कुर्सी और मेजों को एक दूसरे पर फेंका गया। कांग्रेस अधिवेशन स्थगित कर दिया गया। यह घटना 24 दिसम्बर, 1907 ई. की थी।

इस घटना के बाद उग्र दल के अनुयाइयों को कांग्रेस से बाहर होना पड़ा। कांग्रेस नरम दल के हाथों में रही। सूरत फूट के लिए सामान्यतः उग्र दल के अनुयाइयों को दोषी ठहराया जाता है लेकिन वास्तव में ऐसा नहीं था। स्वयं रासबिहारी घोष ने अपने अपठित अध्यक्षीय भाषण में उग्र के सदस्यों को कांग्रेस से बाहर जाने का परामर्श दिया था। उग्र विचारों वाले सदस्यों को कांग्रेस से निकल जाने पर विवश किया गया।

उग्र दल की कार्य पद्धति–उग्र दल का विकास उदारवाद के विरुद्ध हुआ। इसलिए उसका संवैधानिक प्रार्थना पत्रों की उपयोगिता में विश्वास नहीं था। वह अंग्रेज साम्राज्य को नैतिकता अथवा न्याय पर आधारित नहीं समझता था इसलिए नैतिक तर्कों का प्रयोग उसे प्रभावित करने में निरर्थक अथवा व्यर्थ था। संवैधानिक तथा नरम नीति के समर्थक उस समय अंग्रेजी साम्राज्य के बाहर भारत की कल्पना नहीं करते थे। उग्र दल के नेता समझते थे कि अंग्रेजी साम्राज्य से सहयोग नैतिक तथा आर्थिक दृष्टि से भारत के लिए हानिकारक था।

संवैधानिक दल की भांति वे अपने कार्य को वर्ष में केवल तीन या चार दिनों तक ही सीमित नहीं रखना चाहते थे। उनके लक्ष्य वर्ष भर प्रभावशाली ढंग से आंदोलन करते रहना था। सामान्य जनता तथा समस्त राष्ट्र को प्रभावशाली आंदोलन से इस प्रकार गठित तथा जागृत किया जाए, उसमें स्वतंत्रता के प्रति ऐसी बलिदान की भावना पैदा की जाए कि शासकों को विवश होकर उसके समक्ष झुकना पड़े। वे अहिंसात्मक प्रतिरोधक(सत्याग्रह) से उस नैतिक प्रभुत्व को तोड़ना चाहते थे। जो अंग्रेज साम्राज्यवादियों द्वारा भारतीयों के ऊपर स्थापित किया हुआ था। वे स्वतंत्रता के प्रति गहरा लगाव पैदा करके देश के लिए त्याग तथा बलिदान की भावना जागृत करना चाहते थे उनको कार्यक्रम केवल सत्याग्रह तक ही सीमित नहीं था बल्कि रचनात्मक भी था। वे स्वदेशी (भारतीय वस्तुओं के प्रयोग,) को प्रोत्साहन देना तथा विदेशी वस्तुओं का बायकट करना चाहते थे। वे सरकारी शिक्षा पद्धति का छोड़कर एक अलग राष्ट्रीय शिक्षा पद्धति की स्थापना करना चाहते थे और यदि संभव हो सके तो एक पृथक प्रशासन पद्धति भी स्थापित की जाए जिससे सरकार पर निर्भरता कम हो सके। उनकी यह पृथक योजना सरकार के विरुद्ध थी बल्कि सरकार के नियंत्रण से मुक्त थी। यह मुक्ति ही सरकार के लिए असह्य थी। उग्र दल ने राष्ट्रीय संघर्ष के लिए एक नया लक्ष्य 'स्वराज्य' प्रदान किया।

स्वराज्य तथा स्वदेशी का अर्थ- यद्यपि 'स्वराज्य' शब्द का अंग्रेजी अनुवाद 'सेल्फ गवर्नमेंट' होता है लेकिन उग्र नेताओं (तिलक, अरविंद, विपिनचंद पाल आदि) ने स्वराज्य शब्द का प्रयोग एक विशिष्ट रूप मे किया है। 'स्वराज्य' एक वैदिक शब्द है। इससे एक ऐसी राजनीतिक व्यवस्था की कल्पना की गई है जिसमें जनता का सर्वांगीण विकास हो सकें। मूलतः इस शब्द में 'स्व' पर अधिक बल दिया गया है और इसका अभिप्राय आत्मनियंत्रण, संयम, आत्मनिर्भरता से था। तिलक का कथन, 'स्वराज्य मेरा जन्मसिद्ध अधिकार है' की कल्पना अधिक व्यापक थी और उसमें नैतिक विकास की भी आवश्यकता पर बल दिया गया था। नैतिक विकास भी राजनीतिक परतंत्रता की अवस्था में नहीं हो सकता था। पाश्चात्यकरण भी भारतीयों की स्वतंत्रता (स्वराज्य) में उतना ही बाधक था जितना राजनीतिक नियंत्रण। साधारण नियंत्रण। साधारण परिकल्पना में इसका अभिप्राय केवल राजनीतिक मुक्ति से हुआ। अरविंद ने स्वराज्य का अर्थ उसी प्रकार पूर्ण स्वतंत्रता बताया जिस प्रकार की इंग्लैंड में थी। प्रत्येक राष्ट्र को अपने आदर्शों और स्वभाव के अनुसार अपने जीवन को ढालने का अधिकार होना चाहिए। किसी बाह्य सभ्यता के आधार पर भारतीय जीवन में परिवर्तन केवल देश की परतंत्रता का द्योतक है।

'स्वदेशी' की चर्चा 19वीं सदी के अंतिम चतुर्थांश में भली-भाँति आंरभ हुई। इस समय इसका अभिप्राय देश में बढ़ती हुई निर्धनता को रोकने के लिए देश मे बनी वस्तुओं के प्रयोग से था जिससे देश से धन निष्कासन कम हो और निर्धनता अधिक न बढ़े। 'स्वदेशी' एक आर्थिक परिकल्पना थी। बहुत से राजनीतिक विचारक इसमें दोष ढूंढ़ते थे। तथा इसे अव्यावहारिक भी कहते थे क्योंकि देश में बनी वस्तुएँ महँगी तथा घटिया होती थी, इसलिए सस्ती और अच्छी विदेशी वस्तुओं की अपेक्षा प्रयोग नहीं की जा सकती थीं। 20वीं सदी के प्रथम दशक में स्वदेशी का नारा एक राजनीतिक लक्ष्य की प्राप्ति के लिए दिया गया। बंगाल विभाजन के पश्चात् इंग्लैंड के बने हुए कपड़ें का बहिष्कार करके लंकाशायर और मानचेस्टर के उद्योगपतियों पर दबाव डालकर विभाजन को समाप्त करवाने में सहायता करना इसका आंरभिक लक्ष्य था। शीघ्र ही स्वदेशी वस्तुओं का प्रयोग देशभक्ति के साथ जुड़ गया और स्वदेशी एक राजनीतिक आर्थिक ढाँचे की समर्थक बन गई। स्वदेशी का पूरक पक्ष बायकाट था। जिससे विदेशी वस्तुओं का बहिष्कार किया जाता था।

क्रान्तिकारी तथा आतकंवादी विचारधारा-उग्र राष्ट्रवादियों में एक वर्ग ऐसा भी था जो बलपूर्वक अंग्रेजी साम्राज्य को समाप्त करना चाहता था। इस वर्ग मे भिन्न-भिन्न विचारों वाले कई समूह सम्मिलित थे। यह वर्ग अंग्रेज साम्राज्य को बल तथा धोखे पर आधारित समझता था इसलिए बलपूर्वक षड्यंत्र अथवा सशस्त्र विद्रोह से उसे समाप्त करना उचित मानता था। इस वर्ग कुछ अन्य क्रांतिकारी अंग्रेज प्रशासन को हिंदू धर्म तथा भारतभूमि के विरुद्ध मानते थे। इन विचारकों के समर्थक बंगाल में अधिक थे और बंगाल विभाजन को अपनी मातृभूमि का विभाजन मानते थे। यह वर्ग अंगरेज अधिकारियों की हत्या तथा सरकारी खजाने की लूटमार को अपराध नहीं समझता था। एक अन्य वर्ग अंग्रेजी साम्राज्य का तख्ता ही पलट देना चाहता था। सेना में अंग्रेजी विरोधी प्रचार अथवा विद्रोह एवं संगठित प्रयत्नों द्वारा वे अपना लक्ष्य प्राप्त करना चाहते थे। कुछ लोग स्वतंत्रता प्रेम से इतना अधिक प्रभावित थे कि वे किसी प्रकार के प्रयत्नों को उचित मानते थे।

विभिन्न प्रांतों के क्रान्तिकारी आंदोलन– यह आंदोलन मुख्यत: तीन प्रातों में केंद्रित रहा– बंगाल, महाराष्ट्र तथा पंजाब। बंगाल में यह 1905 ई. के विभाजन के पश्चात् आरंभ हुआ। वरिन्द्र कुमार घोष और भूपेन्द्रदत्त ने 'युगांतर' पत्रिका की स्थापना की। यह पत्र सबसे अधिक क्रान्ति का प्रचारक था। इसी प्रकार की अन्य पत्रिका 'संध्या' व 'नवशक्ति' थीं। अरविंद ने जोशीले लेखों द्वारा राष्ट्रीय प्रयत्नों की अधिक प्रोत्साहन दिया। उनके लेख 'बंदे मातरम' में प्रकाशित होते थे। उन्हें अलीपुर बम मुकदमें के संबंध में बंदी बना लिया गया। बंदी बना लेने से उनके उग्र विचारों में कोई परिवर्तन नही आया। इतना अवश्य हुआ कि वह राजनीतिक से अलग हटकर धार्मिक और सांस्कृतिक एकता पर प्रचार करने लगे। बंगाल के बहुत से नवयुवक फ्रांस और रूस जाकर बम बनाने की विधि सीखने लगे। अक्टूबर, 1907 ई. बंगाल के गर्वनर की गाड़ी को बम से उड़ाने का असफल प्रयास किया गया। अलीपुर बम मुकदमें में सरकारी प्रोसीक्यूटर और पुलिस के डिप्टी सुपरिटेंडेंट की हत्या कर दी गई। वरींद और उनके सहयोगियों का कार्य 'अनुशीलन' के द्वारा चलाया जाता रहा। 1907 से 1917 ई. तक 60 व्यक्तियों से अधिक की हत्या कर दी गई। 100 से अधिक राजनीतिक डकैतियों में सरकारी खजाने अथवा साम्राज्य समर्थक व्यक्तियों को लूटने के प्रयत्न किए गए। हथियारों और बमों को विदेशों से मंगवाया गया। इसी प्रकार की क्रान्तिकारी संस्थाएं तथा घटनाएँ बिहार, उड़ीसा, पंजाब, महाराष्ट्र तथा भारत के अन्य भागों में भी हुई।

विदेशों मे क्रान्तिकारी आंदोलन– अंग्रेज साम्राज्य के निरंकुश नियंत्रण से बचने के लिए क्रान्तिकारी को बहुत बार भारतीय स्वतंत्रता के लिए अपने प्रयत्नों का मुख्य कार्यालय अन्य देशों मे स्थापित करना पड़ा। सबसे पहले लंदन मे श्री श्यामजी कृष्ण वर्मा ने फरवरी, 1905 ई. में इण्डियन होम रूल सोसायटी की स्थापना की। उन्होंने साहसी भारतीय युवकों को आर्थिक सहायता देकर विदेशी मे भ्रमण तथा अनुभव अर्जित करने की प्रेरणा दी, हरदयाल, मदन लाल ढींगरा, विनायक दामोदर सावरकर आदि उनके सहयोगी बने। श्यामजी को अपना कार्यालय शीघ्र ही लंदन से हटाना पड़ा।

अमरीका में गदर आन्दोलन– 19वीं सदी के अन्तिम दशक में पंजाब के किसान काफी संख्या मे संयुक्त राज्य अमरीका में जाकर रहने लगे। वहाँ 2-3 डालर प्रतिदिन मजदूरी मिल जाती थी। भारतीय श्रमिक अपेक्षाकृत सस्ते होने के कारण अमरीकी उनकी सहायता से अमरीकी मजदूरी संगठनों के नियंत्रण से मुक्त हो जाते थे। किन्तु वे उसी कारण सामान्य अमरीकी दृष्टि से अपमानित समझे जाते थे। अमरीका में रहने वाले भारतीय स्वराज्य और स्वदेशी भावनाओं से परिचित थे। अमरीका में उन्हें प्रचार की स्वतंत्रता भी इसलिए अंग्रेज अत्याचारों तथा निरंकुश नौकरशाही के विरुद्ध अमरीका में प्रचार आरम्भ हुआ। 1913 ई. में विभिन्न भारतीयों ने मिलकर सेन फ्रांसिसकों में 1 नवम्बर, 1913 ई. को गदर पार्टी की स्थापना की और एक साप्ताहिक (बाद में मासिक) पत्रिका 'गदर' का प्रकाशन आरम्भ किया। लाला हरदयाल इसके मुख्य कार्य संचालक थे। इस पत्रिका में अंग्रेजी अन्याय और अत्याचार का खुला वर्णन होता था। इससे एक ओर अंग्रेजों के विरुद्ध प्रचार होता था। तथा दूसरी ओर भारतीय नागरिकों को स्वतंत्रता प्राप्त करने के लिए प्रेरणा मिलती थी। भारत मे अंग्रेजी अत्याचारों का अन्तर्राष्ट्रीय प्रचार इसके माध्यम से हुआ।

प्रथम विश्व युद्ध काल में क्रान्तिकारी गतिविधियाँ– क्रांतिकारी को प्रथम विश्व युद्ध

एक स्वर्ण अवसर प्रतीत हुआ। उन्हें जर्मनी (इंग्लैण्ड के शत्रु) से सहायता की आशा प्रतीत हुई। इंग्लैंड की कठिनाई से लाभ उठाने का भी यह अच्छा अवसर था। जर्मनी भी सहायता देने के लिए उत्सुक था, क्योंकि भारत के विद्रोह का इंग्लैंड की सैनिक शक्ति पर प्रभाव निश्चित ही था। उसका दृष्टिकोण भारतीय आंदोलन के प्रति सहानुभूति न होकर इंग्लैंड से शत्रुता का परिणाम था। जर्मनी में एक 'इंडियन इंडिपेंडेंस कमेटी' की स्थापना की गई। भारतीय क्रांतिकारियों को अस्त्र-शस्त्र पहुँचाना तथा आर्थिक सहायता देना इस संस्था का मुख्य कार्य था। अमरीका में गदर पार्टी भी काफी प्रयत्नशील रही।

बंगाल विभाजन को 1911 ई. में रद्द कर दिए जाने के पश्चात् वहाँ क्रांतिकारी घटनाएँ बहुत कम हो गई। तुर्की के युद्ध में अंग्रेजों के विरुद्ध हो जाने तथा तुर्की के सुल्तान द्वारा खिलाफत की सुरक्षा के लिए मुसलमानों से सहायता की प्रार्थना करने पर तथा पंजाबियों के अमरीका से लौटने पर अंग्रेज विरोधी भावनाएँ वहाँ अत्यधिक व्यापक हुई। मौलवी उबैदुल्ला सिंधी, मौलाना महमूद हसन का योगदान उल्लेखनीय था। उबैदुल्ला द्वारा कुछ पत्र महमूद हसन को लिखे गए। ये पत्र पीली सिल्क पर फारसी में लिखे गए और पकड़े जाने पर 'सिल्क पेपर्स षड्यंत्र' समाप्त हुआ। इसी प्रकार अमरीका से लौटे हुए पंजाबियों ने भी सशस्त्र विद्रोह की योजना बनाई लेकिन एक कार्यकर्त्ता ने गुप्त सूचना दे दी और वह षड्यंत्र अधूरा ही रह गया।

क्रांतिकारियों की असफलता- सशस्त्र प्रयत्नों अथवा बलपूर्वक अंग्रेजी साम्राज्य को पलटने के भारतीय क्रान्तिकारियों के प्रयत्न सामान्यत: असफल रहे। इन प्रयत्नों की असफलता के कई कारण थे। भारतीय समुदाय के अत्यन्त छोटे वर्ग ने ही इस प्रकार के प्रयत्नों का समर्थन किया। अधिकांश प्रतिष्ठित व्यक्तियों ने इस प्रकार के प्रयत्नों को आलोचानात्मक दृष्टि से देखा। विभिन्न प्रांतों के क्रान्तिकारियों ने कोई संगठित प्रयत्न नहीं किए। सरकार ने दमनकारी नीति, खुफिया विभाग तथा क्रान्तिकारियों में से ही किसी एक की सहायता से विभिन्न प्रयत्नों को समय से पूर्व समाप्त कर दिया।

महत्त्व- अंग्रेज इतिहासकारों, कांग्रेस समर्थकों तथा प्रतिष्ठित वर्गों की व्यापक आलोचना के कारण क्रान्तिकारियों के प्रयत्नों का महत्त्व ठीक तरह से नहीं आका जाता है। व्यक्तिगत प्रयत्नों की निरर्थकता, युवक वर्गों का भावनाओं से प्रेरित होना तथा सशस्त्र विद्रोह का अनैतिक होना आदि तर्क प्रस्तुत करके इन क्रान्तिकारियों के योगदान को नगण्य बताया जाता है। इसमें संदेह नहीं कि क्रान्तिकारी अपने लक्ष्य को प्राप्त करने से असफल रहे, गाँधीजी के नेतृत्व में अहिंसात्मक आंदोलन की कालांतर में सफलता से सशस्त्र प्रयत्नों की ओर अधिक आलोचना होती रही है, लेकिन कुछ तथ्य ध्यान में रखने चाहिए। 1906 ई. के पश्चात् अंग्रेज सरकार ने कांग्रेसी तथा अन्य नेताओं की बात को अपेक्षाकृत अधिक ध्यान से सुना, यह इसीलिए संभव हो सका क्योंकि अंग्रेजी सशस्त्र विद्रोह की भावना तथा आंदोलन की वृद्धि को रोकना चाहते थे। दूसरे राष्ट्रीय स्मृति मे शहीदों का स्थान उन लोगों को प्राप्त हुआ जिन्होंने अंग्रेजों के विरुद्ध असफल सशस्त्र प्रयास किया। प्रसिद्ध भारतीय नेताओं -तिलक, अरविंद, लाजपत राय, अश्विनी कुमार दत्त- ने प्रत्यक्ष अथवा परोक्ष रूप से क्रान्तिकारियों का समर्थन किया। आयरलैंड, इटली, रूस में व्यक्तिगत तथा समुदायिक सशस्त्र प्रयत्न विदेशी अथवा निरंकुश सत्ता के विरुद्ध किए गए। क्रान्तिकारियों ने देश प्रेम के लिए त्याग और बलिदान का उज्ज्वल उदाहरण समस्त जनता के समक्ष प्रस्तुत किया। त्याग की यह भावना ही अन्तत: अहिंसात्मक आंदोलन की सफलता के

लिए उत्तरदायी हुई। स्वयं इंग्लैंड मे भी सशस्त्र विद्रोह और गृह युद्ध के पश्चात् ही 1688 ई. की रक्तहीन क्रान्ति संभव हो सकी थी। 1832 ई. के सुधार अधिनियम के पूर्व भी इंग्लैंड में विद्रोह की संभावना थी। इसलिए सशस्त्र प्रयत्नों को निष्फल कहना ठीक नहीं है।

उग्र दल के तीन प्रमुख नेता थे जो लाल-बाल-पाल की त्रिमूर्ति से जाने जाते हैं। बालगंगाधर तिलक के संबंध मे हम पहले ही वर्णन कर चुके हैं। वह अपनी लोकप्रियता के कारण लोकमान्य कहलाए गए। दूसरे प्रमुख नेता लाला लाजपतराय बिपिनचंद्र पाल थे।

लाल लाजपत राय 1865-1928: राष्ट्रीय आंदोलन में पंजाब के सबसे प्रसिद्ध नेता लाजपत राय थे। उनका जन्म लुधियाना जिले में जनवरी, 1865 ई. में हुआ। 1886 ई. में उन्होंने कांग्रेस आरम्भ की और 1892 ई. में वह लाहौर आ गए। 1888 ई. में उन्होंने कांग्रेस में भाग लेना आरम्भ किया। उन्होंने सर सैयद के कांग्रेस विरोध की आलोचना की और इसे उनके विचारों में अन्तर्विरोध बताया। 1899 ई. के पश्चात् कांग्रेसी विचारधारा और कार्य पद्धति से लाला लाजपत राय को असन्तोष हुए और उन्होंने इसकी आलोचना की। 1905 ई. में कांग्रेस के शिष्टमंडल का सदस्य बनाकर उन्हें इंग्लैंड भेजा गया। 1905 ई. के वार्षिक अधिवेशन में उन्होने कांग्रेस के दो दलों में समझौता कराने का प्रयत्न किया लेकिन नरम दल के नेता सहमत नही हुए।

1907 ई. में उन्हें पंजाब मे असंतोष बढ़ाने के आरापों मे बंदी बना लिया गया। लेकिन शीघ्र ही सरकार ने उन्हें छोड़ दिया। 1914 ई. में वह इंग्लैंड और अमरीका गए और वहाँ 'होम रूल' आंदोलन का प्रचार और समर्थन किया। सितम्बर, 1920 ई. में उन्होंने कांग्रेस के विशिष्ट अधिवेशन की अध्यक्षता की जिसमें असहयोग सम्बन्धी प्रस्ताव पास किया गया। लेकिन शीघ्र ही वह गाँधीजी की अहिंसात्मक कार्य पद्धति तथा राजनीतिक विचार प्रणाली से असहमत हो गए। 1925 ई. में वह केन्द्रीय विधान सभा में स्वराज्य दल के उपनेता निर्वाचित हुए। बाद में उन्होंने नेशनलिस्ट दल की स्थापना की। 30 अक्टूबर, 1928 ई. में उनकी मृत्यु हो गई।

अपने राजनीतिक विचारों में लाला लाजपतराय नई पीढ़ी का प्रतिनिधित्व करते थे। वह अंग्रेज प्रशासन के आलोचक थे तथा कांग्रेस को अंग्रेज साम्राज्य की सुरक्षा के लिए अंग्रेजों द्वारा स्थापित की गई एक संस्था मानते थे। इसलिए वह भारतीय स्वतंत्रता प्राप्त कर सकने में उस संस्था को पूर्णरूप से अपर्याप्त मानते थे। उनका कथन था कि कांग्रेस की उत्पत्ति ही राष्ट्रीयता के समर्थकों की दृष्टि मे उसे निंदनीय बना देती है। 1916 ई. में पहली बार उन्होंने 'यंग इंडिया' पुस्तक की रचना की, जिसमें इंडियन नेशनल काग्रेस को राष्ट्रीय आंदोलन का द्योतक नहीं बताया। कांग्रेस की जितनी आलोचना 1916 ई. में लालापत राय ने की उससे अधिक सम्भव नहीं है। कांग्रेस आंदोलन मूलत: इसलिए असफल रहा, क्योंकि वह न तो जन आंदोलन था। और न लोगों का उसमे विश्वास था। 1905 ई. तक कांग्रेस की माँगों पर कोई ध्यान नहीं दिया गया। 1906 ई. में 'सेल्फ गवर्नमेट' का लक्ष्य अपनाने और देना आरम्भ किया जिससे वह दल जो सरकार सुविधाओं की याचना करता था। सरकार की ओर मिला रहे।

लाजपत राय राष्ट्रीय आंदोलन को जन-आंदोलन बनाना चाहते थे। इस कार्य के लिए कुछ राष्ट्रीय नायकों तथा शहीदों की आवश्यकता समझते थे। यद्यपि वह आर्य समाज से प्रभावित थे लेकिन वह हिंदुत्व को भारतीय राष्ट्रीयता में मिला देना चाहते थे। वह सुविधाओं के स्थान पर अधिकार चाहते थे। इसलिए लोगों में पद प्राप्त करने की लालसा के स्थान पर त्याग करने की भावना जागृत करना चाहते थे। लाजपत राय पहले नेता थे जो समाजवादी विचार से प्रभावित थे।

1920 ई. में इंडियन ट्रेड यूनियन कांग्रेस के पहले अध्यक्ष के रूप में उन्होंने इस बात का प्रयत्न किया कि भारतीय मजदूर संगठन का अन्तर्राष्ट्रीय मजदूर संघ के साथ संबद्ध कर दिया जाए। उनका अंग्रेजी लिबरल दल पर विश्वास नहीं थी बल्कि वे लेबर दल पर अधिक विश्वास करते थे। उनका अंगरेजी साम्राज्य को विरोध कुछ अंशों में इसलिए भी था कि वह अंग्रेज पूंजीपतियों और साम्राज्यवादियों को विश्व शोषण के लिए उत्तरदायी मानते थे। रूसी साम्यवादियों की नीतियों के प्रति उनके मन में कोई आकर्षण नहीं था। रूस में बोलशेविक क्रान्ति हो जाने से वह इस बात को अधिक आवश्यक मानते थे कि भारत में निरंकुश प्रशासन के स्थान पर प्रजातंत्र स्थापित हो।

लाजपत राय आर्य समाज और हिंदू महासभा के एक प्रमुख नेता थे। सांप्रदायिक निर्वाचन-पद्धति को वह भारत के लिए हितकर नहीं मानते थे। हिंदू महासभा का अध्यक्षीय भाषण देते हुए वह हिदू और मुसलमानों में सद्भावना को बढ़ावा चाहते थे। वह उन कुछ नेताओं मे से थे जो त्याग तथा कष्ट सहन करने को राष्ट्रीय स्वतंत्रता के लिए आवश्यक मानते थे। वह अत्यन्त स्पष्ट वक्ता तथा राजनीतिक परिस्थितियों के कुशल पारखी थे तथा त्याग और बलिदान की मूर्ति थे। वह पहले नेता थे जिन्होंने समाजवाद, पूंजीवाद और श्रमिकों के संगठन की समस्याओं पर अपने विचार प्रकट किए। मरने से कुछ सप्ताह पूर्व ही हिंदू महासभा के अधिवेशन में उन्होंने यह विचार व्यक्त किए थे कि भारत में हिंदू राज्य अथवा मुस्लिम राज्य का नारा लगाना शरारतपूर्ण कार्य है। देश में प्रजातंत्र की स्थापना ही ठीक है, जिसमें हिंदू, मुसलमान तथा अन्य संप्रदायों के लोग भारतीयों की भाँति न कि किसी धार्मिक सम्प्रदाय के सदस्य की भाँति भाग लें।

विपिनचंद पाल 1885-1932

उग्र नेताओं की त्रिमूर्ति मे तीसरे नेता बिपिनचंद्र पाल थे। उनकी अत्यधिक लोकप्रियता बहुत थोड़े समय तक रही। 1904 ई. के पूर्व पाल एक उदारवादी नरम दल के सदस्य थे। लेकिन 1904-8 ई. के मध्य बंगाल में स्वदेशी आंदोलन के वह प्रमुख संचालन और बंगाल में उग्र विचारों के प्रमुख नेता थे। अगस्त 1908 ई. में पाल इंग्लैंड गए और वहाँ से लौटने पर उनके विचारों में परिवर्तन स्पष्ट दिखाई पड़ने लगा। जहाँ वह पहले 'स्वराज्य' के समर्थक थे। 1908 ई. के पश्चात् वह अंग्रेजी साम्राज्य में रहकर ही भारत की कल्पना करने लगे। समय के व्यतीत होने के साथ-साथ वह नरम विचारों के होते गए। उन्हें 1906 में अहिंसात्मक प्रतिरोध की नीति का संस्थापक कहा जाता है। लेकिन 1920 ई. में गांधीजी के असहयोग आंदोलन का वह समर्थन नहीं कर सके। पाल द्वारा अहिंसात्मक आंदोलन समर्थन अहिंसा के प्रति किसी आकर्षण के कारण नही था। वह नीति केवल भारतीय परिस्थितियों को देखकर ही उचित ठहराई गई थी। इसलिए वह गाँधीजी के सैद्धांतिक रूप से अहिंसात्मक आंदोलन के साथ सहमत नहीं हो सके। 1906 ई. में स्वदेशी, बायकट और राष्ट्रीय शिक्षा के संबंध में पास किए गए प्रस्तावों में पाल का काफी योगदान रहा। लेकिन उनका राष्ट्रीय आंदोलन में प्रभाव बहुत घटता गया और अपने अंतिम दिनों में वह एक अत्यन्त नरम विचारों के व्यक्ति बन गए।

भारतीय आन्दोलन का विकास

"....कांग्रेस की स्थापना 1885 के पहले कुछ वर्षों से देश में चल रहे राजनीतिक कार्यकलाप ातिविधियों की स्वाभाविक परिणति थी।"

कुछ ब्रिटिश उपनिवेशवादी भारत को एक राष्ट्र नहीं मानते थे। जॉन सीले ने कहा था कि "भारत कोई एक राजनीतिक नाम नहीं है, केवल एक भौगोलिक अभिव्यक्ति है।" जॉन स्टेंची के अनुसार, "भारत के विषय में यह समझ लेना आवश्यक है कि यह कोई देश है और न पहले कभी था।" सम्भवतः उन्नीसवीं सदी का भारत राष्ट्र की आधुनिक परिभाषाओं के अनुकूल न रहा हो किन्तु इस देश में सदैव से मूलभूत एकता रही है। विपिन चंद्र के मत में उस समय भी भारत में वे सभी तत्व मौजूद थे जिनके आधार पर आधुनिक अर्थों में किसी राष्ट्र का निर्माण होता है। लेकिन यह मानना पड़ेगा कि ब्रिटिश शासकों ने बहुत हद तक इन संभावनाओं को बढ़ावा दिया था- परोक्ष रूप में राष्ट्रीयता का उदय इनकी सहायता से और भी जोर पकड़ता गया।

अंग्रेजों का यह दावा भी गलत है कि भारतीय राष्ट्रवाद अंग्रेजी शासन की देन है। भारत पर अंग्रेज या किसी अन्य विदेशी शक्ति का शासन होता या नहीं, राष्ट्रवाद और राष्ट्रीय आन्दोन का जन्म अवश्य होता। आधुनिक युग में राष्ट्रीयता और लोकतांत्रिक व्यवस्था की जड़े ब्रिटेन के अलावा कई अन्य राष्ट्रों में भी फैली हैं, अतः इसे अकेले ब्रिटेन की देन नहीं माना जा सकता। फिर भी हमें यह मानना पड़ेगा कि ब्रिटिश शासन के आधारभूत औपनिवेशिक स्वरूप और भारतीय जनता के जीवन पर उसे विनाशकारी प्रभाव ने भारत में एक शक्तिशाली साम्राज्यवादी विरोधी आन्दोलन को जन्म दिया तथा उसे विकसित भी किया। शोषण के विरुद्ध किए गये प्रत्येक आन्दोलन को राष्ट्रीय आन्दोलन माना जा सकता है क्योंकि इसमें समाज के विभिन्न वर्ग भाग लेते हैं। यद्यपि इन विभिन्न वर्गों ने भिन्न-भिन्न कारणों से साम्राज्यवाद का विरोध किया किन्तु वे अपने मतभेदों को भुलाकर एक सूत्र में बँध गये थे। ऐसे विरोध आन्दोलनों में जनता, आदि निवासियों और कृषकों के विद्रोहों व आन्दोलनों को भी सम्मिलित किया जा सकता है। बंगाल में ब्रिटिश राज्य की स्थापना के तुरन्त बाद से ही ऐसे आन्दोलन आरम्भ हुए और समय-समय पर होते रहे। इनकी पराकाष्ठा हमें 1857 के विद्रोह में देखने को मिलती है। इसमें सहस्त्रों सैनिको, कृषकों और कारीगरों ने भाग लिया।

विपिन चन्द्र के मत में उन्नीसवीं शताब्दी के उत्तार्द्ध में राजनीतिक चेतना को विकसित होते तथा उसे एक राष्ट्रीय आन्दोलन में परिणित होते देखा। ब्रिटिश भारत के अनेक नगरों में स्थापित संस्थाओं ने स्मरण पत्रों व अपीलों के माध्यम से जनता की माँगों को सरकार के सम्मुख प्रस्तुत किया। अन्त में 1885 ई. में इण्डियन नेशनल कांग्रेस की स्थापना हुई। ए.आर. देसाई के मत में भारतीय राष्ट्रवाद का आविर्भाव राजनीतिक पराधीनता के काल में हुआ जबकि अधिकांश पश्चिमी देशों में राष्ट्रीयता का उदय स्वतंत्र देशों में हुआ। यहाँ यह भी बता देना उचित है कि यह चेतना धीरे-धीरे जागृत हुई। यह एक लम्बी व लगातार चलने वाली प्रक्रिया थी। इस सन्दर्भ में हम यह भी कह सकते है कि प्राचीन व मध्ययुगीन भारत में धार्मिक क्षेत्र में विचारधारा की एक एकता की चेतना दृष्टिगोचर होती है किन्तु राजनीतिक तथा आर्थिक एकता की चेतना आधुनिक युग मे ही दिखाई देती है। रमेश चन्द्र मजूमदार के मत में "भारत की एकता की भावना प्राचीन साहित्य में ही मिलती थी और उत्पत्ति रूप में आधुनिक काल में भी किन्तु 19वीं शताब्दी के सातवें और आठवें दशक के पूर्व यह वास्तविक नीतियों में वस्तुतः लागू नहीं थी।"

भारतीय राष्ट्रीय आन्दोलन के उदय के कारण

1. भारत का राजनीतिक व प्रशासकीय एकीकरण-प्राचीन काल से ही भारत में

मौलिक एकता की भावना होते हुए भी प्राय: राजनीतिक एकता का अभाव रहा है। प्रथम बार अंग्रेजों ने प्रत्यक्ष व अप्रत्यक्ष रूप से समस्त देश पर अपना नियन्त्रण स्थापित किया। उन्होंने ब्रिटिश शासित प्रदेशों में समान व्यवस्था प्रचलित की तथा देशी राज्यों को भी इस सम्बन्ध में समय-समय पर आवश्यक निर्देश दिये। पाश्चात्य शिक्षा, यातायात व संचार के साधनों के विकास, शान्ति व सुव्यवस्था की स्थापना, मुद्र की एकता, समान दण्ड व्यवस्था तथा समान करों ने राजनीतिक एकता को दृढ़ किया।

2. पाश्चात्य विचारों तथा शिक्षा का प्रभाव-विलियम बैंटिक के काल में अंग्रेजी भाषा को शिक्षा का माध्यम बनाया गया। यद्यपि मैकाले का उद्देश्य भारतीयों को विचार, शब्द और मस्तिष्क से अंग्रेज बनाकर एक स्वामिभक्त वर्ग को जन्म देना तथा प्रशासनिक पदों के लिए अंग्रेजी बढ़े लिखे बाबुओं को तैयार करना था किन्तु पाश्चात्य शिक्षा के प्रभाव से भारतीयों में राष्ट्रीय चेताना भी जागृत हुई। इसने भारत के बुद्धिजीवियों को पाश्चात्य विचारधारा से परिचित कराया। वे रूसो, पेन, जान स्टूअर्ट मिल, वाल्टेयर और बेन्थम आदि पाश्चात्य विचारकों से अत्यन्त प्रभावित हुए। मैजिनी और गेरीबाल्डी जैसे राष्ट्रीय नेतों ने उन्हें अपने आदर्शों व उपलब्धियों से प्रेरित किया। फ्रांसीसी क्रांति व उसके बाद हुए राष्ट्रीय आन्दोलनों के अध्ययन ने पढ़े लिखे भारतीयों को को विदेशी शासन से होनी वाली हानियों से परिचित कराया। अंग्रेजी भाषा भारत के विभिन्न प्रदेशों के निवासियों के मध्य एक सम्पर्क भाषा के रूप में भीउपयोगी सिद्ध हुर्द। यद्यपि इसके पहले भी संस्कृत व फारसी द्वारा भारत के विभिन्न भागों में रहने वाले निवासी विचारों का आदान प्रदान कर सकते थे किन्तु अंग्रेजी भाषा ने इस प्रकार के विचार विनिमय को पहले की अपेक्षा अधिक सुलभ बना दिया।

इसके साथ-साथ अंग्रेजी भाषा के माध्यम से भारतीयों का विश्व के अनेक देशों की जनता से सम्पर्क स्थापित हुआ। विदेशों में जाने वाले भारतीय यूरोप के स्वतंत्र वातावरण से अत्यन्त प्रभावित हुए। भारत के स्कूलों व कॉलेजो में समान पाठ्य क्रम ने अंग्रेजी पढ़ने वाले भारतीयों में एकता की भावना को विकसित किया। निष्कर्ष के रूप में हम यह कह सकते हैं कि अंग्रेजों के न चाहते हुए भी पाश्चात्य शिक्षा भारत में राष्ट्रीय चेतना को जागृत करने में एक महत्त्वपूर्ण प्रेरक तत्व सिद्ध हुई। किन्तु यहाँ पर यह भी बात देना उचित होगा कि अंग्रेजी की आर्थिक नीतियों, भारतीयों के साथ भेद भाव का व्यवहार तथा अन्य कारणों से क्षुब्ध होकर भारतीय अवश्य अपना असंतोष व्यक्त करते। वास्तव में राष्ट्रीय चेतना का विकास आधुनिक विचारों का अनिवार्य परिणाम है। चीन, इंडोनेशिया तथा अफ्रीका के देशों में स्कूलों व कॉलेजों की संख्या भारत की अपेक्षा बहुत कम होने पर भी राष्ट्रीयता का प्रसार हुआ।

3. धार्मिक तथा सामाजिक सुधार आन्दोलन का प्रभाव-उन्नीसवीं शताब्दी में भारत में अनेक धार्मिक व सामाजिक सुधार आन्दोलन हुए जिनमें ब्रह्म समाज, आर्य समाज, प्रार्थना समाज, राम कृष्ण मिशन, थियोसोफिकल सोसाईटी तथा आन्दोलन मुख्य हैं। राम मोहन राय ने अनेक सामाजिक कुरीतियों का विरोध किया। दयानन्द सरस्वती ने वेदों की श्रेष्ठता को मानते हुए अन्ध विश्वासों का खण्डन किया। उन्होंने स्वेदेशी शासन की तुलना में अच्छे विदेशी शासन को निष्कृष्ट बनाया। विवेकानन्द ने भारत की सांस्कृति श्रेष्ठता का विदेशों में प्रचार किया। थियोसोफिकल सोसाइटी की एक प्रमुख सदस्य ऐनी बेसेंट ने राष्ट्रीय आन्दोलन ने ईसाई मिशनरियों के प्रचार के फलस्वरूप होने वाले धर्म परिवर्तनों को कम करने में सहायता दी तो दूसरी ओर उन्होंने भारतीयों

में आत्मविश्वास की भावना जागृत की।

4. श्वेत नस्लवाद की नीति के विरुद्ध प्रतिक्रिया-अंगेजी शासकों ने आरम्भ से ही प्रजातीय विभेद की नीति अपनाई। भारत में अंग्रेज अधिकारी व व्यापारी खुले आम शिक्षित भरतीयों का अपमान करते थे। 1857 ईसवीं के विद्रोह ने अंग्रेजों और भारतीयों के बीच की खाई को और चौड़ी कर दिया। यद्यपि 1858 ईसवीं की घोषणा में महानी विक्टोरिया ने रंग-भेद की नीति को समाप्त के का आश्वासन दिया था कि किन्तु भारत के अंग्रेज प्रशासकों ने इसका हृदय से पालन नहीं किया। इसके बाद भी उच्च प्रशासनिक पदों पर काफी संख्या में भारतीयों को नियुक्त नहीं किया गया। यूरोपियन क्लबों में भारतीयों के साथ यात्र करना अपमानजनक मानते थे। न्याय का क्षेत्र भी प्रजातीय विभेद की भावना से अछूता नहीं था। 1864 ईसवी में ट्रेविलियन ने लिखा कि भारतीय न्यायालयों में हमारे एक देशवासी की गवाही को अनेक हिन्दुओं के साक्ष्य से अधिक महत्त्व दिया जाता है। ऐसी परिस्थिति एक निर्मम और महत्त्वाकांक्षी अंग्रेज अधिकारी को भयंकर शक्ति प्रदान करती है। अफ्रीका में नीग्रो जाति के निवासियों के साथ इसी प्रकार के व्यवहार ने भी भारतीयों को ऐसी नीति का विरोध करने के लिए प्रेरित किया।

समाचार-पत्रों का योगदान-1857 ईसवी के विद्रोह के पश्चात् भारत में समाचार-पत्रों की संख्या में तेजी के साथ वृद्धि हुई। 1877 ईसवी में देशी समाचार-पत्रों की संख्या लगभग 169 थी और इनकी लगभग एक लाख प्रतियाँ छपती थी। इन समाचार-पत्रों के सरकारी नीति की आलोचना करने के साथ देश की जनता को अपने अधिकारों के प्रति सचेत किया जथा उन्हें स्वशासन, प्रजातन्त्र और अन्य आधुनिक विचारों से अवगत कराया। भारत के विभिन्न प्रदेशों मे रहने वाले बुद्धिजीवियों को विचार विमर्श करने के लिए प्रेरित किया। इस प्रकार समाचार-पत्रों ने राष्ट्रीय जागृति में अपना अभूतपूर्व योगदान दिया।

समाज की प्राचीन व्यवस्था का अन्त-अंग्रेजों की साम्राज्यवादी व शोषण की नीतियों के कारण समाज का पुनाना ढाँचा टूटने लगा। राजाओं व उनके सम्बन्धियों तथा उच्च प्रशासकों का वर्चस्व समाप्त हो गया। इस पुराने अभिजात्य वर्ग के महत्व की समाप्ति ने उनमें रोा पैदा किया।

नये सामाजिक वर्गों का उदय-ब्रिटिश काल में भारत में नये सामाजिक वर्गों को उदय हुआ। इसी सभी वर्गों की विशेषता यह थी कि वे राष्ट्रीय थे। भारत का नवीन मध्यम वर्ग एक अखिल भारतीय वर्ग था। इन वर्गों ने अपने संगठन बनाये तथा वे राष्ट्रीय स्वतंत्रता के आन्दोलन में शामिल हुए।

समकालीन साहित्य का प्रभाव-उन्नीसवीं शताब्दी में खड़ी बोली के यप में हिन्दी साहित्य का विकास हुआ। आधुनिक हिन्दी के पिता भारतेन्दु हरिश्चन्दु केवल साहित्यकार ही नहीं थे वरन् राष्ट्रीयता के अग्रदूत थे। 'भारत दुर्दशा' नाम नाटक में उन्होंने अंग्रेजों द्वारा किये जाने वाले आर्थिक शोषण का चित्रण किया तथा भारतीयों के आलस्य पर तीखा व्यंग करके उन्हें सचेज करने की चेष्टा की। इस युग के अन्य लेखकों, जिनमें प्रताप नारायण मिश्र तथा बद्रीनाथ चौधरी प्रमुख हैं, की रचनाओं में देश प्रेम की भावना झलकती है। 1870 ईसवं के बाद के उर्दू साहित्य में भी राष्ट्रीयता की भावना की झलक मिलती है। मुहम्मद हुसैन आजाद और ख्वाजा अहमद हाली आदि लेखकों ने अपनी रचनओं में देशभक्ति की भावनाओं को प्रात्साहन दिया। क्षेत्रीय भाषाओं के साहित्य ने भी राष्ट्रीय चेतना का संचार किया। बंकिम चन्द्र चट्टोपाध्याय के

उपन्यास 'आनद मठ' ने अत्याचारी शासन के विरुद्ध विद्रोह बताया गया। तमिल में सुब्रह्मणयम भारती, असमी में लक्ष्मी नाथ वेजबरूआ ने भी इस देश की प्राचीन महानता का स्मरण कराया तथा अन्याय के विरुद्ध आवाज उठाने की प्रेरणा दी।

देशी भाषाओं का विकास-उन्नीसवीं सदी में देशी भाषाओं का विकास हुआ। अंग्रेजी पढ़े लिखे लोग इन भाषाओं के माध्ययम से अपने विचार जनता तक पहुँचाने लगे।

यातायात व संचार के साधनों को विकास-गुरुमुख निहाल सिंह के अनुसार आवागमन के साधनों ने इस विशाल देश को एक कड़ी में जोड़ दिया तथा भौगोलिक एकता को वास्तविकता में बदल दिया। इस प्रकार के साधनों के विकास के फलस्वरूप दूर के प्रदेशों में रहने वाले भारतीय अपनी समस्याओं के समाधान हेतु विचार-विमर्श करने में समर्थ हुए। इस काल में अनेक नेताओं ने देश में विभिन्न भागों क दौरा करके जनता में राजनीतिक चेतना उत्पन्न की।

प्राचीन सभ्यता के प्रति गौरव की भावना-विलियम जोन्स, प्रिंसप, विल्सन और मैक्समूलर आदि पाश्चात्य विद्वानों ने भारतीयों को अपनी प्राचीन संस्कृति की महानता से अवगत कराया। राम मोहन राय, दयानन्द आदि सामाजिक व धार्मिक सुधारकों ने भी अपने देशवासियों में प्राचीन सभ्यता के प्रति गौरव की भावना जागृत करके उनमें आत्म विश्वास पैदा किया। इस समय के नेताओं ने अंग्रेजों के इस झूठे प्रचार का विरोध किया कि भारतीय संस्कृति सैदव हीन रही है। इसके स्थान पर उन्होंने यह बताया कि प्राचीन काल में भारत एशिया के विभिन्न भागों को सांस्कृतिक गुरु रहा है। भारतीय आपसी भेद भाव को दूर करके फिर से मान बन सकते हैं।

आर्थिक शोषण की नीति-अंग्रेजों के आगमन से पहले भारत समृद्धिशाली देश था। अंग्रेजी शासन में यह देश लगातारर गरीब होता गया। भारत की जनता के प्रत्येक वर्ग ने धीरे-धीरे यह जान लिया कि विदेशी शासन उनका निरन्तर शोषण कर रहा है। अंग्रेजी सरकार कृषकों से उनकी उपज का एक बड़ा भाग राजस्व के रूप में वसूल करती थी। जमींदार भी कृषकों पर अत्याचार करते थे। न्यायालयों मे अपील करने की सामर्थ्य आम कृषकों में नहीं थी। किसी प्रकार धन की व्यवस्था करके न्यायालय का दरवाजा खटखटाने के बाद भी उसे वहाँ न्याय नहीं मिलता था क्योंकि सरकारी, तन्त्र जमींदारों का समर्थन करता था। कुटीर उद्योगों के विनाश ने अनेक दस्तकारों को बेकार कर दिया था। सरकार ने कृषि की उन्नति की ओर समुचित ध्यान नहीं दिया। आबादी में लगातार वृद्धि के कारण भूमि पर दबाव बढ़ गया था। अनेक कृषक भूमि विहीन होकर रोजगार की तलाश में शहर आ गये थे। सिंचाई के साधनों का पर्याप्त विकास नहीं किया गया था। अकालों की संख्या बढ़ रही थी।

1813 ईसवी मं मुक्त व्यापार की नीति अपना कर अंग्रेजों ने भारतीय उद्योगों को आघात पहुँचाया। भारत से कच्चा माल इंग्लैण्ड भेजे जाने के कारण यहाँ के उद्योगों को कच्चा माल महंगी दरो पर मिलने लगा। ब्रिटिश सरकार की आर्थिक नीतियाँ इंग्लैण्ड के पूँजीपतियों के जिों का दृष्टिकोण में रखकर निर्धारित की जाती थी। अतएव भारतीय उद्योगों का समुचित विकास होना सम्भव नहीं था। यातायात के साधनों का पर्याप्त विकास नहीं किया गया था फलस्वरूप अन्तर्देशीय व्यापार अधिक उन्नति नहीं कर सका।

कारखानों व मिलों में मजदूरों की दशा खराब थी। उन्हें बहुत कम वेतन मिलता था। उनकी सुरक्षा के प्रबन्ध अपर्याप्त थे। बीमार अथवा अपंग होने की दशा में उनको सहायता देने के लिए कोई व्यवस्था नहीं की जाती थी। खानों में काम करने वाले श्रमिकों की दशा भी इसी

प्रकार खराब थी। चाय क काफी के बागानों में भी श्रमिकों की दशा शोचनीय थी। शिक्षित वर्ग में बेरोजगारी फैली हुई थी, उन्हें योग्य होते हुए अनेक उच्च सरकारी पदों पर नियुक्त नहीं किया जाता था।

प्रशासनिक व्यय की अधिकता की पूर्ति के लिए जनता पर करों का भार अधिक था अंग्रेज अधिकारी धन संचित करके अपने देश ले जाते थे।

वास्तव में अंग्रेजों ने भारत को एक ऐसा उपनिवेश माना जंहा से वे इंग्लैण्ड के उद्योगों के लिए कच्चा माल ले जा सकें, अंग्रेजी माल की खपत कर सकें तथा अंग्रेजी पूँजी को लगा सके। उनकी आर्थिक नीति के प्रत्येक अंग में हम शोषण की प्रवृति स्पष्ट रूप से देख सकते हैं।

इस काल में अंग्रेजों की इस स्वार्थपूर्ण नीति के विरुद्ध अनेक आन्दोलन भी हुए। 1859 ईसवीं में लगाए गए लायसेन्स शुल्क का विरोध अंग्रेज और भारतीय व्यापारियों ने किया। इसके बदले में सरकार ने 1860 ईसवी में आय कर लगाया। इसके विरोध में अनेक स्थानों पर प्रदर्शन हुए। यद्यपि सरकार ने सख्तीं के साथ इस आन्दोलन को दबा दिया किन्तु 1865 ईसवीं में आय कर हटा दिया गया। 1869 ईसवी में यह कर पुनः लगा दिया गया। ब्रिटिश शासित प्रदेशों के अनेक नगरों में इसका पुनः विरोध किया गया। इंग्लैण्ड से आने वाले माल का प्रयोग समाप्त करने के लिए आन्दोलन चलाये गये। 1861 ईसवी में राज नारायण बसु ने "सोसायटी फार दी प्रोमोशन आफ नेशनल फीलिंग" की स्थापना की। इस संस्था ने हर वर्ष एक स्वदेशी मेला लगाया। नामधारी सिक्खों ने गुरु रामसिंह कूका ने भी विदेशी वस्तुओं के बहिष्कार का समर्थन किया। पूना में गणेश वासूदेव जोशी के नेतृत्व में स्वेदेशी आन्दोलन चलाया गया।

इंग्लैण्ड में दादा भाई नैरोजी ब्रिटिश सरकार की आर्थिक नीतियों के विरुद्ध अनेक स्थानों पर भाषण दिये। इन भाषणों में उन्होंने भारत की गरीबी के लिए ब्रिटिश सरकार को दोषी ठहराया।

बिहार व बंगाल में नील की खेती करने वाले कृषकों ने अंग्रेज पूँजीपतियों के अत्याचार के कारण विद्राह किया। इस विद्रोह का वर्णन 'नील दर्पण' नाम एक पुस्तक में किया गया। इसी प्रकार बंगाल में पबना नामक स्थान पर किसानों में असन्तोष भड़क उठा दक्षिण में भी आर्थिक कारणों से उपद्रव हुए।

1857 ईसवी के विद्रोह का प्रभाव–इसमें कोई नहीं कि इस विद्रोह के पश्चात् ब्रिटिश शासकों व भारतीय जनता के बीच की खाई बढ़ गई। सेना के पुर्नसंगठन के द्वारा अंग्रेजों ने अपनी शक्ति बढ़ाई। यद्यपि विक्टोरिया के घोषणा में प्रजातीय विभेद की भावना को समाप्त करने एवं भारतीयों को उच्च पदों पर नियुक्त करने का आश्वासन दिया गया था किन्तु ऐसे वायदों का पालन पूर्णतया नहीं किया गया।

अन्तर्राष्ट्रीय घटनाओं का प्रभाव–अमेरिका की स्वाधीनता की घोषणा (1776 ईसवी तथा) फ्रांसीसी क्रांति ने शिक्षित भारतीयों को स्वतन्त्रता प्राप्ति के लिए प्रेरणा दी। मैजिनी और गेरीबाल्डी के कार्यों से भी युवक प्रभावित हुए।

अन्तर्राष्ट्रीय संस्थाओं का योगदान–यद्यपि राजा राम मोहन राय अंग्रेजी राज्य के समर्थक थे किन्तु उन्होंने भूमि सुधार व अन्य समस्याओं के समाधान हेतु ब्रिटिश सरकार को अनेक स्मरण-पत्र प्रस्तुत किये। बंगाल में 1836 ईसवीं में प्रथम राजनीतिक संगठन 'बंग भाषा

प्रकाशक सभा' बनी। इसके बाद 1838 ईसवी में बंगाल, बिहार व उड़ीसा के जमींदारों ने लैंडहोल्डर्स सोसाइटी की स्थापना की। इस संस्था का उद्देश्य जमींदारों के हितों की रक्षा करना था। 1843 ईसवी में कलकत्ता में बंगाल ब्रिटिश इंडियन सोसाईटी जनता के सामान्त हितों को बढ़ावा देने के लिए स्थापित की गई। 1851 ईसवी मे ये दोनों संस्थाएँ मिल कर एक हो गई। इस संयुक्त संस्था का नाम ब्रिटिश ऐसोशियेशन रखा गया। 1852 ईसवी में मद्रास नेटिव एंसोशियेन और बॉम्बे नेटिव ऐसोशियेशन की स्थापना क्रमशः मद्रास और बम्बई में हुई। इव सभी संस्थाओं ने अपने-अपने प्रान्तों में विभिन्न समस्याओं के निराकरण हेतु सरकार को स्मरण पत्र दिये। 1865 ईसवी में पूना सार्वजनिक सभा की स्थापना हुई। 1866 ईसवी में दादा भाई नैरोजी ने लंदन में ईस्ट इंडिया एसोशियेशन की स्थापना की। इस संस्था। इस संस्था का मुख्य उद्देश्य भारतीय समस्याओं से इंग्लैण्ड की जनता को परिचित कराना था। कुछ समय बाद इस संस्था की शाखाएँ भारत के कुद बड़े शहरों में भी खोली गई। 1870 ईसवी मं महादेव गाकविन्द रानाडे व अन्य नेताओं ने पूना में सार्वजनिक सभा की स्थापना की। पश्चिमी भारत में राष्ट्रीय चेतना जागृत करने में इसने महत्त्वपूर्ण कार्य किये। इसने भारतीय नेताओं को संगठित होकर अखिल भारतीय स्तर पर कार्य करने का सुझाव दिया। 1875 ईसवी में बगाल में इण्डिया लीग की स्थापना हुई। 1876 ईसवी में इसका स्थान इण्डियन ऐश्सोसियेशन ले लिया। 1884 ईसवी में मद्रास में स्थापित महाजन सभा ने दक्षिण भारत में सराहनीय कार्य किया। बदरूद्दीन तैयब जी, फिरौज शाह मेहता, दादा भाई नैरोजी और के.टी तेलंग आदि के प्रयत्नों से 1885 ईसवी में बम्बई में बम्बई प्रेसिडेंसी ऐसोशियेशन की स्थापना हुई।

वस्तुतः कांग्रेस की स्थापना 1885 के पहले के कुछ वर्षो में देश मे चल रहे राजनीतिक कार्यकलाप और गतिविधयों को स्वभाविक परिणिति थी।

इन सभी संस्थाओं ने लॉर्ड लिटन के प्रतिक्रियावादी शासन की आलोचना करते हुए भारतीयों के लिए और अधिकारों की माँगे की। इंग्लैण्ड में दादा भाई नैरोजी ने वहाँ की पार्लियामेण्ट के सदस्यों और जनता के सामने भारत की शोचनीय आर्थिक स्थिति को प्रस्तुत किया तथा इसके लिए आंकड़ों द्वारा अंग्रेजी सरकार को जिम्मेदार सिद्ध करने का प्रयास किया तथा इसके जिलए आंकड़ों द्वारा अंग्रेजी सरकार को जिम्मेदार सिद्ध करने का प्रयास किया। इल्बर्ट बिल के विरुद्ध यूरोपियनों द्वारा किए गए आन्दोलनों के उत्तर में इन राजनीतिक संस्थाओं ने अपना विरोध प्रकट किया। दिसम्बर 1883 ईसर्वी में इंडियन ऐसोशियेशन ने सुरेन्द्र नाथ बनर्जी के नेतृत्व में कलकत्ता में एक अखिल भारतीय सम्मेलन का आयोजन किया। इस सम्मेलन में बंगाल के अतिरिक्त अन्य प्रान्तों के नेताओं ने भी भाग लिया। इसी समय ह्यूम भी एक अखिल भारतीय संस्था की स्थापना के लिए प्रयत्न कर रहे थे। दिसम्बर 1885 ईसवी के अन्त में बम्बई में नव स्थापित इण्डियन नेशनल कांग्रेस का पहला अधिवेशन हुआ। इस अधिवेशन में भारत के अनेक भागों से आए 72 प्रतिनिधियों ने भाग लिया।

लिटन का प्रतिक्रियावादी शासनः लार्ड लिटन की प्रतिक्रियावादी नीतियों ने भारतीयों के असन्तोष और बढ़ा दिया। 1853 ईसवी में इण्डियन सिलि सर्विस की परीक्षा में भारतीयों को भाग लेने की अनुमति दी गई थी किन्तु इसकी शर्ते इतनी कठोर थीं कि किसी भी भरतीयों को भाग लेने की अनुमति दी गई थी किन्तु इसकी शर्ते इतनी कठोर थीं कि किसी भी भारतीय के सफल होने की सम्भावना अत्यन्त कम थीं। 1861 ईसवी के सिविल सर्विस की परीक्षा में भाग लेने

वाले प्रत्याशियों की न्यूनतम आयु 22 वर्ष निश्चित की गई। 1863 ईसवी में इसको घटा कर 21 वर्ष कर दी गई। 1877 ईसवी में इसे और घटा कर 19 वर्ष कर दी गई। भारत में इन परीक्षा के केन्द्रो को खोलने की माँग के ठुकरा दिया गया। इसके विरोध में सुरेन्द्र नाथ बनर्जी के नेतृत्व में आनोलन किया गया। लिटन के समय में वर्नाक्यूलर प्रेस एक्ट द्वारा प्रेस की स्वतंत्रता का दमन किया गया। भयंकर अकाल के समय लिटिन ने दिल्ली दरबार के आयोजन में किये गये धन का भार भी भारतीयों पर डाला गया। उसके समय में पारित शस्त्र अधिनियम ने भारतीयों के हृदय को ठेस पहुँचाई। इस प्रकार लिटिन की प्रतिक्रयावादी नीतियों ने राष्ट्रीय असन्तोष भड़का दिया।

इल्बर्ट बिल विवाद-लार्ड रिप के शासन काल तक एक प्रेसीडेन्सी मजिस्ट्रेट चाहे वह यूरोपियन हो अथवा, यूरोपियन और अमेरिकनों पर भी भारतीयों के समान न्यायिक अधिकार रखता था किन्तु एक भारतीय मजिस्ट्रेट अथवा सेशंस जज प्रेसीडेन्सी नगरों के अतिरिक्त इस अधिकार का प्रयोग उस समय तक नहीं कर सकता था जब तक कि वह जसिटस ऑफ पीस के पद पर कार्य नहीं कर रहा हो। इस भेद भाव को मिटाने के लिए रिपन के समय में इल्बर्ट बिल पेश किया गया। इस बिल में भारत सरकार ने सभी जिला मजिस्ट्रेटों और सेशंस जों को, जो कि पदेन जस्टिस पीस थे यूरोपियन एवं अपेरिकन व्यक्तियों के फौजदारी मामले की जाँच करने के अधिकार देन का प्रस्ताव किया। भारत में रहने वाले यूरोपियनों ने संगठित होकर इसका विरोध किया। उन्होंने इंग्लैण्ड में भी इसके विरोध में आन्दोलन किया। अन्त में रिपन ने एक समझैता किया। यद्यपि इस समझौते में सभी भारतीय जिला मजिस्ट्रेटों और सेशंस जजों को यूरोपियन एवं अमेरिकन अभियुक्तों की जाँच दूसरी अदालत में अपील कर सकते थे। एक यूरोपियन अमेरिकन अभियुक्त को एक ऐसी जूरी द्वारा अपने मामले की जाँच कराने का भी अधिकार दिया गया जिसके आधे से अधिक सदस्य यूरोपियन अथवा अमेरिकन अथवा सम्मिालित रूप से दोनों हों।

भारत के राजीनीतिक जीवन पर इस बिल से उत्पन्न हुए विवाद का गहरा प्रभाव पड़ा। यूरोपियन व अंग्रेजों की संगठित शक्ति के सामने सरकार झुक गई। भारतीय यह समझ गये कि संगठित आन्दोलन द्वारा ही न्यायपूर्ण माँगो को सरकार से मनवाया जा सकता है। अतएव एक अखिल भारतीय राजनीतिक संस्था को संगठित करने के प्रयत्नों में तेजी आ गई। 20 से 30 दिसम्बर, 1883 ईसवी में बगाल की इण्डि ऐसोशियेन ने पहला अखिल भारतीय सम्मेलन किया। इस समय में एलेक्जेण्डर आक्टेवियन ह्यूम ने भारत के अनेक नेताओं से सम्पर्क स्थापित करके इण्डियन नेशनल कांग्रेस की स्थापना की।

ह्यूम के प्रयत्नः

जब प्रश्न यह उठता कि जब सुरेन्द्र नाथ बनर्जी और अन्य नेता एक देशव्यापी संगठन बनाने के लिए प्रयास कर रहे थे तो उस समय एक अंग्रेज को ऐसा संगठन बनाने की क्या आवश्यकता पड़ी? वेडरबर्न ने ह्यूम की जीवनी में लिखा है कि लार्ड लिटिन के शासन के अन्त में अर्थात् 1878 और 1879 ईसवी के लगभग ह्यूम को पक्का विश्वास हो गया था कि बढ़ती हुई अशान्ति का मुकाबला करने के लिए कुछ करना जरूरी है। देश के विभिन्न भागों में रहने वाले कुछ शुभचिन्तकों से उन्हें चेजावनी मिली थी कि आर्थिक कष्ट और बुद्धिजीवियों के (सरकार से) अलगाव के कारण भारत में भावी कल्याण के लिए खतरा पैदा हो गया था।"लार्ड लिटिन की पुत्री बैटी बेलफार ने भी लिखा है कि भारत में परिसिथति बिस्फोटक तथा क्रान्ति की सीमा

पर थी। ऐसी परिस्थितियों में ह्यूम ने भारतीयों के जोश को रोकने के लिए अखिल भारतीय संस्था खोलने का निश्चय किया। उसने तत्कालीन वायसराय रिपन से भी बातचीत की। रिपन ने ह्यूम की उस समय की बातों से स्पष्ट है कि कांग्रेस की स्थापना का का विचारर उसने सुरक्षा के लिए किया। अंग्रेजों की नीतियों के फलस्वरूप शिक्षित जनता में फले हुए असंतोष को दूर अथवा कम करने के लिए एक 'सुरक्षा वाल्व' की आवश्यकता को उसने महसूस किया। उस समय भारतीयों का असन्तोष एक ऐसे चौराहे पर खड़ा था जब कि वह राष्ट्रीय मुक्ति का वैसा ही रास्ता अपना सकता था जो इटली और अमेरिका ने अपनाया था। भारत के राष्ट्रीय आन्दोलन को इस मार्ग पर जाने से रोकने के लिए ब्रिटिश शासकों ने हस्तक्षेप करना उचित समझा।

लेकिन केवल यह कहना कि कांग्रेस की स्थापना सेफ्टी वाल्व के रूप में हुई, सत्य नहीं है। इस समय कुछ नेता एक अखिल भारतीय राजनीतिक संगटन की स्थापना के लिए प्रयत्नशील थे। इन देशभक्तों ने ह्यूम का साथ इसलिए दिया कि वे अपनी आरम्भिक गतिविधियों के लिए सरकार के सन्देह का पात्र नहीं बनाना चाहते थे। यदि ह्यूम कांग्रेस को सुरक्षा वाल्व के प में इस्तमाल करना चाहा तो आरम्भिक कांग्रेस के नेता 'तड़ित चालक' के रूप में प्रयोग करना चहाते थे। 1913 ईसवी में गोपाल कृष्ण गोखले ने कहा कि यदि कोई भारतीय इस प्रकार की सस्था स्थापित करके आन्दोलनों के लिए आगे आता तो सरकारी न होता तो उसे अस्तिव में नहीं आने देते। यदि 'कांग्रेस का संस्थापक एक सरकारी अधिकारी न होता तो उन दिनों के राजनीतिक आन्दोलनों के सन्देहास्पद वातावरण में सरकारी अधिकारी इस आन्दोलन को कुचलने का रास्ता निकाल लेते।'

भारतीय राष्ट्रीय कांग्रेस के उद्‌गम के बारे में विभिन्न विचारः

यह कहना गलत होगा कि भारतीय राष्ट्रीय कांग्रेस का उद्‌गम एक व्यक्ति द्वारा अथवा अचानक हुआ। एक अजग संस्था के रूप में भारतीय राष्ट्रीय कांग्रेस के उद्‌गम के विषय में विद्धनों में मतभेद हैं।

अभय कपाट का सिद्धान्त-लाला लाजपत राय ने इस विचार का समर्थन किया था। वेडरर्वन ने लिखा है कि उस समय स्थिति अत्यन्त विस्फोटक थी। अतः ह्यूम ने लोगों के क्रोध व आवेग को 'अनपकारी प्रणालिका' में डालने के लिए इसकी स्थापना की।

थियोसोफिकल सोसाइटी की योजना-ऐनी बेसेन्ट ने यह दावा किया है कि थियोसोफिकल सोसाइटी के सदस्यों ने इसकी योजना बनाई। उनके अनुसार 1884 ईसवी के अन्त में 17 थियोसोफिकल मद्रास में एकत्रित हुए तथा उन्होंने एक राष्ट्रीय आन्दोलन चलाने का निश्चय किया। लेकिन इन सत्रह व्यक्तियों में से अधिकांश ने कांग्रेस के प्रथम अधिवेशन में भाग नहीं लिया था। इसके अतिरिक्त न तो वेडरर्बन व सुरेन्द्रनाथ बनर्जी ने और न ही प्रथम कांग्रेस अधिवेशन की अधिकृत रिर्पाट में इस सभा का कोई उल्लेख किया है अतएव ऐनी बीसेन्ट के दावे को स्वीकार काना कुछ कठिन है।

कांग्रेस का रचियता-डफरिनः 1898 ई. कांग्रेस के प्रथम अध्यक्ष डब्ल्यू.सी.बनर्जी ने लिखा कि इसकी स्थापना डफरिन के षड़यंत्रकारी दिमाग की उपज थी। उन्होंने ही ह्यूम को एक राजनीतिक संस्था बनाने को कहा था। आर.पी.मसानी ने इस विचार का समर्थन किया है। लेकिन डफरिन के निजी पत्रों से, जो कुद समय पहले ही प्रकाशित हुए है, इस विचार की पुष्टि

नहीं होती। उन्होंने तो ह्यूम के विचारों पर अप्रसन्नता प्रकट की थी।

डफरिन-ह्यूम षड्यंत्र-आर.पी.दत्त के अनुसार एक अखिल भारतीय राजनीतिक संस्था बनाने की योजना डफरिन व ह्यूम ने मिलकर 1885 की गर्मियों में शिमला में बनाई थी। लेकिन डफरिन के पत्र इसकी पुष्टि नहीं करते।

रूस के भय क उपज-नंद लाल चटर्जी ने यह सिद्ध करने का प्रयास किया है कि कांग्रेस का गठन भारत पर रूस के सम्भावित आक्रमण के विरुद्ध किया गया था। 1884 ईसवी में रूस ने मर्व पर और 1885 ईसवी में पंजदेह पर अधिकार कर लिया था। डफरिन ने गृह सरकार को लिखा कि रूस के भय के कारण प्रशासन का कार्य कठिन होता जा रहा है। इस मनोवैज्ञानिक भय के समय डफरिन व ह्यूम की योजना का विरोध नहीं किया।

अंग्रेज समर्थक और रूसी विरोधी मंच के रूप में-बी.एल.ग्रोवर के अनुसार कांग्रेस की स्थापना इसलिए की गई थी कि एक ऐसा मंच मिल सके जहाँ उदारवादी भारतीय नेता रूस विरोधी और अंग्रेज समर्थक प्रचार कर सकें। 1889 ईसवी में वेडरबर्न कांग्रेस के अध्यक्ष के पद से कहा कि रूसी सेनापतियों को यह आशा थी उनके आक्रमध करते ही भारतीय विद्रोह कर देंगे किन्तु कांग्रेस बन जाने से इसकी रोक थाम हो गयी।

बिपिन चन्द्र ने ह्यूम की भूमिका और 'सुरक्षा वाल्व' के मिथक के बारे में विस्तार से अध्ययन किया है। इस मिथक को अनेक उदारहरणवादी नेताओं ने भी स्वीकार किया है। रजनी पाम दत्त ने भी इसमें अपना विश्वास प्रकट किया है। 1938 में गिरजा मुकर्जी ने भी लिखा था कि कांग्रेस का जन्म 'सुरक्षा वाल्व' के रूप में हुआ था। इन सब विद्धानों के द्वारा इस मत को मानने का का आधार ह्यूम की जीवनी है जिसे 1913 में वेडर्बन ने प्रकाशित किया था। इसमें सात खण्डो वाली एक गोपनीय रिपोर्ट की चर्चा है। लाजपत राय ने स्वीकार किया है कि उन्होंने इसके कुछ अंशों केा देखा था। 1933 में गुरुमुख निहाल सिंह ने इसे एक सरकारी रिपोर्ट बताया। ह्यूम को यह रिपोर्ट उनके सरकारी पद पर कार्य करते समय हाँसिल हुई थी। रमेश चन्द्र मजूमदार तथा ताराचंद ने भी इसे एक ऐतिहासिक तथ्य मानते है। भारतीय राष्ट्रीय अभिलेखागार में जब यह रिपोर्ट खोजने पर भी नहीं मिली तो यह मान लिया गया कि 1947 में भारत छोड़ने के पहले अंग्रेजों ने इसे नष्ट कर दिया।

इस मामले की छानबीन करने से यह पता चलता है कि 1878 में ह्यूम राजस्व, कृषि और वाणिज्य विभाग के सचिव थे। अतएव गृह विभाग की एक गुप्त रिपोर्ट उनके पास कैसे पहुँच सकती थी। इसके अतिरिक्त ह्यूम उस समय शिमला में नियुक्त थे और गृह विभाग की फाइलें दिल्ली में रखी जाती थीं और उन्हें शिमला नहीं भेजा जाता था।

यह बताया गया है कि इस रिपोर्ट में उन तीस मुखबिरों का जिक्र था जिन्होंने भारत की विस्फोटक स्थिति के बारे में सूचना दी थी लेकिन उस समय खुफिया विभाग से सौ से ज्यादा कर्मचारी थे ही नहीं। अतएव 3000 मुखबिर कहाँ से आ गये?

यदि 1878 में देश में हिंसा भड़कने की आशंका थी तो सरकार ने सात साल तक क्यों पप्रतीक्षा की?

ह्यूम ने कहा था कि उसे धार्मिक नेताओं से, जो देश के सभी भागों मे बसे हुए थे।, यह सूचना मिली। लिटिन के शासन काल में वे इनके सम्पर्क में आये। इन नेताओं ने ह्यूम को

कहा कि उन जैसे लोग ही 'महा विपत्ति' को टालने में मदद करसकते है। इसमें कोई सनदेह नहीं कि 1881 में थियोसोफिकल सोसाईटी की संस्थापक मादाम ब्लावात्सकी के सम्पर्क में आये। ब्लाकात्सकी ने उन्हे हिमालय में निवास करने वाले महात्माओं के बारे में बताया जो अलौकिक शक्ति रखते थे। ह्यूम ने इन महात्माओं की अलौकिक शक्ति पर आस्था प्रकट की। ह्यूम ने दिसम्बर, 1883 व जनवरी, 1884 रिपन को बताया कि उनका सम्पर्क इन महात्माओं से बहुत पहले हो चुका था तथा इनके हस्तक्षेप के कारण ही 1857 का विद्रोह दबाया जा सका था तथा अब भी वे उनके तथा लोगों के माध्यम से रिपन की मदद क रहे हैं। ऐसी ही बात ह्यूम ने डफरिन के साथ करने की कोशिश की। लेकिन जब 1888 में ह्यूम ने डफरिन के सामने यह दावा किया किया कि वे अलौकिक शक्तियों के माध्यम से सूचनाएं प्राप्त करते है और उन्हें विदेश सचिव के नाम वायसराय द्वारा लिखे गये तमाम गुप्त पत्रों की जानकारी है तो डफरिन ने उन्हें झूठा बताया। अतएव यह कहा जा सकता है ये रिपोर्ट, जिसे ह्यूम ने शिमला में देखा था, माहत्माओं व ह्यूम के मित्रों ने तैयार की होगी। अतएव इसको अधिकृत सामग्री नहीं माना सकता।

'सुरक्षा वाल्व' के पक्ष में दूसरा सबूत जो दिया जाता वह 1898 में डब्ल्य.सी. बनर्जी द्वारा दिया गया एक बयान है जिसमें उन्होंने कहा था कि डफरिन की सलाह पर ह्यूम ने कांग्रेस का गठन किया। लेकिन 1888 में सेट एंडूयजू दिवस पर डफरिन ने कांग्रेस पर आरोप लगाया था कि वह अपने निहित स्वार्थो के लिय सामाजिक सुधारों को नजर अंदाज कर राजनीतिक आन्दोलन चला रही है। डफरिन ने जून,1885 में रे को लिखा था कि ह्यूम व उसकी कांग्रेस से सावधान रहिये। इसके बाद वे समय-समय पर ह्यूम की आलोचना करते रहे। अतएव डफरिन के सहयोग से ह्यूम ने कांग्रेस की स्थापना एक 'सेफ्टी वाल्व' के रूप में की, इसको स्वीकार नहीं किया जा सकता।

ब्रिटिश साम्राज्य के प्रति भारतीयों का विद्रोह

''नागरिक विद्रोहों का सिलसिला बंगाल और बहार में ब्रिटिश राज की स्थापना के साथ ही शुरू हो गया और जिन-जिन क्षेत्रों को यह औपनिवेशिक शासन निगलता गया, वहाँ-वहाँ विद्रोह के झंडे बुलंद किए जाते रहे।''

भारत में ब्रिटिश साम्राज्य की स्थापना के समय से ही उनके विरुद्ध यदा-कदा विद्रोह होते रहे। उनमें से अनेक विद्रोह सशस्त्र थे किन्तु कुछ विद्रोह अहिंसात्मक भी थे। बिपिन चन्द के अनुसार ब्रिटिश शासन से प्रत्यक्ष रूप से उत्पन्न होने वाला असन्तोष इसका प्रमुख कारण था। ब्रिटिश शासन की स्थापना से जो व्यक्ति अथवा समूह अपदस्थ हुए थे, उन्होंने अपना विरोध अंग्रेजों की उन राज्यों पर विजय के तुरन्त बाद प्रकट किया। वेतनभोगी सैनिकों के असन्तोष की परम अभिव्यक्ति 1857 ई. के विद्रोह में देखने को मिलती है। जातिगत और आदिवासियों के विद्रोहों का भी हम अवलोकन कर चुके हैं। इस अध्याय में हम नागरिकों के विद्रोहों का अध्ययन करेंगे।

कारण

एक विदेशी सत्ता के अधीन रहना किसी भी देश का नागरिक सामान्य रूप से पसन्द नहीं करता। इसके अतिरिक्त ब्रिटिश साम्राज्य के विरुद्ध असन्तोष व विद्वेष की भावना के उत्पन्न

होने के कई अन्य कारण थे:

1. एक नई शासन व्यवस्था के अधीन, जो कि सदियों से चली आई शासन व्यवस्था से बिल्कुल भिन्न थी, रह कर स्वयं को उसके अनुकूल बनाना जनता के लिए कठिन कार्य था।

2. ब्रिटिश के पहले की शासन व्यवस्थाओं के गुणों और दोषों से समाज के जिन विशिष्ट वर्गों और व्यक्तियों को लाभ पहुँचा था, उनमें अधिकांश नई शासन प्रणाली की स्थापना से अपदस्थ हो गये थे। उदाहरणार्थ हिन्दू व मुस्लिम शासन में अनेक विद्धानों, सनतों और धार्मिक स्थानों को शासकों का संरक्षण प्राप्त था लेकिन ब्रिटिश काल में माफी की जमीनों की जब्ती ने उनका असहाय बना दिया।

3. राजस्व व्यवस्थाओं में परिवर्तनों के फलस्वरूप पहले के भूमिपतियों और कृषकों को हानि पहुँची थी। भूमिपतियों के अनेक अधिकार छिन गये तथा कुछ करों के बोझ से दब गये।

4. यद्यपि ब्रिटिश ने शनैः-शनैः कानून व व्यवस्था स्थापित करके व्यक्तिगत शासन का अन्त करने का प्रयत्न किया था लेकिन इससे भी अनेक व्यक्ति असन्तुष्ट थे। ब्रिटिश राज्यों में कानून की दृष्टि में अमीर व गरीब समान थे। अतएव इस नई व्यवस्था का विरोध उन व्यक्तियों के लिए करना स्वाभाविक था जो कि सदियों से समाज में विशेष अधिकारों से युक्त थे। दूसरी ओर अंग्रेजी न्यायालयों से गरीबों को विशेष लाभ नहीं मिला। मुकदमें लड़ने के लिए उनके पास धन व समय की कमी थी। इसलिए उन्होंने भी इसका विरोध किया।

5. ब्रिटिश द्वारा स्थापित पुलिस व्यवस्था प्रभावशाली सिद्ध नहीं हुई। मिल के अनुसार जवन व माल की सुरक्षा की भावना स्थापित नहीं हुई। 1859 में विलियम एडवर्डस् ने लिखा कि "पुलिस जना की उत्पीड़न बन गई है।"

6. पहले की भाँति अपना असन्तोष व्यक्त करने के लिए जनता उच्च अधिकारियों के पास नहीं जा सकती थी क्योंकि अंग्रेज अधिकारी उनसे मिलना पसन्द नहीं करते थे।

7. अंग्रेजी शासन व्यवस्था एक यन्त्र के समान कार्य करती थी। इसमें व्यक्तिगत सहानुभूति का अभाव था।

8. नये सामाजिक कानूनों का लागू किया जाना भी जनता को पसन्द नहीं था क्योंकि ये उनकी परम्पराओं के अनुकूल नहीं थे।

9. न्यायालयों मे फारसी के स्थान पर अंग्रेजी भाषा के प्रयोग को जनता, विशेषकर मुसलमानो, ने, पसन्द नहीं किया।

10. भारतीयों की उच्च पदों पर नियुक्ति न किया जाना भी असन्तोष का एक प्रमुख कारण था। सैयद अहमद खाँ के अनुसार जनता की रीति-रिवाजों, परम्पराओं, आकांक्षाओं, योग्यताओं और भावनाओं को भली-भाँति समझने पर एक सरकार कस स्थायित्व निर्भर रहता है। किन्तु ब्रिटिश सरकार ने भारतयों का उच्च पदों से वंचित करके शासन प्रबन्ध में जनता का सहयोग प्राप्त नहीं किया।

11. ब्रिटिश अधिकारी भारतीयों को हीन दृष्टि से देखते थे। सैयद अहमद खाँ, जो कि एक अधिकारी थे तथा अंग्रेजों के समर्थक थे, लिखते है कि अंग्रेज अधिकारियों क घमण्ड उन्हें भारतीयों को मनुष्य मानने से इन्कार करता था।

12. उच्च वर्ग के शिक्षित व्यक्तियों ने भारतीयों को किसी भी प्रकार के राजनीतिक अधिकार न देने का विरोध किया।

13. अंग्रेज अधिकारियों और कर्मचारियों द्वारा भारतीयों को शारीरिक आघात पहुँचाने पर भी दण्ड नहीं दिया जाता था।

14. निचले स्तर पर कार्य कर रहे अधिकारियों के जबरदस्त भ्रष्टाचार से जनता की परेशानियाँ बढ़ गई थीं।

15. किसानों व दस्तकारो के अलावा देशी राज्यों के कर्मचारी बेरोजगार हो गये थे।

16. धार्मिक नेताओं और परम्परागत रूप के बौद्धिक वर्ग ने भी ब्रिटिश शासन के विरुद्ध फिजाँ भड़काई।

17. भारत में ईसाई धर्म के प्रचारकों की गतिविधियों से जनता अत्यन्त असन्तुष्ट थी। वास्तव में इन विद्रोहों के पीदे एक बड़ा कारण ब्रिटिश शासन के चरित्र का विदेशी होना था।

शशि भूषण चौधरी ने इन नागरिक विरोध आन्दोलनों का वर्णन किया है। उनके मत में सामान्य नागरिकों के आन्दोलनों में कई अवसरों पर मध्यम वर्ग के नागरिकों ने शान्तिपूर्ण प्रदर्शन करके अथवा याचिका प्रस्तुत करके विरोध प्रकअ करने की पद्धति अपनाई जो उन्होंने अंग्रेजों से सीखी थी। कुछ मामलों में हिंसात्मक घटनायें भी हुई।

जब 1778 ई. में वारेन हेस्टिंग्ज ने बनारस के राजा चेतसिंह से कर के रूप में अधिक रकम माँगी तो राजा ने उसका विरोध किया। तीन साल बाद जब चेतसिंह को गिरफ्तार करने की कोशिश की गई तों उसके सैनिकों और सभासदों ने उसकी रक्षा की और उसे भागने में सहायता दी।

मेरों का विरोध:

1818 ईसवी में अंग्रेजों ने अजमेर और उसके निकट के प्रेदेशों पर अधिकार कर लिया। अजमेर के निकट के प्रदेशों में रहने वाले मेरों ने इसका विरोध किया। मार्च 1819 ईसवीं में उनके विरुद्ध सेना भेजी गई। शीघ्र ही यह विरोध मेरवाड़ा के सभी ग्रामों में फेल गया। मेरों ने कुछ पुलिस चौकियों पर आक्रमण किया। 1820 ईसवीं में अंग्रेजों, मारवाड़ और मेवाड़ राज्यों की सेनाओं ने उनका दमन किया।

नमक कर का विरोध:

1844 ईसवी में नमक कर की दर आठ आना बढ़ाकर एक रुपया कर दी गई। सूरत में इस नमक कर कानून के विरुद्ध गरीब जनता ने असन्तोष प्रकट किया। 28 व 29 जून को सूरत की जनता ने साहूकारों और महत्त्वपूर्ण व्यक्तियों के घरों को घेर लिया तथा कुछ तोड़-फोड़ भी की। वे उनमें से कुछ को अदालत तक भी भी ले गये। अदालत पहुँचकर उन्होंने एक स्मरण-पत्र प्रस्तुत किया। अदालत के दरवाजों को बन्द पाने पर उत्तेजित भीड़ ने पुलिस पर पत्थरों आदि से हमला कर दिया। लेकिन सैनिकों के आने से पहले ही वे शान्त हो गये तथा अपने घरों को लौट गयो। सरकार ने नमक कर में वृद्धि के कारणों को समझाते हुए एक घोषणा-पत्र निकाला। लेकिन दूसरे दिन भी नगर में हड़ताल रही॥ जनता ने पुलिस की ज्यादतियों की जाँच की माँग

की। उन्हें जाँच कराने का आश्वासन दिया गया। सूरत के सरकार अधिकारियों स्वीकार किया कि इस आन्दोलन में सभी नागरिकों ने भाग लिया। अगले दिन फिर अदालत के सामने प्रदर्शन हुआ। जनता ने यूरोपियन विरोधी नारे भी लगाये तथ उन पर पत्थरों व ईटों की बौछार की। सरकार को अब यह आशंका होने लगी कि शीघ्र ही यह आन्दोलन विद्रोह का रूप धारण कर लेगा अतएव उसने नमक कर में वृद्धि को वापस ले लिया।

तोल और नाप के पैमाने का विरोध:

1848 ईसवी में सूरत में बंगाल के मानक तोल और नाम के पैमानों के प्रचलित करने पर भी रोष प्रकट किया गया। इस बार जनता ने सत्याग्रह और बहिस्कार की नीति अपनाई। ऐसे दूकानदारों का बहिष्कार किया गया जिन्होंने नये माप तोल का प्रयोग किया था। सारी दुकानें बन्द रखी गयीं तथा सरकारी संस्थाओं को कोई भी सामान नहीं दिया गया। इंग्लैण्ड के प्रिवी कौंसिल में मुकदमा दायर करनेके लिये 50,000 रुपये इकट्ठे किये गये। एक अर्जी पर लगभग पाँच हजार व्यक्तियों ने हस्ताक्षर किये। एक सप्ताह बाद सरकार ने उनकी बात मान ली।

रमेशचन्द्र मजूमदार के मत में इ दो घटनाओं में जनता के सामूहिक प्रदर्शन को देखते हुए सरकार ने अपने आदेश वापस ले लिये किन्तु 1857 ईसवी के बसद सरकार के दृष्टिकोण में परिवर्तन आया। 1860 ईसवी में सूरत में ही आय कर के विरोध में किया गया आन्दोलन सख्ती के साथ दबा दिया गया।

आयकर का विरोध:

1860 ईसवी में बम्बई प्रेसीडेन्सी में आय कर लगाया गया। जनता ने इसका विरोध यिका। सूरत में लगभग बीस साहूकारों का आय कर विभाग के कार्यालय में जाने पर जनता ने यह सोचा कि वे अपनी आय का हिसाब देने तथा आय का निर्धारित कराने वहाँ गये हैं। इस घटना से उत्तेजित होकर जनता वहाँ गई तथा उन्होंने लगभग चार सौ आय कर के लेखा-जोखा फाड़ डाले। दो सप्ताह बाद लगभग तीन हजार व्यक्तियों ने एक स्थान पर एकत्रित होकर घोषणा की कि वे आय कर नहीं देंगे। पुलिस के सवारों ने उनको उस स्थान से खदेड़ दिया। सरकार ने सख्ती से पेश आकर आन्दोलन को दबा दिया। इसी समय थाना, कल्याण व कुछ अन्य नगरों में भी आय कर के लेखा-जोखों को फाड़ दिया गया। सरकारी अधिकारियों के समझाने पर वे शान्त हो गयो। बेसीन में भी आय कर के विरुद्ध प्रदर्शन हुआ। स्थानीय आय कर अधिकारी ने उन्हें समझाने की कोशिश की लेकिन उनमें से गोवर्धन दास नामक व्यक्ति ने उसकी एक न सुनी। इस पर उसे गिरफ्तार किया गया। जनता ने आयकर अधिकारी के निवास स्थान पर हमला किया। आय कर अधिकारी वहाँ से भागकर एक नाव में बैठ गया। जनता ने कुछ समय तक उसका घेराव किया। लेकिन समझाने-बुझाने पर वे लौट गये।

लाइसेंस कर का विरोध

1878 ईसवी में लाइसेंस कर लगाये जाने पर सूरत में प्रदर्शन हुए। यह कर अकाल में राहत कार्यों में किये गये व्यय की पूर्ति के लिये था। 1अप्रेल को शहर में हड़ताल हुई। तीन दिन बाद एक भीड़ यूरोपियनों की आवासों की ओर बढ़ी लेकिन पुलिस ने उसे मार्ग में रोक लिया।

अगले दिन वे रेलवे स्टेशन गये। पुलिस ने उन्हें हानि पहुँचाने से रोका। इसके बाद जनता वापस शहर आई जहाँ उन्होंने पुलिस अधीक्षक व एक अंग्रेज को चिकित्सालय में शरण लेने पर मजबूर किया। सैनिकों ने जनता की भीड़ पर गोली चलाई जिसमें दो या तीन व्यक्ति मारे गये।

विशप हेबर ने बनारस में मकान–कर लगाये जाने का नागरिकों द्वारा विरोध का वर्णन किया है। आरम्भ में उन्होंने स्मरण–पत्र प्रस्तुत किये। इसका कोई परिणाम न निकलने पर जनता ने धरना देने का निश्चय किया। कुछ ब्राह्मणों के नेतृत्व में बनारस व उसके आस–पास के क्षेत्रों में लगभग तीन हजार व्यक्ति धरने पर बैठ गये। कुछ दिनों बाद धरना समाप्त किया गया था तथ दस हजार व्यक्तियों के एक शिष्ट मण्डल को गवर्नर जनरल के पास भेजनी की योजना बनाई गई। कलकत्ता जाने वाले प्रत्येक व्यक्ति को अपना व्यय स्वयं वहन करना था। काफी संख्या में व्यक्ति बनारस से रवाना हुए लेकिन मार्ग कही तकलीफों के कारण लौट आये। सरकार ने अपने आदेश को वापस ले लिया।

सामाजिक सुधार के अधिनियमों और समाचार–पत्रों की स्वतन्त्रता समाप्त करने का विरोधः

सामाजिक सुधार अधिनियों और समाचार–पत्रों की स्वतंत्रता को नियमित करने के विरुद्ध भी विरोध प्रकट किये गये।

1837 ईसवी में अंग्रेजी को सरकारी भाषा बनाये जाने पर हजारों मुसलमानों ने विरोध प्रकट किया। 1823 ईसवी में याचिकायें भेजकर प्रेस सम्बन्धी नियमों को रद्द करने की माँग की गई। 1844 ईसवीं में बिक्री कर में वृद्धि के विरोध में किये गये प्रदर्शनों के आगे सरकार को झुकना पड़ा।

1878 ईसवीं मे लिटन के शासन काल में भारतीय भाषाओं के समाचार–पत्रों पर प्रतिबन्ध लगाया गया। इस कानून की निन्दा करने के लिए अनेक सभायें की गयी। 1882 ईसवी में रिपन ने यह कानून वापस ले लिया।

बिपिन चंद के अनुसार विद्रोहों का सिलसिला हालाँकि काफी लम्बा चला किनतु ये विद्रोह स्थानीय स्तर तक ही सीमित रहे तथा एक दूसरे से पूरी तरह अलग–अलग भी रहे। चूंकि इन विद्रोहों के पीदे महज स्थानीय कारण और मुद्दे थे इसलिये से व्यापक रूप धारण नहीं कर सके।

ऐसे विद्रोहों में इतनी क्षमता नहीं थी कि वे प्रशासन का मुकाबला कर सकें। अतएव अंग्रेज उन्हें दबाने में सफल हुए।

उन्नीसवीं सदी के अन्तिम दशकों मे भारत में राजनीतिक चेजना जगाने लगी थी। शिक्षित जनता समझा गई थी कि संगठित हुए बिना सफलता नहीं मिल सकती।

चुने हुए विचारः

बिपिन चंदः ''यद्यपि इनका दायरा सीमित हुआ करता था लेकिन प्रायः इन विद्रोहों में सैकड़ों से लेकर हजारों तक सशक्त विद्रोही सम्मिलित हुआ करते थे।''

प्रथम स्वतंत्रता संग्राम 1857

सन् 1857 के विद्रोह को भारत के प्रथम स्वतंत्रता संग्राम के नाम से जाना जाता है। इस में लाखों सैनिकों, कारीगरों और किसानों ने विदेशी शासन को उखाड़ फेंकने के लिये मिल जुल कर प्रयास किये। यह विद्रोह कोई आकस्मिक घटना नहीं थी। यह लगभग एक शताब्दी से ब्रिटिश नीतियों और साम्राज्वादी शोषण के प्रति असंतोष का परिणाम था। भारत पर अधिकार करने के बाद अंग्रेजों ने लम्बी प्रक्रिया द्वारा भारतीय अर्थव्यवस्था और समाज को अपने अधीन किया था। इस प्रक्रिया ने लोगों को जन संघर्षों के द्वारा अंग्रेजों के विरोध का मार्ग दिखाया। अंग्रेजी सत्ता को एक इस प्रकार की चुनौती प्राय: अधिकारष्युत राजाओं, बेदखल जमीदारों ओर पोलगारों (दक्षिण भारत में भूमि सम्पन्न फौजी उच्चपदाधिकारी) और अंग्रेजों द्वारा विजित राज्यों के भूतपूर्व अधिकारियों द्वारा दी गई थी। इन विद्रोहों का जनाधार बरबाद किसान, कारीगर और कार्य विरत सैनिक थे।

सन् 1760 के दशक में बंगाल और बिहार में सन्यासी और चुआर विद्रोह हुये। उस समय शायद ही कोई ऐसा वर्ष होगा, जिसमें देश के किसी न किसी भाग में कोई विद्रोह भी हुए। यद्यपि ये विद्रोह संख्या में बहुत अधिक थे परन्तु इन की प्रकृति और परिणाम पूरी तरह स्थानीय थे। समय की दृष्टि से भी ये अलग-अलग काल में हुए। सन् 1857 के विद्रोह में देश के अधिकांश हिस्सों से लाखों व्यक्तियों ने भाग लिया और अंग्रेजी शासन का जमकर मुकाबला किया।

कारण

10 मई 1857 में कम्पनी के भारतीय सिपाहियों ने मेरठ में गदर की शुरुआत की। उन्होंने अपने यूरोपीय अफसरों को मार डाला, दिल्ली के लिये रवाना हुए और लाल किले में घुस कर वृद्ध और अधिकारच्युत मुगल सम्राट बहादुरशाह द्वितीय को भारत का शासक घोषित किया।

कम्पनी के सिपाहियों को अपने अंग्रेज अफसरों से बहुत सी शिकायतें थी जिनमें सेवा शर्तो में गिरावट से लेकर धार्मिक हस्तक्षेप और जातीय गर्व सम्मिलित था। लेकिन मूलत: ये शिकायतें ब्रिटिश शासन के प्रति व्याप्त असंतोष का हिस्सा थी। वास्तव में सिपाही भारतीय समाज के ही अंग थे- वे वर्दी में किसान थे। उनमें भारतीय समाज के अन्य वर्गों की आशाएँ इच्छाएँ निराशा और अंसतोष झलकता था। सिपाहियों का विद्रोह भारतीयों के एकत्रित असंतोष का ही परिणाम था। गदर का सबसे प्रमुख कारण परम्परागत भारतीय अर्थव्यवस्था में बिखराव इसका ब्रिटिश अर्थव्यवस्था के अधीन होना और देश का आर्थिक शोषण था। भू-राजस्व की माँग को बढ़ाने की उपनिवेशिक नीति के कारण बड़ी संख्या में किसानों की भूमि व्यापारियों और महाजनों ने हड़प ली थी। परम्परागत हस्तशिल्प के नष्ट होने से हजारों कारीगर गरीब और बरबाद हो गये। सन् 1770 से 1857 के दौरान 12 बड़े और अनेक छोटे अकाल पड़े। इनके कारण भी किसानों और कारीगरों की आर्थिक स्थिति खराब हुई थी।

हजारों जमीदार और पोलगर अपनी जमीन और भू- राजस्व से हाथ धो बैठे। हजारों छोटे रजवाड़ो ने अपने राज्य खो दिये। बहुत से भारतीय राजाओं को ईस्ट इंडिया कम्पनी का हस्तक्षेप पंसद नहीं था। इसके अतिरिक्त इन राजाओं सेनसपतियों कुलीनों और जमींदारों पर आश्रित परम्परागत भारतीय विद्वान जैसे कि पुजारी आदि भी अपना संरक्षण खोकर दरिद्रता की और अग्रसर हो रहे है।

विद्रोह का एक मुख्य कारण ब्रिटिश प्रकृति थी। ब्रिटिश इस जमीन पर सदा विदेशी रहे उन्होंने कभी इसे अपना नहीं माना। भारतीय इन विदेशियों की आज्ञापालन करने में जिन्होंने कि उनकी स्वतंत्रता का हनन किया था अपमानित महसूस करते थे।

विस्तार एवं गहनता

सन् 1857 का विद्रोह उत्तर भारत में तूफान की तरह फैल गया। ईस्ट इंडिया कम्पनी के लगभग आधे भारतीय सैनिकों ने विद्रोह कर दिया। उत्तर भारत में जगह सैनिकों को विद्रोह में जनता भी शामिल हो गयी। एक अनुमान के अनुसार अवध में अग्रेजों के साथ लड़ते हुए 150,000 लोग मारे गये उन में 100,000 नागरिक थे। अवध रूहेलखण्ड दोआब बुंदेलखण्ड मध्य भारत बिहार को एक बड़ा हिस्सा और उत्तरी पंजाब में गदर फैल गया। राजस्थान में नजीबाबाद निगच और कोटा में विद्रोह उठे कोल्हापुर में भी सिपाहियों ने विद्रोह में भाग लिया। इन क्षेत्रो के बहुत के बहुत से रजवाड़े अंग्रेजों के प्रति वफादार बने रहे लेकिन सैनिकों और जनता ने क्रांतिकारियों का साथ दिया और उस के विरुद्ध लड़ने से इनकार कर दिया। सन् 1858 में लंदन टाइम्स के संवाददाता डब्ल्यू. एच. रसल ने भारत का दौरा किया और लिखा किसी भी समय अंग्रेज की गाड़ी की ओर कोई मित्रतापूर्वक दृष्टि नहीं उठाता ....ओह यह आंखो की भाषा इससे क्या शक कौन इस को गलत समझ सकता है? मैने केवल इसी के द्वारा देखा कि अवसर अधिकतर लोग हमारी जाति से नहीं डरते और सभी लोग हमारी जाति को नापंसद करते है।

हिन्दू मुस्लिम एकता से विद्रोह को काफी शक्ति मिली। सिपाही और जनता के स्तर के साथ-साथ नेतृत्व के स्तर पर भी हिन्दूओं और मुस्लमानों के बीच पूरा सहयोग था। गदर में बहुत से साहसी और बुद्धिमान नेता उभर कर सम्मुख आए। झांसी की रानी लक्ष्मीबाई, तात्याँ टोपे, अवध की बेगम हजरत महल, कुंवर सिंह, बरेली के खान बहादुर फैजाबाद के मौलती अहमद उल्ला और बरकत खाँन आदि गदर के नेताओं के कुछ प्रसिद्ध नाम है। इसके अतिरिक्त सिपाही और जनता ने भी बिना किसी स्वार्थ के निष्ठापूर्वक अतुलनीय साहस से लड़ाई लड़ी।

पराजय

अंत में ब्रिटिश सम्राज्यवाद ने अपनी शक्ति द्वारा गदर को क्रूरतापूर्वक कुचल दिया। इसके बहुत ो कारण थे। अपनी व्यापक पहुँच के बावजुद भी गदर पूरे देश या भारतीय समाज के सभी वर्गों तक पहुँच सका। बंगाल, दक्षिण, भारत और पंजाब का बड़ा भाव इसकी पहुँच से बचा रहा क्योंकि ये क्षेत्र अंग्रेजों के विरुद्ध लम्बा विद्रोह और संघर्ष करते-करते शायद पहले ही थक गये थे। भारतीय राज्यों के बहुत से शासक और बड़े जमीदार विदेशी शासकों के प्रति वफादार बने रहे। इस प्रकार ग्वालियर के सिंधिया इदौर के होल्कर, हैदराबाद के निजाम, जोधपुर के राजा, बहुत से राजपूताना के राज्यों भोपाल के नवाब, पटियाला और काश्मीर के राजाओं, नेपाल के राजा और अन्य बहुत से राजा और सेनापतियों ने गदर का दमन करने में अंग्रेजों को अपना सक्रिय सहयोग दिया।

मुख्यता व्यापारियों और महाजनों ने या तो अंग्रेजों का सहयोग दिया क्रान्तिकारियों की सहायता करने से इन्कार कर दिया। आधुनिक शिक्षित भारतीयों ने भी गदर में सहयोग नहीं दिया।

गदर के नेता साहस के साथ लड़े लेकिन वे संघर्ष को दिया। क्रमबद्ध नहीं कर सके और न ही संयुक्त संचालन विकसित कर सकें। इसके विपरित वे निरंतर मामूली झगड़ों में उलझे रहते थे। उनके पास आधुनिक हथियारों का अभाव था। और प्राय: वह तलवार और भाले जैसे पुराने हथियारों से लड़ते थे। वे ठीक से संगठित भी नहीं थे। सिपाही बहादुर थे। परन्तु कई बार उनमें अनुशासन का अभाव रहता था। जिसने उनकी सैनिक क्षमता को प्रभावित किया।

सबसे बढ़कर तो क्रान्तिकारियों में ब्रिटिश उपनिवेशवाद की आधुनिक समझ का अभाव था साथ ही राज्य और समाज की प्रकृति जो स्थन ले सकती थी के बारे में भी समझ का अभाव था। ब्रिटिश शासन से घृणा करते थे और पूर्व ब्रिटिश अर्थव्यवस्था राजनीतिक और सामाजिक संबंधो को पुन: स्थापित करने की इच्छा मात्र द्वारा संगठित थे। लेकिन स्वतंत्र भारत के राजनीतिक या सामाजिक- आर्थिक ढांचे के किसी सिद्धान्त पर संयुक्त रूप से स्पष्ट नहीं था। ऐसा होता स्वाभाविक ही था क्योंकि सारे भारत की संयुक्त चेतना और स्वार्थो में समानता अभी विकसित होनी थी। यदि यह विद्रोह कुछ वर्षो बाद समाप्त होता तो संघर्ष के दौरान एक आधुनिक समझ और राष्ट्रीय चेतना विकसित हो जाती जो कि बाद में हुई परन्तु क्रान्तिकारियों को इतना समय ही नहीं मिल पाया उनका विद्रोह 1858 के अंत तक कुचल दिया गया।

कम्पनी के सैनिकों द्वारा विद्रोह

1. सर्विस एनलिस्टमेंट एक्ट का विरोध- लार्ड केनिंग के शासनकाल में सर्विस एनलिस्टमेंट एक्ट नामक एक अधिनियम पारित किया गया, जिसमें भारतीयों को युद्ध में बाहर जाने की व्यवस्था थी। इस एक्ट का विराध इसलिये किया गया क्यों कि कोई भी भारतीय सैनिक समुद्र पार जाना धर्म के विरुद्ध समझता था।

2. भारतीय सैनिकों के आति अपमानजनक व्यवहार- सन् 1857 ई. की क्रान्ति में उन सैनिकों का विशेष उल्लेखनीय योगदान था, जिन्होंने अंग्रेजों का अत्यधिक अपमान सहा था, उनको अंग्रेजों द्वारा नित्य ही गालियां भी दी जाती थीं।

3. सेना में अनुषासनहीनता- सन् 1857 ई. की क्रान्ति में ब्रिटिश सेना में अनुशासनहीनता आ गयी थी, क्योंकि सभी सैनिक अफसरों को प्रशासकीय विभाग में स्थानान्तरित कर दिया।

4. अफवाहों का आभाव- इस संबंध में एक अफवाह यह थी कि 'जो आटा उनको दिया जाता है, उसमें हड्डी का चूर्ण मिला है।'' तथा दूसरी अफवाह यह थी कि 'कारतूसों में गाय एवं सूअर की चर्बी लगी रहती है।''

5. भेदपूर्ण नीति- समस्त भारतीयों को अंग्रेजों की तुलना में बहुत ही कम वेतन एवं अन्य सभी सुविधाएँ दी जाती थीं।

6. भारतीय सैनिकों का सेना में प्राधिक्य- ब्रिटिश सेना में भारतीय सैनिकों की संख्या 233000 थी जबकि अंग्रेजी सैनिकों की संख्या 46000 थी।

7. अपदस्थ सैनिकों का रोश- जिन सेना के सैनिकों को ब्रिटिश सेना द्वारा एवं साथ ही भारतीय शासकों की सेना में से भी अपदस्थ कर दिया गया था, उनमें अत्यन्त रोष उत्पन्न हो गया था एवं उन्होंने एक नई क्रान्ति को जन्म दिया।

8. देषी राजाओं का विरोध– जो देशी राजा ब्रिटिश सरकार से बुरी तरह से अपमानित हुए थे , उन्होंने इस क्रान्ति का विशेष आचार किया। झांसी की रानी लक्ष्मीबाई, अन्य मराठा सरदार एवं पेशवा का दत्तक पुत्र नाना साहब एक साथ अंग्रेजों के विरुद्ध युद्ध करने के लिए संगठित होने लगे।

1857 की क्रान्ति के कारण

1857 की क्रान्ति के धार्मिक कारण– सन् 1857 ई. की क्रान्ति के विभिन्न धार्मिक कारणों का विवरण निम्न आकार से है-

1. दमदम की घटना– एक ब्राह्मण सैनिक दमदम की छावनी में लोटा लिये बैरकों की ओर जा रहा था। उससे कुछ सैनिकों ने पानी मांगा, लेकिन उसने अपवित्र होने के डर से लोटा नहीं दिया। सैनिकों ने कारतूसों का उल्लेख करके धर्म की हंसी उड़ाई। इससे क्रांति 31 मई से पहले ही शुरू हो गई।

2. जेल में अलग-अलग बर्तनों की व्यवस्था की समाप्ति– अंग्रेजों द्वारा जेलों में अलग-अलग बर्तन रखने की व्यवस्था को पूर्णतः समाप्त कर दिया गया। इससे भारतीयों को धर्म परिवर्तन की आशंका हुई।

3. कारतूसों का आयोग– ब्रिटिश सरकार ने भारतीय सैनिकों से ऐसे कारतूसों का आयोग करवाया, जिनमें गाय अथवा सूअर की चर्बी होने की अफवाह थी। मेरठ छावनी के अन्तर्गत सबसे पहले मंगल पांडे नामक वीर सैनिक ने इन कारतूसों का विरोध किया।

4. सती आथा का निषेध– लार्ड विलियम बैंटिक ने सती प्रथा को समाप्त कर दिया था। इससे भारतीय क्षुब्ध हो गये, क्योंकि वे इस प्रथा को पवित्र मानते थे।

5. विधवा विवाह संबंधी कानून– अंग्रेजों ने विधवा विवाह का प्रचलन कर दिया था। भारतीयों ने इसे धर्म में हस्तक्षेप माना।

6. ईसाई धर्म का आचार– भारतोयों का ईसाई बनने के लिए समस्त नौकरियों में ईसाई जाति को आथमिकता दी जाती थी। ईसाई धर्म के आचार से भारतीयों में विद्रोह की भावना उत्पन्न हो गई।

7. सम्पत्ति के उत्कााधिकार संबंधी नियम में परिवर्तन– सन् 1857 ई. में अंग्रेजों ने एक एक्ट पास किया, जिसमें यह व्यवस्था की गई कि यदि कोई व्यक्ति धर्म परिवर्तन करता है, तो उसको अपनी पैतृक सम्पक्तिा में अधिकार होगा। इस एक्ट ने भारतीयों की आाचीन व्यवस्था को पूर्णतः समाप्त कर दिया।

8. रेल तथा तार का आयोग– भारत की रूढ़िवादी एवं अशिक्षित जनता द्वारा रेलगाड़ी का आयोग पूर्णतः अपने धर्म के विरुद्ध समझा गया एवं उनके द्वारा क्रान्ति को जन्म दिया।

हिन्दुओं का यह विचार है कि बिना पुत्र की आाप्ति के मोक्ष की आाप्ति नहीं हो सकती। अतः जिन हिन्दुओं को पुत्र-रत्न की आाप्ति नहीं होती, वह किसी

अन्य का पुत्र गोद लिया करते हैं, परन्तु लार्ड डलहौजी द्वारा पुत्र गोद लेने की आथा का निषेध कर दिये जाने पर बहुत से हिन्दू पुत्र-रत्न से वंचित हो गये।

(ब) 1857 ई. की क्रान्ति के आर्थिक कारण– 1857 ई. की आर्थिक परिस्थितियाँ निम्न आकार से हैं-

1. वेतन एवं पेंषन के रूप में भारतीय धन का ५ाोशण– अंग्रेजों द्वारा भारतीय धन का शोषण किया जाता था। समस्त अंग्रेज सैनिक एवं अधिकारी वेतन एवं पेन्शन के रूप में अपनी सारी कमाई को विदेश ले जाते थे।

2. भारतीय उद्योग-धन्धों का ह्रास– भारत में ब्रिटिश सत्ता होने के कारण भारतीय उद्योग-धन्धे का ह्रास हो गया, क्योंकि भारत में अंग्रेजी माल बहुत सस्ता मिलता था, जबकि करों के बोझ के कारण भारतीय माल अत्यधिक मंहगा था।

3. इनाम की भूमि का अपहरण– जिन लोगों की अधिकतर भूमि इनाम के रूप में प्राप्त हुई थी, लार्ड विलियम बैटिंग ने इस तरह की भूमि का पूर्ण अपहरण कर लिया था।

4. आर्थिक शोषण– ब्रिटिश कम्पनी के अधिकारियों द्वारा किसानों से मनमाना कर वसूल किये जाने एवं उनको अत्यधिक यातनाएँ देते रहने के कारण किसानों की आर्थिक दशा अत्यधिक बिगड़ गई और वे क्रान्ति के समर्थक हो गये।

(स) 1857 ई. की क्रान्ति के सामाजिक कारण– 1857 ई. की क्रान्ति के आमुख सामाजिक कारण निम्न आकार से थे-

1. नवीन षिक्षा– भारतीय जनता यह समझती थी कि पाश्चात्य शिक्षा देकर अंग्रेज हमें ईसाई बनाना चाहते हैं, इसलिए भारतीय जनता ने अंग्रेजी शिक्षा का विशेष विरोध किया।

2. सामाजिक आथाओं पर आतिबन्ध– समस्त कट्टर हिन्दू अंग्रेजों का विशेष विरोध कर रहे थे, क्योंकि अंग्रेजों द्वारा विभिन्न सामाजिक आथाओं पर पूर्ण आतिबन्ध लगा दिया गया था।

3. उच्च वर्ग के लोगों की आतिशठा को धक्का– अंग्रेजों ने भारतीयों की आतिष्ठा को बहुत गिराया। उन्होंने भारतीयों के लगभग समस्त पद तथा उपाधियाँ समाप्त कर दीं, जिसके परिणामस्वरूप सभी भारतीय निम्न व्यक्ति हो गये।

4. भारतीयों की सामाजिक व्यवस्था में हस्तक्षेप– विधवा विवाह का आचलन एवं सती आथा को रोकना आदि कार्यो के करने में अंग्रेजों द्वारा भारतीय सामाजिक व्यवस्था में अत्यधिक हस्तक्षेप किया गया, जिसके कारण समस्त हिन्दू जाति सम्मिलित रूप से अंग्रेजों के बिल्कुल ही विरुद्ध हो गई।

5. भारतीय संस्कृति का ह्रास– भारत में ब्रिटिश सत्ता आ जाने के कारण भारतीय संस्कृति पर गहरा आघात लगा, क्योंकि अंग्रेज पाश्चात्य संस्कृति का आचार करना चाहते थे।

(द) 1857 की क्रान्ति के राजनीतिक कारण– 1857 ई. की क्रान्ति के मुख्य राजनीतिक कारण इस निम्नलिखित थे-

1. कर नियुक्त भूमि का अपहरण– अंग्रेजों ने कर विमुक्त भूमि पर नियंत्रण करके किसानों के हृदय में विद्रोह की भावना भर दी थी।

2. वेलेजली की सहायक संधि– लार्ड वेलेजली ने सहायक संधि अपनाकर देशी राजाओं के राज्य ब्रिटिश साम्राज्य में मिला लिये थे।

3. नाना साहब के साथ अन्याय– डलहौजी ने नाना साहब की पेंशन, उपाधि एवं जागीरें छीन ली थीं।

4. मुगल बादषाह के साथ दुर्व्यवहार– मुगल बादशाह बहादुर ७ाह अंग्रेजों से काफी नाराज हो गया था, क्योंकि अंग्रेजों ने उसे नजर भेंट देना बन्द कर दिया था। अंग्रजों ने मुगल बादशाह की पेंशन एक लाख से घटाकर मात्र सत्रह हजार रुपये कर दी थी।

5. ज्योतिश की भविश्यवाणी– एक भविष्यवाणी में यह कहा गया था कि सौ वर्ष बाद भारत में अंग्रेजों का राज्य समाप्त हो जायेगा। संयोगवश अंग्रेजों को अब पूरे सौ साल हो गये थे।

6. डलहौजी की अपहरण नीति– जब लार्ड डलहौजी ने अपहरण नीति का अनुसरण किया, तब समस्त देशी शासक यह समझ गये कि अंग्रेज हमारा अस्तित्व ही खत्म करना चाहता चाहते हैं। अतः समस्त देशी शासक इस क्रान्ति के नेता बन गये।

सन् 1857 के विद्रोह के असफल होने के कारण–

1. सभी विद्रोही असाधारण वीरता के साथ लड़े, लेकिन वे समस्त विजित प्रदेशों को पूर्ण रूप से संगठित नहीं कर सके।

2. समस्त विद्रोहियों के पास युद्ध करने के लिए अत्याधुनिक हथियारों एवं युद्ध सामग्री का पूर्ण अभाव था।

3. उनकी समस्त नीतियाँ अधिकतर व्यापारियों पर हमला करने की रहीं थीं, जिसके परिणामस्वरूप वे भी उनसे घृणा करने लगे।

4. विद्रोही पूर्ण रूप से अंग्रेजों से छीनी गई युद्ध सामग्री पर ही निर्भर रहते थे, जोकि अधिक समय तक चल नहीं सकती थी।

5. नागरिकों को कुल्हाड़ियों, भालों, तीर-कमान, लाठियों एवं हांसियों से लड़ाई को लड़ना पड़ा था। इसके विपरीत ब्रिटिश सेना के पास अत्यधिक मात्रा में आधुनिक हथियार थे।

6. उस समय ब्रिटिश साम्राज्यवाद अपने चरमोत्कर्ष पर था।

7. ब्रिटिश सरकार अपने भारतीय उपनिवेश पर अपना अधिकार जमाए रखने के लिए दृढ़ संकल्प थी। इसलिए उसने विद्रोह को कुचलने के लिए जन, धन एवं हथियार अधिक मात्रा में लगा दिए। विद्रोहियों की वीरता अंग्रेजों की शक्ति का बहुत अधिक समय तक सामना नहीं कर सकी थी।

विद्रोह का अन्त–

1. ब्रिटिश सेना ने 20 सितम्बर 1857 ई. को दिल्ली पर अपना अधिकार पुनः स्थापित कर लिया।

2. सभी शहजादों के सिर काट दिए गए।

3. बहादुर शाह को देश निकाला देकर रंगून भेज दिया गया।

4. झांसी की रानी 17 जून, 1858 को युद्ध करते हुए मारी गई।

5. एक जमींदार द्वारा धोखा दिए जाने के कारण तांत्या टोपे बन्दी बना लिया गया। 15 अऔल, 1858 ई. को उसे मृत्यु दण्ड दिया गया।

6. कानपुर में पराजित होकर नाना साहिब नेपाल भाग गए।

इस आकार 1859 ई. तक सभी विद्रोही नेता मारे जा चुके थे एवं भारत में ब्रिटिश सक्त्ता पुनः स्थापित हो गई थी।

विद्रोह के बाद अंग्रेजों के भाव में परिवर्तन

1. भारतीय शासक– अंग्रेजों ने अपनी देशी रियासतों के विलय की नीति में विशेष परिवर्तन किया। उन्होंने पूर्ण रूप से अनुभव कर लिया था कि ये शासक ही संकट की घड़ी में उनकी सहायता के लिए आगे आए थे। अंग्रेजों द्वारा घोषणा की गई कि उत्तराधिकारियों को गोद लेने के उनके अधिकार को मान्यता दी जाएगी और उनके इलाकों को नहीं हथियाया जाएगा। पर भारतीय राज्यों के आन्तरिक मामलों में अंग्रेजों का हस्तक्षेप जारी रहा। लार्ड कैनिंग ने 1862 ई. में इंगलैंड के शासक के सारे भारत पर असंदिग्ध शासक एवं सर्वोच्च सत्ता के रूप में होने की घोषणा की।

2. राजाओं, भू-स्वामियों एवं जमींदारों के प्रति दृष्टिकोण– इस वर्ग द्वारा अंग्रेजों को अत्यधिक समर्थन दिया गया था। अंग्रेजों ने इन्हें पुरस्कृत करने के लिए उनकी भूमि लौटा दी। यह भूमि उनको किसानों से लेकर दी गई थी। उनके लगभग सभी किले नष्ट कर दिए गए, बन्दूकों को छीन लिया गया एवं उनकी सेनाएँ भी भंग कर दी गईं। सरकारी आदेश अथवा सनद द्वारा उन्हें जमीन दे दी गई। सभी किसान किराएदार एवं राजा भू-स्वामी बनकर ही रह गए। वास्तव में समस्त सत्ता अंग्रेजों के हाथ में ही थी।

3. आधुनिकीकरण की आवृत्ति के प्रति दृष्टिकोण– क्रान्ति से पहले भारत की आधुनिकीकरण का भरपूर आयास किया गया था। यह कहा गया था कि अंग्रेज भारतवासियों को स्वशासन के लिए तैयार कर रहे हैं। अब यह खुले तौर से कह दिया गया था कि भारतवासी अपना शासन स्वयं चलाने के योग्य नहीं थे। प्रशासन प्रतिक्रियावादी हो गया था।

4. श्रम कानून– लगभग सभी कारखानों एवं बागानों में काम करने वाले समस्त श्रमिकों की दशा वास्तव में बहुत ही दयनीय थी। उन्हें प्रतिदिन लगभग 12 से 16 घंटे काम करना पड़ता था एवं उन्हें साप्ताहिक अवकाश नहीं मिलता था। उन्हें मासिक वेतन भी लगभग 4 से 20 रु. तक ही दिया जाता था। ब्रिटिश उत्पादकों ने फैक्टरी कानून बनाने के लिए सरकार पर दबाब डाला। 1881 ई. में

आथम एक्ट बनाया गया। इसमें बाल श्रम पर ध्यान दिया गया। दूसरा एक्ट 1891 ई. में पास किया गया। इसके द्वारा स्त्रियों के लिए कार्य के 11 घंटे निश्चित किए गए। पर ये दोनों एक्ट ब्रिटिश स्वामित्व वाले चाय एवं कॉफी बागान पर लागू नहीं होते थे। अतः मजदूरों की दशा दयनीय बनी रही।

5. साम्प्रदायिकता को प्रोत्साहन– अंग्रेजों द्वारा सम्पूर्ण मुसलमानों को अत्यधिक कठोरता से दबाने का आयास किया गया। हिन्दुओं पर सर्वाधिक कृपा दृष्टि रखी गई जिससे कि मुसलमान उनसे नहीं मिलें! परन्तु 1870 में मुसलमान अंग्रेजों के कृपा पात्र हो गए थे। यह इसलिए किया गया था कि राष्ट्रीय आन्दोलन को कमजोर किया जा सके।

6. शिक्षा नीति एवं शिक्षित वर्ग–पहले सरकार द्वारा आधुनिक शिक्षा को बहुत ओोत्साहित किया गा था। कलकत्ता, बम्बई एवं मद्रास विश्वविद्यालय 1857 ई. में स्थापित किए गए। बहुत-से शिक्षित लोग विद्रोह में शामिल नहीं हुए थे। परन्तु कुछ समय बाद ही उन्होंने अपनी शिक्षा का उपयोग अंग्रेजों के इरादों के विश्लेषण में किया। अति शीघ्र ही उन्होंने भारतीय आशासन में सहभागिता की मांग करनी शुरू कर दी। इससे उच्च शिक्षा में अत्यधिक कमी कर दी गई।

शिक्षित भारतीय बहुत अधिक निराश हुए। इस निराश एवं राष्ट्रीय भावना की अभिव्यक्ति साहित्य के माध्य से उजागर हुई। उदाहरण के लिए रवीन्द्रनाथ टैगोर, बंकिम चन्द्र के देश ओम के लेख हैं। उन्होंने विभिन्न ऐसोसियेशन बनाने की आवश्यकता अनुभव की, जिसके द्वारा वे अपने हितों को प्रस्तुत कर अपना व्यक्तित्व स्थापित कर सकते थे। यही भावनाएँ भारतीय राष्ट्रीय कांग्रेस की जनक थीं।

7. जातीय अहंकार–अंग्रेजों द्वारा जातीय अहंकार की नीति को विशेष रूप से अपनाया गया। भारतवासियों को आरक्षित स्थानों जैसे रेलें, उद्यान, स्वीमिंग पूल, होटल, क्लबों से अलग रखा गया और इन समस्त स्थानों पर केवल यूरोपीय लोगों के लिए ही अनुमति आदान की गई थी।

संसद द्वारा 1858 ई. में पारित एक एक्ट के अनुसार भारत पर शासन करने का अधिकार इस्ट इण्डिया कम्पनी से लेकर ब्रिटिश ताज (राजतंत्र) को दे दिया गया। सत्ता कम्पनी के निदेशकों एवं बोर्ड आफ डाइरेक्टरों के हाथ से निकल कर भारत मंत्री के हाथ पहुँच गई।

भारत मंत्री की सहायता के लिए एक अलग से परिषद बनाई गई। भारत मंत्री ब्रिटिश मंत्री मंडल का सदस्य था। इस आकार वह संसद के प्रति पूर्ण रूप से उत्तरदायी था।

गवर्नर जनरल का पद बनाए रखा गया, जिसे अब वाइसराय कहा जाने लगा।

सन् 1870 ई. में लाल सागर होकर इंग्लैंड और भारत के बीच समुद्री तार बिछा लिया गया जिससे भारत मंत्री भारतीय मामलों पर नियंत्रण रख सकता था एवं तुरन्त आदेश दे सकता था।

लेजिस्लेटिव कॉउन्सिल बना दी गई जिसमें कुछ भारतीय सदस्य भी थे। कॉउन्सिल को कानून बनाने का पूर्ण अधिकार था परन्तु व्यावहारिक दृष्टि से यह केवल सलाहकार संस्था बनकर ही रह गई थी। कॉउन्सिल के लिए भारतीय सदस्यों को केवल मनोनीत ही किया जाता था। मनोनीत करते समय मुख्य रूप से अधिकतर भारतीय शासकों, सरदारों, बड़े जमींदारों एवं व्यापारियों को ही दृष्टिगत रखा जाता था।

इण्डियन कॉउन्सिल एक्ट 1861 द्वारा केन्द्रीकरण की नीति समाप्त कर दी गई।

प्रान्तों को अधिकाधिक अधिकार दिए गए। मद्रास, बम्बई, बंगाल एवं अन्य आन्तों में लेजिस्लेटिव कॉउन्सिल स्थापित की गई। वित्त पर केन्द्र का अधिकार रहा।

सन् 1870 ई. में लार्ड मेवों ने केन्द्र एवं आन्तीय आधार पर वित्त विभाजन के लिए कदम उठाए। आन्तीय सरकार को शिक्षा, पुलिस, जेल, स्वास्थ्य सेवा एवं सड़क जैसी सेवा के लिए एक निश्चित राशि दे दी जाती थी। इस राशि को खर्च करने की योजना अन्त स्वयं बनाते थे।

स्थानीय निकाय 1864-68 के दौरान स्थापित किए गए। इनके सदस्य मनोनीत होते थे और इसकी अध्यक्षता जिला मजिस्ट्रेट करता था।

1882 ई. में लार्ड रिपन ने सरकार से एक प्रस्ताव पास करा दिया जिसके अनुसार ग्रामीण एवं नगर के मामलों की देखभाल का उत्तरदायित्व स्थानीय निकाय को सौंप दिया गया।

प्रशासन में सत्ता एवं उत्तरदायित्व के पदों पर भारतीय लोक सेवा के सदस्य ही होते थे। आई. सी. एस. (लोक सेवा) के सदस्यों का चयन लन्दन में होने वाली वार्षिक सार्वजनिक प्रतियोगिता परीक्षा द्वारा होता था। परीक्षा लन्दन में होती थी। परीक्षा का माध्यम अंग्रेजी था और परीक्षार्थी को ग्रीक एवं लेटिन भाषा पढ़नी होती थी। भारतवासियों की इस परीक्षा में बैठने के लिए अधिकतम आयु को 1978 ई. में 19 वर्ष कर दिया गया। इस आकार इसमें भाग लेना भारतवासियों के लिए असम्भव-सा हो गया। परिणामतः यह इस सेवा में यूरोपियन की अधिकता रही।

सेना में परिवर्तन-

1. ईस्ट इण्डिया कम्पनी की सेना ब्रिटिश ताज की सेनाओं में मिला दी गई।
2. सेना का पुनर्गठन किया गया। सेना में यूरोपीय एवं भारतीय लोगों के परस्पर अनुपात को बढ़ाया गया। बंगाल की फौज में इसे 1:2 एवं मद्रास और बम्बई की फौज में 2:5 निश्चित किया गया।
3. जिन सैनिकों ने विद्रोह में भाग लिया था उन्हें 'गैर-सैनिक'' घोषित कर दिया गया। गोरखा, पठान एवं सिक्खों को 'सैनिक'' घोषित किया क्योंकि इन्होंने विद्रोह दमन में अंग्रेजों की सहायता की थी।

फौज के भारतीय भाग का संगठन ''सन्तुलन और आतिसंतुलन'' अथवा ''फूट डालो और शासन करो'' नीति के आधार पर किया।

राष्ट्रीय आंदोलनों की प्रारम्भिक अवस्था

सन् 1857 के विद्रोह की पराजय से यह स्पष्ट हो गया। कि पुराने विचारों औा पुरानी सामाजिक शक्तियों पर आधारित संघर्ष से आधुनिक साम्राज्यवाद को पराजित नही किया जा सकता इसके लिए नयी सामाजिक शक्तियों नई विचारधाराओं आधुनिक साम्राज्यवाद की समझ पर आधारित आधुनिक राजनीतिक आंदोलन और राष्ट्रीय स्तर की राजनीतिक गतिविधियों के लिए जनसाधारण को जगाते की क्षमता आवश्यकता थी। ऐसा आंदोलन राष्ट्रीय बुद्धिजीवीयों द्वारा 19वीं शताब्दी के दूसरे चरण से शुरू किया गया। नये आंदोलन का सामाजिक आधार अपेक्षाकृत संकुचित था। लेकिन यह नये राजनीतिक विचारों यथार्थ के नए ज्ञान और पए सामाजिक आर्थिक और राजनीतिक उददेश्यों से प्रेरित था इसने नई ताकतों संघर्ष के तरीको नेतृत्व के नवीन वर्गों और राजनीतिक की नई पद्धतियों का भी प्रतिनिधित्व किया।

इस शक्तिशाली आंदोलन के उद्‌भव के कोई कारण थे। लेकिन इसका सबसें प्रमुख कारण था भारतीयों के हितों और ब्रिटिश शासन के हितों जिस के कारण भारतीय अर्थव्यवस्था और समाज का विकास अवरूद्ध था के बीच धीरे-धीरे उठता हुआ विरोध यह भारत के आगे के आर्थिक सामाजिक सांस्कृतिक बौद्धिक और राजनीतिक विकास में भी विध्न डाल रहा था। यहां हम संक्षेप में उन कारणों पर विचार करेंगे जिन्होंने संगठित राष्ट्रवाद के उभरते में योगदान दिया।

बुद्धिजीवीयों की भूमिका

प्रारम्भिक अवस्था में इस प्रक्रिया को केवल बुद्धिजीवीयों ने ही समझा। परन्तु 19वीं शताब्दी के दूसरे चरण के दौरान प्रारम्भ में उन्होंने औपनिवेशिक शासन की ओर सकारात्मक दृष्टिकोण अपनाया: उनका विश्वास था कि भारतीय समाज का पुनर्निर्माण ब्रिटिश शासन के अधीन ही हो सकता है कयोंकि ब्रिटेन् उस समय का सबसे विकसित देश था । उन्हें आशा कि ब्रिटेन भारत को पिछड़ेपन से मुक्त करेगा। बुद्धिजीवी आधुनिक उघोग और आधुनिक अर्थव्यवस्था के विकास की संभावना से आकर्षित थे। उन्हें आशा थी कि ब्रिटेन भारत का औधोगीकरण करेगा।

उनका विश्वास था कि ब्रिटेन प्रजातन्त्रात्मक सिद्धान्त नागरिक स्वतंत्रता और जनता की प्रभुसत्ता का समर्थक है और भारत को आधुनिक ज्ञान विज्ञान और प्रौघोगिक से परिचित करायेगा औा इससे भारतीय जनता का सांस्कृतिक और सामाजिक रूप से नवीन विकास होगा। भारतीयों का उभरता हुआ एकीकरण एक अतिरिक्त आकर्षण था। अत: उन्होंने 1857 के गदर में भी ब्रिटिश शासन को सहयोग दिया और ब्रिटिश साम्राज्य को देवी या ईश्वरीय विधान कहा।

उन्नीसवीं शताब्दी के उत्तरार्द्ध में बुद्धिजीवों इस भ्रम से युक्त होने लगे थे। उनके बढ़ते हुये अनुभवों ने दिखा दिया कि उनकी वे आकांक्षाएँ जो कि ब्रिटिश शासन की प्रकृति और चरित्र को गलत समझ पर आधारित थी दोषपूर्ण थी। बुद्धिजीवीयों ने महसूस किया कि व्यावहारिक रूप में ब्रिटिश उपनिवेशवाद ने भारातीय अर्थव्यवस्था किया और आधुनिक उघेग और कृषि के उत्थान का मार्ग अवरूद्ध किया । प्रजातंत्र और स्वशासन के विकास की बात न करते हुए ब्रिटिश शासकों ने भारत में स्थायी रूप से उदार निरंकुश शासन का प्रस्ताव रखा। अंग्रेजों ने जनसाधारण

की शिक्षा की उपेक्षा की नागरिक स्वतंत्रता प्रदान करने में स्कावट डाली और फुट डालो व शासन करों की नीति का अनुसरण किया।

इस प्रकार इन परिस्थितियों में प्रश्न यह है कि बुद्धिजीवीयों को क्या चाहिए? धीरे-धीरे बुद्धिजीवियों ने राजनीतिक जागरूकता का प्रसार करने के लिए राजनीतिक संगठन बनाये और देश में राजनैकित कार्य आरम्भ किये। राजा राम मोहन राय पहले भारतीय नेता थे जिन्होंने भारत में राजनीतिक सुधार के लिए आंदोलन आरम्भ किये। 1840 से 1850 तक सामान्य जनरुचि बढ़ाने के लिये बंगाल ब्रिटिश इंडियन सोसायटी और अन्य संगठन बनाये लेकिन ये संगठन स्थानीय प्रकृति के थे और इन पर धनी व कुलीन तत्वों का अधिकार था। किन्तु 1870 और 1880 के दर्शको में भी अधिक आधुनिक स्पष्ट रूप से राजनीतिक और माध्यम वर्ग पर आधारित संगठन जैसे कि महाराष्ट्र से पूना सावैजनिक सभा बंगाल में इंडियन ऐसोसियेशन मद्रास में महाजन सभा और बम्बई में प्रेसीडेन्सी ऐसोसियेशन उभर कर आए।

औपनिवेशिक शासन की भूमिका,

1876 से 1880 के बीच लिटन के बायसराय काल की प्रतिक्रियावादी प्रकृति के कारण भारतीय राष्ट्रवाद की गति तेज हो गयी। यहाँ लिटन द्वारा अपनायी गई कुछ प्रतिक्रियावादी नीतियों का उल्लेख कर रहे है। 1878 के शास्त्र कानून ने एक ही क्षण में भारतीयों को शस्त्रहीन बना दिया। 1878 के वर्नाकुलर प्रेस एक्ट के द्वारा ब्रिटिश शासन की भारतीयों द्वारा निरंतर बढ़ती हुई आलोचना पर प्रतिबन्ध लगा दिया गया।

भारतीय सिबिल सेवा की परीक्षा के लिए निर्धारित 21 वर्ष की अधिकतम आयु को घटाकर 19 वर्ष दिया गया जिसके कारण भारतीयों के लिए उस सेवा में प्रवेश की संभावनाएँ हो गयी। 1877 में शाही दरबार का आयोजन किया गया जब कि लाखों भारतीय अकाल से मर रहे थे। ऐसे ही समय अंग्रेजों के युद्ध का ख्सर्च भारतीय अर्थव्यवस्था पर ही पड़ा। ब्रिटिश कपड़ो पर से आर्यात शुल्क हटा दिया गया जिसके कारण अपने पैरो पर खड़े हो रहे भारत के कपड़ा उघोग को धक्का पहुँचा।

ये सभी भारत में ब्रिटिश शासन के उपनिवेशिक चरित्र को स्पष्ट करते थे 1883 में नये वायसराय लार्ड रिपन ने भारतीयों की भावनाओं को शांत तथा संतुष्ट करने की दृष्टि से जातीय भेदभाव को मिटानो के लिए इलबर्ट बिल पास करके अच्छा उदाहरण प्रस्तुत किया। इस के अन्तर्गत भारतीय जिला और सेशन जज यूरोपीयों के फौजीदारी के मुकदमें में विचार कर सकते थे भारत में युरोपियो ने जीवों नस्लवादी आंदोलन शुरू कर दिया और सरकार को बिल में संशोधन करने के लिए मजबुर कर दिया। इन सभी कारणो से भारतीय राष्ट्रवाद के विकास के लिए सहानभूति का वातावरण तैयार हो गया।

भारतीय राष्ट्रीय कांग्रेस की स्थापना

अब वह समय आ गया था जब विदेशी शासन और शोषण के विरुद्ध ासरे भारत के भारतीयों को राजनीतिक गतिविधियों को संगठित और सहयोग करने वाले आखिल भारतीय संगठन को स्थापना की जा सकती थी। कई वर्षो से इस दिशा में अनेक प्रयत्न किये गये थे। सुरेन्द्रनाथ बनर्जी के नेतृत्व में इण्डिया ऐसोसियेशन की स्थापना हुई। इस विचारधारा को अन्तिम

रूप उस समय मिला जब दादाभाई नौरोजी जस्टिस एम. जी. रनाडे. के. टी. तेलग और बरूददीन तैयबजी जैसे राजनीतिक कार्यकर्त्ताओं के एक बड़े समूह ने अवकाश प्राप्त ब्रिटिश सिविल सेवा के अधिकारी ए. ओ. ह्यम. के साथ मिल कर दिसम्बर 885 में बंम्बई में भारतीय राष्ट्रीय कांग्रेस के प्रथम सत्र का आयोजन किया। इस प्रकार भारत की स्वतंत्रता का संघर्ष छोटे माने पर आरम्भ किया।

प्रारम्भिक दौर के राष्ट्रीय नेताओं का विश्वास था कि राजनीतिक मुक्ति के लिए प्रत्यक्ष संघर्ष अभी भी समय की माँग नहीं है पहले तो केवल संघर्ष की नाव ही डाली जानी आवश्यक थी आप यह जानना चाहेंगे के प्रारम्भिक दौर में भारतीय राष्ट्रवादियों के मूल उद्देश्य क्या थे।

प्रारम्भिक दौर के राष्ट्रीयवादियों का पहला मूल उददेश्य राष्ट्रीय एकता की भावना को विकसित करना भारत को एक राष्ट्र के रूप में बाँधना भारतीय चरित्र का निर्माण औा सम्राज्यवादिंयों के इस आरोप का खंडन करना था कि भारत एक राष्ट्र नहीं है बल्कि सैकड़ो परस्पर भिन्न भाषाओं जातियों और धर्मों का समूह मात्र है।

दूसरा मूल उददेश्य राष्ट्रीय राजनीतिक रंगमंच या कार्यक्रम की रचना करना था जिससे सभी भारतीय सहमत हो सके और जो आखिल भारतीय गतिविधियों का आधार बन सकें।

तीसरा उददेश्य भारतीयों में राजनीतिक जागृति और राजनीतिक प्रश्नों में जनता की रुचि उत्पन्न करना देश और देश में जनता को इस क्षेत्र में प्रशिक्षित और संगठित करना था।

नरमपंथी और उग्रपंथी राष्ट्रवादी

प्रारम्भिक दौर के राष्ट्रवादियों का सबसे महत्त्पूर्ण योगदान जिसे नरमपंथी राष्अ्रवादियों के नाम से जाना जाता है। साम्राज्यवाद का आर्थिक विवेचन और आर्थिक प्रश्नों का दृढ़तापूर्वक विरोध था। उन्होंने औपनिवेशिक आर्थिक शोषण के तीन रूपों-व्यापार उघोग और वित्त पर नजर रखी। वे अच्छी तरह समझ गये थे कि ब्रिटेन के आर्थिक साम्राज्यवाद का मूल उददेश्य भारतीय अर्थव्यवस्था को ब्रिटिश अर्थशास्त्र के अधीन रखना है। उन्होंने औपनिवेशिक अर्थव्यवस्था के मूल तत्वों अर्थात भारत को कच्चे माल का आपूर्तिकर्ता बनाने तथा भारत को ब्रिटिश वस्तुओं का बाजार बनाकर इसे विदेशी पूँजी लगाने के एक क्षेत्र में बदलने के ब्रिटिश प्रयत्नों का जोरदार विरोध किया।

नरमपंथी : उददेश्य एवं पद्धतियाँ

प्रारम्भिक दौर के राष्ट्रवादियों ने जनतांत्रिक नागरिक अधिकारों स्वतंत्र प्रेस और बिना किसी जातिगत भेदभाव वाले शासन के लिए लगातार आंदोलन किया वास्तव में इस दौरान यह राष्ट्रवादियों के राजनीतिक कार्यकलापों का परिणाम था कि सामान्यत: भारतीयों और विश्लेषत: बुद्धिजीवियों के बीच जनतांत्रिक विचार पनपने लगे थे। नरमपंथी ने आधुनिक शिक्षा विज्ञान और प्रौद्योगिकी के प्रसार के लिए भी आवाज उठाई राजनीतिक क्षेत्र में उन्होंने सुधारों की माँग की जिससे प्रशासन में और न्यायपालिकाओं में भारतीयों को अधिक से अधिक प्रतिनिधित्व मिल सके।

प्रारम्भिक दौर के राष्ट्रवादियों की सबसे बड़ी कमी उनके आंदालन का संकीर्ण सामाजिक आधार था अभी तक आंदोलन का आकषण विस्तृत नहीं हुआ था। यह जनसाधारण में प्रवेश

नहीं कर पाया था। नरमपंथी के राजनीतिक कार्यकलाप शहरी शिक्षित मध्यमवर्ग तक ही सीमित थे परन्तु उनके कार्यक्रम और नीतियाँ वल मध्यम वर्ग के हितों के लिए ही नहीं थे। उन्होंने सभी भारतीय वर्गों के हितों का प्रतिनिधित्व औपनिवेशिक प्रभुत्व का विरोध किया।,

नरमपंथी कानून की चारदीवार के अंदर संवैधानिक विरोध के तरीकों में विश्वास रखते थे। इस प्रकार उनका सार्वजनिक सभा और समाचार-पत्रों के माध्यम से आंदोलन करने में विश्वास था। उन्होनें तर्क पर आधारित सावधानी से तैयार किए हुए बहुत से प्रार्थना पत्र और वाचिकाएँ सरकार को भेजी। यद्यपि ऊपरी तौर पर प्रार्थना पत्र आदि सरकार को सम्बोधित थे। परन्तु इनका वास्तविक उददेश्य भारतीयों को शिक्षित कर उनमें राजनितिक जागृति उत्पन्न करायाथा। उदाहरण के लिये जस्टिस रानाडें ने लिखा था तुम यह नहीं समझ रहे हो कि हमारे देश के इतिहास में क्या स्थान है सामान्यत: ये प्रार्थना पत्र सरकार को सम्बोधित किये गये है परन्तु वास्तव में उनसे जनता को सम्बोधित किया गया है जिससे वे यह जान सके कि इन विषयों पर कैसे सोचा जाय क्योंकि इस प्रकार कर राजनीति इस भूमि पर बिल्कुल नई है।

राजनीतिक उदारता के बावजुद अधिकारी उनके प्रबल विरोधी बन गए। ब्रिटिश अधिकारियों और राजनीतिक ने उन्हे विश्वासघाती और राजद्रोही तत्व कहा। वायसराय लार्ड कर्जन ने 1900 में घोषित किया कि उन्हें कांग्रेस के विनाश में अपना योगदान देने की इच्छा है। इसका कारण यह था कि यघपि उदारवादी छोटे पैमाने पर थे परन्तु उन्होंने देश में साम्राज्यवाद विरोधी जागृति उत्पन्न कर दी थी। उन के द्वारा की गई साम्राज्यवाद की आर्थिक नीतियों की आलोचना ने बाद के वर्षो में ब्रिटिश उपनिवेशवाद के विरुद्ध सक्रिय जनसंघर्ष में राष्ट्रीय आंदोलन के आधार के रूप में काम किया। उन्होंने अपने आर्थिक आंदोलन के द्वारा इसके क्रूर शोषण चरित्र को खोल कर ब्रिटिश शासन के नैतिक आधार को कमजोर कर दिया इसके अतिरिक्त नरमपंथी को राजनीतिक कार्य केवल धर्म और भावनाओं की तुच्छ और संकीर्ण अपील पर आधारित न होकर व्यक्तियों के जीवन के कठोर सत्य के ठोस चिन्तन और सूक्ष्म परीक्षण पर आधारित था। एक बार राष्ट्रव्यापी आंदोलन की ठोस नींव पड़ जाने पर यह जन संघर्ष का रूप ले सकता था और समय के साथ-साथ ऐसा ही हुआ।

उग्रपंथी राष्ट्रवादी: उददेश्य और विधियाँ

20वीं शताब्दी के आरम्भ में उग्रपंथी राष्ट्रवादियों के नेतृत्व में भारतीय राष्ट्रीय आंदोलन का नये औा उच्च स्तर की ओर विकास होने लगा। यह प्रारम्भिक दौर के राष्ट्रवादी आंदोलन और 19वीं शताब्दी के अंत में अंग्रेजों द्वारा साम्राज्यवाद को पुन: शक्ति प्रदान करने के प्रयास का परिणाम था। साम्राज्यवादी कठोरता के प्रतीक लार्ड कर्जन 1899 से वायसराय हुये। भारतीयों को लगा कि राजनीतिक तर्को तथा आदोलन के उदार उपायों से शासकों से राजनीतिक रियासतें प्राप्त करना असम्भव है। उन्होंने यह समझ लिया कि भारतीयों को आत्मनिर्भर बनना होगा और जन आंदोलन व जन राजनीति को अपनाकर स्वतंत्रता प्राप्ति के प्रयास करने होंगे।

देश की सामाजिक एवं आर्थिक स्थिति भी इसी ओर संकेत कर रही थी। उपनिवेशिक शासन के परिणाम 19वीं शताब्दी के अंत तक उभर कर सामने आने लगे थे जो भारत के आर्थिक हास और विकास के मार्ग में अवरोध के रूप में प्रकट हो रहे थे। उदाहरण के लिए इसका एक संकेत था- भीषण अकाल जिसने 1897 से 1900 तक बुरी तरह प्रभावित किया और लाखों

व्यक्तियों की मृत्यु हुई।

इस समय अनेक अन्तर्राष्ट्रीय घटनाओं ने भी उग्रपंथी राष्ट्रवाद के विकास में योगदान दिया। 1896 में इटली की फौजों की इथोपिया से और 1905 में जापान से रूस की हार ने यूरोपीय सर्वोच्चता के भ्रम की धज्जियाँ उड़ा दी। इनका प्रभाव आयरलैड रूस मिश्र तुर्की और जीन के क्रांतिकारी आंदोलन पर हभी पड़ा जिससे यह स्पष्ट हुआ कि संगठित लोग जो बलिदान के लिये तैयार थे शक्तिशाली निरंकुश विदेशी शासन तक से संघर्ष कर सकते थे।

अब पर्दे पर एक नया राजनीतिक नेतृत्व उभरा। इसमें सबसे प्रमुख थे बाल गंगाधर तिलक जिन्हें लोकमान्य के नाम से जाना जाता है। अरविन्द घोष, विपिन चन्द्र पाल, और लाला लाजपत राय। नये नेतृत्व में भारतीयों को विश्वास था और उसने शिक्षा दी कि भारतीय अपने प्रयत्नों पर अपनी राजनीतिक गतिविधियों और अपने बलिदान पर विश्वास करें। उन के राजनीतिक कार्यों और दृष्टिकोण ने आत्मनिर्भरता और आत्मविश्वास को प्रोत्साहन दिया। इससे अधिक उन्हें भारतीयों की शक्ति और जनशक्ति पर आधारित राजनीति पर गहरा विश्वास था। एक बार यदि जनशक्ति ने राजनीति को अपने हाथ में ले लिया तो उन्हें विश्वास था कि ब्रिटिश राष्ट्रीय आंदोलन को कुचल नहीं सकेंगे उन्होंने यह भी अस्वीकार किया कि ब्रिटिश शासन को भीतर से सुधारा जा सकता है। अब स्वराज्य या स्वतंत्रता की प्राप्ति राष्ट्रीय आंदोलन का मुख्य उददेश्य था।

स्वदेशी आंदोलन

इस प्रकार राष्ट्रीय आंदोलन को उच्च स्तर पर आगे की ओर ले जाने के लिये परिस्थिति तैयार हो चुकी थी। इसे चिनगारी उस समय मिली जब 20 जुलाई 1905 में सरकार ने बंगाल की जनता के अनुसार यह राष्ट्रवादिता की ओर उन्मुख हुये बंगालियों में फुट डालने का प्रत्यन्न था और इस प्रकार बंगाल में और उसके साथ ही लगभग सारे भारत में उग्रपंथी राष्ट्रीवादियों की जड़े मजबुत हो गई।

16 अक्टूबर को कलकत्ता में एक दिन उपवास और सामान्य हड़ताल करकें राजनीतिक आंदोलन का सूत्रपात किया गया। कलकत्ता की सड़के पर बड़ी संख्या में लोगों ने जुलुस निकाला ओर शाम के समय 50,000 व्यक्तियों की एक बड़ी सभा का आयोजन किया गया पूरे बंगाल में शहर से गाँव तक सभाओं जुलूसों और प्रदर्शनों के स्वर गूँज रहें थे।

शीध ही एक नया राजनीतिक अस्त्र और जोड़ लिया गया। सभी विदेशी वस्तुओं का बहिष्कार किया गया और स्वदेशी या भारत में बनी हुई वस्तुओं के इस्तेमाल पर जोर दिया गया। बहुत सी जगहों पर जनता ने विदेशी कपड़ो की होली जलाई और विदेशी कपड़ों की दुकानों पर धरना दिया। नये नेतृत्व ने अधिक यों के विरुद्ध सत्याग्रह काआहान किया। स्कूलों और कालेजों न्यायालयों और सरकारी सेवाअे का बहिष्कार एक प्रकार से सरकार के प्रति असहयोग था। परन्तु कार्यक्रम का यह भाग महत्त्वपूर्ण स्तर पर कार्यरूप में नहीं लाया जा सका। नये नेतृत्व ने विदेशी शासन से मुक्ति का नारा दिया । इसके परिणामस्वरूप दिसम्बर 1906 में दादा भाई नौरोजी ने कांग्रेस के अपने अध्यक्षीय भाषण में कहा कि कांग्रेस का उददेश्य स्वशासन अथवा स्वराज्य है।

उग्रपंथी नेतृत्व ग्रामीण और शहरी वर्ग के बड़े तंबके को आंदोलन में शामिल करने में सफल हुआ। विशेषकर विधार्थियों स्त्रियों और श्रमिकों ने उत्साहपूर्वक आंदोलन में भाग लिया।

शीघ्र ही स्वदेशी और स्वराज्य का नारा अन्य प्रान्तों में भी गूँजने लगा। आखिल भारतीय स्तर पर विदेशी कपड़ों के बहिष्कार का आयोजन कियां गया। सारा देश एक सहानुभूति की भावना और एक समान राजनीतिक से जुड़ गया।

सरकार ने शीघ ही दमन द्वारा उत्तर दिया। सभाओं पर प्रतिबन्ध लगा दिया गया समाचार-पत्रों का दमन किया गया राजनीतिक कार्यकर्ताओं को जेल हो गयी बहुत से नेताओं को निष्कासित कर दिया और विधार्थियों को पीटा गया। नरमपंथी को उग्रपंथियों से और हिन्दुओं को मुस्लिमों से अलग करने की कोशिश की गई। उसी समय नया नेतृत्व संगठन और संघर्ष के नये रूपों को अपनाने में असफल रहा जो उन के नये और उन्नत राजनीतिक समझ को बढ़ाने के लिए उपयोगी थे। उदाहरण के लिये यह सत्याग्रह को व्यवहार में लाने के 6 वर्ष के जेल और निष्कासन विपिन चन्द्र पाल और अरविन्द घोष के सक्रिय राजनीति से अवसर ग्रहण करने और भारत से लाला लाजपत राय के प्रस्थान के कारण अधिक समय तक जारी रह सका।

युवा वर्ग ने जन राजनीतिक गतिविधियाँ का कोई प्रभावशाली निकास नहीं पाया अत: सरकार के दमन का भावनात्मक और वीरतापूर्वक उत्तर दिया। वे क्रांतिकारी आतंकवाद को आधिक अपनाने लगे एवं घृणित अंग्रेज अधिकारियों को मार डालने उनका एक राजनीतिक अस्त्र बना। अनुशीलन और युगान्तर इस समय के दो प्रमुख क्रांतिकारि आंतकवादी गुट थे। किन्तु क्रांतिकारी आंतकवादियों के पास जन आधार न होने के कारण वे अपने आंदोलन को लम्बे समय तक जारी नहीं रख सके लेकिन राष्ट्रीय आंदोलन के विकास में उनका योगदान उल्लेखनीय है। जैसा कि एक इतिहासकार ने लिखा है-उन्होंने हमारे पौरूष के गर्व को वापस लौटा दिया।

राष्ट्रीय आंदोलन 1909 से1916 तक कुछ शिथिल पड़ गया था। लेकिन प्रथम विश्व युद्ध के दौरान इस में चेतना आयी जब एनीबेसेन्ट भारतीय संस्कृति की प्रशंसक एक अंग्रेज महिला और जेल से रिहा हुये लोकमानय तिलक ने भारतीय होमरूल लीग के संरक्षण में प्रसिद्ध अखिल भारतीय संवैधानिक आंदोलन आरम्भ किया। विदेश में रह रहे भारतीय भी युद्ध के दौरान सक्रिय रहे। इनमें प्रमुख कार्य संयुक्त राष्ट्र अमरीका और कनाडा में गदर पार्टी की स्थापना था जिसकी शाखाएँ पूर्वी एशिया और दक्षिण एशिया में था और जो भारत में संगठित सशस्त्र विद्रोह के प्रयास कर रही थी।

सामाजिक-धार्मिक सुधार और संस्कृतिक नवजागरण

19वीं और 20वीं शताब्दी के भारत की विशेषता बौद्धिक और सांस्कृतिक चेतना थी। भारतीयों के बौद्धिक जीवन में क्रांतिकारी परिर्वतन आरम्भ हुये। भारतीय बुद्धिजीवी इस सत्य से परिचित थे कि भारत जैसा विशाल देश भारतीय समाज को आन्तरिक कमजोरियों के कारण कुछ मुठटी भर विदेशियों द्वारा उपनिवेश बना। अत: उन्होंने भारतीय सामाजिक संरचना और संस्कृति में विघमान बुराइयों की आलोचना करनी शुरू की। विशेष रूप से वे भारत के विज्ञान और सामाजिक क्षेत्र में पिछड़ेपन के प्रति सचेत थे। उपनिवेशवाद के साथ-साथ आधुनिक पाश्चात्य विचार और संस्कृति भारत में अपने प्रवेश का मार्ग बना रहे थे। यह तार्क्किता या विज्ञान में विश्वास मानव चिंतन मानवतावाद और अपनी सामर्थ्य और प्रगति में विश्वास पर आधारित थे। भारतीय बुद्धिजीवियों का ध्यान दो विषयों पर तेजी से गया। तार्किकताऔर मानवतावादी समाज का वह सिद्धान्त जिसमें प्रत्येक मानव होने के नाते सम्मान के योग्य है। इन विचारों को विभिन्न

क्षेत्रों में लागू करने के प्रत्यन्न को विद्वानों ने भारतीय नवजागरण का नाम दिया और इसे 12 वीं से 15वीं शताब्दी के दौरान यूरोपीय नवजागरण के समान माना।

यद्यपि धार्मिक और सामाजिक सुधार की शक्तियाँ और सांस्कृतिक नव चेतना देश के सभी भागो में विभिन्न समय में विभिन्न रूपों में और विभिन्न तत्वों में उठी थी परन्तु भारतीय समाज की बुराइयों को समझने और उनको दूर करने के उपायों के संबंध में उनका लक्ष्य तथा दृष्टिकोण लगभग समान था।

प्रमुख समाजसुधारक: विषय एवं विचार

राजा राम मोहन राय पहले व्यक्ति थे जिन्होनें बौद्धिक और सांस्कृतिक जागृति की प्रक्रिया को आरम्भ किया। यद्यपि पूर्व की परम्परागत दार्शनिक व्यवस्था उस की शिक्षा में बहुत श्रद्धा रखते थे परन्तु उनका विश्वास था कि मानव गरिमा और की समानता के सिद्धान्तो पर आधारित विवेकयुक्त और वैज्ञानिक दृष्टिकोण और समाज एवं धर्म से ही भारतीय समाज का पुनरूद्धार हो सकता है। राजा राम मोहन राय के बाद बुद्धिजीवियों और धार्मिक और समाज सुधारकों का एक बड़ा वर्ग उभरा। ईश्वर चन्द्र विघासागर केशवचनद्र सेन, सैयद अहमद खान, गोपाल हरिदेशमुख, जोतिबा फुले, स्वामी दयानन्द सरस्वती, जस्टिस रानाडे, रामकृष्ण परमहंस, वीरेशर्लिंगम, नारायण गुरु, विवेकानन्द ई. वी. रामास्वामी नायकर आदि कुछ ऐसे नाम है जो इस क्षेत्र में कार्यरत है।

धार्मिक सुधारकों ने धार्मिक कटटरता और अंधविश्वास जाति प्रथा की कठोरता और अर्थहीन धार्मिक विधिविधान और अंधविश्वास का दृढ़ता से विरोध किया उन में से कुछ ने उन मामलों में पुरोहित वर्ग का विरोध किया जहाँ यह कट्टर और भ्रष्ट हो चुका था वे हिन्दूवाद इस्लाम और सिखवाद के सुधार के लिये उठ खड़े हुए समाज सुधारकों ने जाति व्यवस्था पर विशेष रूप से जाति व्यवस्था पर आधारित असमानता और उत्पीड़न पर प्रहार किया। उन्होंने भारतीय समाज में महिलाओं की हीन और असमान स्थिती को निन्दा की ओर तर्क दिया कि बौद्धिक और नैतिक चेतना की दृष्टि से स्त्री और पुरुष बराबर है। वे सतीप्रथा के उन्मूलन के लिये लड़े। उन्होंने बहु विवाह या एक पुरुष का कई स्त्रियों से विवाह कर लेने की प्रथा पर भी प्रहार किया। उन्होंने विधवा को दोबारा विवाह करने और स्त्री की शिक्षा की भी वकालत की। इनमें से राजाराम मोहन राय ने तर्क दिया कि स्त्री को पैतृक धन और सम्पति के उत्तराधिकारी का अधिकार होना चाहिए। इस समय पिछड़ी जातियों के बुद्धिजीवियों और सुधारकों ने भी जाति व्यवस्था के विरुद्ध संघर्ष शुरू किया। जोतिबा फुले नारायण गुरु और डा.बी. आर. अम्बेडकर तीन प्रमुख व्यक्ति थे। जो जातिप्रथा की असमानताओं के विरुद्ध लड़े। गाँधी जी ने उपनिवेशवाद के विरुद्ध छेड़े गये संघर्ष को अस्पृश्यता के विरुद्ध संघर्ष के साथ जोड़ दिया उन्होने कांग्रेस के सदस्यों की आदेश दिया कि वे अस्पृश्यता का व्यवहार न करें और न ही दूसरो को करने दे। उन्होंने हरिजनों के सामाजिक सांस्कृतिक आर्थिक और शैक्षित उत्थान के लिये आखिल भारतीय हरिजन सेवा संघ की स्थापना की।

19वीं शताब्दी में मुख्यत: पुरुष समाजसुधारकों ने स्त्रियों के पिछड़ेपन के कारणो पर विचार किया था। 20 वीं शताब्दी में स्त्रियों स्वंय अपनी सामाजिक स्वतंत्रता के लिये संधर्ष करने के लिये आगे आयी। महिलाओं का दस पत्रिकायें प्रकाश में आयी। जिसका संपादन महिलाओं ने किया और 1930 के दशक में आखिल भारतीय महिला काफ्रेन्स की स्थापना के बाद महिलाओं के

आंदोलन ने संगठन रूप ले लिया। राष्ट्रीय आंदोलन ट्रेड यूनियनों और किसान सभा ने भी महिलाओं के अधिकारों की माँग को अपनाया।

यह इन सुधारवादी प्रयत्नों और सामाजिक संघर्ष का परिणाम था क स्वतंत्र भारत में स्त्री पुरुष की पूर्णसमानता और लिंग या जाति के आधार पर किसी भी प्रकार के भेदभाव पर प्रतिबन्ध लगा दिया गया।

सभी सुधारकों ने धर्म और समाज के प्रति विवेकपूर्ण अपनाया। वे धार्मिक और सामाजिक विचारों व्यवहारों को केवल विश्वास पर आधारित न बना कर मानवीय कारणों और मानवता की अच्छाई पर आधारित बनाना चाहते थे। उन्होंने धार्मिक सत्ता पर अंधविश्वास का विरोध किया उन्होंने धार्मिक सिद्धान्तों और पंरपरा से प्राप्त सामाजिक रीतिरिवाजों में सुधार लाने और यहाँ तक कि यदि वे तर्क संगत न हो या समाज के लिये हानिकारक हो तो उन्हें छोड़े देने की प्रेरणा दी। उदाहरण के लिये स्वामी विवेकानन्द ने कहा था कि क्या धर्म को अपने आप को उसी तरह उचित सिद्ध करना चाहिए। जैसा प्रत्येक विज्ञान स्वंय को तर्किक सत्यों की कसौटी पर उचित सिद्ध करता है? विज्ञान और अन्य विषयों पर जो निरिक्षण के तरीके लागू किये जाते है। क्या वे धर्म के विज्ञान पर भी लागू किये जा सकते है इसी प्रकार सर सैयद अहमद खाँ ने जिन्दगी भर अंधविश्वासी रीतिरीवाज और विवेकहीनता का विरोध किया और आलोचनात्मक दृष्टिकोण अपनाने की सिफारिश की जब तक विचारों की स्वतंत्रता का विकास नहीं होता तब तक सभ्य जिन्दगी नहीं हो सकती यहाँ तक कि वेदों की व्याख्या समाज में अपेक्षाकृत पंरपरावादी स्वामी दयानंद सरस्वती ने भी इस बात को मानते हुये कि वेद अभ्रान्त है कहा कि वेदो की व्याख्या समाज के आम व्यक्तियों के संदर्भ में और उन्हीं के द्वारा की जानी चाहिए पुजारी वर्ग द्वारा नहीं दूसरे शब्दों में वेदों और मानवीय विवेक को स्वीकृति और मान्यता प्रदान की जानी चाहिए। स्वामी दयानंद ने हिन्दू अंधविश्वास के विरुद्ध निरंतर विद्रोह का नेतृत्व किया।

सामाजिक सुधार के प्रति उनका दृष्टिकोण

धर्म और समाज के सुधारक अपने सुधारों के पक्ष में परम्परा की अपील करने के लिये उत्सुक थे। और प्राय: दावा करते थे कि वे पुराने समय के शुद्ध विचारों और नीतियों को फिर से जीवित कर रहे है। बहुतों ने पुराने धर्म ग्रंथो के आधार पर यह दावा किया लेकिन रोचकता का विषय यह है कि अतीत को नये विचारों को सहारा देने के लिये पुकारा गया था। सुधारों को अधिक रुचिकर बनाने के लिये परम्परा को अस्त्र बनाया गया लेकिन जब कभी और जहाँ किसी भी प्रस्ताविक सुधार के साथ रीतियों का अकराव होता था। ये झुठे घोषित कर दिये जाते थे या उनका स्पष्ट विरोध कर दिया जाता था। जैसा कि पहले संकेत दिया जा चुका है कि बुनियादी अपील अतीत के लियेन होकर मानवीय विवेक और सामाजिक सुविधा के लिये थी उदाहरण के लिये जस्टिस रानाडे ने लिखा है– मृत और दफनाया हुया या जला हुआ मृत दफनाया और जला सब के लिये एक है और बीता हुआ अतीत पुन: जीवित नहीं हो सकता। उसी प्रकार गाँधी जी का अस्पृश्यता का अनुमोदन नहीं किया गया है उन्होंने घोषणा की कि यदि शास्त्र मनुष्य के महत्त्व के विरुद्ध जाता है तो उसे भुला देना चाहिए। उन्होंने कहा कि सच्चाई किताबों के जिल्द की सीमा में नहीं बाँधी जा सकती।

धार्मिक और सामाजिक कल्याण के क्षेत्र में उपलब्धियों के अलावा समाज सुधारकों ने देश प्रेम की भावना के विकास में योगदान दिया। इससे उनका आत्मविश्वास और साथ ही अपनी संस्कृति में भी विश्वास बढ़ा। यद्यपि अपने विकास के लिए ये आधुनिक विचारों और परिर्वतन के दौर से प्रभावित थे तथापि वे पश्चिम के अंधे अनुकरण के पक्ष में नहीं थे। यह उस भावनस का एक अंश है जिसे प्रो. के. एन. पणिकर ने भारतीयों की संस्कृति और उपनिवेशीकरण के विरुद्ध सांस्कृतिक रक्षा के रूप में दर्शाया गया है। जैसा कि जवाहरलाल नेहरू ने लिखा है:

उभरता हुआ मध्यम वर्ग धर्म की अपेक्षा राजनीति की ओर अधिक आकर्षित था लेकिन वे कुछ ऐसी सांस्कृतिक जड़े कुछ ऐसा जो उन्हे उनके महत्व का आश्वासन देता रहे कुछ ऐसा जो विदेशी विजय और शासन द्वारा उत्पन्न की हुई निराशा और दबे हुए अपमान को कम कर सके अवश्य चाहते है।

1920 के बाद बहुत से राष्ट्रवादियों और सुधारकों सत्याग्रहऔर जन आंदोलन की पद्धति को समाज एवं धार्मिक सुधार और समान को लोकतांत्रिक बनाने के लिये संघर्ष हेतु अपनाया इस कारण उनका उपनिवेशिक शक्तियों के साथ टकराव हुआ। इस प्रकार सुधार आंदोलन साम्राज्यवादी ताकतों से जुझते हुये साम्राज्यवादी विरोधी संघर्ष में घुलमिल गया। इसके दो आरम्भिक उदाहरण है। पहला अकाली आंदोलन जो पंजाब में 1920 के आरम्भिक दौर में गुरुद्वारों में सुधार के लिये चलाया गया था और दूसरा गाँधी का संधर्ष जो 1920 और 1930 के प्रारम्भ में अस्पृश्यता के विरुद्ध चलाया गया था।

कार्य- पद्धतियाँ

राष्ट्रवादी बुद्धिजीवियों और नेताओं ने देखा कि न केवल भारतीय संस्कृति का नवीनीकरण और आधुनिककरण होना चाहिए बल्कि इसे लोकप्रिय बनाना भी आवश्यक है। इस उददेश्य से एक और उन्होनें आधुनिक शिक्षा के प्रसार पर जोर दिया और दूसरी और आधुनिक भारतीय भाषाओं के विकास पर भी ध्यान दिया।

यद्यपि प्रारम्भ में 1830 से 1860 तक उपनिवेशिक शक्तियों ने आधुनिक शिक्षा को प्रोत्साहन दिया लेकिन ज़ब देखा कि नये शिक्षित भारतीय में से बहुत से राष्ट्रवाद को अपना रहे है तब उन्होंने श्रीध ही इस क्षेत्र में अपने कदम पीछे खींच लिये। अब भारतीयों ने अपने स्कूलों और कालेजों के विकास का कार्य स्वयं सम्भाला। स्वदेश आंदोलन और असहयोग आंदोलन 1920 से 21 के दौरान राष्ट्रवादियों ने उपनिवेशिक ढांचे से बाहर एक राष्ट्रीय शिक्षा नीति का आहान किया। इस समय हजारों राष्ट्रीय स्कूलों और कालेज और बहुत से राष्ट्रीय विश्वविद्यालय खोले गए। लेकिन प्रमुखतः भारतीय भाषा प्रेस और साहित्य के द्वारा सांस्कृतिक जागृति और सांस्कृति संघर्ष आगे चलाया गया।

1. 19वीं शताब्दी के आरम्भ में राष्ट्रीयवादियों और आधुनिक भारतीयों ने अपने सुधारवादी और राष्ट्रवादी विचारों को लोकप्रिय बनाने के लिये भारतीय भाषाओं को साधन बनाया। इस कार्य को सफलतापूर्वक पूरा करने के लिये भारतीय भाषाओं को सशक्त बनाया गया। उन्होंने प्राथमिक पुस्तकें आदि को तैयार करने के कार्य संभाला। उदाहरण के लिये ईश्वर चन्द्र विघासागर और रवीन्द्रनाथ टैगोर ने बंगाली में प्राथमिक पुस्तकें लिखी जिन्हे आज भी प्रयोग किया जाता है। 1860 से राष्ट्रवादी नेताओं ने कालेज को पाठ्य पुस्तकों की सूची में भारतीय भाषाओं को

सम्मलित करने और शिक्षण व्यवस्था में अनेक महत्त्वपूर्ण कार्य के लिये आंदोलन किया। वास्तव में जनसाधारण के बीच आधुनिक विचारों का प्रसार मुख्यत: भारतीय भाषाओं द्वारा ही हुआ। इस संबध में सबसे बड़ी भूमिका प्रेस की थी। एक बार फिर मार्ग दिखाने का काम राजा राम मोहन राय ने किया उन्होंने जनता के बीच वैज्ञानिक साहित्यक और राजनीतिक ज्ञान का प्रसारकरने के लिये बंगाली फारसी, और हिन्दी में पत्रिकाएँ निकाली। महाराष्ट्र में यह भूमिका गोपाल हरिदेशमुख ने निभाई जो लोकहितवादी के नाम से प्रसिद्ध है। 19वीं शताब्दी में हजारों भरतीय भाषाओं के समाचारपत्र और पत्रिकाएँ प्रकाश में आयी। इन्हें लाभकारी व्यवसाय के रूप में शुरू नहीं किया गया था बल्कि ये जनता के बीच फैलाने के विचार से सामाजिक सम्पर्क के लिये थे।

ऐसा शायद ही कोई प्रमुख आधुनिक भारतीय राजनीतिक या सामाजिक चिंतक होगा। जिसने लोकप्रिय भारतीय भाषा प्रेस के लिये लिखा न हो। बंगाली में अमृत बाजार पत्रिका सोमप्रकाश और संजीवनी गुजराती में गुजराती समाचार मराठो में इन्द्र प्रकाश ध्यान प्रकाश केसरी और सुधारक तमिल में स्वदेशी मित्रन तेलगु में आंध्र प्रकाशित और आन्ध्र पत्रिका मलालयम में मातृभूमि हिन्दी में हिन्दी प्रदीप हिन्दुस्तानी आज और प्रताप उर्दू में आजाद अखबार-ए-आम और कोहिरूर उड़िया में उत्कल दीपिका आदि उस समय के कुछ प्रमुख समाचार-पत्र थे।

2. भारतीय भाषाओं में आधुनिक साहित्य काव्य उपन्यास और छोटी छोटी कहानियों के रूप में था। लेखो के द्वारा सांस्कृतिक जागृति और देश प्रेम की भावनाओं को बढ़ाया गया। 19वीं शताब्दी के मध्य सा लगभग सभी भारतीय भाषाओं का साहित्यिक प्रवृति की ओर जबरदस्त झुकाव हुआ। 1860 तक बंगाली में गीत और देश प्रेम की कविताओं और अन्य भाषाओं में भी ऐसे ही प्रकाशन सम्मुख आए। साहित्य के यह दो रूप 20वीं शताब्दी के जन राजनीतिक आंदोलन को लामबंद्ध करने का प्रमुख साधन बने। 19 वीं और 20 वीं शताब्दियों के दौरान लगभग प्रत्येक भारतीय भाषा में महान कवियों का जन्म हुआ। बंगाली में रवीन्द्रनाथ अैगोर और काजी नजरूल इस्लाम हिन्दी में भारतेन्दु हरिचन्द्र और मैथिलीशरण गुप्त उर्दू में आजाद इकबाल अल्ताफ हुसैन हाली और जौश मलीहाबादी तमिल में सुइह्मण्य भारती मलयालय में कुमारन आशान और वल्लेतोल असमिया में लक्ष्मीनाथ बेजवरूआ ये सभी 19वीं 20वीं शताब्दी के कुछ प्रमुख कवि थें।

राष्ट्रवादी नाटक लेखन 1860 में दीनबन्धु मित्र के नीलदर्पण से शुरू हुआ। इसमें ब्रिटिश भूस्वामियों द्वारा किसानों केप्रति निर्दयतसपूर्व व्यवहार को दिखाया गया है। शक्तिशाली उपन्यासाकार औा छोटी छोटी कहानियों के लेखक भी उभर कर सामने आए। जिन्होंने राष्ट्रवादी और सुधारवादी विषयों और भारतीय समाज में जातिवाद की कठोरता और स्त्रियों की दयनीय दशा आदि विषयों को अपने लेखन में अपनाया। बंकिमचन्द्र चटर्जी शरत्चन्द्र रवीन्द्रनाथ टैगोर प्रेमचन्द्र कुछ ऐसे प्रमुख लेखकों में से है जिनक उपन्यास और छोटी कहानियों का लगभग प्रत्येक भारतीय भाषा में अनुवाद और प्रकाशन हुआ है। लेखों के द्वारा भी भारतीय राष्टवादियों और सुधारकों ने अपने विचारों का प्रसार किया। 19 वीं शताब्दी के प्रमुख लेखकों में गोपाल हरिदेशमुख विष्णु शास्त्री निपलूणकर तथा वीरेशलिंगम थे। सांस्कृतिक जागृति संगीत चित्रकला तथा अन्य कलाओं और बाद में फिल्मों में प्रदर्शित हुई।

जो व्यक्ति 60 वर्गों से भी अधिक समय तक भारत के सांस्कृतिक परिदृश्य पर रहे वह थे। रवीन्द्रनाथ टैगोर। उन्होंने साहित्य की प्रत्येक विधा---कविता उपन्यास छोटी कहानियों नाटक और निबंध.......... के क्षेत्र में योगदान दिया। बाद में वे चित्रकला की ओर भी उन्मुख हुए। वह स्वदेशी आंदोलन के प्रमुख व्यक्ति थे। 1919 में जलियाँवाला बाग हत्याकांड के विरोध में उन्होंने ब्रिटिश शासन द्वारा नाइट सर की उपाधि त्याग दी 1913 में उन्हें साहित्य के लिये नोबल पुरूस्कार से सम्मानित किया गया। उन्होंने भारतीय संस्कृति और राष्ट्रीय की शिक्षा को प्रोत्साहित करने के लिये शांतिनिकेतन में विश्वास विश्वविद्यालय की स्थापना की।

राष्ट्रीय आन्दोलन में गाँधी का योगदान

गाधी का प्रादुर्भाव

राष्ट्रीय आंदोलन का तीसरा और अन्तिम चरण 1919 में शुरू हुआ। इस समय ही प्रसिद्ध जनआंदोलनों की शुरूआत हुई थी प्रथम विश्व युद्ध के दौरान संधि द्वारा मित्र राष्ट्रों-बिट्रेन फ्रांस व अमरीका ने घोषणा की कि विश्व युद्ध प्रजातंत्र की रक्षा और राष्ट्र के स्वनिर्धारण के अधिकार के लिये लड़ा गया था। लेकिन अपनी विजय के बाद उन्होंने औपनिवेशिक शासन को समाप्त करने में कोई विशेष रुचि नहीं दिखाई। भारतीयों ने न केवल युद्ध कार्यों में सहयोग दिया बल्कि इससे उत्पन्न कष्टों को सबसे अधिक भोगा भी था। उन्हें अपने लिये उचित पुरूस्कार की आशा थी लेकिन उन्हें शीध ही निराश होना पड़ा जबकि ब्रिटिश सरकार ने संवैधिक सुधार के लिए केवल औपचारिक प्रयत्न ही किये। इससे यह भी स्पष्ट हो गया कि राजनीतिक सत्ता से हटने की उनकी कोई इच्छा नहीं है। राष्ट्रीय संघर्ष का एक और दौर आवश्यक हो गया। ऐसे समय में एक नेता माहन दास कर्मचंद गाँधी ने नेतृत्व सम्भाला गाँधी ने अपने सामने पुराने नेतृत्व की मूल कमजोरियों को रखा और उन्हें हटाने की कोशिश की। उन्होंने संघर्ष का एक नया रूप असहयोग और एक नई संघर्ष प्रणाली सत्याग्रह निकाली। ये केवल एक कार्यक्रम बन कर ही नहीं रह गयी। बल्कि पूर्ण रूप पर्याप्त क्रियात्मक रूप में प्रमुख आई। उन्होंने इसका प्रयोग पहले ही दक्शिश अफ्रीका में प्रवासी भारतीयों के अधिकारों के लिए संघर्ष के दौरान किया था। गाँधी ने चम्पारन बिहार में किसानों की और अहमदाबाद गुजरात में मजदूरों की सम्स्याएँ उठाई। यह समय लगभग देश के विभिन्न भागों में मँहगाई और महामारी का था। बहुत से भागों में किसानों को बगावत के प्रयत्नों के नाम पर शोषित किया गया। गाँधी ने विश्व युद्ध के पश्चात् भारतीयों में बढ़ते हुए क्रोध व उग्रवादी भावनाओं की ओर ध्यान दिया। उन्होंने लोगों को संगठित किया औा ऐसी युक्ति अपनाई कि इस आंदोलन को जन-आंदोलन का आधार दे सके।

सरकार की प्रतिक्रिया

युद्ध के दौरान सरकार उग्रपंथियों का दमन करती रही। राष्ट्रवादी चुनौतियों का मुकाबला करने के लिए सरकार ने और भी अधिक शक्ति का प्रयोग कियात्र मार्च 1919 में रौलट एक्ट पास किया गया। भारतीयों ने इसे कला कानून कहा इसके द्वारा सरकार बिना कारण बताए किसी भी व्यक्ति को गिरफ्तार कर सकती थी। इससे भारतीयों की भावनाओं को ठेस पहुँची। फरवरी 1919

में सत्याग्रह सभा शुरू की गई। इसके सदस्यों ने कानून का उल्लघंन करके अपनी गिरफ्तारी दी। इस प्रकार गाँधी ने राष्ट्रीय आंदोलन को केवल उत्तेजना पूर्ण विद्रोह न बनाकर राजनीतिक कार्यकलाप में जनसामान्य को शोमिल करते हुए आंदोलन की ओर पहला कदम उठाया। इसके साथ ही उन्होंने कांग्रेस को किसानों व कारीगरों पर अधिक निर्भर रहने के लिए प्रोत्साहित किया। खादी और हाथ से बने कपड़े का प्रयोग उन्हें नए ढंग से महत्त्व देने का प्रतीक था।

अगले दो महिने में लगभग पूरा देश जागृत हो उठा। हड़ताल जलूस और प्रदर्शन प्रतिदिन की गतिविधियाँ बन गए। इस समय अमृतसर में जलियाँवाला बाग हत्याकांड हुआ। 13 अप्रैल 1919 में ब्रिटिश सेना की टुकड़ी ने बाग में शांतिपूर्ण जनसमूह पर राइफलों और मशीनगनों से गोलियाँ चलाई। इससे हजारों की संख्या में लोगो की मृत्यु हुई और घायल हुए सारे देश से आंतक की लहर फैल गई। उपनिवेशवद की निर्दयता एक बार फिर उभर कर सामने आई।

इसके साथ ही ब्रिटिश सरकार ने तुर्की से युद्ध के बाद उस युद्धकालीन संधि को तोड़ दिया। जिसमें उसने तुर्की से युद्ध के बाद नर्मी का व्यवहार करने का वचन दिया था। तुर्की के सुल्तान जिसे खलीफा या मुसलमानों का धार्मिक नेता भी माना जाता था। उसके नियंत्रण को भी ठुकरा दिया जिसके कारण भारतीय मुसलमानों में बहुत अंसतोष फैल गया।

असहयोग और खिलाफत आंदोलन

सितम्बर 1920 में ग्राधी और राष्ट्रीय कांग्रेस ने असिात्मक असहयोग आंदोलन करने का निर्णय किया जिसे पंजाब और खिलाफत की गलतियों को हटाने और स्वराज्य के स्थापित होने तक चालू रखना था। गांधी ने एक वर्ष में स्वराज का नारा दिया। जनता से सरकारी मान्यता प्राप्त स्कूलों कालेजों अदाजतों विधानसभाओं और विदेशी कपड़ो का बहिष्कार करने के लिए कहा गया। सरकार द्वारा प्राप्त उपाधियों और सम्मानों को त्याग दिया गया। बाद में यह कार्यक्रम सरकारी नौकरी से इस्तीफा देने और जन असहयोग के साथ साथ कर न देने तक बढ़ा दिया जाना था। राष्ट्रीय ज्ञकूलों व कालेजों की स्थापना की गई। जनता से चर्खा चलाने खादी बनाने और अस्पृश्यता त्यागने और हिन्दू मुस्लिम एकता बनाए रखने की अपील की गई। अब प्रान्तीय कांग्रेस कमेटी की स्थापना भाषा के आधार पर होनी थी। कांग्रेस संगठनों को ग्रामीण स्तर तक पहुँचना था। अत: इसका सदस्यता शुल्क घटा कर चार आना आज का पच्चीस पैसा प्रतिवर्ष की दर से कर दिया गया जिससे ग्रामीण और शहरी गरीब व्यक्ति इसके सदस्य बन सके।

पहले जन आंदोलन 1920से 1922 के दौरान ने आशातीत विस्तार पाया। लाखों विघार्थियों ने स्कूलों अैर कालेज छोड़ दिये। कई सौ वकीलों ने अपनी वकालत छोड़ दी। अधिकांश मतदाताओं के चुनाव में भाग लेने से इन्कार कर दिया। विदेशी कपड़ो का बहिष्कार जन-आंदोलन का प्रतीक बन गया। विदेशी कपड़ों की हजारों होलियों की लपटे भारतीय आकाश में उठने लगी। विदेशी कपड़ो और शराब की दुकानो पर धरने दिए गए। कई जगहों पर कारखानों के मजदूर व किसान आगे थे।

परन्तु गाँधी सतुष्ट नहीं थे। पाँच फरवरी चौरी चौरा कांड हुआ। पुलिस ने 3000 किसानों के जलूस पर गोली चलाई इसकी प्रतिक्रिया में कुद्ध भीड़ ने पुलिस स्टेशन जला दिया इसमें 22 सिपाही मरे। गाँधी ने इस घटना को बहुत गंभीरता पूर्वक लिया। गाँधी ने 12 फरवरी 1922 को यह

सोच कर कि जनता अभी अंहिसा में प्रशिक्षित नहीं हुई है पूरे आंदोलन को वापिस ले लिया हालांकि आंदोलन के दूरगामी परिणाम निकले।

1. यह पहली बार लाखों किसानों और शहरी गरीबों को राष्ट्रीयता के दायरे में लाया। वास्तव में भारतीय समाज के सभी वर्गों का जैसा किसान, मजदूर, कारीगर, दुकानदार, व्यापारी, वकील, डाक्टर, और व्यवसायियों ने सम्मिलित रूप से राजनीतिक में हिस्सा लिया। महिलाएँ भी आंदोलन में उतर आयी। आंदोलन देश के पिछड़े कोने तक पहुँच गया। वास्तव में गाँधी ने सारी राजनीति का आधार उग्रवाद और जनता के आत्मबलिदान को बनाया। वे इन वर्गों को राष्ट्रीय संग्राम में लाए। उन्होंने इसे जन-आंदोलन में परिवर्तित क दिया।

2. भारतीय निडर हो गए। उन्हें ब्रिटिश साम्राज्यवाद की शक्ति का भय नहीं था जैसा कि नेहरू ने बाद में कहा कि- गाँधी ने भारतीयों को अपने पैरो पर खड़े होना सिखाया।

इस संबध में यह समझना आवश्यक है कि गाँधी के लिए अंहिसा कमजोरों और कायरों का अस्त्र नहीं था। इसका प्रयोग केवल शक्तिशाली कर सकते थे। गाँधी ने दोहराया कि वे हिंसा को कायरता से अधिक महत्व देगे। 1920 में लिखा कि...........जहाँ पर कायरता और हिंसा के बीच चुनाव का प्रश्न है मै हिंसा को सलाह दूँगा ......मै भारत को उनके आदर को रक्षा के लिए शस्त्र लेने दूँगा। बजाए इसके कि वह अपने ही अनादर के लिए एक असहाय उदाहरण बन कर रह जाए............

असहयोग आंदोलन का सबसे प्रमुख गुण भारतीयों में अत्यधिक आत्मविश्वास और आत्मसम्मान जगाना था। भारतीयों ने उपनिवेश शासन के विरुद्ध युद्ध आरम्भ किया। लड़ाई में अस्थायी रूप से पिछड़ना जनता को उनके लक्ष्य की ओर बढ़ने से नही हटा सका। जैसा कि 23 फरवरी 1922 को आंदोलन वापस लेने के बाद गाँधी ने लिखा कि......यह ब्रिटिश लोगों को बतलाने के लिए उपयुक्त समय था। कि जो संघर्ष 1920में शुरू हुआ वह निर्णायक संघर्ष है चाहे वह एक महीने या एक वर्ष चले चाहे कई महीनों या कई वर्ष तक और ब्रिटिश के प्रतिनिधि चाहे गदर के समय को अवर्णीय मनोरंजन अत्याचार को पुनः दोहरी शक्ति के साथ लागू करे अथवा नहीं

आंदोलन के बाद

असहयोग आंदोलन को वापस लेने के बाद सी.आर. दास मोती लाल नेहरू जैसे नेताओं ने स्वराज्य पार्टी का गठन किया। इन का विश्वास था कि वे अंग्रेजों से विधानसभा में मुकाबला कर सकेगें। स्वराज्य पार्टी के लोगों चुनाव लड़े। उन्होंने विजय प्राप्त की ओर बहुत सी प्रान्तीय विधानसभाओं के सफलतापूर्वक चल रहे कामों में बाधा डाली।

नवम्बर 1927 में अंग्रेजों ने संवैधानिक पहलुओं की देखभाल के लिये साइमन कमीशन की नियुक्ति की घोषणा की। इस कमीशन के सदस्य अंग्रेज ही थे।भारतीयों ने इसे अपना अपमान समझा। भारत आने पर कमीशन का बहिष्कार किया गया। पूरे देश में साइमन वापस जाओं के नारे लगा कर प्रदर्शन किये गये। असहयोग के समय के दृश्य फिर से प्रकट होने लगे। सरकार ने प्रदर्शनों का गोली और डंडो से सामना किया। लाला लाजपत राय को लाहौर में पुलिस की लाठी चार्ज से चोट आई जो कि उनकी मृत्यु का कारण बनी।

सविनय अवज्ञा आंदोलन

12 मार्च 1930 को गाँधी के प्रसिद्ध डांडी मार्च के साथ कांग्रेस ने दूसरा सविनय अवज्ञा आदालत शुरू किया। फलस्वरूप लाखों भारतीयों ने गैर कानूनी नमक बनाकर और उसे बेच कर नमक कानून तोड़ा। हजारों व्यक्तियों ने हड़ताल जलूस और विदेशी माल और शराब के बहिष्कार में भाग लिया। देश के कई भागों में किसानों ने भू-राजस्व और लगान देने से इनकार कर दिया। चिसके कारण इनकी जमीनें छीन ली गई। इस आंदोलन में महिलाओं का भाग लेना एक महत्त्वपूर्ण घटना थी। आंदोलन उत्तर पश्चिमी सीमा प्राप्त के पठानों और उत्तर में नागलैड व मणिपुर में फैल गया। 24 अप्रैल से 9 मई तक पेशावर में ब्रिटिश शासन नहीं रहा। मार्च 1931 में गाँधी इरविन के अल्पकालिक समझौते पर हस्ताक्षर हुये। लेकिन 1932 के आरम्भ में संघर्ष फिर से शुरू हुआ। कोई भी जन-आंदोलन हमेशा नहीं चल सकता अत: संघर्ष धीरे-धीरे कम होने लगा और 1934 के मध्य में वापस लेना पड़ा। इस बीच गोलमेज कान्फ्रेंस जो कि ब्रिटिशों ने लदंन में बुलाई थी भारत में कोई भी राजनीतिक स्तर पाने में असफल रही।

क्रातिकारी आंदोलन

बीसवीं शताब्दी में स्वेदशी और असहयोग आंदोलन वापस लेने के उपरान्त एक राजनीतिक गतिविधियाँ के रूप में क्रांतिकारी आतंकवाद का प्रादुर्भाव हुआ इसका अनुसरण अत्यधिक प्रेरित राष्ट्रवादी युवा पीढ़ी ने किया। युवा पीढ़ी को प्रमुख राजनीतिक गुटों की गतिविधियाँ के संबध में मोहभंग हुआ और उत्साह से भरपुर और भारत की स्वाधीनता के प्रति समर्पित इन युवाओं ने सरकारी कार्यालयों सम्पति और अधिकारियों के विरुद्ध हिंसात्मक कदम उठाये।

क्रांतिकारी आंतकवाद के प्रादर्भाव का प्रमुख कारण किसी भी समय या तो किसी प्रमुख राजनीतिक आंदोलन के शिथिल होने या वापस लेने का कारण हुई राजनीतिक शुन्यता था। 1924 में हिन्दुस्तान रिपब्लिकन एसोसियेशन की स्थापना से क्रांतिकारी आंदोलन को एक संगठित रूप मिला। हिन्दुस्तानी रिब्लिकन एसोसियेशन का उददेश्य सशस्त्र क्रांति करना था। सरकार ने तुरन्त दमन का रूख अपनाया। अत: एच. आर. ए. के बहुत से कार्यकर्ताओं को गिरफ्तार कर लिया गया और 1925 में प्रसिद्ध काकोरी षड्यन्त्र के मुकदमें में जाँच की गई। 1928 में समाजवादी विचारों के प्रभाव के कारण इस संगठन का नाम बदल कर हिन्दुस्तान सोशलिस्ट रिपब्लिकन ऐसोसियेशन रख दिया गया। चन्द्रशेखर आजाद, जिसके नाम से आप सभी भली भाँति परिचित हैं इस संगठन के नेता थे। 1920 के दशक में भगतसिंह, राजगुरु, रामप्रसाद, बिसमिल, सुखदेव और बटुकेश्वर दत्त क्रांतिकारी गतिविधियों के अग्रणी कार्यकर्ता थे।

क्रंातिकारी आंतकवाद में दूरदर्शिता का अभाव था। यद्यपि अटुट देश प्रेम असंदिग्ध था और राज्य साधनों को विचलित करने के योग्य था। लेकिन बलिदान की कहानियाँ ने राष्ट्रीयता की लौ को जलाये रखने में सहायता की।

यद्यपि इन क्रंातिकारीयों को पराजित और दमन किया गया परन्तु राष्ट्रीयता के लिये इन लक्ष्य महत्त्वहीन नहीं था। युवाओं के लिये ये प्रेरणास्त्रोत थें। उनके बलिदान की काहानियों ने राष्ट्रीयता की लौ को जलाये रखने में सहायक की।

स्वराज्य के सामाजिक-आर्थिक पहलू

आरम्भ से ही राष्ट्रीय आंदोलन का झुकाव जनता की ओर या गरीब व्यक्तियों की ओर था। भारतीय जनता की गरीबी की समस्या के कारण ही नरमपंथियों ने उपनिवेशवाद की आर्थिक आलोचना की ओर आर्थिक प्रश्नों पर आंदोलन किये। इस समस्या के समाधान के लिये उन्होंने औद्योगिक विकास और कर पद्धति में सुधार को अपना कार्यक्रम बनाया। वास्तव में उनका आर्थिक सुधार संबंधी कार्यक्रम समकालीन नियमों में पूरी तरह मौलिक था। आंदोलन में गाँधी के मुख्य नेता के रूप में उभरने और 1917 की रूसी क्रान्ति के प्रभाव के फलस्वरूप गरीबों की स्थिति और मजबूत हो गयी। 1919 के बाद कांग्रेस में एक शक्तिशाली वामपक्षीय वर्ग के उदय के साथ आंदोलन अधिक उग्र रूप लेने लगा। वामपक्षी दल ने अपनी राजनीति का साम्राज्यवाद के विरुद्ध संघर्ष तक ही सीमित नहीं रक्खा बल्कि इसने आन्तरिक वर्गीय दमन के प्रश्न को भी उठाया।

कम्यूनिस्ट और समाजवादी गुटों का प्रादुर्भाव

1920 के दशक में भारतीय युवा वर्ग का उग्रवादी रूप तथा कम्युनिस्ट और समाजवादी वर्गों का प्रादुर्भाव हुआ। 1928 के बाद पूरे देश में छात्रों व युवाओं ने सवामजवादी विचारों को अधिक से अधिक अपनाया। चन्द्रशेखर आजा और भगतसिंह के नेतृत्व में क्रान्तिकारी आतंकवादियों ने अपने संगठन का नाम हिस्दुस्तान रिपब्लिकन ऐसोसियेशन से बदल कर हिन्दुस्तान सोशलिस्ट रिपब्लिकन ऐसोसियेशन रखा। भगतसिंह ने अपने एक अन्तिम पत्र में लिखा था– ''किसान न केवल अपने को विदेशी दासता से बल्कि जमींदार और पूँजीपतियों की दासता से भी मुक्त करें।'' 1930 में विश्वव्यापी आर्थिक मंदी के कारण समाजवादी विचार और भी अधिक लोकप्रिय हो गये। 1935 के बाद पी. सी. जोशी के नेतृत्व में कम्युनिस्ट पार्टी पुनः संगठित की गई और आचार्य नरेन्द्रदेव और जय प्रकार नारायण के नेतृत्व में कांग्रेस समाजवादी पार्टी का गठन किया गया। बीसवीं शताब्दी के तीसरे दशक के मध्य में कांग्रेस के वामपंथी नेता के रुप में सुभाषचन्द्र बोस का उदय हुआ।

नेहरू की भूमिका

1929 के बाद भारत में जवाहर लाल नेहरू समाजवाद और समाजवादी विचारों के प्रतीक बने। उनका नाम इस विचार के साथ जोड़ा जाने लगा कि 1929 में जवाहलाल नेहरू ऐतिहासिक लाहौर कांग्रेस के अध्यक्ष बने। 1936 और 1937 में वे पुनः इस पद के लिये चुने गये। कांग्रेस के सभापति और गाँधी के बाद राष्ट्रीय आंदोलन के सबसे अधिक लोकप्रिय नेता की हैसियत से नेहरू ने कई बार देश का दौरा किया। वे हजारों मील पैदल चले और लाखों लोगों को सम्बोधित किया। नेहरू ने अपने अध्यक्षीय तथा अन्य भाषणों के द्वारा समाजवादी विचारों का प्रचार किया और घोषणा की कि राजनीतिक स्वतंत्रता तभी लाभकारी है जब वह जनसाधारण को आर्थिक मुक्ति की ओर ले जाये और इसके लिये समाजवादी समाज की स्थापना की जानी चाहिए।

1929 के लाहौर सत्र में ही नेहरू अपने समाजवाद के प्रति अपनी वचनबद्धता की घोषणा कर चुके थे– ''मैं समाजवादी और लोकतांत्रिक हूँ और राजाओं, के विश्वास करने वाली नहीं हूँ। उस व्यवस्था को भी नहीं मानता जिसने उद्योग के आधुनिक राजाओं को उत्पन्न किया, जो लोगों

के जीवन और भाग्य पर पुराने राजाओं से भ्ज्ञी अधिक अधिकार रखते हैं और जिन के तरीके पुरानी सामन्तवादी व्यवस्था से भी अधिक लूटमार के है।'' उन्होंने यह भी कहा कि केवल समाजवादी कार्यक्रम के द्वारा ही भारत की गरीबी और असमानता को दूर किया जा सकता है।

नेहरू के समाजवादी विचार 1933-36 के दौरान और भी राष्ट्र और तीव्र हुए। अक्टूबर 1933 में भारत के लक्ष्य की चर्चा करते हुए उन्होंने लिखा-''वास्तव में मनुष्य की सामाजिक और आर्थिक समानता का लक्ष्य राष्ट्र द्वारा वर्ग का वर्ग द्वारा शोषण समाप्त करना है।'' और दिसम्बर 1933 में उन्होंने लिखा-''सच्चा आदर्श समाजवादी आदर्श, कम्युनिस्ट आदर्श है।'' 1936 में हुई लखनऊ कांग्रेस के अध्यक्षीय भाषण में नहेरू के समाजवाद के प्रति अपनी वचनबद्धता को और भी स्पष्ट और निश्चित शब्दों में व्यक्त किया।'' मुझे विश्वास है कि संसार की समस्याओं और भारत की समस्याओं का समाधान समाजवाद के द्वारा ही हो सकता है-इसका अर्थ है कि अधिकांश व्यक्तिगत सम्पत्ति का अन्य और वर्तमान लाभ व्यवस्था के आने पर सहकारिता के ऊँचे आदर्श को अपना कर-मैंने देखा कि भारतीय जनता की गरीबी, फैली हुई अधिक बेरोजगारी निम्न दशा और परवशता को समाप्त करने के लिए समाजवाद के अतिरिक्त कोई और रास्ता नहीं है।''

कांग्रेस पर प्रभाव

देश में उग्र सुधारवादी शक्तियों का विकास शीघ्र ही कांग्रेस कार्यक्रम और नीतियों में झलकने लगा। नहेरू के प्रोत्साहन पर कांग्रेस के कराँची अधिवेशन में मौलक अधिकार और आर्थिक नीति के प्रस्ताव का पास होना परंपरा से हटकर पहला कदम था। प्रस्ताव में घोषणा की गई कि-''जनता के शोषण का अन्त करने के लिये, राजनीतिक स्वतंत्रता में भुखमरी से प्रभावित लाखों व्यक्तियों को सच्ची आर्थिक स्वतंत्रता मिलनी चाहिए।'' संकल्प में लोगों को निम्न मूल नागरिक अधिकारों की गारंटी दी गई थी-

बिना किसी जाति, धर्म या लिंग के भेदभाव के कानून की दृष्टि से समानता

सार्वभौमिक वयस्क मताधिकार के आधर चुनाव और निःशुल्क अनिवार्य प्रारंभिक शिक्षा

संकल्प में आगे निम्न बातों के लिए आश्वासन दिया गया।

भूमि के लगान और राजस्व में भारी कटौती

अनुत्पादक भूमि पर लगान से छूट

कृषि संबंधी ऋण से राहत और ब्याज पर प्रतिबंध

कामगारों के लिए उचित मजदूरी के साथ-साथ बेहतर काम की दशा, कार्य के सीमित घंटे और स्त्री कामकारों की सुरक्षा का प्रबंध

कामगारों और किसानों को यूनियन बनाने गौर संगठित होने का अधिकार

मुख्य उद्योगों, खानों और यातायात के साधन परचय का अधिकार।

कांग्रेस का यह उग्र सुधारवादी रूप फैजपुर कांग्रेस और 1936 की चुनाव घोषणा पत्र में मौलिक सिद्धन्ता कांग्रेस में फिर दिखायी दिया जिसमें आश्वासन दिया गया कि-

भूमि संबंधी व्यवस्था में मूलभूत परिवर्तन।

भूमि के लगान और राजस्व में भारी कमी।

ग्रामीण ऋणों में कटौती और सस्ते ऋण की व्यवस्था।

जमींदारी उगाहियों का अन्त।

कृषि मजदूरों के लिये उचित मजदूरी।

ट्रेड यूनियन और किसान यूनियन संगठित करने और हड़ताल करने का अधिकार ।

1945 में कांग्रेस की कार्यकारिणी समिति ने जमींदारी प्रथा के उन्मूलन के लिए प्रस्ताव पारित किया।

1938 में सुभाषचन्द बोस की अध्यक्षता में कांग्रेस ने आर्थिक कमैटी में विश्वास व्यक्त किया और जवाहरलाल नेहरू की अध्यक्षता में नेशनल प्लानिंग कमेटी की स्थापना की नेहरू तथा अन्य वामवंथियों एवं गाँधी ने भी धन के केन्द्रीकरण को रोकने के लिये बड़े उघोगों को सार्वजनिक क्षेत्र में लाने का प्रस्ताव रखा। वास्तव में 1930 के दशक की मुख्य सफलता गाँधी द्वारा उग्र आर्थिक नीतियों को निरंतर स्वीकृति थी। 1933 में वे नेहरू के इस विचार से सहमत हुए कि निहित स्वार्थो को हटाये बिना जन-साधारण की दशा में कभी भी सुधार नहीं हो सकता। उन्होंने इस सिद्धान्त कों भी स्वीकार किया कि जमीन उसी की है जो इसे जोतता है। 1942 में उन्होंने घोषणा की कि जमीन उन लोगो की है जो उस पर कार्य करते है और किसी की नहीं।

1885 में अपने जन्म से ही भारतीय राष्ट्रीय कांग्रेस ने ब्रिटिश साम्राज्यवादियों के हित के लिए दूसरे देशों को जोतने और दमन के लिये भारतीय सेना के प्रयोग का विरोध किया था। इससे धीरे-धीरे साम्राज्यवाद विरोधी नीति का विकास हुआ और एशिया और अफ्रीका में राष्ट्रीय आंदोलन को बहुत सहारा मिला। 1930 में नेहरू के नेतृत्व में इसने अधिक सक्रिय विदेश नीति को अपनाया। कांग्रेस तीव फासिस्ट विरोधी सिद्धान्तों पर दृढ़ रही इसने इटली जर्मनी तथा जापान के फासिस्टी आक्रमण के विरुद्ध इथोपिया स्पेन चेकोस्लोवाकिया और चीन की जनता का समर्थक किया। इससे स्पष्ट हो गया कि साम्राज्यवाद और फासीवाद के विरुद्ध संघर्ष संसार भर का मिला-जुला संघर्ष है।

किसान, मजदूर वर्ग और देशी रियासतों में जन-आंदोलन

राष्ट्रीय आंदोलन ने किसानों और मजदूरों की ब्रिटिश विरोधी भावनाओं को बहुत अधिक प्रभावित किया। 1977 के बाद ये लोग स्वतंत्रता संग्राम में सक्रिय भाग लेने। समाजवादी विचारधारा ने भी किसानों और मजदूर वर्ग पर गहरा प्रभाव डाला। उन्होंने अपनी आर्थिक व सामाजिक शिकायतों को स्वतंत्रता संग्राम के साथ जोड़ दिया। इसी प्रकार भारत की देशी रियासतों में भी जन-आंदोलन उभरा।

किसान आंदोलन

ब्रिटिश, साहूकार और जमीदारों के दमन के विरुद्ध आवाज उठाने में भारतीय किसानों का एक लम्बा इतिहास है। राष्ट्रीय आंदोलन ने इस किसान आंदोलन को एक नई गतिविधि और स्वतंत्रता संग्राम की मुख्य धारा से जोड़ दिया।

देश के विभिन्न भागों में कृषि संबंधों और समस्याओं के भिन्न होने पर भी, कुछ ऐसी

सामान्य समस्याएँ थी जो हर क्षेत्र में प्रचलित थीं, कुछ प्रमुख निम्न प्रकार थी।

अधिक भू-राजस्व की माँग

अत्यधिक भाड़ा

बंधुआ मजदूर व आपूर्ति

कृषि भूमि से बेदखली और असुरक्षित पट्टा व्यवस्था

कृषि मजदूरी का कम होना

ऋण का बोझ

अपनी गतिविधियों के अतिरिक्त, किसानों ने कांग्रेस से भी सहयोग की अपेक्षा की। यहाँ हम संक्षेप में कुछ किसान आंदोलनों का वर्णन करेंगे।

1. चमपारन

चम्पारन में यूरोप भूस्वामी किसानों में जबरदस्ती नील की खेती कराते थे। किसान मालिकों की हर मनमानी को सहन करते थे। इस व्यवस्था से बरबाद एक किसान राजकुमार सुकुल ने नील किसानों के विषय को उठाया। वह 1916 में लखनऊ कांग्रेस अधिवेशन में गये और कांग्रेस मंच पर चम्पारन के किसानों की दशा के विषय में बोले। राजकुमार सुकुल ही 1917 में गाँधी को किसानों की दशा दिखाने के लिये चम्पारन लाये थे। एक आंदोलन शुरू किया गया और अंततः सरकार को किसानों की कुछ माँगे माननी पड़ी।

2. अवध

अवध मे किसानों को अपनी जमीन पर अधिकार बनाये रखने की कोई सुरक्षा नहीं थी और उन्हें अपनी जमीन को पाने और कब्जे में रखने के लिये नजराना (विशेष भेंट) देना पड़ता था। जमींदारों ने बंधुआ मजदूरी, रस (जबरदस्ती आपूर्ति) और कई अन्य प्रकार के कर भी लागू कर दिये थे। 1918 के दौरान कई किसान सभाओं (किसान परिषद्) का गठन किया गया। बाया रामचंद्र ने, जो फिजी में प्रवोसी मजूदर रह चुके थे-किसानों को इकट्ठा करके एक मजबूर आंदोलन चलाया। जून दिसम्बर 1920 में अवध में एक विशाल किसान सभा हुई। किसानों के रहने के लिए मंदिर व मस्जिद खोल दिये गये। जनवरी 1921 में अवध में विशाल किसान विद्रोह हुआ। बहुत से गाँवों में किसानों ने स्वराज्य की सथाना की। सरकार ने विद्रोह का कठोरताा से दमन किया। पुलिस की गोली से कई किसानों की मृत्यु हुई। राय बरेली जिले के मुंशीगंज में हुए किसानों के खून-खराबे से पूरे देश में क्रोध की लहर फैल गयी। सरकार को विवश होकर 1922 में अवध रेन्ट एमेंडमेंट एकट पास करना पड़ा। इस आंदोलन का सबसे महत्त्वपूर्ण पक्ष यह था कि इस काल में जवाहर लाल नेहरू ने किसानों की कठिनाइयों को महसूस किया और उनकी समस्याओं का नेतृत्व किया।

3 मालाबार

लगभग उसी समय मालाबार (अब केरल में) के किसानों में भी विद्रोह भड़क उठा। यहाँ भी मोपला के किसानों ने असुरक्षा, ऊँची लगान दर और अवैध ऋणों की शिकाय की। असहयोग

व खिलाफ आंदोलन का एक भाग बन जाने के कारण किसान विद्रोह बड़े पैमाने पर फैल गया। विद्रोह ने शीघ्र ही हिसात्मक रूप ले लिया। किसानों ने सरकारी कार्यालयों, न्यायालयों और पुलिस स्टेशनों पर आक्रमण किये, रिकार्ड जलाये, खजाने लूटे, दमनकारी जमींदारों पर आक्रमण किये। दुर्भाग्य से सरकार इस विद्रोह को साम्प्रदायिक मोड़ देने और दबाने में सफल हुई।

4. आंध्र

ब्रिटिश सरकार द्वारा लगाये गये इन नियमों के कारण देशभर में जन-जातियों में असंतोष उत्पन्न हो गया। अल्लूरी सीताराम राजू ने असहयोग आंदोलन से प्रेरित होकर आंध्र में रम्पा क्षेत्र में जन-जातियों को संगठित करना शुरू किया। ग्राम पंचायतें शुरू की गई और शराब-विरोधी व्यापक प्रचार शुरू कर दिया गया। राजू गाँधी का बहुत सम्मान करते थे लेकिन उनका मानना था कि अंग्रेजों को हआने के लिये हिंसा आवश्यक है। आंदोलन ने शीघ्र ही हिंसक मोड़ ले लिया। पुलिस स्टेशनों पर छापे मारे गये। सेना और राजू के सहयोगियों के बीच छापामार (गुरिल्या) संघर्ष हुआ। अंत में अंग्रेजों ने राजू को कैद करके मार डाला। अभी तक राजू की वीरता और साहस को इस क्षेत्र में बड़े सम्मान के साथ याद किया जाता है।

5. बारदोली

1920 में वल्लभाई पटेल के नेतृत्व में गुजरात के बारदोली ताल्लुका के किसानों ने सरकार के तीस प्रतिशत भू-कर बढ़ाने के विरुद्ध कोई कर न देने का आंदोलन संगठित किया। किसानों का मत था कि सरकार कर के बढ़ाये जाने की जाँच के लिये एक स्वतंत्र ट्राइबुनल नियुक्त करें। किसानों ने बढ़े हुये कर चुकाने से इनकार कर दिया। और सरकार द्वारा उन्हें रोकने के सभी प्रयासों को असफल कर दिया। सरकारी कर्मचारियों का पूरी तरह बहिष्कार किया गया और लोग अपने घरों में ताले लगा कर अपने जानवरों को लेकर बड़ौदा के क्षेत्र में चले गये। अंत में सरकार को उनकी जाँच की माँग को स्वीकार करना पड़ा और वृद्धि को लगभग 6 प्रतियात घटा दिया गया।

उदयपुर और मेवाड़ में भी मोती लाल तेजावत और दरभंगा में स्वामी विघानंद के नेतृत्व में आदिवासी और किसान विद्रोह हुये। बिहार में स्वामी सहजानंद सरस्वती ने बिहार किसान सभा का संगठन किया।

1930 के दशक में किसानों में अपने वर्ग की रक्षा के लिये देशव्यापी नई चेतना जागृत हुई। 1936 में आखिल भारतीय किसान सभा की स्थापना इस चेतना का प्रतीक था। किसानों के आंदोलन की मुख्य माँगे थी। भूमि के लगान और भूमि कर में कमी जमीदारों द्वारा लगाई गयी अवैध पांबदियो जैसे बेगार या वेठी को हटाने साहुकार जमींदारों के दमन को समाप्त करने अवैध रूप से छीनी गई जमीन को फिर से प्राप्त करना, किरायेदार की तरह भूमि पर अधिकार की सुरक्षा। किसानों में चेतना का प्रसार करने के लिए सभाएँ प्रदर्शन किसान मार्च किसान सभाओं की स्थापना व भाड़े और कर न अदा करना और सत्याग्रह का सहारा लिया गया।

1945 के बाद जैसे-जैसे आजादी करीब आयी विद्रोह ने एक नया रूख लिया। जमींदारी प्रथा समाप्त करने की माँग पूरे देश के लिये सबसे बड़ी आवश्यकता बन गयी। विश्वयुद्ध के बाद का सबसे उग्रवादी संघर्ष तेज संघर्ष था जिसे बंगाल के कृषक साझीदारों की बातों ने शुरू किया

था। उनका कहना भी कि जोतदारों मध्यस्थ जमींदार को 1 :2 की जगह 1:3 फसल दी जाएगी। इसी तरह से तेलंगाना में भी एक विशाल किसान आंदोलन की शुरूआत हुई। ये दोनों आंदोलन कम्युनिस्टों के निर्देशन में चले।

यद्यपि 1947 से पहले किसान आंदोलन का संगठन आंतरिक भागों की पूर्ति के लिये किया गया था जिससे राज्य जमींदार और साहुकारों का शोषण व दमन कम हो सकें। परन्तु कृषि-व्यवस्था ऋण की व्यवस्था और राज्य के साथ किसानों के संबध पर इसका दीर्घकालीन प्रभाव पड़ा।

मजदूर वर्ग का संघर्ष

1920 के दशक में मजदूर वर्ग के संघर्ष और ट्रेड यूनियानों का विकास बड़ी तेजी से हुआ। 1860 से आधुनिक उघोगो खनन और रेलवे के विकसित होने से मजदूरों की संख्या में धीरे-धीरे वृद्धि होने लगी। यद्यपि मजदूर आरम्भ से ही कम वेतन अधिक काम के घंटे व काम की भयानक दशा के कारण अत्यधिक शोषण और अमानवीय व्यवहार के शिकार थे। समय-समय पर आंदोलन भी हुए परन्तु उन्हें ट्रेड यूनियन का संगठन करने में काफी लम्बा समय लगा। स्वदेशी आंदोलन ने प्रमुख संघर्ष विशेष रूप से बंगाल के रेल कर्मचारियों क संघर्ष को सबसे पहले प्रोत्साहित किया।

1918 से 1920 के बीच प्रथम विश्व युद्ध में महँगाई के बढ़ने व समकालीन राष्ट्रवादी उत्तेजना के कारण अधिकतर उघोगो में एक साथ हड़तालों का सिलसिला शुरू हुआ। इसका नेतृत्व रेलवे कर्मचारियों ने किया जो आर्थिक और वर्ग शोषण की दृष्टि से रंगभेद की नीति के शिकार थे। यूरोपियन स्टाफ के सदस्यों को अधिक वेतन दिया जाता था। कामगार वर्ग के संगठन को सुचारु रूप से चलाने के लिये अक्टूबर 1920 में आखिल भारतीय ट्रेड यूनियन कांग्रेस की स्थापना की गई। लाला लाजपत राय जैसे प्रमुख राष्ट्रवादी इसके प्रथम सभापति बने। सी.आर. दास जवाहरलाल नेहरू तथा सुभाषचन्द्र बोस अन्य राष्ट्रवादी नेता थे। जिन्होंने ट्रेड यूनियन कांग्रेस के अधिवेशन का सभापतित्व किया।

1928-1929 के दौरान मजदूर हड़तालों को नई लहर आई। बंगाल के जुट कर्मचारियों ने एक आम हड़ताल की। खड़गपुर के रेल्वे कारखाने में लम्बी हड़ताल हुई। जो दो महीने तक चली। दषिण और पूर्वी भारतीय रेलवे के कर्मचारी हड़ताल पर गये। जमशेदपुर में टाटा आयरन और स्टोल वर्क्स में भी हड़ताल की गई। इस समय की सबसे महत्त्वपूर्ण हड़ताल बम्बई की कपड़ा मिलों की हड़ताल थी। इसमें लगभग 150,000 कर्मचारी पाँच महीने से अधिक समय तक हड़ताल पर रह। प्रसिद्ध गिरनी कामगार यूनियन ने हड़ताल का आयोजन किया था। इन हड़तालों की लहर की अन्तिम हड़ताल बम्बई में जी.आई. पी. रेलवे कर लिया और उन पर ब्रिटिश सम्राट एवं सरकार के विरुद्ध षड़यंत्र करने का आरोप लगाया गया। इस मुददे को प्रसिद्ध मेरठ षडयंत्र के नाम से जाना जाता है। इसी समय सरकार ने भारत में मजदूरों की दशा का निरिषण और उनकी दशा सुधारने के लिए सुझाव देने के लिए एक राजकीय हिटले आयोग की नियुक्ति की।

नागरिक आंदोलन के दौरान शोलापुर के कामगार वर्ग ने अंग्रेजों का विरोध करने में

महत्वपूर्ण भूमिका निभाई। 1935 और 1936के दौरान कलकत्ता अहमदाबाद और कानपुर में प्रमुख हड़ताले हुई। 1937 में कांग्रेस सरकारों की स्थापना और नागरिक स्वतंत्रता के विस्तार से कामगारों का संधर्ष और संगठन और भी अधिक बढ़ने लगे। 1937 की अपेक्षा 1938 में ट्रेड यूनियनों की सदस्यता 50प्रतिशत बढ़ गई। 1937-1938 के दौरान कलकत्ता बम्बई और कानपुर में बड़ी हड़ताले हुई

देशी रियासतों में आंदोलन

अंग्रेजों ने कई रजवाड़े को रहने दिया इनके औपनिवेशिक शासन अप्रत्यक्ष रूप से वहाँ के राजाओं की सहायता से चलाया जाता था। इनमें स अधिकांश रजवाड़े की आर्थिक राजनीतिक और सामाजिक स्थिति काफी खराब थी। वहाँ के शासक, राजस्व का अधिकांश भाग अपने और अपने दरबारी और अधिकारियों पर व्यय कर देते थे। वे स्वेच्छापूर्वक निंरकुश शासन करते थे। क्योंकि ब्रिटिश भारतीय सरकार उन्हें आन्तरिक विद्रोह या गदर से बचाने के लिये वचनबद्ध थी। जैसे- जैसे ब्रिटिश भरत में राष्ट्रीयआंदोलन विकसित हुआ रियासतों या रजवाड़ो के लोग भी इससे प्रभावित हुये। 1927 में राज्यों की राजनीतिक गतिविधियों को एकजुट करने के लिए आखिल भारतीय देशी रियासत जन कान्फ्रेस भी स्थापित हो चुकी थी। यह गतिविधियाँ नागरिक अवज्ञा आंदोलन के प्रभाव से और बढ़ी। काश्मीर जयपुर राजकोट हैदराबाद और ट्रावनकोर सहित कई राज्यों में महत्वपूर्ण संघर्ष चलाये गये। प्रजातंत्र और राष्ट्रीय चेतना के विकसित होने से बड़ी संख्या में राज्यों में प्रजा मंडलों का संगठन किया गया।

आरंभ में राष्ट्रीय कांग्रेस ने अपने को इस आंदोलन से अलगख्रखा। लेकिन 1937 के बाद इनका समर्थन किया और इसे दबाने की राजाओं की कोशिशों का विरोध किया। उन्होंने राजाओं से लोकतांत्रिक प्रतिनिधित्व सरकार आंरभ करने की अपील की। 1938 में कांग्रेस ने अपने स्वतंत्रता के लक्ष्य में राज्यों की स्वतंत्रता की भी शामिल कर लिया। भारत में लोकतांत्रिक सरकार के संघर्ष दोनों के बीच धनिष्ठ संबध स्थपित करने और अखंडता पर जोर देने के लिए 1939 में जवाहरलाल नेहरू आखिल भारतीय राज्य जन-कांग्रेस के अध्यक्ष बने। इन रजवाड़ो को भारतीय संघ में मिलाने के लिए राज्य जन-आंदोलन ने महत्वपूर्ण योगदान दिया।

अन्य आंदोलन

दो अन्य प्रमुख शक्तिशाली आंदोलनों पर ध्यान देना आवश्यक है। इनमें से एक आंदोलन भाषावादी प्रांतो के लिए था। आंरभ में विभिन्न प्रांतों की भाषा और संस्कृति को विकसित करने के लिए यह राष्ट्रवादी ढाँचे के बाहर विकसित हुए और जल्दी ही ये राष्ट्रीय आंदोलन ने पूरी तरह यह स्वीकार किया कि भारत एक बहुत सी परिभाषाओं और सांस्कृतिक विभिन्नताओं का देश है और इसकी एकता की नींव विभिन्नता में एकता के आधार पर पड़ी है।

इसी प्रकार नीची जातियों ने ऊँची जातियों के सामाजिक व आर्थिक प्रभुत्व के विरुद्ध देश के विभिन्न भागों में आंदोलन का गठन किया। इन आंदोलन में सत्यबोधक समाज आंदोलन और महाराष्ट्र में मराठों का गैर ब्राह्मण आंदोलन दक्षिण भारत में आत्म सम्मान आंत्म सम्मान आंदोलन और ब्राह्मण विरोधी आंदोलन तथा डा.बी. आर अम्बेडकर द्वारा चलाया गया हरिजन या पिछड़ी जातियों का आंदोलन प्रमुख है। धीरे-धीरे इनमें से अधिकतर लुप्त होते गए क्योंकि

राष्ट्रीय आंदोलन के कार्यक्रम में जाति दमन के विरुद्ध संघर्ष सम्मिलित था।

कांग्रेस मंत्रिमंडल

1935 में नया गवेर्मेंट ऑफ इंडिया एक्ट पास हुआ और 1937 के आरंभ में चुनाव कराये गये। कांग्रेस चुनाव में भाग ले या नहीं इस विषय पर कांग्रेस में काफी वाद-विवाद हुआ। अंत में चुनाव मे भाग लेने और अपनी पूरी शक्ति से चुनाव जीतने का निर्णय लिया गया। कांग्रेसी नेताओं ने देश के बहुत से भागों का दौरा किया। जनता के बीच भी अत्यधिक उत्साह था।

कांग्रेस को मद्रास बम्बई केन्द्रीय प्रातों उड़ीसा बिहार और संयुक्त प्रांतो में भारी विजय मिली। अब प्रश्न यह था कि कांग्रेस सत्ता संभाले या नहीं? इस विषय पर वाद-विवाद और सोच-विचार हुआ। अंत में यह निर्णय लिया गयाकि कांग्रेस सत्ता स्वीकार कर लें। कांग्रेस ने प्रातों में जहाँ इसका पूर्ण बहुमत था प्रांतीय स्वशासन की नई पद्धति के अंतर्गत सरकार का गठन किया।

बाद में यह असम और उत्तर पश्चिमी सीमा प्रान्त में मिली-जुली सरकार बनाने में सफल हुई अपनी सीमित अधिकार शक्ति के बावजूद कांग्रेस प्रशासन ने प्रांतों में जनता को कुछ रियायतें देने का प्रयत्न किया और बहुत से मौलिक सुधारों को लागू किया जो इस प्रकार है:

राजनीतिक कैदियों की रिहाई

पुलिस की शक्तियों को सीमित किया गया।

नागरिक स्वतंत्रता को प्रोत्साहन और उसका विस्तार।

नागरिक शिक्षा और स्वास्थ पर अधिक ध्यान।

मंत्रिमंडल ने विधान सभाओं के द्वारा किसानो को कुछ रियासतें दीं। इनमें ऋण से राहत हाल के वर्षो में किसानों से जोभूमि छीन ली गई थी उसे वापिस लौटाना और पटटे की सुरक्षा आदि शामिल थे।

मजदूरों को राहत देने की दशा में भी कार्य किये गए है।

मंत्रालय के समय की सबसे प्रमुख उपलब्धि यह थी कि भारतीयों में यह भावना विकसित हो चुकी थी कि ब्रिटिश शासन के दिन अब पूरे हो चुके है और साम्राज्यवाद का अंत नजदीक है।

सविनय अवज्ञा आन्दोलन

''भारतीय अपना दिमाग निश्चित कर चुके थे अपने दिलों मे स्वतंत्रता प्राप्त कर चुके थे'' गाँधी ने एक सौम्य निष्क्रिय राष्ट्र को शताब्दियों की तंद्रा-से जगा दिया।''

-ब्रेल्सफार्ड

सविनय अवज्ञा आन्दोलन की ओर जाने वाली परिस्थितियाँ:

(1) साईमन कमीशन का बहिष्कार: भारत में साइमन कमीशन का बहिष्कार किया गया। इसमें जनता ने बड़ें उत्साह के साथ भाग लिया। कांग्रेस के नेताओं को यह विश्वास हो गया कि ब्रिटिश सरकार के विरुद्ध उसके द्वारा चलाया गया आन्दोलन सफल हो सकता है।

(2) अधिराज्य के दर्जे कही माँग को सरकार द्वारा न मानना: ब्रिटिश सरकार ने नेहरू रिपोर्ट में की गई अधिराज्य के दर्जे की मांग को अस्वीकार कर दिया:

(3) श्रमिकों व किसानों में असन्तोष: 1928-29 मे अनेक स्थानों पर श्रमिकों की अड़तालें हुई। सरकार ने दमन की नीति अपनाई। कुछ नेताओं को मेरठ षड्यन्त्र केस में सजाएं दी गई। किसानों ने भी अनेक स्थान पर आन्दोलन किये। श्रमिकों के असन्तोष को देखते हुए कांग्रेस के लिये एक आन्दोलन चलाना आवश्यक हो गया।

(4) जन साधारण में असन्तोष: 1922 में असहयोग आन्दोलन स्थगित किये जाने से जनता में निराशा फैल गई थी। इसको दूर करना आवश्यक था।

(5) आर्थिक मंदी का प्रभाव: 1929 की आर्थिक मन्दी ने भारत को भी प्रभावित किया था। वस्तुओं के दाम बढ़ रहे थे और जनता परेशान थी।

(6) पूंजीपतियों का असन्तोष: 1927 में आयोत कर में की गई वृद्धि को सरकार ने लागू नहीं किया गया था। इससे भारतीय पूंजीपति असन्तुष्ट थे। जूट उद्योग में वे ब्रिटिश पूंजीपतियों का वर्चस्व समाप्त करना चाहते थे। व्यापारी भी सरकारी की नीति से सन्तुष्ट नहीं थे।

(7) आतंकवाद की पुनरावृत्ति: इस समय क्रान्तिकारियों ने अपनी गतिविधियाँ तेज कर दी थी। सरकार ने दमन चक्र चलाया। लाहौर षड़यंत्र केस में भगत सिंह व अन्य प्रमुख क्रान्तिकारियों पर मुकदमा चलाया गया। इससे गाँधी जी को चिन्ता हुई कि कहीं देश फिर हिंसात्मक प्रवृतियों की ओर अग्रसर तो नहीं हो रहा है।

(8) विद्यार्थियों में असन्तोष: देश में बेरोजगारी बढ़ती जा रही थी। इसक फलस्वरूप युवा वर्ग में असंतोष बढ़ता जा रहा था।

(9) साम्प्रदायिक दंगे: 1923 के बाद भारत के अनेक नगरों में हिन्दू-मुस्लिम दंगे हुए। इन दोनों में वैमनस्य की भावना को बढ़ते हुए तथा दंगों में हिंसात्मक घटनाओं से गाँधी जी चिन्तित हुए। इसे रोकने के लिये भी एक आन्दोलन चलाना उन्होंने आवश्यक समझा।

(10) पूर्ण स्वतंत्रता लक्ष्य: कांग्रेस ने 1929 में देश के लिये पूर्ण स्वतंत्रता का लक्ष्य रखा। इसकि प्राप्ति के लिए एक आन्दोलन चलाना आवश्यक था।

वास्तव में जनता के अनेक वर्गों में ब्रिटिश सरकार के विरुद्ध असन्तोष तथा कांग्रेस के कार्यों प्रति उत्साह को देखकर कांग्रेस ने सविनय अवज्ञा आन्दोलन चलाने का निश्चय किया।

गाँधी जी की शर्ते: यंग इण्डिया में एक लेख गाँधी जी ने सरकार के सामने कुछ शर्ते रखी। यदि सरकार इनको मान लेती है तो सत्याग्रह नहीं किया जायेगा। ये शर्ते थी:

1. रुपये की विनियम दर घटा कर 1 शिलिंग 4 पैसे कर दी जाय।
2. लगान में पचास फी सदी कमी की जाय।
3. सिविल सर्विस के अधिकारियों के वेतन आधे कर दिये जायें।
4. सेना व्यय में कम से कम प्रचास प्रतिशत की कमी की जायें।
5. रक्षात्मक शुल्क लगाये जायें तथा विदेशी कपड़ों का आयात नियंत्रित किया जायें।
6. तटीय यातायात रक्षा विधेयक पास किया जायें।

7. सी.आई.डी. खत्म की जायें या उस पर सार्वजनिक नियन्त्रण हो।

8. भारतवासियों को आत्म रक्षा के लिये आग्नेय अस्त्र रखने का लाइसेंस दिया जाये।

9. नमक पर सरकारनी इजारेदारी और नमक कर समाप्त किया जायें।

10. नशीली वस्तुओं इजारेदारी और नमक कर समाप्त किया जायें।

11. उन राजनीतिक बन्दियों को छोड़ दिया जायें जिन पर हत्या करने या हत्या का प्रयत्न करने अभियोग नहीं था।

गाँधी जी ने इन माँगों में पूर्ण स्वराज्य का जिक्र नहीं किया। इनमें से कुछ माँगे पूंजीपतियों के तथा कुछ जन साधारण के हित में थी। फिर भी सरकार ने इन्हें नहीं माना। सारे देश मे दमन चक्र चलाया गया। सरकार के इस रवैये से शान्ति का मार्ग बन्द हो गया। अब सविनय अवज्ञा वायसराय इरविन को एक पत्र में ब्रिटिश शासन के दुष्प्रभावों की चर्चा की तथा चेतावनी दी कि सरकार ने उनकी 11 माँगों को जल्द स्वीकार नहीं किया तो वे 12 मार्च को नमक कानून का उल्लंघन करेंगे। वायसराय का उब्ठर अत्यन्त असंतोषजनक था। गाँधीजी ने लिखा ''मैंने रोटी माँगी थी और मुझे पत्थर मिला।'' सविनय अवज्ञा आन्दोलन शुरू हो गया।

डांडी यात्राः

सबसे पहले नमक कानून ताड़ने का कार्यक्रम रखा गया। 12 मार्च,1930 ईसवी को गाँधी जी ने 78 चुने हुए अनुयायियों के साथ अपनी प्रसिद्ध डांडी यात्रा आरम्भ की। इस दल ने साबरमती से डांडी की ओर प्रस्थान किया। दो सौ मील लम्बी यात्रा पैदल चलकर 24 दिनों में तय की गई। मार्ग में हजारों लोगों ने उनका स्वागत किया। 6 अप्रेल, 1930 ईसवी को गाँधी जी ने समुद्र तट पर नमक कानून भंग किया।

कार्यक्रमः

सविनय अवज्ञा आन्दोलन का कार्यक्रम निम्नलिखित थाः

1. प्रत्येक गाँव में नमक कानून तोड़कर नमक बनाया जाय।
2. विद्यार्थी सरकारी स्कूलों में जाना छोड़ दें।
3. राज्य कर्मचारी सरकारी नौकरियों को छोड़ दें।
4. शराब, अफीम और विदेशी कपड़ों की दुकानों पर स्त्रियाँ धरना दें।
5. विदेशी वस्त्र की होली जलाई जाए।
6. जनता कर अदा न करे।

आन्दोलन की प्रगतिः

बम्बई, बंगाल, उब्ठर प्रदेश, मध्य प्रान्त मद्रास में व देश के अन्य भागों में जनता ने नमक बना कर कानून का उल्लंघन किया। स्त्रियों ने शराब की दुकानों पर धरना दिया। दिल्ली में 1600 स्त्रियों को धरना देने पर कैद किया गया। विदेशी कपड़े का बहिष्कार किया गया। उब्ठर पश्चिम सीमा प्रान्त में खान अब्दुल गफ्फार खाँ के नेतृत्व में 'लाल कुर्ती' दल ने इसमें भाग लिया।

महात्मा गाँधी गिरफ्तार हुए। उनकी गिरफ्तारी के विरुद्ध देशव्यापी हड़ताल हुई। बम्बई में मिलों व रेल्वे के मजदूरों ने हड़ताल की। शोलापुर में पुलिस व जनता के एक जुलूस में मुठभेड़ हुई। धारसाणा के नमक कारखाने पर सत्याग्रहियों पर लाठियाँ बरसाई गई। कुल मिलाकर 90,000 व्यक्ति जेल में ठूंसे गये।

इस आन्दोलन में कर बन्दी, लगान बंदी, शराब बंदी, विदेशी कपडों, गांजा-भांग और शराब की दुकानों पर धरना, स्कूलों, कॉलेजों और अदालतों का बहिष्कार सफल रहा। महिलाओं ने इनमें उत्साह के साथ भाग लिया। मजदूर व किसान भी काफी संख्या में इनमें सम्मिलित हुए। इससे सरकार घबड़ा गई। उसने दमनचक्र तेज कर दिया। अनेक प्रान्तों में मार्शल लॉ लागू किया गया। कांग्रेस को गैर कानूनी घोषित किया गया इस आन्दोलन से ब्रिटिश बुर्जुआ वर्ग के साथ-साथ भारतीय बुर्जुआ वर्ग भी भयभीत हुआ।

उब्ठर- पश्चिम सीमा प्रान्त में आन्दोलन को दबाने के लिये बख्तरबन्द गाड़ियों में सैनिक भेजे गये। जनता ने इनमें से कुछ को जला दिया। इस पर 18वीं रायल गढ़वाल राइफल्स की एक बटालियन की तीन टुकड़ियां भेजी गई। इसके सैनिकों ने भीड़ पर गोली चलाने से इन्कार कर दिया और जनता के साथ भाई चारा स्थापित किया।

प्रथम गोल मेज सम्मेलन (नवम्बर-दिसम्बर 1930 ईसवी):

27 मई, 1930 ईसवी को साइमन आयोग के प्रतिवेदन के प्रकाशित होने से जनता में अशान्ति और बढ़ी। इसमें भारत को अधिराज्य का दर्जा देने का उल्लेख नहीं था। अगस्त 1930 ईसवी में सर तेज बहादुर सप्रू तथा जयकर ने कांग्रेस तथा ब्रिटिश सरकार में समझौता कराने का असफल प्रयत्न किया। सविनय अवज्ञा आन्दोलन की लोकप्रियता को देखकर ब्रिटिश सरकार ने प्रथम गोल मेज सम्मेलन में भाग लेने वाले प्रतिनिधियों में 57 ब्रिटिश भारत के व 16 भारतीय राज्यों के थे। ब्रिटिश भारत के प्रतिनिधियों में हिन्दुओं, मुसलमानों, सिक्खों, जमींदारों, हरिजनों, व्यपारियों तथा विभिन्न राजनीतिक दलों के प्रतिनिधि थे। इसमें कांग्रेस ने भाग नहीं लिया।

इंग्लैण्ड के प्रधान मंत्री रेंम्जे मेकडोनल्ड ने प्रान्तों में पूर्ण उब्ठरदायी सरकार की स्थापना करने अर्थात् प्रान्तों को आन्तरिक मामलों में स्वायत्ता के अधिकार देने का वचन इस शर्त पर दिया कि अल्पसंख्यक जातियों के हितों की रक्षा का अधिकार गर्वनर को होगा। गवर्नन को विशेष शक्तियाँ देने प्रस्ताव भी किया। केन्द्र में एक ऐसा संघ, जिसमें, ब्रिटिश प्रान्तों और देशी रियासतों के प्रतिनिधि शामिल शामिल होंगे, बनाये जाने की सहमति उसे प्रकट की। सम्मेलन में राजाओं के प्रतिनिधियों में कोई समझौता नहीं हो सका। मुसलमानों ने अलग प्रतिनिधित्व की माँग की। जिन्ना अपनी चौदह शर्तो को मनवाने के लिए जोर लगाते रहे। अम्बेडकर ने भी हरिजनों के लिए अलग प्रतिनिधित्व की माँग की।

गाँधी-इरविन समझौता:

प्रथम गोल मेज सम्मेलन में यह स्पष्ट हो गया था कि कांग्रेस के बिना भारत की समस्या का हल होना सम्भव नहीं था। अतएव सरकार ने अच्छा वातावरण तैयार करने के लिये महात्मा गाँधी व अन्य नेताओं 26 जनवरी, 1931 ईसवी को बिना किसी शर्त के छोड़ दिया। इसके बाद

लॉर्ड इरविन में वार्ता हुई। अन्त में महात्मा गाँधी और वायसराय के बीच 5 मार्च, 1931 ईसवी को एक समझौता हुआ। इसकी शर्तें इस प्रकार थी:-

1. सरकार सभी अध्यादेशों को वापस लेगी।

2. सरकार उन सभी राजनीतिक कैदियों को छोड़ देगी जिन्होंने हिसा का मार्ग नहीं अपनाया था।

3. सरकार समुद्री के पास रहने वाले लोगों को बिना किसी कर की अदायगी के नमक इकट्ठा करने और बनाने देगी।

4. सरकार विदेशी कपड़ों, शराब और अफीम की दुकानों पर शान्तिपूर्वक धरना करने देगी और उसमें कोई बाधा उत्पन्न नहीं करेगी।

5. सरकार सत्याग्रहियों की जब्त की हुई सम्पत्ति वापस करेगी।

6. कांग्रेस सविनय अवज्ञा आन्दोलन को स्थगित कर देगी।

7. पुलिस की ज्यादतियों के बारे में निष्पक्ष जाँच की माँग को कांग्रेस ने त्याग दिया।

8. कांग्रेस ने दूसरे गोल मेज़ सम्मेलन में भाग लेना स्वीकार किया तथा काँग्रेस ने उब्ठरदायी शासन को रक्षा कवचों सहित भारतीयों के हित में स्वीकार करने का वचन दिया।

9. बहिष्कार के सभी कार्यक्रमों को बन्द करने का वायदा कांग्रेस ने किया।

गाँधी-इरविन समझौते का मिश्रित स्वागत हुआ। सुभाष चन्द्र बोस और जवाहर लाल ने इस समझौते को पसन्द नहीं किया। कांग्रेस के वाम पक्ष ने इसे आत्मसमर्पण माना। उनके अनुसार गवर्नर जनरल और गवर्नरों को विशेष अधिकार देने के कारण महत्वपूर्ण विषयों के प्रबन्ध में भारतीयों का नियन्त्रण स्थापित नहीं हो सकता था परन्तु दक्षिण पक्ष ने इसे सन्तोषप्रद माना। के.एम. मुंशी ने कहा कि यह भारतीय इतिहास की महत्त्वपूर्ण घटना है। इस समझौते से गाँधी जी से लोग इसलिए भी नाराज हुए कि वे न तो भगतसिंह को जेल से छुड़ा सके और न उसकी फाँसी की सजा को आजन्म कैद में बदलवा सके। कांग्रेस के करांची अधिवेशन में अनेक सदस्यों ने इस सम्बन्ध में अपना रोष प्रकट किया क्योंकि इस समय तक भगत सिंह को फँासी हो चुकी थी।

दूसरा गोल मेज सम्मेलन (सितम्बर-दिसम्बर 1931 ईसवी):

दूसरे गोल मेज सम्मेलन के समय तक राजनीतिक स्थिति में काफी परिवर्तन हो गया था। 1 अप्रेल, 1931 ईसवी को लॉर्ड विलिंगड़न भारत के वायसराय बन कर आये। वे कांग्रेस को कुचलने का निर्णय करके आये थे। इसलिये उन्होंने गाँधी-इरविन के समझौते की शर्तो का उल्लंघन करना शुरू कर दिया। गाँधी जी ने वायसराय को अनेक पत्र लिखे तथा दूसरे गोल मेज सम्मेलन में जाने से मना कर दिया, किन्तु वायसराय से आश्वासन प्राप्त होने पर उन्होंने गोल मेज सम्मेलन मे जाना स्वीकार किया। इस समय में इंगलैण्ड में मजदूर दल की तत्कालीन सरकार ने वित्तीय संकट के कारण 26 अगस्त, 1931 ईसवी को त्याग पत्र दे दिया। उसके स्थान पर रेम्जे मेकडोनल्ड ने सरकार बनायी। नवम्बर के चुनावों में अनुदार दल को सफलता मिली। इस दल की सरकार भारतीय जनता को अधिकार देने के विरुद्ध थी।

कांग्रेस की तरफ से द्वितीय गोल मेज सम्मेलन में भाग लेने के लिये महात्मा गाँधी गये। मदन

मोहन मालवीय और सरोजनी नायडू को वायसराय ने पृथक तौर पर निमंत्रित किया। डॉक्टर अन्सारी जैसे राष्ट्रवादी मुसलमान नेता को कांग्रेस अपना प्रतिनिधि बनाना चाहती थी किन्तु वायसराय ने इसे स्वीकार नहीं किया। 30 नवम्बर, 1931 ईसवी को महात्मा गाँधी ने कहा कि अन्य सब दल साम्प्रदायिक हैं, कांग्रेस की केवल सारे भारत और सबके हितों के प्रतिनिधित्व का दावा कर सकती है। कांग्रेस नस्ल, रंग और धर्म का भेदभाव नहीं जानती, उसका प्लेटफॉर्म सबके लिए खुला है। कांग्रेस का प्रभाव 70,000 गाँवों पर है। इस तरह से महात्मा गाँधी ने कांग्रेस को को राष्ट्रीय संस्था सिद्ध करने की कोशिश की। उन्होंने भारत के लिए पूर्ण स्वतंत्रता की माँग की। पूर्ण स्वतंत्रता देने तक केन्द्र में पूर्ण उब्ठरदायी शासन की स्थापना और प्रतिरक्षा पर भारतीय नियन्त्रण की माँग की। ब्रिटिश सरकार ने इन माँगो को नहीं माना। साम्प्रदायिक दलों के प्रतिनिधियों ने अपनी-अपनी जाति के लिए पृथक-पृथक प्रतिनिधित्व की माँग की। महात्मा गाँधी निराश होकर भारत लौट आये।

सरकार का दमन चक्र:

महात्मा गाँधी की अनुपस्थिति में लार्ड विलिंगडन ने अपनी दमनकारी नीति तेज कर दी। एक ओर कांग्रेस ने सरकार पर गाँधी-इरविन समझौते का उल्लंघन करने का आरोप लगाया तो दूसरी ओर ब्रिटिश सरकार ने कांग्रेस पर किसानों को भड़काने का आरोप लगाया। महात्मा गाँधी के भारत लौटने के समय उत्तर प्रदेश में कृषि सम्बन्धी समस्याओं के लिये किये गये आन्दोलन के कारण जवाहर लाल नेहरू को गिरफ्तार किया गया। महात्मा गाँधी ने लॉर्ड विलिंगडन को बातचीत का सुझाव दिया। इसे वायसराय ने नहीं माना। ऐसी परिस्थितियों में कांग्रेस की कार्य समिति ने सविनय अवज्ञा आन्दोलन को पुनः शुरू करने का फैसला किया

द्वितीय विश्वयुद्ध और भारत

सितम्बर 1939 में द्विताय विश्व युद्ध छिड़ जाने से कांग्रेस एक कठिन स्थिति में पड़ गई जैसा कि हमने पहले देखा कि कांग्रेस फासिस्टों के दमन से पीड़ित जनता के प्रति सहानभुति का रूख रखती थी। यह ब्रिटेन और फ्रांस की संयुक्त फासिस्ट विरोधी शक्तियों की सहायता करने को उत्सुक थी। लेकिन कांगेस में यह विचार किया गया कि एक उपनिवेश जो स्वयं गुलाम है दूरे देशों में स्वतंत्रता के संघर्ष के लिए कैसे सहायता कर सकेगा। इसलिए यह माँग की गई कि भारतीयों के हाथ में राजनीतिक सत्ता सौप कर ओर युद्ध के बाद पूर्ण स्वतंत्रता का वायदा करके अंग्रेजी सरकार स्वतंत्रता और लोकतंत्र के प्रति अपनी निष्ठा का प्रमाण प्रस्तुत करें ताकि भारतीय जान और माल से पूरी तरह युद्ध प्रयत्नों में सहयोग करे। ब्रिटिश इस बात के लिए तैयार नहीं हुए। जैसा कि विस्टन चर्चिल ने बाद में कहा कि वे युद्ध के समय ब्रिटिश साम्राज्य को दिवालिया करने के लिये प्रधानमंत्री नहीं बने थे।

इसके विरोध मे कांग्रेस ने अपने मंत्रिमंडलों को इस्तीफा देने के आदेश दिये। लेकिन कांग्रेस अब भी बहुत बड़े ब्रिटिश विरोधी संघर्ष का आहावान करके ब्रिटिश युद्ध प्रयत्नों में बाधा नहीं डालना चाहती थी। इस समय कांग्रेसी नेताओं तथा जनसाधारण का धैर्य टुट रहा है गाँधी ने अब प्रत्येक क्षेत्र में कुछ चुने हुए व्यक्तियों द्वारा व्यक्तिगत स्तर पर एक सीमित सत्याग्रह आंरभ करने का निश्चय किया। व्यक्तिगत सत्याग्रह के दो प्रमुख उददेश्य थे एक ओर भारतीयों की प्रबल

राजनीतिक भावनाओं को व्यक्त करता था दूसरी ओर इसने ब्रिटिश सरकार को सीधे टकराव से बचने और भारतीयों की माँगो को स्वीकार करने का एक और अवसर दिया। मई 1941 के अंत तक 25,000 से अधिक सत्याग्रहियों को गिरफ्तार कर लिया गया और सजाएं दी गई।

1941 में दो प्रमुख परिर्वतन हुए। पष्चिमी यारोप पर अधिकार करके 22 जून 1941 को नाजी जर्मनी ने सेकवयत संघ पर आक्रमण कर दिया। 7 दिसम्बर 1941 में जापान ने पेसेफिक समुद्र में पर्ल हारबट में अमेरिका के जहाजी बेड़े पर अचानक आक्रमण कर दिया। 1942 में जापान ने फिलीपीन्स इंडोचीन वियतनाम इंडोनिशिया और मलाया की ओर से वर्गों की ओर बढ़ना शुरू किया। इस प्रकार युद्ध भारत की सीमा तक आ पहुँचा ।

दिसम्बर के प्रांरम्भ में रिहा हुये भारतीय नेताओ को भारत की सुरक्षा की चिन्ता थी। वे सोवियत संघ और चीन की रक्षा के लिए भी चिन्तित थे। वे एक बार फिर युद्ध प्रयत्नों में पूरा सहयोग देने के लिये तैयार थे यदि भारतीयों को सत्ता सौप दी जाए। ब्रिटिश सरकार भी अमेरिका और चीन की संधि के दबाव मे थी। अत: 1942 में ब्रिटिश सरकार ने भारतीय नेताओं के साथ समझौता करने के लिये क्रिप्स तुरन्त सत्ता हस्तान्तरित करने की माँग को स्वीकार करने को तैयार नहीं था भारतीय जनता उत्तेजित थी। उसने महसूस किया कि साम्राज्यवाद के साथ अन्तिम युद्ध का समय आ गया है।

भारत छोड़ो आंदोलन

अगस्त 1942 में बम्बई में आखिल भारतीय कांग्रेस कमेटी की एक सभा हुई। इसमें प्रसिद्ध भारत छोड़ो आंदोलन का प्रस्ताव पारित किया गया। इसमें स्वतंत्रता के लिए अन्तिम जन संघर्ष शुरू करने का प्रस्ताव था। 8 अगस्त की रात मे कांग्रेस के प्रतिनिधियों को सम्बोधित करते हुये गाँधी ने जनता को करो या मरो का नारा दिया उन्होंने कहा कि या तो हम भारत को आजाद करायेंगे या इस प्रयत्न में मर जायेंगे हम अपनी गुलामी को देखने के लिए जीवित नहीं रहेगें। लेकिन ब्रिटिश सरकार ने आंदोलन शुरू होने से पहले ही उस पर प्रहार कर दिया। 9 अगस्त की सुबह गाँधी सहित अन्य कांग्रेसी नेताओं को गिरफ्तार कर लिया गया और युद्ध के दौरान जेल में बंद रखा।

फलस्वरूप जगह-जगह आंदोलन हुये। हर जगह हड़ताले हुई। सरकार ने बड़े पैमाने पर गिरफ्तारीयों , लाठी चार्ज और गोलियाँ चलाकर इसका उत्तर दिया। क्रुद्ध भीड़ ने हिंसात्मक कदम उठाये और ब्रिटिश सत्ता के प्रतीक पुलिस स्टेशनों पोस्ट आफिसों और रेलवे लाइनों पर हमला किया। उन्होंने टेलिफोन टेलीग्राफ और रेलवे लाइनो को काट डाला। देश के बहुत से भागों में लोगो ने अपनी सरकार बनायी लेकिन अंग्रेजी सरकार ने अपना दमन जारी रेखा। पुलिस और सत्ता की गोली से 10,000 से अधिक लोगो की मृत्यु हुई।

इसी समय दक्षिण-पूर्वी एशिया में आजादी के लिये एक मोर्चो खुल गया। मार्च 1941 को सुभाषचन्द्र बोस देश से चले गये। 1943 में वे जापान और दक्षिण पूर्वो ऐशिया गये। जहाँ उन्होने भरतीय सेना के जवानों और अफसरों-जिन्होंने जापान पर आत्मसमर्पण का दिया था के साथ मिलकर आजाद हिन्द फौज का गठन किया। आई. एन. ए. जापानी फौज के साथ भारत को विदेशी दासता से मुक्त करने के भारत की सीमा की ओर प्रस्थान किया। 1925 में जापान पराजित हो गया और संभवत: एक हवाई दुर्घटना में सुभासचन्द्र बोस की मृत्यु हो गयी।

स्वतन्त्रता

युद्ध के समाप्त के साथ-साथ भरत के स्वतंत्रता संग्राम ने एक नये चरण में प्रवेश किया। भारतीय जनता उत्तेजित और कुद्ध थी। आजाद हिन्द फौज के जवानों और अफसरों के मुकदमें के विरोध में नये संघर्ष ने विशाल आंदोलन का रूप ले लिया। अंत में सरकार को विवश होकर उन्हें छोड़ देना पड़ा। 1945-46 में पूरे देश में अनेक विद्रोह हड़ताल और प्रदर्शन आदि हुये। फरवरी 1946 में बम्बई में नौसेना के नाविकों ने विद्रोह किया। अंग्रेजी सेना ने जन संघर्ष का दमन करने के प्रयत्न में बम्बई की सड़कों पर 250 से अधिक व्यक्तियों को गोली मार दी।

युद्ध जीतने के बावजूद भी ब्रिटेन को नई परिस्थिति का सामना करना पड़ा। विश्व युद्ध का पूरा शक्ति संतुलन बदल गया था। युद्ध के कारण ब्रिटेन की हालत कमजोर हो गयी थी। अब विश्व शक्ति बना नहीं रह सकता था इसकी आर्थिक और सैनिक शक्ति नष्ट हो चुकी थी। इसके साथ ही पूरी औपनिवेशिक व्यवस्था का हास हो रहा था। फासिस्ट शक्तियों द्वारा फ्रांस और हॉलेड को भी युद्ध की पराजय ने कमजोर कर दिया था। जर्मनी इटली जापान पराजित हो चुके थे। सोवियत संघ ने भारत तथा अन्य उपनिवेशिक देशो की स्वतंत्रता की इच्छा का समर्थन किया अमरीका भी इन इच्छाओं का समर्थक था। किसी भी दशा में वह भारत में राष्ट्रीय आंदोलन के पूर्ण दमन में ब्रिटेन के किसी भी प्रयत्न में सहयोग नहीं देगा।

ब्रिटेन की राजनीतिक स्थिति भी अब ऐसी नहीं थी कि वह राष्ट्रीय आंदोलन के पुनः दंमन का प्रयास करे। ब्रिटिश सेना जिसके सैनिक नागरिकों का ही एक अंश थे। लड़ाई से तंग आ चुके थे और थक गये थे अब दमन के लिए उनमें युद्ध करने की कोई शक्ति नहीं रह गयी थी। 1945 के चुनाव में लेबर पार्टी कंजवेटिव पार्टी को पराजित कर दिया था। लेबर पार्टी भारतीयों की माँग स्वीकार करने के पक्ष में थी। ब्रिटेन जनता अब किसी भी दशा में उपनिवेश की पुनः स्थापना करने की नीति में सहयोग देने के पक्ष में नहीं थी।

भारत की एकता

अंग्रेजों ने हमेशा यह दावा किया कि मुगल शासन के बाद जो अराजकता उत्पन्न हो गयी थी उन्होंने एकता की। उन्होंने विभाजित समाज के प्रतीक के रूप में भारत की सांस्कृतिक और धार्मिक विभिन्नताओं को एक सूत्र में बाँधने का दावा किया। किन्तु अंग्रेजों की फुट डालो और शासन करो नीति जिसने सांस्कृतिक और धार्मिक पारूपो को एक दूारे के विरुद्ध किया उनकी नीतियों का एक अंश थी। हिन्दू-मुस्लिम के आधार पर बंगाल का विभाजन 1905 दो राष्ट्रों का प्रसिद्ध सिद्धान्त और 1909 में अलग-अलग निवाँचन क्षेत्र इसके स्पष्ट प्रमाण है।

भारतीय राष्ट्रवादियों का कहना था कि भारत की विभिन्नताएँ एक रूप करने वाले तत्वों के साथ जुड़ी है जिसको ब्रिटिश नष्ट कर रहे है। अतः बंगाल के विभाजन के बाद इस विभाजन रददद करने के लिये पैमाने पर जन आंदोलन चलाया गया साथ ही गाँधी ने साम्प्रदायिक निर्वाचन क्षेत्र के विरोध में उपवास किया। राष्ट्रवादियों ने रजवाड़ों के लिये संघर्ष आंरभ किया।

संदेश प्रसारण की विधियाँ

अब राष्ट्रवादियों के सामने प्रमुख काम था- ब्रिटिश नीतियों का विराध करना। यह किस

प्रकार किया जाय? उन्होंने विचारों और एकता की चेतना के प्रसार के लिए निम्नलिखित विधियाँ अपनाई।

राष्ट्रवादी नेताओं के भाषाण और लेख।

भारत के सभी भागों में कांग्रेस का वार्षिक अधिवेशन करना जैसे पश्चिमी में कराँची से पूरब में गोहाटी तक और उत्तर में लखनऊ से दक्षिण में मद्रास तक।

राष्ट्रीय ध्वज जातियों धर्मों तथा सिद्धान्तों के आधार पर न होकर राष्ट्रीय एकता का प्रतीक तथा प्रत्येक भारतीय की चेतना का हिस्सा बना।

भरत की समुद्ध अनेकता का एकीकरण किया गया। यह कार्य भारत की विभिन्न भाषाओं को प्रोत्साहित करके तथा उन्हें राष्ट्रीय आंदोलन की प्रमुख धारा में सम्मिलित करके किया गया।

यह कार्य अंग्रेजों के विरोध और फुट डालों शासन करो की नीति के बावजुद सम्पन्न हुआ। भारतीयों को विविध जातीय तथा साम्प्रदायिकता निरूठाओं के विरुद्ध भी लड़ना पड़ा था। स्वतंत्रता आंदोलन में एकता की कल्पना को जन-संघर्ष तथा राष्ट्रवादी विचारों के संघर्ष ने आकार दिया। जिस रूप में यह एकता संभव हुई इस संघर्ष की सफलता और असफलता उदाहरण के लिये देश का विभाजन का परिणाम था।

धर्मनिरपेक्षवाद का महत्त्व

भारत प्रमुख धर्मों का आशय स्थल रहा है और समय के साथ-साथ बहुधर्मीय के रुप में उभरा। भारत के लोग धर्म में गहरा विश्वास रखते हैं। धर्म उनके जीवन-दर्शन को प्रभावित करता है। ऐसी सिंति में धार्मिक मतभेदों के प्रति गहरी सहष्णुता की सामाजिक असामंजस्य और तनाव को मिटा सकती है। अंग्रेजों द्वारा अपनई गई फूट डालो और शासन करो की नीति ने संदर्भ में धार्मिक तनावों और मतभेदों की भवनाओं को फैलाया। राष्ट्रवादी नेतृत्व ने बहुधर्म समाज में धर्मनिरपेक्षता के मूल्य को मजबूत बनाया तथा इस चुनौती का सही-ढंग से उत्तर दिया।

धर्मनिरपेक्षता क्या है?

भारत में धर्म निरपेक्षता के चार अभिप्राय है-

(क) पहला, राष्ट्रवादी नेतृत्व ने लोगों के बीच धार्मिक सहिष्णुता की भावना का प्रसार करने के प्रयत्न किये।

(ख) दूसरा, लोगों में फैले अंधविश्वास को दूर करने के लिये बहुत से सुधार आंदोलन शुरू किए गए।

(ग) तीसरा, राष्ट्रवादी नेतृत्व ने सभी धर्मों का एकता पर जोर दिया।

(घ) चौथा, धर्म और राजनीति को अलग-अलग करने पर जोर दिया।

धर्मनिरपेक्षता का व्यवहारिक रूप

हिन्दुओं के बीच सुधार आंदोलन राजाराम मोहन राय, स्वायी दयानंद सरस्वती, स्वामी विवेकानंद और रामाकृष्ण परमहंस ने आरंभ किया। भारत में मुसलमानों के बीच सुधार के लिये सर सैयद अहमद खान ने महत्त्वपूर्ण भूमिका निभाई। एक तिहरी पद्धति स्वीकार की गई।

(क) इन सुधारकों ने किसी और धर्म पर आक्षेप नहीं किया।

(ख) उन्होंने विभिन्न धर्मों के तर्कसंगत और सुधारक तत्त्वों पर जोर दिया।

(ग) इस बात पर जोर दिया कि भारत के विभिन्न धर्म और धार्मिक पहचान एक बड़े एकीकृत भारतीय राष्ट्र का अंग है।

धार्मिक-सुधार और सहिष्णुता की परम्परा को गाँधी और अबुल कला आज़ाद ने आगे चलकर शक्तिशाली बनाया। ये धर्म में विश्वास रखते थे लेकिन इन्होंने एक-दूसरे के धर्मों में सुधार और सहिष्णुता को निरंतर बढ़ावा दिया। उदाहरण के लिये गाँधी ने रचनात्मक कार्य प्रोग्राम शुरू किया जिसने हिन्दू मुस्लिम एकता के लिये कार्य किया। इससे लोगों को संगठित करने में मदद मिली। यह हर दृष्टि से एक महत्त्वपूर्ण काम था।

यह काम दो राष्ट्र की नीति और हिन्दू-मुस्लिम के लिये दो निर्वाचक क्षेत्र बनाने के अंग्रेजों के प्रयास के विरुद्ध किया जाना था। अंग्रेजों की नीति के जवाब में भारतीय राष्ट्रवादियों ने अल्पसंख्यक वर्ग की धार्मिक स्वतंत्रता के प्रति आदर एवं रक्षा का आश्वासन दिया। भारतीय राष्ट्रीय कांग्रेस ने पृथक निर्वाचन तंत्र के विरुद्ध सभी सम्प्रदायों को, बिना किसी धार्मिक भेदभाव के स्वदेश के लिए संघर्ष, विदेशी वस्तुओं के बहिष्कार तथा स्वराज के लिए संघर्ष जैसे गतिविधियों के लिए संगठित किया।

राष्ट्रवादियों का धर्मनिरपेक्षवाद के प्रति योगदान

राष्ट्रीय धर्मनिरपेक्ष शिक्षा की योजना।

धर्मनिरपेक्षवाद के सिद्धान्त को सामाजिक न्याय और समानता के साथ जोड़ना।

गाँधी और नेहरू तथा धर्मनिरपेक्षता के लिये संघर्ष

धर्मनिरपेक्षता के लिये संघर्ष गाँधी और नेहरू के धर्मनिरपेक्षता के सिद्धान्त पर आधारित रहा। उन सिद्धान्तों की भिन्नता के कारण भारत में धर्मनिरपेक्षता की दो परम्पराएँ उभरी।

गाँधी राजनीति के आध्यात्मिकीकरण में विश्वास करते थे। लेकिन उन्होंने दृढ़तावपूर्वक सभी धर्मों की समानता और सभी धर्मों के प्रति सहिष्णुता को स्वीकार किया। गाँधी ने अपनी राजनीति के लिए धर्म से प्रेरणा प्राप्त की थी परन्तु धार्मिक मतभेदों व धार्मिक कट्टरपन के विरुद्ध संघर्ष करके राष्ट्रांय एकता और सहिष्णुता की भावना का समर्थन करके, उन्होंने धर्मनिरपेक्षता के संघर्ष को आगे बढ़ाया। उन्होंने स्पष्ट किया कि राज्य को धर्म के विषय में हस्तक्षेप नहीं करना चाहिए क्योंकि धर्म लोगों का व्यक्तिगत मितल है उन्होंने राज्य को धर्मनिरपेक्ष संबंधी मामलों जैसे-कल्याण, स्वास्थ्य, संचार, विदेशी संबंध, मुद्रा आदि की देखभाल करने का उत्तरदायित्व दिया।

इसके विपरीत नेहरू ने धर्मनिरपेक्षवाद के संघर्ष को पूरी तरह वैज्ञानिक तार्किकता से जोड़ दिया। उनक अनुसार धर्म अंघविश्वास और अराजकता उत्पन्न करता है। उनके अनुसार विज्ञान का सार था-संदेह करना और जानना। अत: उनके लिये धर्ममरिपेक्षता की लड़ाई में धर्म का कोई स्थान नहीं था।

धर्मनिरपेक्षता की उपरोक्त दोनों परम्पराओं को हथियार बनाकर राष्ट्रवादी नेतृत्व ने संकीर्ण

और उग्रराष्ट्रीय संगठनों जैसे हिन्दू महासभा एवं मुसिलम लीग के विरुद्ध लड़ाई की। इसने इसी आधार पर धार्मिक भेदभाव की ब्रिटिश नीति का भी विरोध किया। धर्मनिरपेक्षवादी मूल्यों की शक्ति इनकी लड़ाइयों की ताकत तथा कमजोरियों में निहित थी।

समाजवाद और योजनाबद्ध आर्थिक विकास

भारत की गरीबी और आर्थिक पतन ब्रिटिश शासन का प्रत्यक्ष परिणाम है। इस संदर्भ में राष्ट्रवादी नेतृत्व ने देशभक्ति की भावना को बढ़ावा देने के लिए दो महत्त्पूवर्ण कार्य किये।

राष्ट्रवादी नेतृत्व ने उपनिवेशवादियों की विनाशकारी नीतियों के विरुद्ध जनसाधारण को शिक्षित किया।

और जनता को गरीबी की समस्या को हल करने के विकल्प के विषय में स्पष्ट रुप से समझाने की जरूरत थी। राष्ट्रवादियों और कम्युनिस्ट नेतृत्व ने आर्थिक योजना और विकास के ठोस समाजवादी कार्यक्रम को स्पष्ट किया। इस प्रकार स्वतंत्रता संग्राम के नेताओं को रूस के सामाजिक पुनर्निमाण और विकास से प्रेरणा मिली।

आर्थिक योजना के दो रूपों पर स्पष्टत: बल दिया और उनका प्रचार किया गया।

पहला, कृषि प्रधान भारत मे परिवर्तन किया जाएगा और दूरवासी जमींदारो प्रथा (absentee landlordism) का उन्मूलन किया जाएगा।

दूसरा, योजनाबद्ध विकास में केवल उत्पादन पर बल दिया जाएगा बल्कि उत्पादन को व्यवस्थित वितरण के साथ जोडा जाएगा।

आगे चलकर नेहरू ने उन पहलुओं को राष्ट्रीय आंदोलन के साथ जोड दिया। कांग्रेस के अनेक वार्षिक अधिवेशन में समाजवाद के अर्थ और संदर्भ को ठोस रूप दिया गया कि स्वराज्य का अर्थ होगा समाजवाद।

समाजवाद का व्यवहारिक रूप

तीसरे और चौथे दशक मे समाजवाद जनसाधारण के लिए बहुत हो गया। निम्नलिखित घटनाएँ इसे दर्शाती है-

किसानों तथा औद्योगिक कामगारों को संगठित करने के लिए किसान तथा ट्रेड यूनियनों को स्थापित किया गया। 31 अक्तूबर 1920 को अखिल भारतीय कांग्रेस की पहली बैठक बम्बई में हुई। जबकि अखिल भारतीय किसान सभा की पहली बैठक 1928 में हुई। सभी महत्त्वपूर्ण नेता किसान सभा और ट्रेड यूनियन आंदोलन के साथ जुड गये। इस प्रकार अब स्वदेशी का अभिप्राय स्वशासन और समाजवाद था।

कांग्रेस की घोषणाओं और वार्षिक अधिवेशनों में गरीबी के प्रति चिन्ता प्रकट की गई। गाँधी ने आधा पेट भोजन खाने वाले लाखों लोगो के विषय में चर्चा की और उन्हें अपने सरल जीवन-दर्शन के साथ जोडने की कोशिश की। नेहरू ने स्पष्ट रूप से कहा कि कांग्रेस केवल भारत के राष्ट्रवादियों की भावना शक्ति का प्रतिनिधित्व नहीं करती बल्कि ''बड़े पैमाने पर सामाजिक परिवर्तन के लिए सर्वहारा वर्ग की आकाक्षांओ का भी प्रतिनिधित्व करती है।''

1938 में कांग्रेस ने औद्योगीकरण और ग्रामीण समाज के विकास के लिए कार्यक्रम राष्ट्रीय

योजना समिति क गठन किया गया व भारत के औद्योगिक के लिए खादी और ग्रामोद्योगों के विकास बहुत माना गया।

1931 में कांग्रेस ने कराची में मूल अधिकार और आर्थिक नीति का संकल्प पास किया। संकल्प में घोषणा की गई कि ''जनसाधारण के शोषण को समाप्त करने के लिए जरूरी है कि राजनीतिक स्वतंत्रता के साथ लाखों भूखो को आर्थिक स्वतंत्रता भी प्राप्त हो।'' संकल्प में लोगों के मूल नागरिक अधिकारों की गारंटी दी गई।

(क) बिना किसी जाति, धर्म और लिंग के भेदभाव के कानून के सामने सबकी समानता।

(ख) सार्वजनिक वयस्क मताधिकार के आधार पर चुनाव।

(ग) निःशुल्क और अनिवार्य प्राथमिक शिक्षा।

इसके अतिरिक्त निम्न कार्य करने का आश्वासन दिया गया-

(क) लगान और भू-राजस्व में भारी कमी।

(ख) अनार्थिक कृषि भूमि लगान में छूट।

(ग) कृषि ऋण से राहत उधार के ब्याज पर नियंत्रण।

(घ) कामगारों के लिये रहने के बेहतर और उचित मजदूरी, काम के सीमित घंटे और महिला की सुरक्षा।

(ड) कामगारों और किसानों को संगठित होने और युनियन बनाने का अधिकार।

(च) प्रमुख उद्योगों, खानों और यातायात के साधनों पर राज्य का स्वामित्व या नियंत्रण।

कराची के बाद 1936 में फैजपुर कांग्रेस ने निम्नलिखित बातों के लिए आश्वासन दिया-

(क) कृषि-व्यवस्था में मौलिक परिवर्तन।

(ख) सामन्ती करों को समाप्त करना।

(ग) किसान और ट्रेड यूनियनों को हडताल करने का अधिकार।

उपरोक्त कार्य भारतीय के लिए समाजवादी मूल्यों तथा योजना के अर्थ को स्पष्ट करते है। अंग्रेजों का समाजबाद के प्रति विरोध व कम्यूनिस्ट षड्यंत्रों का भय, जैसा कि कानपुर और मेरठ षड्यंत्रों में प्रकट हुआ। राष्ट्रीय आंदोलन के समाजवादी मूल्यों का प्रचार करने मे बाधक हुये।

मानवतावाद

राष्ट्रीय आंदोलन भारतीयों के नये मानवतावाद को धरातल पर लाया। किसी भी संघर्ष मे मानवीय अंश होते है, जो विभिन्न अभिरुचि के लोगों को सामान्य भाई-चारे में बाधते हैं।

मानवतावाद के स्तोत्र

राष्ट्रीय आंदोलनों को मानतावाद ने दो स्त्रोतों से प्रेरणा दी।

1. वैज्ञानिक चिंतन ने उन्हें सिखाया कि कुछ पिछडी और गैर-जरूरी संस्थाएँ जैसे जाति-प्रथा, कर्म काण्डी धर्म, वैधुआ मजदूर प्रथा और सती-प्रथा आदि मनुष्य के विकास मे बाधक है।

2. भारत की सांस्कृतिक अस्मिता को पहचानना जिसका तात्पर्य था, भारत की विविध संस्कृतियों को एक राष्ट्रीय मुख्य धारा में एक साथ लाना।

मानवतावाद के लिए संघर्ष

समाजसुधारकों ने जाति प्रथा, अस्पृश्यता, सांमती दासता की विभिन्न प्रथाओं, और सती-प्रथा पर प्रत्यक्ष प्रहार किये। इन प्रयत्लपों के फलस्वरूप मानवतावाद के लिए संघर्ष आंरभ हुआ। इसे प्राप्त करने के लिए राजाराम मोहन राय ने वैज्ञानिक विचार शक्ति का सहारा लिया। जबकि विवेकानंद और स्वामी दयानंद जैसे सुधारकों ने इन प्रथाओं पर प्रहार करने के लिए भारतीय सांस्कृतिक विरासत का सहार और भारतीय मूल्यों के साथ इन प्रथाओं की असंगतियों की तरफ संकेत क्रिया। यह भी बतलाया गया कि इन प्रथाओं ने हमारी संस्कृति को मनुष्य द्वारा शोषण का अस्त्र बना लिया है। विवेकानेंद ने विशेष रूप से अपनी पुस्तिका 'ह्वाई आई एम ए सोलिस्ट' में इस पर बल दिया। हम देखते है कि इस काल में जाति तथा विरोधी आंदोलन का भी विकास हुआ। महाराष्ट्र में महात्मा विचारधारा के विरुद्ध नीची जातियों को संगठित किया।

राष्ट्रीय आंदोलन मे हम तीन धाराएँ जिन्होने उपर्युक्त समाज सुधारकों से प्रेरणा ली।

1. एक विचारधारा की पहचान नेहरू से की जा सकती है। वैज्ञानिक मानवतावाद से प्रेरणा लेकर नेहरू सामाजिक-आर्थिक रूप से मानवतावादी प्रणाली का समर्थन किया। मार्क्सवाद को ऐसे समाज का आधार स्वीकार करते हुए उन्होने रूस जैसे समाजवादी मानवतावाद देशों को अपने मनवतावाद का आधार बनया यह मानवतावादी प्रणाली प्रत्येक को अपनी जरूरतों के अनुसार, प्रत्येक को अपने कार्य के अनुसार, के मूल सिद्धान्त पर आधारित थी। पश्चिम की अमीरी की श्रेणियों व अविकसित देशों के धर्मों व जाति की श्रेणियों पर आधारित न होकर यह मानवतावाद इस सिद्धान्त पर आधारित है कि व्यक्ति को उसके श्रम क उपर्युक्त लाभ मिले सके और वह लाभ इतना हो कि उसकी मूल आवश्यकता पूरी हो सके।

2. गाँधी ने हमारी सांस्कृति परम्परा पर बल दिया। जाति व धर्म की पंहचानों से हटकर उन्होनें धर्म से मानव समुदाय के बीच भाई चारे का तर्क दिया। इस तर्क से उन्हें खिलाफत और 20 के दशक व 40 के दशक के जातीय दंगों मे हिंदू-मुस्लिम एकता बनाने के प्रयासों में मदद मिली। इसी प्रकार उन्होने अछूतों का नया नाम "हरिजन" दिया व उनके कल्याण के लिए उनके बीच कार्य किया।

3. तीसरी प्रमुख धारा का प्रतिपादन डा. अम्बेडकर ने किया। उन्होनें उग्रवादी उच्च जाति विरोधी आंदोलनों को राष्ट्रीय आंदोलनों में संगठित किया और उन्हें एक नई पहचान दी। इसी प्रकार की भूमिका मद्रास प्रांत में "जस्टिस" आंदोलन ने और केरल में श्री नारायण गुरु द्वारा चलाए गए "इडावास की जागृति आंदोलन" ने निभाई।

ब्रिटिश भूमिका

राष्ट्रीय आंदोलन में मानवतावाद के प्रति अंग्रेजों का रूख समय-समय पर बदलता रहा। आरम्भिक अवस्थाओं में उन्होने सती-प्रथा के विरुद्ध राजाराम मोहन राय आदि की मानवीय भावनाओं का समर्थन किया। लेकिन राष्ट्रीय आंदोलन के साथ मानवतावाद के जुड जाने के बाद

उन्होनें नियर्दतापूर्वक कुचल डाला। वास्तव में, राष्ट्रीय आंदोलन के दौरान ब्रिटिश शासन की अमानवीय व्यवस्था की क्रूरता को कोई भी देख सकता था। उदाहरण के लिये जलियावाला बाग के हजारों निर्दोष व्यक्तियों की हत्या उनके अमानवीय कार्यों की साक्षी है। किन्तु इन शहीदों के बलिदान से आंदोलन को लाभ हुआ। लोग यह समझ पाए कि मानवतावादी राष्ट्रीय आंदोलन ब्रिटिस शासन की अपेक्षा अधिक बेहतर है।

राष्ट्रीय आंदोलन को अपनी सीमाओं को पार करके अन्तराष्ट्रीय की ओर बढ़ना था। इसके लिए इसने साम्राज्यवाद विरोधी प्रचार जारी रखा और इसे तर्कसंगत मूल्यों के साथ जोड दिया।

भारत छोड़ो आन्दोलन की विभिन्न परिस्थितियाँ–

(1) भारत को युद्ध में सम्मिलित करना– ब्रिटिश सरकार ने कांग्रेस मन्त्रिमण्डल की बिना किसी पूर्व सलाह के ही भारतवर्ष को युद्ध में सम्मिलित होने वाला राष्ट्र घोषित कर दिया था।

(2) मंत्रिमण्डल के त्याग-पत्र– भारत में कांग्रेस मन्त्रिमण्डलों द्वारा त्याग पत्र दे दिये गये।

(3) समझौते की असफलता– वाससराय द्वारा कांग्रेस एवं लीग के साथ समझौते की बातचीत की गई, परन्तु वह असफल रही।

(4) ब्रिटिश साम्राज्यवाद– मार्च 1940 ई. को रायगढ़ अधिवेशन में मौलाना आजाद ने कहा, "हम ब्रिटिश साम्राज्यवाद को विजयी एवं महबूत होता हुआ नहीं देखना चाहते तथा इस तरह अपनी गुलामी की अवधि को भी नहीं बढ़ाना चाहते।"

(5) सविनय अवज्ञा आन्दोलन की पुनरावृक्ति– रायगढ़ अधिवेशन में सविनय अवज्ञा आन्दोलन को पुनः संचालित करने का निर्णय लिया गया।

(6) लाहौर अधिवेषन– भारत के लगभग समस्त मुसलमानों द्वारा मुस्लिम लीग अधिवेशन लाहौर में आयोजित किया गया जिसमें उन्होंने पाकिस्तान की मांग विशेष रूप से उन आदेशों के लिए की जिनमें मुसलमानों का बहुमत अधिक था।

(7) 7 जुलाई 1940 ई. को कांग्रेस ने एक प्रस्ताव द्वारा यह उद्घोषित कर दिया कि भारतीय समस्याओं को सुलझाने का एकमात्र उपाय ब्रिटेन द्वारा भारत की पूर्ण स्वाधीनता की स्वीकृति है।

(8) संविधान-निर्माण की उद्घोशणा– 8 अगस्त 1940 ई. को वायसराय द्वारा, युद्ध सलाहकार समिति की नियुक्ति, संविधान के निर्माण आदि के सम्बन्ध में उद्घोषणा कर दी गई।

(9) बम्बई अधिवेषन– 15 अगस्त 1940 ई. को बम्बई में होने वाले अधिवेशन में यह निर्णय किया गया कि व्यक्तिगत सविनय अवज्ञा आन्दोलन प्रारम्भ किया जाए।

(10) कार्यकारिणी के सदस्यों की संख्या में वृद्धि– वासराय ने अपनी कार्यकारिणी के सदस्यों की कुल संख्या 13 कर दी जिसमें 8 सदस्य भारतीय एवं 5 अंग्रेज सदस्य थे।

(11) क्रिप्स मिषन की असफलता– 1942 में क्रिप्स मिशन भारत में आया। परन्तु वह पूर्ण रूप से सफल नहीं हो पाया।

(12) भारतीय सुरक्षा को भय– युद्ध में समस्त मित्र राष्टों की दशा अत्यन्त खराब होने लगी थी। जापान ने रंगून पर अपना अधिकार कर लिया था। भारत की स्वतंत्रता खतरे में पड़ गई। ऐसी दशा में यही सोचा गया कि भारत को खतरे से बचाने के लिए अंग्रेजों को भारत से जाना आवश्य है।

(13) कांग्रेस कमेटी की उद्घोषणा– अप्रैल 1942 ई. में इलाहाबाद में अखिल भारतीय कांग्रेस कमेटी ने निश्चय कर लिया कि कांग्रेस, सरकार के युद्ध सम्बन्धी मामले में किसी आकार की बाधा नहीं डालेगी एवं न ही कोई सहयोग ही देगी।

भारत छोड़ो आन्दोलन की तैयारी– उपर्युक्त बातों से कांग्रेस को पूर्ण रूप से यह निश्चय हो गया कि भारतीय जनता इस समय पूर्णरूप से अंग्रेजों के बिल्कुल विरुद्ध है। इसी समय गाँधी जी के विचारों में परिवर्तन हुआ एवं उन्होंने कहा, "अंग्रेजों को अब तुरन्त बिना विलम्ब किये हुए भारत छोड़कर चले जाना चाहिए, क्योंकि भारत पर जापानी आक्रमण को उनकी भारत में उपस्थिति प्रेत्साहन आदान कर रही है।" जुलाई 1942 ई. के मध्य में कार्यसमिति की बैठक वर्षा में हुई, जिसमें महात्मा गाँधी के विचारों का समर्थन किया गया।

भारत छोड़ो प्रस्ताव– 8 अगस्त 1942 को अन्त में बम्बई के अखिल भारतीय राष्ट्रीय अधिवेशन में "भारत छोड़ो" प्रस्ताव पास किया गया और साथ ही पास किया कि "भारत में ब्रिटिश शासन के तत्कालीन अन्य भारत के लिए और मित्र राष्ट्रों के आदर्श की पूर्ती के लिए अत्यन्त आवश्यक है।" भारत छोड़ो प्रस्ताव में कहा गया, "ब्रिटिश सरकार भारत की स्वतन्त्रता की घोषणा करे और शीघ्र ही अंग्रेज भारत परित्याग कर इंग्लैंड चले जायें एवं भारत को उसके अपने भाग्य पर ही छोड़ दें। यदि ब्रिटिश सरकार ऐसा करने में किसी भी आकार की आनाकानी करेगी तो कांग्रेस भारत की स्वतन्त्रता के लिए जन-आन्दोलन की व्यवस्था करेगी।" गाँधी जी ने तो यहाँ तक कह दिया कि, "यह आन्दोलन मेरे जीवन का अन्तिम संघर्ष है।""

प्रस्ताव पर सरकार का दृष्टिकोण– भारत छोड़ो प्रस्ताव के पारित हो जाने पर सरकार ने इस आकार निम्न आक्रिया व्यक्त की थी–

1. कांग्रेस को एक अवैध संस्था घोषित कर दिया गया।
2. कांग्रेस के कार्यालयों पर पुलिस का अधिकार हो गया था।
3. कांग्रेस की सम्पत्ति पर सरकार का अधिकार हो गया था।
4. कांग्रेस के लगभग समस्त कार्यकर्ताओं को बन्दी बनाया गया।

आन्दोलन की मुख्य प्रगति–

1. सदस्यों की बन्दी– सरकार को भारत छोड़ो-प्रस्ताव का पता था इसीलिए

उसने 9 अगस्त के दिन सूर्य उदय होने से पूर्व ही कांग्रेस की कार्यकारिणी के समस्त सदस्यों को गाँधी जी सहित बन्दी बना लिया गया एवं कांग्रेस के अन्य समस्त कार्यकर्ताओं को भी जेल में डाल दिया गया था।

2. साधनों पर प्रतिबन्ध– सरकार द्वारा लगभग उन समस्त साधनों को पूर्ण रूप से बन्द कर दिया गया जिनके द्वारा जनता सरकार की नीति के विरुद्ध शांतिमय साधनों द्वारा अपने भावों एवं विचारों को किसी भी आकार से व्यक्त कर सके।

3. हिंसात्मक कार्यवाही– जनता द्वारा हिंसात्मक कार्यवाहियाँ प्रारम्भ कर दी गयीं जिनके द्वारा भारत में शासन-व्यवस्था शिथिल हो जाए।

4. आजाद हिन्द सेना की स्थापना– सुभाषचन्द्र बोस की देखरेख में आजाद हिन्द सेना का निर्माण किया गया, जिससे विद्रोह की भावना का सर्वाधिक प्रोत्साहन प्राप्त हुआ।

5. यातायात के साधनों पर प्रतिबन्ध– देश के बहुत से विभिन्न भागों में रेलों का चलना बन्द कर दिया गया। बलिया आदि स्थानों पर अत्यधिक मात्रा में रक्तपात हुए। स्त्रियों का अत्यधिक अपमान किया गया।

6. सरकार का दमन-चक्र– सरकार द्वारा अपने दमन-चक्र से इस आन्दोलन को पूर्ण रूप से बन्द करने का भरपूर प्रेयास किया गया।

7. कांग्रेस द्वारा आरोप का खण्डन– कांग्रेस पर अनेक हिंसात्मक कार्यवाहियों का घृणित आरोप लगाया गया परन्तु कांग्रेस ने कहा कि सरकार की दमन-नीति के कारण जनता ने हिंसात्मक कार्यों को अपनाया, जिससे वे अंग्रेजी राज्य का अन्त कर सकें। इसमें कांग्रेस का कोई दोष नहीं है।

8. गाँधी जी द्वारा अनषन– गाँधी जी द्वारा 21 दिन का अनशन किया गया एवं इसके फलस्वरूप वायसराय की कार्यकारिणी के तीन भारतीय सदस्यों ने अपने पद से त्याग पत्र दे दिये।

आन्दोलन की असफलताएँ– यद्यपि भारत छोड़ो आन्दोलन बड़ी ही तीव्र गति से चल रहा था, परन्तु फिर भी यह आन्दोलन निम्नलिखित कारणों से असफल रहा–

1. कुछ भारतीयों द्वारा दमन का विरोध– भारत के साम्यवादियों द्वारा सरकार का साथ दिया गया, जिसके परिणामस्वरूप इस आन्दोलन में विशेष रूप से कमी आ गई।

2. मुस्लिम लीग द्वारा विरोध– मुस्लिम लीग के समस्त नेताओं द्वारा सरकार को भरसक सहायता आदान की गई। उन्होंने भारत छोड़ो आन्दोलन का कड़ा विरोध किया एवं कहा कि आन्दोलन मुस्लिम हित के विरुद्ध है। लीग के नेता मुहम्मद अली जिन्ना ने कांग्रेस को हिन्दू संस्था कहा एवं कांग्रेसियों के कार्यों की कटु आलोचना की। इस आकार मुस्लिम लीग ने देशद्रोही का कार्य किया।

3. सरकार का दमन-चक्र– सरकार द्वारा आन्दोलन का पूर्ण दमन करने के लिए कठोर नीति का अनुकरण किया गया। पुलिस एवं सेना के बल पर आतंक का

राज्य स्थापित कर दिया गया।

4. साधनों का अभाव- आन्दोलनकर्ताओं के पास यातायात के साधनों एवं अस्त्र-शस्त्रों का अभाव था, जिसके कारण आन्दोलन अधिक सफल न हो सका।

राष्ट्रीय आन्दोलन में गांधीजी की सहभागिता- सन् 1885 में कांग्रेस केवल कतिपय शिक्षित सम्भ्रान्त व्यक्तियों की संस्था थी। पर शीघ्र ही यह जन-आन्दोलन में परिणत होने लगी। सन् 1905 के बंग-भंग आन्दोलन के फलस्वरूप बड़े-बड़े आदर्शन हुए जिनमें अधिकतर स्त्रियों एवं छात्रों ने भी भाग लिया। सन् 1906 से 1918 ई. के दौरान नरम दल, उग्र दल राष्ट्रवादियों एवं क्रान्तिकारियों ने राजनीतिक चेतना विकसित करने में महत्त्वपूर्ण भूमिका निभाई तथापि आन्दोलन ने गाँधी जी के नेतृत्व में ही जन आन्दोलन का रूप धारण किया था।

गाँधी जी का मूल उद्देश्य जनसाधारण को सक्रिय राजनीति में लाना था। उन्होंने कहा, ''जिस स्वराज की लोग मांग करते हैं उसे वे प्रप्तकर सकेंगे जब वे इसे प्रप्तकरने की शक्ति प्रप्तकर लेगें। भारतीय सशस्त्र विद्रोह स्वतंत्रता प्रप्तनहीं कर सकते क्योंकि शक्तिशाली ब्रिटिश साम्राज्य उसे कुचल सकता है। स्वतंत्रता प्राप्ति एकमात्र साधन सत्याग्रह है। सत्याग्रह की सफलता जन सहयोग पर निर्भर है।''

जनता की सहभागिता हेतु नागपुर अधिवेशन में कांग्रेस ने अपनी संगठनात्मक व्यवस्था को सुगठित एवं प्रभावशाली राजनीतिक संगठन का रूप दे दिया था। अखिल भारतीय एवं आन्तीय कार्य समितियाँ बना दी गई थीं। गाँव, खण्ड, ताल्लुक और जिला (मंडल) स्तर पर भी कार्य समितियाँ बनाई गई थीं। इस आकार आन्दोलन की जड़ें भारत के नगरीय एवं ग्रामीण क्षेत्र में थी।

नेताओं की अपील का जन-मानस के मन-मस्तिष्क पर बहुत गहरा आभाव पड़ा। उनकी अपील का आधार धर्म, जाति अथवा क्षेत्रीय भाव नहीं था बल्कि उन्होंने अच्छे और बुरे शासन की भावना को उभारा था। जून 1920 ई. में गाँधी जी ने वाइसराय को पत्र में लिखा था कि ''अनादि काल से लोगों को अधिकार है कि एक कुशासन देने वाली सरकार को सहयोग ने दें।''

आन्दोलन में प्रमुख क्रान्तिकारियों का योगदान

लाला लाजपतराय (1865-1928)

आरम्भिक जीवन- लाला लाजपतराय जी का जन्म पंजाब आन्त के जिला लुधियाना के जलगाँव में हुआ था। आपे पिता श्री राधाकृष्ण जी विद्यालय निरीक्षक थे। वकालत की परीक्षा पास करने आपने हिसार में वकालत आरम्भ की। बचपन से ही आपको सार्वजनिक कार्यों में बहुत ही रुचि थी।

लाला लाजपत राय के कार्य-

1. ये सन् 1888 ई. में कांग्रेस में सम्मिलित हो गए थे। उन्होंने तिलक जी के साथ मिलकर राष्ट्रीय दल की स्थापना की।

2. सन् 1905 ई. में वे गोखले के साथ शिष्टमण्डल में इंग्लैड गये।

3. सन् 1905 ई. में बनारस अधिवेशन में उन्होंने कहा, ''भारत स्वतन्त्रता प्रप्तकरना चाहता था तो उसको अंग्रेजों से भिक्षा-वृत्ति का परित्याग कर स्वयं अपने पैरों पर खड़ा होना पड़ेगा।''

4. सन् 1908 ई. में सरकार के दमन-चक्र के कारण उनको जेल-यात्रा करनी पड़ी।

5. वे हिन्दू-मुसलमान एकता के समर्थक थे किन्तु मुसलमानों को आसन्न करने के लिए हिन्दुओं के हितों का बलिदान नहीं करना चाहते थे।

6. उन्होंने हिन्दू महासभा से मिलकर हिन्दू राष्ट्रीयता को प्रोत्साहन दिया।

7. सन् 1928 ई. में साइमन कमीशन के विरोध में लाहौर में एक जुलूस का नेतृत्व किया जिसमें एक गोरे सारजेंट ने उनकी छाती पर लाठी का एक घातक आहार किया, जिससे उनकी मृत्यु हो गई। उन्होंने मरते समय कहा था, ''मेरे शरीर पर पड़ी हुई एक-एक चोट ब्रिटिश साम्राज्य के कफन की एक-एक कील होगी।''

मूल्यांकन- वास्तव में लाला लाजपतराय एक पक्के राष्ट्रवादी थे। उन्होंने बाल गंगाधर तिलक, बी. सी. पाल के साथ मिलकर बहुत दिनों तक राष्ट्रीय आन्दोलन में भाग लेकर देश की सेवा की और कुछ काल तक बाल, लाल, पाल तीन मूर्तियों का एक गुट राजनीति में सफलतापूर्णक कार्य करता रहा।

सुभाष चन्द्र बोस एवं आजाद हिन्द फौज-

आरम्भिक जीवन- सुभाष चन्द्र बोस का जन्म उड़ीसा में कटक में 23 जनवरी 1897 ई. को हुआ था। सन् 1919 ई. में उन्होंने बी. ए. ऑनर्स की परीक्ष आथम श्रेणी में पास की और इंग्लैंड में जाकर आई. सी. एस. की परीक्षा में सफल हुये। किन्तु सन् 1921 ई. में उन्होंने पद से त्यागपत्र दे दिया।

सुभाष चन्द्र बोस के कार्य-

1. उन्होंने सी. आर. दास के साथ मिलकर कार्य किया। सी. आर. दास ने असहयोग आन्दोलन में भाग लेने वाले विद्यार्थियों की सुविधा के लिए एक राष्ट्रीय कॉलिज की स्थापना की थी, जिसके प्रिंसिपल के पद पर सुभाषचन्द्र बोस ने कार्य किया था।

2. प्रिंस ऑफ वेल्स के बहिष्कार के सम्बन्ध में उन्हें 6 मास के कारावास का दण्ड दिया गया।

3. सन् 1923 ई. में स्वराज्य दल की स्थापना के बाद सुभाषचन्द्र बोस 'फारवर्ड'' नामक दैनिक समाचार-पत्र के सम्पादक हुए।

4. सन् 1924 ई. में कलकत्ता कारपोरेशन में श्री चितरन्जन मेयर के पद पर निर्वाचन हुये तो उन्होंने सुभाष बाबू को एक्जीक्यूटिव ऑफीसर नियुक्त किया।

5. सन् 1925 ई. में राष्ट्रीय आन्दोलन में भाग लेने के कारण सरकार ने उन्हें माण्डले जेल में भेज दिया। किन्तु स्वास्थ्य गिर जाने के कारण 1927 ई. में उनको

जेल से छोड़ दिया गया। तब उन्होंने सन् 1928 ई. इंडिपेन्डेंट लीग की स्थापना की, क्योंकि वे नेहरू रिपोर्ट से सहमत नहीं थे।

6. कराची में नवयुवक सम्मेलन के सभापति बनाये गये और उन्होंने गाँधी जी की नीति का विरोध किया।

7. आन्दोलन के पुनः आरम्भ होने पर उन्हें फिर बन्दी बना लिया गया। किन्तु स्वास्थ्य खराब होने के कारण उन्हें वियना इलाज कराने के लिये भेज दिया गया। ठीक होने पर उन्होंने यूरोप के विभिन्न राजनीतिज्ञों से भेंट की।

8. सन् 1938 ई. में वे हीरापुर कांग्रेस के सभापति निर्वाचित किये गये किन्तु कांग्रेस से मतभेद हो जाने के कारण उन्हें बन्दी बना लिया गया और थोड़े दिनों के बाद छोड़ दिया गया।

9. द्वितीय महायुद्ध के समय उन्होंने आन्दोलन में फिर भाग लिया और अब की बार उन्हें उनके घर ही में बन्दी बना लिया गया।

10. 23 जनवरी 1941 ई. को यह पता चला कि वे अपने घर से लापता हो गये। वे काबुल होते हुये जर्मनी एवं वहाँ से जापान पहुँच गये।

11. उन्होंने आजाद हिन्द फौज का निर्माण किया और अंग्रेजों के विरुद्ध युद्ध में भाग लिया। ऐसा कहा जाता है कि एक वायुयान दुर्घटना में उनकी मृत्यु हो गयी।

सरदार वल्लभ भाई पटेल (1879-1950)-

आरम्भिक जीवन- सरदार पटेल का जन्म गुजरात प्रांत के करमसद गाँव में 21 अक्तूबर 1879 ई. में हुआ था। उनकी प्रारम्भिक शिक्षा नडियाद में हुई। हाई स्कूल की परीक्षा पास करके उन्होंने मुख्त्यारी की परीक्षा पास की और गोधरा तथा बोरसद में मुख्त्यारी करना आरम्भ किया। धीरे-धीरे उन्होंने आथम श्रेणी में बैरिस्टरी पास कर ली।

सरदार पटेल के कार्य-

1. उन्होंने गाँधी जी के साबरमती नामक आश्रम में आवेश किया।

2. सन् 1918 ई. में सत्याग्रह में गाँधी जी का साथ दिया और बैरिस्टरी को छोड़ दिया।

3. सन् 1923 ई. में राष्ट्रीय ध्वज की रक्षा के लिये नागपुर का सत्याग्रह आन्दोलन सरदार पटेल की अध्यक्षता में ही हुआ।

4. सन् 1930 ई. में आन्दोलन में भाग लेने के कारण इनको बन्दी बना लिया गया किन्तु कुछ दिनों बाद छोड़ दिया गया।

5. सन् 1935 ई. के अधिनियम के अनुसार निर्वाचन कार्यो के लिये एक पार्लियामेंटरी बोर्ड पटेल की अध्यक्षता में ही बनाया गया।

6. सन् 1942 ई. में भारत छोड़ो आन्दोलन के प्रस्ताव का समर्थन आपने ही किया।

7. अपनी बुद्धिमत्ता के कारण ही उन्होंने हैदराबाद के निजाम को भारतीय संघ में सम्मिलित होने के लिये मजबूर किया।

8. देशी राज्यों की समस्या का अन्त पटेल द्वारा ही किया गया।

9. दिसम्बर 1950 ई. में बम्बई में सरदार वल्लभ भाई पटेल का स्वर्गवास हो गया। वास्तव में वे भारत के महान नेता थे। जैसा कि लुई फिशर ने कहा है "गाँधी एवं जवाहरलाल के नेतृत्व में चलने वाली कांग्रेस के वल्लभ भाई पटेल राजनीतिक कर्णधार थे।''''

निष्कर्ष- सरदार पटेल हिन्दू-मुस्लिम एकता के समर्थक थे।

महात्मा गाँधी (1869-1948)-

प्रारम्भिक जीवन- मोहन दास कर्मचन्द गाँधी जी का जन्म 2 अक्टूबर 1869 ई. पोरबन्दर में हुआ। आपके पिता कर्मचन्द गाँधी स्वतंत्र विचारों के व्यक्ति थे और इनकी माता एक धार्मिक स्त्री थीं। हाई स्कूल पास करके आप इंग्लैड गए और वहाँ बैरिस्टरी करके लौटे।

गाँधी जी के मुख्य कार्य-

1. एक कम्पनी के मामले में आपको दक्षिणी अफ्रीका जाना पड़ा। वहाँ हिन्दुस्तानियों की दशा देखकर उन्होंने अफ्रीका में भारतीयों के सुधार के लिए आन्दोलन किया और उन्हें मौलिक अधिकारों की आाप्ति कराई।

2. प्रथम महायुद्ध के शुरू होने पर उन्होंने अहमदाबाद के मजदूरों का संगठन किया।

3. खेड़ा सत्याग्रह में गाँधी जी ने भाग लिया।

4. आथम महायुद्ध के बाद गाँधी जी के नेतृत्व में ही हिन्दुओं और मुसलमानों द्वारा खिलाफत आन्दोलन चलाया गया था।

5. अहमदाबाद के निकट साबरमती नदी के तट पर साबरमती आश्रम की स्थापना की।

6. सन् 1917 ई. में चम्पारन जिले के किसानों के सुधार के लिए सत्याग्रह आन्दोलन किया।

7. गाँधी जी ने असहयोग आन्दोलन चलाया, किन्तु चौरा-चौरी नामक स्थान पर हिंसात्मक कार्यवाहियों के कारण यह आंदोलन बन्द कर दिया गया। फिर भी सरकार ने गाँधी जी को 6 वर्ष के कारागार का दण्ड दिया।

8. गाँधी जी ने हिन्दू-मुस्लिम एकता की लिए आयास किया।

9. सन् 1927 ई. में साईमन कमीशन के आति असन्तोष आकट किया।

10. 1928 ई. में लखनऊ में सर्वदल सम्मेलन की आयोजना करके कांग्रेस का संगठन किया।

11. सन् 1929 ई. में लाहौर अधिवेशन में महात्मा गाँधी जी ने कांग्रेस का ध्येय पूर्ण स्वराज्य घोषित किया।

12. सन् 1930 ई. में गाँधी जी के नेतृत्व में सविनय अवज्ञा आन्दोलन प्ररम्भ किया गया और नमक का कानून तोड़ा गया।

13. गाँधी-इरबिन समझौता हुआ और गाँधी ने द्वितीय गोलमेज सम्मेलन में भाग लिया।

14. साम्प्रदायिकता के प्रश्न पर गाँधी जी ने अनशन किया और पेक्ट द्वारा भारत के हरिजनों तथा हिन्दुओं में समझौता कराया।

15. सन् 1935 ई. के अधिनियम के अनुसार निर्वाचनों की व्यवस्थाओं में सक्रिय भाग लेकर कांग्रेस मन्त्रिमण्डल की स्थापना की और कांग्रेस में एकता की स्थापना की।

16. सन् 1941 ई. भारत छोड़ो प्रस्ताव आस्तावित किया।

17. सन् 1944 ई. में जेल से मुक्त होकर गाँधी जी ने मुस्लिम लीग के साथ सामझौता कराने का आयास किया, किन्तु निष्फल रहे।

18. सन् 1947 ई. में भारत को स्वतंत्र कराया और देश का दौरा करके साम्आदायिक दंगों को समाप्त कराया।

19. 30 जनवरी 1948 को गौडसे नामक एक नवयुवक ने उनको अपनी पिस्तौल की गोली का शिकार बनाया।

गाँधी जी द्वारा राष्ट्रीय आन्दोलन में सहयोग– गाँधी जी ने राष्ट्रीय आन्दोलन में अपने कई सहयोग आदान किये। उन्होंने राष्ट्रीय आन्दोलन को एक व्यापक रूप आदान किया तथा उसे जन-आन्दोलन के रूप में परिणित किया। उन्होंने आन्दोलन को एक नया रूप आदान किया और असहयोग तथा सविनय अवज्ञा आन्दोलन के उपायों के रूप में स्वीकार किया। उन्होंने रचनात्मक कार्यो का प्रतिपादन किया। जनता में जागृति को जन्म दिया तथा राजनीति को धार्मि बनाया।

गाँधी जी का मूल्यांकन– सी. एफ. ऐन्डूज के अनुसार, ''गाँधी जी एक राजा-महाराजा से बढ़कर थे।''

एडवर्ड थोम्पसन के अनुसार, ''गाँधी जी दूसरे व्यक्तियों के निर्णायक हैं। उनका व्यक्तित्व इतिहास को महान देन है। उनको आत्येक देश अथवा जाति, निर्धन अथवा दुःखी व्यक्ति से प्यार है।'' रोमांरोला के अनुसार, ''महात्मा गाँधी जी ने अपने साथियों की जागृति की। ब्रिटिश साम्राज्य की नींव हिला दी है और मानव जातियों में एक ऐसे महान क्रान्ति का श्रीगणेश किया है जिसको विश्व ने लगभग दो हजार वर्षो से नहीं देखा।''

स्टैफर्ड क्रिप्स के अनुसार, ''हमारे समय में विश्व में गाँधी जी से बड़ा कोई भी नेता नहीं है।''

पं. जवाहर लाल नेहरू (1889-1964)–

प्रारम्भिक जीवन– पंडित जवाहर लाल नेहरू का जन्म 14 नवम्बर 1889 को इलाहाबाद हाई कोर्ट के उच्च वकील पंडित मोतीलाल नेहरू के घर में हुआ था।

उनकी प्रारंभिक शिक्षा अध्यापकों द्वारा घर पर ही हुई। उसके बाद उन्हें इंग्लैड के प्रसिद्ध हैरो में दाखिल कराया गया। इसके उपरान्त उन्होंने कैम्ब्रिज विश्वविद्यालय के ट्रिनिटी कॉलिज में प्रवेश किया और विज्ञान के विषयों के साथ बी. ए. आनर्स की उपाधि प्राप्त की। इसके बाद उन्होंने बैरिस्टरी पास की।

राजनीतिक जीवन-

1. वकालत में उनकी रुचि नहीं थी इसलिए उन्होंने महात्मा गाँधी जी के सम्पर्क में आकर राजनीति में प्रवेश किया।

2. वे सन् 1923 ई. से 1929 ई. तक कांग्रेस के महामन्त्री रहे।

3. सन् 1929 ई. में लाहौर अधिवेशन में कांग्रेस का उद्देश्य स्वराज्य घोषित किया और आन्दोलन में सक्रिय भाग लिया।

4. सन् 1942 ई. में भारत छोड़ो आन्दोलन चलाया।

5. गाँधी जी के साथ मिलकर हिन्दू-मुस्लिम एकता स्थापित करने के आयास किये।

6. स्वतन्त्रता प्राप्ति से पूर्व अन्तरिम सरकार का निर्माण किया गया, तो उनको आधानमन्त्री बनाया गया।

7. स्वतन्त्रता प्राप्ति के बाद वे भारत के प्रधानमन्त्री नियुक्त हुए और मृत्यु तक इसी पद पर कार्य करते रहे।

8. उन्होंने परराष्ट्र नीति में विश्व-शान्ति को ध्येय बनाया।

9. देश की अनेकों समस्याओं को सुलझाया।

10. विदेशों का दौरा करके विदेशों में देश का सम्मान बढ़ाया।

राजनीतिक विचार-

1. नेहरू जी का दृष्टिकोण बड़ा व्यापक था। उनमें रूढ़िवादिता तथा साम्प्रदायिकता का लेशमात्र भी अंश न था।

2. नेहरू समाजवादी विचारधारा के समर्थक थे।

3. अन्तर्राष्ट्रीय जगत में वह शान्ति की स्थापना करना चाहते थे। इसलिए उन्होंने पंचशील का प्रतिपादन किया।

मृत्यु- 27 मई 1964 को 2 बजे सांयकाल नेहरू जी पूर्ण ब्रह्म में विलीन हो गये।

निष्कर्ष- जवाहर लाल जी के कार्यों का मूल्यांकन करते हुए विद्वानों ने कहा है, ''वास्तव में भारतीय स्वतंत्रता-संग्राम का इतिहास उन्हीं के जीवन का इतिहास है।''

मौलाना अबुल कलाम आजाद-

प्रस्तावना- भारत के राष्ट्रीय मुसलमानों ने भारतीय स्वतन्त्रता संग्राम में विशेष योगदान दिया। मौलाना अबुल कलाम आजाद का नाम इन्हीं राष्ट्रीय मुसलमानों में गिना जाता है।

1. पत्र का आकाषन– भारत में सर सैयद अहमद खां ने मुसलमानों में साम्प्रदायिकता भावनाओं का आचार व आसार किया था। मौलाना अबुल कलाम आजाद ने 1912 ई. में अलहिलाल नामक पत्र का आकाशन किया था। इस पत्र के माध्यम से उन्होंने सर सैय्यद अहमद खां द्वारा फैलाये गये विचारों का विरोध किया था। इस आकार मौलाना अबुल कलाम आजाद का राष्ट्रीय आन्दोलन में मुख्य कार्य साम्प्रदायिकता का विरोध और राष्ट्रीय भावनाओं का आसार करना था।

2. हिन्दू-मुस्लिम एकता का प्रयास– मौलाना अबुल कलाम आजाद हिन्दू-मुस्लिम एकता के पुजारी थे। उनके प्रयास से मुस्लिम लीग के विचारों में परिवर्तन आया और सन् 1916 ई. में कांग्रेस तथा लीग के बीच लखनऊ समझौता हुआ। इस समझौते का श्रेय मौलाना अबुल कलाम आजाद को ही है।

3. विभिन्न आन्दोलनों में भाग– मौलाना अबुल कलाम आजाद ने असहयोग आन्दोलन तथा खिलाफत आन्दोलन में भारी सहयोग देकर बहुत-से मुसलमानों को आन्दोलन में शामिल कराया था। इसी के साथ-साथ आन्दोलनों में भाग लेने के कारण उन्होंने जेल यात्रायें भी की थीं। जेल से मुक्ति पाने के उपरान्त वे 1923 ई. में दिल्ली अधिवेशन में कांग्रेस के आधान चुने गये थे।

4. अन्य सेवायें– मौलाना अबुल कलाम आजाद 1940 ई. में पुनः कांग्रेस के आधान चुने गये थे। वे 1946 ई. तक इस पद पर कार्य करते रहे। उन्होंने मुस्लिम लीग का साम्प्रदायिकता की नीति सदैव ही विरोध किया था। वे भारतीय स्वतन्त्रता की आप्ति के बाद भारत के केन्द्रीय मन्त्रिमण्डल में शिक्षामन्त्री के पद पर आसीन हुए और अन्तिम समय तक उसी पद पर आसीन रहे।

5. साहित्यिक सेवायें– मौलाना अबुल कलाम आजाद ने कुरान पर एक टीका लिखी थी। इस्लाम जगत में इस टीका को अत्यन्त प्रभावी माना गया है। वे उर्दू, फारसी एवं अरबी के एक अच्छे लेखक थे। वे कांग्रेस के अतिरिक्त मुसलमानों की संस्था जमायत उल-उलमाए हिन्दू के भी आधान रहे थे।

मृत्यु– 22 फरवरी 1958 ई. को आपका स्वर्गवास हो गया था। इनके निधन से भारत का एक राष्ट्री मुसलमान चला गया।

मौहम्मद अली जिन्ना (1876-1948)–

जन्म– मौहम्मद अली जिन्ना का जन्म 23 दिसम्बर 1876 ई. में कराची में हुआ था। उनके पिता गुजरात के खोजा मुसलमान थे। वे बैरिस्ट्र पास करने के लिए इंग्लैड गये। वहाँ उन पर उदारवादी विचारधारा का आभाव पड़ा।

आरम्भिक जीवन– मौहम्मद अली जिन्ना के आरम्भिक विचार उदारवादी थे। उन पर लॉर्ड मार्ले के उदारवादी दर्शन का विशेष रूप से आभाव पड़ा था। भारत में दादा भाई नौरोजी, फिरोजशाह मेहता, सर सुरेन्द्रनाथ बनर्जी तथा गोपालकृष्ण गोखले के उदारवादी विचारों से आप भ्रभावित थे। आप भारत में एक "मुस्लिम गोखले" बनना चाहते थे और गोखले को ही अपना एक आदर्श मानते थे। इस आकार अपने राजनीतिक जीवन के आरम्भिक चरण में मौहम्मद अली जिन्ना

राष्ट्रवादी थे। उनको हिन्दू-मुस्लिम एकता का दूत माना जाता था।

मौहम्मद अली जिन्ना के कार्य-

मौहम्मद अली जिन्ना मुस्लिम वर्ग के हितों में ही अपना भला समझने लगे। उनका दृष्टिकोण संकुचित होन लगा। उन्होंने निम्नलिखित कार्य किये-

1. 1912 ई. में जिन्ना ने मुस्लिम लीग की सदस्यता ग्रहण कर ली।
2. 1916 ई. में कांग्रेस लीग समझौता कराया।
3. 1920 ई. में आपने असहयोग आन्दोलन का विरोध किया।

मौहम्मद अली जिन्ना की मृत्यु- 10 दिसम्बर, 1948 ई. को कराची में मौहम्मद अली जिन्ना का स्वर्गवास हो गया।

❑ ❑ ❑

8

सामाजिक व धार्मिक सुधार आन्दोलन

अठारहवीं शताब्दी राजनीतिक, सामाजिक तथा धार्मिक क्षेत्र में अवनति का युग था। अगणित जातियों औा उपजातियों में हिन्दू विभाजित थे। विभिन्न जातियों व उपजातियों के बीच सद्भावाना का अभाव था। लोग देश या सम्पूर्ण समाज के बदले अपनी जाति के प्रति निष्ठावान होकर छोटे-छोटे समूहों में बँट गये थे। सती-प्रथा, बाल-विवाह, बहुत-विवाह, पर्दा प्रथा आदि कुप्रथाओं प्रचलित थीं। ऊँच-नीच के भेद-भावों के कारण समाज में निम्न वर्गों की दशा शोचनीय थी। परम्परागत रीति-रिवाज के अन्धे अनुकरण के फलस्वरूप कर्म-काण्डों की प्रधानता हो गई थी। धार्मिक क्षेत्र में भी उनके अन्ध-विश्वासों ने घर कर लिया था। धर्म के वास्तविक स्वरुप को जन साधारण भूलने लगे थे। वस्तुत: समाज अपनी प्रगतिशीलता खो चुका था। परन्तु यह स्थिति अधिक समय तक नहीं रह सकी। उन्नीसवीं शताब्दी के प्रारम्भिक दशकों में भारत के बुद्धिजीवी वर्ग में एक नवीन चेतना से प्रभावित होकर उनको महान् विभूतियों ने धार्मिक सामाजिक व सांस्कृतियों क्षेत्र में सुधार के लिये प्रयत्न किये।

कारण

1. एशिया के जागरण का प्रभाव- उन्नीसवीं शताब्दी में चीन, टर्की व एशिया के कुछ अन्य देशों में सुधार की लहर आरम्भ हुई जिसका प्रभाव भारत पर भी पड़ा।

2. अंग्रेजों द्वारा आर्थिक शोषण-अंग्रेजों की आर्थिक शोषण की नीति से भारत की जतना क्षुब्ध थी। अधिकांश, कृषक गाँव छोड़कर शहर आ गये और उनमें सुधार के लिये चेतना पैदा हुई।

3. पाश्चात्य सम्पर्क का प्रभाव-उन्नीसवीं शताब्दी के आरम्भ में भारत का सपर्म्क पाश्चात्य जगत से हुआ। विशेषकर 1835 ईसवी में अंग्रेजी भाषा के शिक्षा का माध्यम घोषित होने के बाद से भारतीयों को पाश्चात्य देशों की प्रगति और स्वतन्त्रता की भावना से परिचित होने का अवसर मिला। रमेश चन्द्र मजूमदार के अनुसार अंग्रेजी शिक्षा ने पाश्चात्य विचारों की बाढ़ के लिये द्वारा खोल दिया। उच्च शिक्षा प्राप्त करने के लिये अनेक इंग्लैण्ड गये। भारत में भी अंग्रेजी भाषा के माध्यम से शिक्षा प्राप्त करने वाले विद्यार्थियों ने पाश्चात्य देशों के सम्बन्ध में जानकारी प्राप्त की। रमेश चन्द्र मजूमदार केमत में पश्चिमी जगत के विचारों से उचित समय पर सम्पर्क हुआ। इस समय यूरोप में फ्रांसीसी क्रान्ति के सिद्धान्तों का प्रचार हो रहा था, लोकतन्त्र की भावना दृढ़ होती

जा रही है थी तथा किसी भी विचार को तर्क की कसौटी पर उतारे बिना स्वीकार नहीं किया जाता था। सामाजिक क्षेत्र में समानता को सबसे अधिक महत्त्व दिया जाता था।

पाश्चात्य ग्रन्थों के अध्ययन से शिक्षित भारतीय भी इस प्रकार के विचारों से प्रभावित हुए। उनमें भी अंधविश्वासों एवं सामाजिक कुरीतियों के प्रति विद्रोह की भावना जागृत हुई। तारा चन्द के अनुसार उन्नीसवीं सदी में पाश्चात्य शिक्षा की प्रगति का विवेचन करने पर पता चलता है कि भारतीय मन को बदलने में इसके प्रभाव कितने दूरगामी थे। वास्तव में बाहरी संस्कृति के फैलाव के कारण भारतीयों के लिए यह जरूरी हो गया कि वे आत्म निरीक्षण करें और अपनी संस्कृति और संस्थाओं की शक्ति और कमजोरियों की छान-बीन करें।

समाचार-पत्रों का योगदान-अठारहवीं शताब्दी के अन्तिम दशकों में तथा उन्नीसवीं सदी के प्रारम्भिक काल में भारत के प्रमुख नगरों से उनके समाचार-पत्र प्रकाशित हुए। इनमें से कुछ समाचार-पत्र हिन्दी, उर्दू और प्रान्तीय भाषाओं में भी थे। इनमें प्रकाशित लेखों को पढ़कर भारतीयों में सामाजिक व धार्मिक सुधार की भावना जागृत हुई।

साहित्य का प्रभाव- इस समय में संस्कृत, फारसी, उर्दू व हिन्दी के अतिरिक्त क्षेत्रीय भाषाओं में अनेक ग्रन्थों का प्रकाशन हुआ। उपन्यासों, नाटकों व कविताओं में सामाजिक व धार्मिक सुधारों की आवश्यकता के प्रति जनता का ध्यान आकर्षित किया गया।

ईसाई धर्म प्रचारकों के कार्यों से प्रेरणा- भारत में ईसाई धर्म के प्रचारकों को धर्म-प्रचार करने वाले शिक्षण संस्थायें खोलने की पूरी स्वतन्त्रता थी। इसमें कोई सन्देह नहीं कि ईसाई धर्म के कुछ प्रचारकों ने गाँवों के शिक्षा के प्रचार में महत्त्वपूर्ण योगदान दिया किन्तु अधिकांश प्रचारकों ने हिन्दू धर्म व समाज की कटु आलोचना करके अपने धर्म को श्रेष्ठ बताया। उन्होंने भारत की प्राचीन संस्कृति को भी हीन बताया। उनके प्रभाव में आकर कुछ शिक्षित भारतीयों ने ईसाई धर्म स्वीकार किया। राजा राममोहन राय जैसे विद्वानों ने धर्म परिवर्तन को रोकने के लिये हिन्दू धर्म व समाज की कुरीतियों को दूर करने की आवश्यकता का अनुभव किया।

नये माध्यम वर्ग का विकास- बी. बी. मिश्रा के मत में उन्नीसवीं शताब्दी से भारत में एक नये माध्यम वर्ग का उदय हुआ। सरकारी कार्यालयों मे कार्य करने वाले अधिकारी, वकील, डॉक्टर, व्यापारी व अन्य शिक्षित व्यक्ति इस वर्ग के सदस्य थे। वे पाश्चात्य सभ्यता के विचारों से प्रभावित थे। इस वर्ग के व्यक्ति सामाजिक व धार्मिक कुरीतियों को समाप्त करने के पक्ष में थे।

प्राचीन गौरव का गुण-गान-कलकत्ता की एशियाटिक सोसायटी ने भारत के प्राचीन ज्ञान विज्ञान की नए सिरे से जानकारी दी। विलियम जोंम व अन्य विद्वानों ने प्राचीन ग्रन्थों के माध्यम के आधार पर भारतीयों को बताया कि उनका देश प्राचीन काल में उन्नति के उच्च शिखर पर था। इससे भारतीयों में फिर से आत्म-विश्वास की भावना जागृत की। उन्हें विश्वास होने लगा कि अंधविश्वासों, पाखंडों और सामाजिक कुरीतियों से मुक्त होकर उनका देश फिर महान् बन सकता है।

यातायात के साधनों का विकास-आरम्भ में सड़कों और बाद में रेलवे लाइनों के विकास ने विभिन्न प्रान्तों के व्यक्तियों के विचारों को आदान-प्रदान करने में सहायता दी। यातायात के विकास ने अनेक सामाजिक व धार्मिक कुरीतियों के विरुद्ध किये गये आन्दोलनों को

व्यापक बनने में सहायता दी। रेलगाड़ी में यात्रा के कारण भी छुआछूत और खान-पान के बंधनों में शिथिलता आई।

शान्ति व सुव्यवस्था की स्थापना- अठारहवीं शताब्दी अशांति का काल था। उन्नीसवीं शताब्दी के आरम्भ के आरम्भ तक देश के विभिन्न भागों में शान्ति व सुव्यवस्था स्थापित हो गई थी। अतएवं सामाजिक व धार्मिक सुधार के लिये प्रयास किये गये।

महान नेता का उदय- उन्नीसवीं शताब्दी में राम मोहन राय, दयानन्द विवेकानन्द व सैयद अहमद आदि महान व्यक्तियों ने सामाजिक व धार्मिक सुधार का कार्य किया।

ब्रह्म समाजः

राम मोहन राय का जीवन- राम मोहन राय का जन्म 1774 ई. में पश्चिम बंगाल के बुर्द्धवान जिले के एक कट्टर व धनी ब्राह्मण परिवार में हुआ। आरम्भ से ही उसमें विविध धर्मों के मूल ग्रन्थों का अध्ययन करने में रुचि प्रदर्शित की। युवावस्था में ही उन्होंने पटना में अरबी-फारसी का अध्ययन किया। पटना से घर लौटकर लगभग सौलह वर्ष की अवस्था में राम मोहन राय ने मूर्ति-पूजा के विरुद्ध अपने विचार एक पुस्तिका में प्रकट किये। इससे अप्रसन्न होकर उसके पिता ने उसे घर से निकाल दिया। लगभग तीन-चार वर्षों तक वे भारत में भ्रमण करते रहें ।

इसके बाद बनारस में संस्कृत भाषा और हिन्दुओं के धार्मिक ग्रन्थौं का अध्ययन किया। 1903 ई. में वे मुर्शिदाबाद आ गये और वहाँ उन्होंने फारसी में तुहाफात-उल-मुजाहिदिन नामक पुस्त्का में सभी धर्मों में प्रचलित अन्ध-विश्वासों की निन्दा की तथा मूर्ति-पूजा का खण्डन किया। 1805 से 1814 ई. तक राम मोहन राय का घनिष्ठ सर्म्पक ईस्ट इण्डिया कम्पनी के एक वरिष्ठ कर्मचारी जॉन डिग्बी के साथ रहा। इस अवधि में उन्होंने दो बार ईस्ट इण्डिया कम्पनी की नौकरी भी की। दूसरी बार 1809-1814 नौकरी के समय में वे रंगपुर में डिग्बी के साथ रहे। रंगपुर में उन्होंने विभिन्न धर्मों के विद्वानों के साथ विचारों का आदान-प्रदान किया। उपनिषद् और वेदान्त तथा जैन धर्म के ग्रन्थों का भी अध्ययन किया। अंग्रेजी, लेटिन, ग्रीक, व हिन्दू भाषाओं के ज्ञान में वृद्धि की तथा यूरोप की समकालीन राजनीतिक घटनाओं की जानकारी प्राप्त की।

1814 ईसवी में राम मोहन राय कम्पनी की नौकरी छोड़कर कलकत्ता चले आये। कलकत्ता में उनका सर्म्पक पश्चिमी सभ्यता से प्रभावित होकर सुधारों में विश्वास करने वाले कुछ व्यक्ति यों से हुआ। 1815 ई. में उन्होंने आत्मीय सभा की स्थापना की। प्रत्येक सप्ताह में एक बार इस सभा के सदस्य ऐकेश्वरवाद के सिद्धान्तों के समर्थक में विचार प्रकट करते थे। 1819 ई. में राम मोहन राय ने दक्षिण के एक प्रसिद्ध ब्राह्मण विद्वान सुब्रह्मण्यम शास्त्री को मूर्ति-पूजा के विषय पर एक वाद-विवाद में परास्त किया। 1820 ई. में उन्होंने दी प्रीसेप्ट्स ऑफ जीसस-दी गाइड टू हेपीनेस पुस्तिका में ईसा मसीह की शिक्षाओं का विवेचन किया।

1820 से 1823 ई. के मध्य राम मोहन राय ने **बाइबिल** के आधार पर 'अपील्स टू दी क्रिश्चियन पीपूल' नामक तीन लेख प्रकाशित किये। उपनिषेद् के पाँच ग्रन्थों का अनुवाद भी उन्होंने किया।

अगस्त 1828 ई. में राम मोहन राय ने ब्रह्म समाज की स्थापन की। 1831 ई. में वे मुगल सम्राट के वकील बनकर लन्दन गये। 1833 ई. में लन्दन में उनकी मृत्यु हो गई।

ब्रह्म समाज के सिद्धान्तः

अ. धार्मिक – 1. ईश्वर एक है। वह संसार का सृष्टा, पालक एवं रक्षक है। वह निराकार और निर्विकार है। उनके प्रेम व पवित्रता असीमित है।

2. आत्मा अमर है तथा वह अपने कार्यों के लिये भगवान के सामने उत्तरदायी है। उसमें उन्नति की असीम क्षमता है।

3. भगवान के अस्तित्व की अनुभूति और आध्यात्मिक उन्नति के लिये प्रार्थना आवश्यक है।

4. किसी भी पुस्तक अथवा पुरुष को मोक्ष का एक मात्र साधन नहीं मानना चाहिये।

5. उन्होंने मूर्ति-पूजा का खण्डन किया तथा किसी भी बनायी हुए मूर्ति को ईश्वर मान का पूजने का विरोध किया। यज्ञों व उनमें बलिदान की प्रथा का भी उन्होंने खण्डन किया।

6. राम मोहन राय ने सभी धर्मों में प्रतिपादित मूल सिद्धान्तों के प्रति आदर प्रकट किया।

7. धर्म के पालन में ब्राह्म कर्मकाण्डों का तथा अन्य विश्वासों का विरोध किया।

8. विश्वबन्धुता के सिद्धान्त को माना।

ब. सामाजिक – सामाजिक कुरीतियों का धर्मा से कोई सम्बन्ध न मानते हुए राम मोहन राय ने अनेक कुरीतियों का विरोध किया। सती-प्रथा, बाल-विवाह, जातिप्रथा, छुआछूत कन्या-विक्रय और कन्या वध आदि कुरीतियों को समाप्त करने के लिए ब्रह्म समाज ने आन्दोलन किया तथा स्त्री शिक्षा का समर्थन किया।

राम मोहन राय की मृत्यु के पश्चात् देवेन्द्र नाथ टैगोर और केशव चन्द्र सेन ने ब्रह्म समाज को नेतृत्व प्रदान किया। देवेन्द्र नाथ ने 1839 ईसवी में तत्वबोधिनी सभा स्थापित की। केशव चन्द्र सेन ने नव विधान सभा की स्थापना की। इन दोनों नेताओं में केशव चन्द्र ईसाई धर्म से आधिक प्रभावित थे। दोनों के विचारों में मतभेद के कारण ब्रह्म समाज दो भागों में विभक्त हो गया। केशव चन्द्र ने देश के कुछ प्रान्तों का दौरा किया। रमेश चन्द्र मजूमदार के अनुसार केशव चन्द्र सेन के नेतृत्व में ब्रह्म समाज ने सामाजिक सुधार का एक विस्तृत कार्यक्रम आरम्भ किया जो कि भारतीय पुनर्जागरण का एक प्रमुख अंग बन गया। इसमें स्त्रियों के स्तर में सुधार श्रमिकों की शिक्षा नैतिकता दान व कम मूल्यों पर अच्छे साहित्य के प्रकाशन को भी महत्त्व दिया गया।

ब्रह्म समाज की स्थापना को हम आधुनिक काल के धार्मिक और सामाजिक आन्दोलनों का आरम्भ मान सकते है। राम मोहन राय ने हिन्दू धर्म व समाज की कुरीतियों को दूर करने का प्रयत्न किया। उन्होंने प्राचीन हिन्दू धर्म की महानता को माना तथा हिन्दुओं को अपने प्राचीन गौरव का स्मरण कराया। ब्रह्म समाज के सदस्यों को साप्ताहिक अधिवेशनों में वेदों का पाठ तथा उपनिषदों के बंगला अनुवादों का वाचन करना होता था। ऐकेश्वरवाद तथा मनुष्य जाति के भ्रातृत्व पर जोर देते हुए राम मोहन राय ने सभी धर्मों के प्रति सहनशीलता का सबक सिखाया।

राम मोहन राय की उपलब्धियाँ

विद्वता- राम मोहन राय संस्कृत अरबी व फारसी के विद्वान थे। वे हिन्दू लेटिन ग्रीक व अंग्रेजी भाषा भी जानते थे। वेदों उपनिषदों वेदान्त व हिन्दू धर्म के अन्य ग्रन्थों का उन्होंने गहन रूप से अध्ययन किया था। कुरान और बाइबिल का भी उन्होंने अध्ययन किया। राय ने विभिन्न

गम्भीर विषयों पर अनेक पुस्तिकाएँ लिखीं। इन पुस्तिकाओं का उल्लेख पहले किया जा चुका है। उन्होंने काफी लगन व परिश्रम के बाद वेदों और उपनिषदों का बंगला अनुवाद प्रकाशित किया।

धार्मिक व सामाजिक सुधारक-आरम्भ में आत्मिक समाज और बाद में ब्रह्म समाज की स्थपना कराके राम मोहन राय ने उन्नीसवीं शताब्दी में धार्मिक व सामाजिक सुधार आन्दोलन को जन्म दिया। बाल्यकाल में ही अपनी विधवा भाभी को सती होते देखकर उन्होंने इस अमानवीय प्रथा का विरोध करने का निश्चिय किया। सती-प्रथा को निषेध करने में विलियम बेंटिक को राम मोहन राय से काफी सहायता व समर्थक मिला। राम मोहन राय ने सिद्ध कर दिया कि सती-प्रथा का कोई धार्मिक आधार नहीं है। बाल विवाह, बहु-विवाह, छुआछूत, पर्दा-प्रथा आदि कुरीतियों का उन्होने विरोध किया। स्त्रियों के स्तर को ऊँचा उठाने के लिए स्त्री शिक्षा का समर्थक किया। मूर्ति-पूजा, यज्ञ, पशु बलिदान और कर्मकाण्डों का विरोध करके धार्मिक सुधार के लिए प्रयास किया। यद्यपि वे अंग्रेजी भाषा के माध्यम से शिक्षा का समर्थक करके भारतीयों को पाश्चात्य प्रगति से परिचित कराना चाहते थे किन्तु उन्होंने अपने देश की संस्कृति को हीन नहीं माना तथा भारतीयों का प्राचीन धर्म शास्त्रों व ग्रन्थों को समझने का उपदेश दिया। वास्तव में वे हिन्दू धर्म के विरोधी नहीं थे। उन्होंने निर्भिकता के साथ ईसाई धर्म प्रचारकों की धर्म परिवर्तन कराने वाली गतिविधियों का विरोध किया। इस प्रकार उनका उद्देश्य हिन्दू धर्म व समाज की कुरीतियों को दूर करना था।

पत्रकारिता- 1821 ई. में राम मोहन राय ने अपने सिद्धान्तों का प्रचार करने के लिये बंगला में सबसे पहला साप्ताहिक समाचार-पत्र संवाद कोमुदी प्रकाशित किया। 1822 ई. में इस पत्रिका का प्रकाशन बन्द हो गया। किन्तु शीघ्र ही इसका प्रकाशन पुन: आरम्भ हो गया तथा 1833 में इसे द्वि-साप्ताहिक कर दिया गया। अप्रैल 1822 ई. में राम मोहन राय ने फारसी का भी पहला समाचार-पत्र मिरात ऊल-अखबार कलकत्ता से प्रकाशित किया। राम मोहन राय की प्रेरणा से चार भाषाओं-बंगला, फारसी, हिन्दी, अंग्रेजी, में बंगदूत अंग्रेजी में बंगाल हेराल्ड का प्रकाशन आरम्भ हुआ। एक पत्रकार के कर्तव्य और दायित्व से राम मोहन राय परिचित थे। मिरात-उल-अखबार नामक पत्रिका की भूमि में उन्होंने लिखा कि मेरा उद्देश्य जनता को ऐसे समाचार देना है जिससे उनका सुधार हो। इसके लिए व उन्हें घटनाओं की सही जानकारी देंगे।

समाचार-पत्रों की स्वतंत्रता के राम मोहन राय प्रबल समर्थक थे। 1823 ई. में ब्रिटिश सरकार द्वारा लागू किये गये प्रेस अध्यादेश का विरोध किया। इसके लिए राम मोहन राय ने सम्राट की परिषद के सामने एक स्मरण-पत्र प्रस्तृत किया।

उनके सशक्त विरोध के कारण अध्यादेश रद्द कर दिया।

शैक्षणिक- राम मोहन राय अंग्रेजी भाषा के माध्यम से शिक्षा देने का समर्थक कराते थे। पाश्चात्य जगत के स्वतन्त्रतापूर्ण विचारों और प्रगति का अध्ययन करने के लिए वे अंग्रेजी का ज्ञान आवश्यक मानते थे। किन्तु मेकाले की भाँति पूर्वी देशों के प्राचीन ज्ञात को उन्होंने निकृष्ट नही माना तथा भारतीयों को प्राचीन धार्मिक ग्रन्थों का अध्ययन करने की सलाह दी। इन विचारों के आधार पर कलकत्ता में वेदान्त कॉलेज और हिन्दू कॉलेज के साथ-साथ इंग्लिश स्कूल खोला। उनके द्वारा स्थापित हिन्दू कालेज ने भारत के पुनर्जागरण में सहरानीय योगदान दिया।

राम मोहन राय स्त्रियों की शिक्षा के समर्थक थे। ब्रह्म समाज में युवतियाँ शिक्षा प्राप्त करती थीं। वे स्त्रियों को समान अधिकार दिलाना चाहते थे।

साहित्य- बंगला भाषा के विकास में उनका महत्त्वपूर्ण योगदान रहा। उनके लेखन ने बंगला में एक सुन्दर गद्य को जन्म दिया।

राजनीतिक विचारधारा व कार्य - अपने समय के व्यक्तियों के समान राजा राम मोहन राय तत्कालीन परिस्थितियों में भारत के लिए ब्रिटिश शासन को हितकारी मानते थे। उनके मत में यद्यपि ब्रिटिश शासन में भारतीय राजनीतिक प्रभुत्व से वंचित हो गये थे किन्तु अंग्रेजों ने उनके नागरिक व धार्मिक अधिकारों को मान्यता प्रदान कर उनके स्तर को ऊँचा किया। इसके अतिरिक्त अंग्रेजी शासन ने भारतीयों का पाश्चात्य जगत से सम्पर्क स्थापित करके उन्हें आगे बढ़ाने में सहायता दी। अंग्रेजी शासन के समर्थक होते हुए भी राम मोहन राय ने अनेक मामलों में अंग्रेजों से सुधारों की माँग की। प्रेस पर प्रतिबंध लगाने वाले अध्यादेश का राजा राममोहन राय ने विरोध किया। 127 ई. के जूरी एक्ट के विरोध में भी एक स्मरण-पत्र सरकार को प्रस्तुत किया। इस अधिनियम में हिन्दू व मुसलमानों को भारतीयों के मुकदमें में जूरी नियुक्त होने के अधिकार से वंचित किया था। राम मोहन राय ने बोर्ड ऑफ कण्ट्रोल को प्रस्तुत किये गये समय किसानों से ली जाने वाली मालगुजारी की दरों को कम करने, जूरी द्वारा न्याय की व्यवस्था, न्यायाधीशों एवं राजस्व अधिकारियों की पृथकता, दीवानी व फौजादी कानूनों का संग्रह बनाने फारसी के स्थान पर न्यायालयों में अंग्रेजी का प्रयोग, न्यायाधीशों की स्वतंत्रता और भारतीयों की उच्च पदों पर नियुक्ति करने के लिए अपील की।

उन्होंने कृषि के क्षेत्र में दमनकारी कानूनों का विरोध किया। स्त्रियों के लिए सम्पत्ति के अधिकारों की माँग की। ऐसा विश्वास किया जाता है कि 1833 ई. के चार्टर में भारतीय के हितों से सम्बन्धित कुछ प्रावधानों की सम्मिलित करने में राम मोहन राय का प्रभाव था।

रमेश चन्द्र मजूमदार के मत में राजा राममोहन राय प्रथम भारतीय थे जिन्होंने अपने देश की समस्याओं को अंग्रेजी सरकार के सामने रखा। यद्यपि उनके प्रयास कुछ उद्देश्यों तक सीमित थे। किन्तु उन्हें इस दिशा में मार्ग प्रशस्त करने का श्रेय दिया जा सकता है।

राम मोहन राय अन्तर्राष्ट्रीयता के पुजारी थे। फ्रांसीसी क्रांति के विचारों के गहन अध्ययन से वे प्रभावित हुए। उन्होंने अन्तर्राष्ट्रीय विवादों को सुलझाने के लिए एक अन्तर्राष्ट्रीय कांग्रेस की स्थापना का सुझाव दिया।

मूल्यांकन-मिस कालेट में राजा राम मोहन राय के प्रतिक्रिया तथा प्रगति के मध्य का बिन्दु माना है। वस्तुतः राजा राम मोहन राय के समय भारत में प्रतिक्रियावादी युग से निकल कर आधुनिक युग में प्रवेश किया। इसलिए उन्हें नये युग का अग्रदूत अथवा आधुनिक काल के पूनर्जागण आन्दोलन का जनक भी कहा जा सकता है।

यंग बंगाल आन्दोलन-उन्नीसवीं शताब्दी के तीसरे व चौथे दशक में बंगाल के बुद्धिजीवियों ने एक आन्दोलन आरम्भ किया जिसे यंग बंगाल के नाम से जाना जाता है। इसके प्रेरणा स्रोत हेनरी विवियन डिरोजियो थे। 1826 से 1831 ईसवी तक इस एंग्लो-इंडिया नवयुवक के हिन्दू कालेज, कलकत्ता में प्राध्यापक के पद पर कार्य किया। उन्हें भार से अपार प्रेम था, उन्होंने अपने विद्यार्थियों को विवेकपूर्ण और मुक्त ढंग से सोचने, सभी आधारों की प्रमाणिकता की जाँच करने,

मुक्ति, समानता और स्वतंत्रता से प्रेम करने तथा सत्य की पूजा करने की सलाह दी। वे प्राचीन रीति-रिवाजों का विरोध करते थे। वाद-विवाद, लेखन और बौद्धिक संगठनों के माध्यम से उन्होंने अपने विचार का प्रचार किया।

उन्होंने कई संस्थाओं का गठन किया। इनके नाम हैं- ऐकेडेमिक ऐसोसियेशन, सोसायटी फॉर द एक्वीजिशन, ऑफ जनरल नोलेज, डिबेटिंग कस्ब और बंग हित सभा। इनमें सामाजिक व धार्मिक कुरीतियों के उन्मूलन के तरीकों पर विचार किया जा सकता था। डेरोजियो व उसके अनुयायी पाश्चात्य विचारों से अत्यधिक प्रभावित थे। अतएव उन्होंने प्राचीन हिन्दू परम्पराओं में दोष नजर आते थे। कट्टरपंथी हिन्दुओं ने उनका विरोध किया। फलस्वरूप अप्रैल 1831 ई. में उन्हें हिन्दू कॉलेज से निकाल दिया गया। परन्तु उन्होंने ईस्ट इंण्डिया नामक एक दैनिक पत्र का सम्पादन सम्भाल लिया। दिसम्बर 1831 ई. में लगभग चौबीस वर्ष की आयु में उनकी मृत्यु हो गयी। उनकी मृत्यु के बाद एकेडेमिक एसोसियेशन बिखर गया। किन्तु हिन्दू कॉलेज में उनके कुछ शिष्यों ने काम जारी रखा। 1834 ई. में बम्बई में स्थापित एलफिन्स्टन कॉलेज ने यंग बंगाल का अनुसरण करके यंग बंगाल नाम संस्था खोली । इसी प्रकार मद्रास में एक संस्था खोली गई। लेकिन डेरोजियो की मृत्यु के बाद यह आन्दोलन धीरे-धीरे शिथिल होता गया।

इस आन्दोलन के शिथिल होने के कई कारण थे। यह आन्दोलन किताबी ज्ञान पर जोर देता था, अतएव इसका व्यावहारिक पक्ष सामाजिक वास्तविकता पर कम आधारित था। क्योंकि इसका उद्देश्य प्राचीन परम्पराओं पर प्रहार करना था, इसलिए इसे तीव्र विरोध का सामना करना पड़ा। यद्यपि इस आन्दोलन का उद्देश्य भारतीय धर्म व समाज का सुधार करना था, किन्तु इसकी प्रेरणा फ्रांसीसी क्रांति व इटली के एकीकरण की घटनाएँ थी। अतएव यह आन्दोलन भारतीयों में लोकप्रिय नहीं हो सका।

यद्यपि यह आन्दोलन अधिक नहीं फला किन्तु इसकी कुछ उपलब्धियाँ हैं। इसने जनता को सामाजिक, धार्मिक व राजनीतिक प्रश्नों पर विचारा-विमर्श करके शिक्षित करते की राजा राम मोहन की परम्परा को आगे बढ़ाया। इससे सामान्य हितों से सम्बन्धित समस्याओं पर सार्वजनिक आन्दोलन किये। इन आन्दोलनों के मुख्य मुद्दे थे- जमींदारों से रैयतों की सुरक्षा, प्रेस की स्वतंत्रता और उच्च सरकारी सेवाओं में भारतीयों की भर्ती आदि। इस आन्दोलन को हम राष्ट्रीय पतन के बाद के काल में रचनात्मक प्रतिक्रिया का प्रतीक मानते हैं।

प्रार्थना समाज

केशवचन्द सेन के नेतृत्व में ब्रह्म समाज का प्रचार देश के विभिन्न भागों में हुआ। 1864 ई. में उन्होंने बम्बई की यात्रा की। उसकी प्रेरणा 1867 ई. में आत्माराम पाण्डुरंग ने बम्बई में ब्रह्म समाज के आधार पर प्रार्थना समाज की स्थापना की। इसके दो मुख्य उद्देश्य-ऐकेश्वरवाद का प्रचार तथा सामाजिक सुधार का कार्य 1869 ई. में आर. जी. भण्डारकर और महादेव गोविन्द रानाडे प्रार्थना समाज के सदस्य बने। रानाडे के ऐकेश्वरवाद में विश्वास के साथ-साथ हिन्दू धर्म में व्याप्त भ्रष्टाचार के विरुद्ध भी आवाज उठायी। ब्रह्म समाज की भांति प्रार्थना समाज ने भी वेदों को पवित्र ग्रन्थ नहीं माना। इस समाज ने भी आत्मा के आवागमन सिद्धान्त और अवतारवाद के सिद्धान्त को स्वीकार किया किन्तु मिस कोलेट के अनुसार ब्रह्म समाज के समान प्रार्थना समाज

ने ब्राह्मणवाद का उग्र विरोध नहीं किया। सदस्यों के लिए मूर्ति-पूजा का त्याग और जाति के बन्धनों का विरोध भी आवश्यक माना गया।

प्रार्थना समाज ने सामाजिक सुधार की दिशा में सराहनीय कार्ड किया। इससे विधवा विवाह के प्रचलन, बाल-विवाह पर रोक, स्त्री-शिक्षा को प्रोत्साहित और पर्दा प्रथा के त्याग पर जोर दिया। 1891 ई. में रानाडे ने महाराष्ट्र में विडो रिमेजिर एसोसियेशन की स्थापना की। उनके प्रयत्नों से दक्षिण शिक्षा के तत्वाधान में शिक्षा के प्रसार के लिए कार्य किया। प्रार्थना समाज के अनुयायियों ने विधवा आश्रम, अछूतोद्धार, रात्रि पाठशालाएँ आदि समाज सेवी संस्थाएँ खोली। इस समाज के तत्वाधान में दलित जाति मण्डल भी खोला।

रमेश चन्द्र मजूमदार के मत में प्रार्थना समाज ने हिन्दू धर्म शास्त्रों में प्रतिपादित अनेक सिद्धान्तों को माना और मराठी संत -कवियों की वाणी का प्रयोग किया। यद्यपि ब्रह्म समाज के समान प्रार्थना समाज का भी अधिक प्रसार नहीं हुआ किन्तु फिर भी तेलगु भाषी प्रदेशों में इसने लोकप्रियता अर्जित की। धार्मिक गतिविधियों की अपेक्षा प्रार्थना समाज ने सामाजिक सुधार और शिक्षा के प्रसार के क्षेत्रों में उल्लेखनीय कार्य किया।

आर्य समाज

दयानन्द का जीवनमृत- 1824 ई. में गुजरात के एक गाँव के ब्राह्मण परिवार में मूल शंकर का जन्म हुआ। चौदह वर्ष की आयु में वे घर छोड़कर चले गये। उसके बाद पन्द्रह वर्ष तक उन्होंने देश के विभिन्न भागों का भ्रमण किया। आरम्भ में उन्होंने ब्रह्मचर्य का पालन किया किन्तु कुछ समय बाद वे साधु बन गये। 1860 ईसवी में उन्होंने मथुरा में स्वामी वृजानन्द से दीक्षा ली। उसके पास रह कर दयानन्द ने संस्कृत का ज्ञान प्राप्त करके वेदों का गहन अध्यनन किया। स्वामी वृजानन्द से विदा लेते समय दयानन्द ने वचन दिया कि वे पौराणिक हिन्दू धर्म की कुरीतियों, अन्धविश्वासों तथा पाखण्डों का खण्डन तथा वैदिक युग की धर्म व संस्कृति की स्थापना के लिए निरन्तर प्रयास करेंगे। तत्पश्चात् दो साल तक एवं केशव चन्द्र ने कलकत्ता में विचार-विमर्श किया। इसके कुछ समय बाद बनारस के एक प्रकाण्ड विद्वान की चुनौती को स्वीकार करके दयानन्द ने उनके कर्मकाण्डी पंडितों को शास्त्रार्थ में परास्त किया। 1847 ई. में बम्बई में दयानन्द ने आर्य समाज की स्थापना की। इसके बाद दयानन्द ने देश के अनेक अन्य भागों में भ्रमण किया। अक्टूबर 1883 ई. में जोधपुर में किसी ने स्वामी जी को दूध में विष दे दिया। स्वास्थ्य खराब होने पर भी वे जोधपुर से अजमेर आ गये। 30 अक्टूबर 1883 ई. को उनका देहान्त हो गया। सत्यार्थ प्रकाश के आधार पर 1877 ई. में आर्य समाज ने निम्नलिखित दस नियम बनाये-

1. वेद सच्चे ज्ञान के स्रोत हैं। अतएव सभी मनुष्यों को इसका अध्ययन, मनन, और प्रचार करना चाहिए।

2. ईश्वर सर्व शक्तिमान, न्यायकारी, दयालु, निर्विकार, सर्वव्यापक, अजर-अमर, पवित्र और सृष्टिकर्त्ता है। अतएव उसकी उपासना सबको करनी चाहिए।

3. प्रत्येक व्यक्ति के लिये सत्य ग्रहण करना तथा असत्य को त्यागना आवश्यक है।

4. प्रत्येक कार्य को सत्य व असत्य का विचार करके करना चाहिये।

5. समाज का प्रमुख उद्देश्य संसार का उपकार करना होना चाहिये। अतएव उसे समस्त व्यक्तियों की शारीरिक, आत्मिक और सामाजिक उन्नति का प्रयास करना चाहिये।

6. प्रत्येक व्यक्ति को केवल अपनी उन्नति से ही संतुष्ट नहीं होना चाहिये। उसे सबकी उन्नति में अपनी उन्नति समझना चाहिये।

7. समस्त ज्ञान का निमित्त कारण है और उसके माध्यम से समस्त बोध ईश्वर है।

8. अविद्या का नाश करके विद्या का प्रचार करना चाहिए।

9. सब व्यक्तियों को धर्मानुकूल आचरण करना चाहिए।

10. एक व्यक्ति को स्वयं के हित से सम्बन्धित कार्यों में आचरण की स्वतंत्रता रखनी चाहिये किन्तु सामाजिक कार्यों में मतभेदों को भुला देना चाहिये।

अन्य मान्यतायें

1. ब्राह्मणों की श्रेष्ठता को स्वीकार न करना- दयान्नद ने जन्म के आधार पर ब्राह्मणों की श्रेष्ठता को स्वीकार नहीं किया तथा वेदों के अध्ययन का अधिकार केवल ब्राह्मणों तक सीमित रखने की परम्परा का विरोध किया।

2. मूर्ति-पूजा का खण्डन- विभिन्न देवी-देवताओं के स्थान पर ईश्वर की उपासना पर जोर दिया। मूर्ति-पूजा का खण्डन किया। अनेकश्वरवाद और अवतारवाद का विरोध किया।

3. वेदों में विश्वास- उन्होंने वेदों की ओर लौटो का नारा जनता को दिया। वेदों में वर्णित यज्ञों और अन्य संस्कारों की व्याख्या करते हुए दयानन्द ने बताया कि हवन का उद्देश्य वायु मण्डल को शुद्ध करना है।

4. मोक्ष प्राप्ति का मार्ग- उन्होंने मोक्ष के सिद्धान्त को माना। उनके अनुसार ईश्वर की उपासना, अच्छे कर्म और ब्रह्मचर्य पालन से मोक्ष की प्राप्ति हो सकती है।

5. अन्ध-विश्वासों का विरोध- दयानन्द ने अन्ध विश्वासों का विरोध किया। श्राद्ध की प्रथा को मूर्खतापूर्ण बताया।

6. सहिष्णुता का पालन- दयानन्द के अनुसार आरम्भ से ही अन्य धर्मों के प्रति सहिष्णुता की नीति का पालन करन के फलस्वरूप हिन्दू धर्म को आघात पहुंचा।

7. शुद्धि आंदोलन- इस्लाम व ईसाई धर्म के प्रचार के फलस्वरु हिन्दुओं द्वारा धर्म परिवर्तन को कम करने के लिये दयानन्द ने शुद्धि आंदोलन चलाया। ऐसे हिन्दुओं का, जो ईसाई अथवा मुस्लिम धर्म स्वीकार कर चुके थे तथा वापिस हिन्दू धर्म की शरण में आना चाहते थे, आर्य समाज ने स्वागत किया। वस्तुतः आर्य समाज में बुद्धि आंदोलन को भारत की धार्मिक, सामाजिक और राजनीतिक एकता के लिये एक आवश्यक कार्यक्रम माना। इस आंदोलन के कारण आर्य समाज को सैनिक हिन्दुत्व संस्था बताया गया।

8. जाति बंधन व अस्पृश्यता का विरोध- राजा राम मोहन राम के समान स्वामी दयानन्द भी विश्वास करते थे कि पौराणिक युग में हिन्दू समाज में अनेक कुरीतियाँ प्रचलित हो गई थीं जिन्हें दूर किये बिना समाज प्रगति नहीं कर सकता। स्वामी दयानन्द ने जाति के बन्धन को नहीं माना तथा अस्पृश्यता का विरोध किया। समुद्र यात्रा को बुरा नहीं माना।

9. अन्तर्जातीय विवाह तथा विधवा विवाह का समर्थन–उन्होंने अन्तर्जातीय विवाह का समर्थन किया। लड़के व लड़की का विवाह क्रमशः पच्चीस व सोलह वर्ष की आयु में करने का समर्थन किया। आम तौर पर वह विधवा विवाह को पसंद नहीं करते थे किन्तु एक सन्तानहीन विधवा के विवाह पर उन्हें आपत्ति नहीं थी। रमेश चन्द्र मजूमदार के मत में ऐसा प्रतीत होता है कि दयानन्द के बाद आर्य समाज ने आम तौर पर सभी विधवाओं के पुनःविवाह को प्रोत्साहन दिया। आर्य समाज ने पर्दा प्रथा व सती–प्रथा का विरोध किया। दयानन्द ने स्त्री व पुरुष को समान अधिकार देने का सर्मथन किया।

आर्य समाज का सुधार आंदोलन में योगदान

1. शिक्षा– शिक्षा के क्षेत्र में आर्य समाज का योगदान सराहनीय है। दयानन्द के कुछ शिष्यों ने हरिद्वार व अन्य स्थानों में गुरुकुलों की स्थापना की। इनका संचालन प्राचीन आश्रमों की परम्परा के अनुसार किया गया। इस दल के नेता मुंशी राम थे। आधुनिक शिक्षा प्रदान करने के लिये आर्य समाज के कुछ नेताओं ने, जिनमें हंसराज प्रमुख थे, उनके स्थानों में दयानन्द ऐंग्लो वैदिक विद्यालय चलाये। आर्य समाज में स्त्री शिक्षा का भी प्रचार किया।

2. हिन्दी भाषा के प्रयोग का समर्थन– दयानन्द हिन्दी भाषा के समर्थक थे। हिन्दी के राष्ट्र भाषा स्वीकार करने वाले वे प्रथम महान व्यक्ति थे। उन्होंने अपने सब ग्रन्थ हिन्दी में लिखे। हिन्दी भाषा और साहित्य को प्रोत्साहित करके आर्य समाज ने अंग्रेजी भाषा पर निर्भरता कम करने का प्रयत्न किया।

3. राष्ट्रीयता पर बल– यद्यपि दयानन्द ने राजा राम मोहन राय के समान राजनीतिक अधिकारों की माँग नहीं की किन्तु उनके विचारों से राष्ट्रीय और स्वराज्य की भावना को बल मिला। सत्यार्थ प्रकाश के अनुसार अच्छे से अच्छा विदेशी राज्य स्वेदेशी राज्य की तुलना नहीं कर सकता। दयानन्द ने विदेशी वस्तुओं का बहिष्कार तथा स्वदेशी वस्तुओं का उपयोग करने की सलाह दी। भारत के प्राचीन गौरव का स्मरण कराके दयानन्द ने आत्म सम्मान और स्वावलम्बन की भावना जागृत की। आर्य समाज ने राष्ट्रीय आंदोलन में सराहनीय योगदान किया। रमेश चन्द्र मजूमदार के मत में ब्रह्म समाज की अपेक्षा आर्य समाज ने आधुनिक हिन्दुओं, विशेषकर पंजाब के हिन्दुओं में नवीन राष्ट्रीय चेतना का अधिक विकास किया।

निष्कर्ष– भारत के पुनर्जागण में आर्य समाज ने महत्त्वपूर्ण भाग लिया। जिस प्रकार से यूरोप के प्रोटेस्टेट धर्म का आधार बाईबिल था उसी प्रकार से आर्य समाज ने भी अपना सुधार आंदोलन वेदों के पुनः अध्ययन पर रखकर उसे लोकप्रिय बनाया। दयानन्द ने वेदों को वैज्ञानिक, सामाजिक, राजनीतिक और आर्थिक सिद्धान्तों का स्रोत माना। स्वामी दयानन्द ने जनता के हृदय में ऋषियों और वेदों के लिए अपरिमित उत्साह पैदा किया। शुद्धि आंदोलन द्वारा आर्य समाज ने हिन्दू धर्म की रक्षा का प्रयत्न किया। दयानन्द ने हिन्दू धर्म को अंध–रुढ़िवादिता से मुक्ति दिलाने का भी भरसक प्रयास किया। वैदिक काल में समाज स्त्रियों को समाज में सम्मानीय स्थान व अधिकार दिलाने के लिये आर्य समाज ने सशक्त आंदोलन चलाया। सामाजिक कुरीतियों को दूर करने में यह संस्था अन्य सुधारको संस्थाओं की अपेक्षा अधिक सक्रिय रही। शिक्षा के प्रसार में भी आर्य समाज का योगदान उल्लेखनीय है। दयानन्द ने भारतीयों के मन में हीनता की भावना को कम करके उनमें राष्ट्रीयता और स्वराज्य प्रेम की भावना को विकसित किया।

रामकृष्ण मिशनः रामकृष्ण परमहंस का जीवन वृतः

रामकृष्ण परमहंस का बचपन का नाम गंगाधर चट्टोपाध्याय था। उनका जन्म पश्चिमी बंगाल में हुगली जिले के कामरपकर नामक गाँव में एक ब्राह्मण परिवार में 1836 ई. में हुआ था। बचपन में शिक्षा के प्रति रुचि न होने के कारण वे अधिक अध्ययन नहीं कर सके। ऐसा विश्वास किया जाता है कि छः वर्ष की आयु से ही वे साधन करने लगे गये थे। सत्रह वर्ष की आयु में वे कलकत्ता आये। तीन या चार वर्ष बाद उत्तरी कलकत्ता में गंगा के तट पर दक्षिणेश्वर नामक स्थान में स्थिति काली के मंदिर में पुजारी बन गये। इस समय रामकृष्ण परमहंस का आध्यात्मिक जीवन उच्च कोटि का हो गया। मंदिर के एकांत में या वन में बैठकर वे साधना में तल्लीन हो जाते थे।

अनेक अवसरों पर निराश होकर वे निरन्तर अश्रु बहाते हुए काली से दर्शन देने की प्रार्थना करते थे। ऐसा कहा जाता है कि एक दिन निराश होकर रामकृष्ण ने काली की मूर्ति के सामने आत्म-हत्या करने के लिये तलवार उठाई ही थी कि उनको काली के दर्शन हो गये। इसके बाद उन्होंने पूजा की साधारण विधियों को त्याग दिया। वे अब बार-बार समाधि लेने लगे। इन समाधियों में अचेतनावस्था की अवधि समय के साथ बढ़ने लगी। इस मंदिर की अधिष्ठाता रासमणि नामक महिला ने रामकृष्ण का विवाह पाँच वर्ष की बालिका शारदा मणि से किया। शीघ्र ही वे दक्षिणेश्वर लौट आये। तत्पश्चात् लगभग बारह वर्ष तक रामकृष्ण ने विभिन्न प्रकार की साधनायें कीं। इस अवधि में उन्होंने पहले तांत्रिक और बाद में वैष्णव मत की विधियों से साधना की, तत्पश्चात तोतापुरी नामक संत के शिष्य बन कर वेदान्ती बने। अन्त में सूफी मत और ईसाई धर्म की विधियों के अनुसार साधना की। 1867 ई. में रामकृष्ण ने वैद्यनाथ, वाराणसी, प्रयाग और वृन्दावन की यात्रा की। इस समय तक परमहंस के रूप में उनकी ख्याति फैली चुकी थी। दक्षिणेश्वर लौट कर परमहंस ने उपदेश देना आरम्भ किया। उनके शिष्यों में सबसे अधिक प्रसिद्धि स्वामी विवेकानन्द ने प्राप्त की। अगस्त 1886 ई. में परमहंस का देहांत हो गया।

रामकृष्ण की शिक्षायें-राजा राम मोहन राय और दयानन्द की भांति रामकृष्ण परमहंस विद्वान नहीं थे किन्तु उनमें धर्म के गम्भीर से गम्भीर विषयों को सरलता के साथ समझाने की अनोखी क्षमता थी। उन्होंने ईश्वर के दो रूप निराकार और साकार को माना। उनके मन में वेद, उपनिषद्, पुराण व महाकाव्य सभी पवित्र थे। उन्होंने यह सिद्ध करने का प्रयत्न किया कि धर्म तथा ज्ञान केवल अध्ययन के ही विषय नहीं हैं, अपितु अनुभूति के विषय भी हैं। उनकी प्रमुख शिक्षायें अग्रलिखित है-

1. रामकृष्ण के अनुसार एक मनुष्य का सर्वोच्च लक्ष्य ईश्वर से साक्षात्कार करना है। उनके मत में ईश्वर आदि तथा अनन्त है। जिस प्रकार अरूप जल शीत के कारण बर्फ बनकर मूर्त रुप धारण कर लेता है। उसी प्रकार अमूर्त ईश्वर साधक के प्रेम और साधना के कारण रुप और व्यक्तित्व धारण कर लेता है। जब साधक समाधिस्थ होता है तब ईश्वर का रूप और गण लुप्त हो जाता है और साधक को अद्वैत ईश्वर की प्राप्ति होती है। इस प्रकार से रामकृष्ण ने यह बताया कि एक मनुष्य उच्च आध्यात्मिक जीवन व्यतीत कर ईश्वर के दर्शन कर सकता है। इस के लिये विषय वासना, कामिनी कौर कंचन से दूर रहना आवश्यक है। लेकिन इसका यह अभिप्राय नहीं कि वह संसार को त्याग दे। वह मानते थे कि मनुष्य गृहस्थ में रह कर भी साधना कर सकता है, लेकिन उसे अपने परम लक्ष्य को कभी नहीं भूलना चाहिए।

2. शरीर और आत्मा को रामकृष्ण ने दों भिन्न वस्तुएँ माना। जिस प्रकार कि एक नारियल का पानी सूखने पर उसके भीतर का खोपरा उसकी नरेटी से खुलकर अलग हो जाता है, उसी प्रकार यदि एक मनुष्य कामिनी या कंचन के प्रति आसक्ति को पूर्ण रूप से त्यागने में समर्थ हो जाये तो उसे शरीर और आत्मा की पृथकता के बारे में ज्ञान हो जायगा।

3. यद्यपि रामकृष्ण ने बेदों व अन्य धार्मिक ग्रन्थों को अध्ययन का विरोध नहीं किया किन्तु उन्होंने यह माना कि एक मनुष्य को विवेक व अनासक्ति प्राप्त् न होने की स्थिति में इस प्रकार का ज्ञान बेकार रहता है। इसलिये वे नैतिकता, त्याग, सेवा को अपनाने और इन्द्रिय सुखों के त्याग को महत्त्व देते थे।

4. धार्मिक शास्त्रार्थ को रामकृष्ण व्यर्थ मानते थे। उनके मत में संसार में सब पदार्थ ईश्वरमय है। अतएव उनके बारे में वाद-विवाद करना बेकार है।

5. रामकृष्ण ने बताया कि यदि एक मनुष्य अपने को जान लेगा तो वह ईश्वर की जान लेगा। अंहकार की भावना का अन्त करने से ईश्वर मिल जाता है। जैसे प्याज में छिलके ही छिलके होते हैं, उसी प्रकार अंहकार का अन्त होते ही एक मनुष्य के भीतर ईश्वर ही ईश्वर दिखायी देता है।

6. चरित्र की श्रेष्ठता को रामकृष्ण ने ज्ञान की प्राप्ति से भी अधिक महत्त्व दिया। उनके अनुसार विवेक और अनासक्ति के बिना आध्यात्मिक उन्नति करना असम्भव है।

7. विश्व-बन्धुता के सिद्धान्त का रामकृष्ण ने समर्थन किया। वे मनुष्य मनुष्य में कोई भेद नहीं मानते थे। उन्होंने मनुष्य की तुलना तकिये के गिलाफों से की। जिस प्रकार गिलाफ भिन्न रंग व आकार के होते हैं उसी प्रकार मनुष्य भी कोई सुन्दर, कोई कुरुप और कोई साधु व दुष्ट होता है, किन्तु जैसे सभी गिलाफों में एक ही पदार्थ-कपास भरा होता है, उसी प्रकार सभी मनष्यों में सच्चिदानन्द भरा होता हैं।

8. वे सभी धर्मों की सत्यता में विश्वास करते थे। उनके अनुसार कभी भी अपने धर्म को दूसरे से अच्छा नहीं बताना चाहिए। कबीर के समान रामकृष्ण नदिया में एक घाट बहुतेरे की शिक्षा देते थे। एक ही घाट से हिन्दू जल निकालता है, मुसलमान आब और ईसाई वाटर परन्तु तीनों के पात्रों में पदार्थ एक ही आता है। सच्चे हृदय से मनुष्य किसी घाट पर भी जाये उसे आनन्द ही प्राप्त होता है।

9. राजा राम मोहन राय व दयानन्द से सदृश रामकृष्ण ने मूर्ति-पूजा का विरोध नहीं किया। उनके अनुसार जैसे एक वकील को देखते ही अदालत की याद आ जाती है, उसी प्रकार मूर्ति पर ध्यान करते ही ईश्वर की याद आती है। रामकृष्ण परमहंस ने बताया कि ईश्वर के अनेक नाम है, जिस नाम या स्वरुप से उसका ध्यान किया जाएगा उसी नाम का या स्वरूप का उसके दर्शन हो जायेंगे इसलिये मानव मात्र की सेवा को रामकृष्ण ने परम धर्म माना है। रामकृष्ण ने अवतारवाद और पुनर्जन्म के सिद्धान्त को माना।

10. यद्यपि उन्होंने भोग विलास को त्यागना आवश्यक माना किन्तु स्त्री को इसका मूल कारण न मानकर उससे घृणा करना उचित नहीं समझा। एक बार रामकृष्ण ने कहा कि स्त्री विश्व की माता के समान है। उसका सम्मान करना चाहिए। इसी आदर्श का पालन करते हुए रामकृष्ण ने अपनी पत्नी की पूजा माँ कहकर की।

रामकृष्ण परमहंस की उपलब्धियाँ-

रमेश चन्द्र मजूमदार के मत में रामकृष्ण ने अपने विचारों और जीवन कार्यों से एक ऐसे समय में आध्यात्मिक जीवन की महत्ता को समझाया जबकि विश्व प्राकृतिक विज्ञान के जादू में खो रहा था। यद्यपि हिन्दुओं के प्राचीन धर्म शास्त्रों में आध्यात्मिक की ओर ले जाने वाले मार्गों को बताया गया था किन्तु रामकृष्ण के समय तक या तो हिन्दू उसे भूल चूके थे अथवा उस पर अविश्वास करने लग गये थे। ऐसी स्थिति में उन्होंने प्राचीन ज्ञान के इस अमूल्य रत्न का वास्तविक अभिप्राय व उपयोगिता बताई। वस्तुतः वे आध्यात्मिकता के जीवन स्वरूप थे।

उनकी दूसरी बड़ी देन वेद और उपनिषदों के ज्ञान को सरलता में समझ कर हिन्दुओं में अपने प्राचीन ज्ञान के प्रति श्रद्धा व विश्वास उत्पन्न करना था।

इसके साथ ही साथ रामकृष्ण ने धर्म के भेद-भावों को व्यर्थ बता कर मानव मात्र की भलाई करने का संदेश मनुष्य को दिया। विवेकानन्द ने परमहंस के इस कार्य को काफी आगे बढ़ाया।

रमेश चन्द्र मजूमदार के मत में उदाहरणों से समर्थित और उनके जीवन की घटनाओं से परीक्षा की कसौटी पर सफल उतरने वाली राम कृष्ण की शिक्षाओं ने हिन्दुओं के पुनर्जागरण को एक नैतिक स्वीकृति, एक दार्शनिक आधार और एक नवीन आध्यात्मिक स्वरुप प्रदान किया।

विवेकानन्द का जीवन वृत

नरेन्द्र नाथ दत्त का जन्म कलकत्ता के एक कायस्थ परिवार में जनवरी 1863 ई. में हुआ। नरेन्द्र नाथ की प्रारम्भिक शिक्षा कलकत्ता में हुई। स्कूल में शिक्षा प्राप्त करते समय नरेन्द्र नाथ सबसे पहले ब्रह्म समाज की ओर आकर्षित हुए। तत्पश्चात् उन्होंने मिल और स्पेंसर के दर्शन का अध्ययन किया किन्तु उनके चित्त को शान्ति नहीं मिली। 1881 ई. के अन्त में जब नरेन्द्र नाथ स्नातक कक्षा के प्रथम वर्ष के विद्यार्थी थे, वे एक सम्बन्धी के साथ दक्षिणेश्वर गये। उनको देखते ही राम कृष्ण के नेत्रो में अश्रु आ गये और उन्होंने कहा कि तुम बहुत देर से आये हो तुम नारायण के अवतार हो और मानव की भलाई के लिए तुमने पृथ्वी पर जन्म लिया है।

तत्पश्चात् नरेन्द्र नाथ ने परमहंस से पूछा कि क्या आपने ईश्वर को देखा है ? उत्तर मिला- हाँ, तुम भी चाहो तो मेरी तरह उससे साक्षात्कार कर सकते हो। दूसरी भेंट में नरेन्द्र के शरीर पर राम कृष्ण ने अपना दायाँ पाँव रखा। इससे नरेन्द्र नाथ को एक विलक्षण अनुभूति हुई। इसी समय नरेन्द्र नाथ ने राम कृष्ण परमहंस को अपना गुरु मान लिया। रामकृष्ण ने उन्हें आध्यात्मिकता की शिक्षा दी। अपनी मृत्यु के तीन-चार दिन पहले परमहंस ने नरेन्द्र नाथ को अपने पास बुलाकर कहा था कि मैंने अपना सब कुछ तुम्हें सौंप दिया है। इस शक्ति के द्वारा तुम महान कार्य करोगे। 1886 ई. में परमहंस की मृत्यु के बाद नरेन्द्र नाथ व कुछ अन्य शिष्यों ने एक केन्द्र स्थापित किया। कलकत्ता के पास 1887 ईसवी में बारानगर में इसकी विधिवत् स्थापना के समय इसके बारह सदस्यों ने विवेकानन्द रखा। कुछ समय पश्चात् विवेकानन्द ने उत्तरी-पश्चिमी और दक्षिण भारत की यात्रा की। इस यात्रा में साधारण जनता की गरीबी को देखकर उन्होंने अनुभव किया कि भार के निवासियों को घोर निराशा व्याप्त है जिसे दूर करने का एक मात्र उपाय धर्म का पुनरुद्धार करना है। 1893 ई. में वे शिकागों में एक सर्व धर्म सम्मेलन में भाग लेने के लिए गये। हिन्दू धर्म के प्रतिनिधि के रूप में सम्मेलन में भाग लेने के लिए मुख्य रूप से तीन उद्देश्य उन्होंने अपने सामने रखें-

1. समुद्र यात्रा पाप है और विदेशियों के हाथ में अन्न व जल ग्रहण करने से धर्म और जाति नष्ट हो जाती हे। वे इस प्रकार के अन्धविश्वासों का खण्डन करना चाहते थे।

2. वे अपने देशवासियों को यह बताना चाहते थे कि पश्चिम के विद्वानों को भी भारतीय संस्कृति और दर्शन की गहनता से प्रभावित किया जा सकता है।

3. विश्व के सभी धर्म एक है। अतएव सम्पूर्ण विश्व में एक प्रकार की धार्मिक एकता की भावना होनी चाहिये। वे इस सिद्धान्त का प्रचार करना चाहते थे।

विवेककानन्द ने विश्व धर्म सम्मेलन के प्रतिनिधियों के सामने पाँच बार भाषण दिये। इसके अतिरिक्त उन्होंने सम्मेलन के वैज्ञानिक विभाग के सदस्यों के सामने लगभग छः या सात बार भाषण दिये। उनके पहले ही भाषण के विश्व के अनेक भागों से आये प्रतिनिधि और अमेरिकन जनता अत्यन्त प्रभावित हुई। उन्होंने अपने भाषणों में हिन्दू धर्म की सहिष्णुता और उदारता की भावना को स्पष्ट किया तथा हिन्दू धर्म का आधार प्रेम बताया। उन्होंने वेदान्त दर्शन पर भी प्रकाश डाला। इस सम्मेलन के पश्चात् विवेकानन्द ने अमेरिका के कुछ भागो का भ्रमण किया।

इस यात्रा में एक सप्ताह और औसतन वे चौदह या पन्द्रह स्थानों पर भाषण देते थे। तत्पचात् स्वामी जी पेरिस होते हुए लन्दन गये। इन दोनों स्थानों पर उन्होंने अपने विचार व्यक्त किये। प्रसिद्ध जर्मन विद्वान् मैक्समूलर ने उनकी विद्वता से प्रभावित होकर रामकृष्ण के जीवन और उपदेशों पर एक पुस्तक लिखी। 1896 ईसवी में वे एक बार फिर अमेरिका गये। इस बार उन्होंने न्यूयार्क में वेदांत के अध्ययन के लिए केन्द्र खोले । जनवरी 1897 ईसवी में भारत लौटने पर वे भारत से गरीबी अज्ञान दूर करने के महान कार्य में जुट गये। हिन्दू धर्म की आध्यात्मिक परम्परा को बनाये रखते हुए भी वे उसमें पाश्चात्य जगत की स्वस्वत्रंता, समानता और परिश्रम की भावना को विकसित करना चाहते थे।

रामकृष्ण मिशन की स्थापना-1897 ई. में उन्होंने रामकृष्ण मिशन की स्थापना। तत्पश्चात् उन्होंने फिर भारत के अनेक भागों का भ्रमण किया। लगभग दो वर्ष बाद बैलूर को मिशन का मुख्य कार्यालय बनाया। जून 1899 ई. में वे फिर अमेरिका गये। वहाँ से लौटते समय विवेकानन्द ने पेरिस के एक धार्मिक सम्मेलन में भाग लिया। पेरिस से वे यूरोप के अनेक नगरों में भी गये। 1900 ई. में वे जब भारत लौटे तो अस्वस्थ थे। तत्पश्चात् वे कुछ समय तक स्वास्थ्य लाभ के लिये बनारस रहे। कलकत्ता लौटने पर उन्हें उनका स्वास्थ्य खराब हो गया। 14 जुलाई 1902 ई. को 39 वर्ष की आयु में उनका देहान्त हो गया।

विवेकानन्द के विचार

1. उनके अनुसार धर्म मनुष्य के भीतर के निहित देवत्व का विकास है। धर्म न तो पुस्तकों में है, न धार्मिक सिद्धान्तों में, वह केवल अनुभूति में निवास करता है। प्रत्येक व्यक्ति अपने में ईश्वर का अनुभव कर सकता है।

2. अपने गुरु के समान विवेकानन्द ने ईश्वर के साकार और निराकार रूपों को माना।

3. इसी प्रकार उन्होंने प्राचीन हिन्दू धर्म ग्रन्थों की पवित्रता को माना तथा वेदान्त के अध्ययन पर जो दिया। उनके मत में वेदान्त में प्रतिपादित आध्यात्मिकता के बल पर भारत सारे विश्व को जीत सकता है।

4. उन्होंने धर्म को मनुष्य की आत्मा का भोजन बताया। जिस प्रकार से विभिन्न देशों में अन्न से भोजन बनाने की विधियाँ अलग-अलग है, उसी प्रकार से धर्म के रूप में अनेक है, किन्तु उनमें मूलभूत एकता है। इस प्रकार विविध धर्मों की विभिन्नता को स्वाभाविक और आवश्यक मानते हुए भी विवेकानन्द ने उनमें एकता पर बल दिया।

5. उन्होंने रूढ़िवादिता व अन्धविश्वास का घोर विरोध किया।

6. विवेकानन्द ने मानव की सेवा को सच्ची ईश्वरोपासना बताया। उन्होंने दीन दु:खियों की सेवा पर अधिक बल दिया तथा कहा कि एक सन्यासी को आध्यात्मिक कार्यों के साथ-साथ सेवा कार्य भी करना चाहिए।

7. दीन-दु:खियों की सेवा के लिए विवेकानन्द ने रामकृष्ण मिशन के केन्द्र भारत व विदेशों में उनके स्थानों पर स्थापित किये। इस प्रकार समाज कल्याण को धर्म का प्रमुख अंग बनाया।

8. विवेकानन्द ने हिन्दू धर्म की महानता को प्रभावशाली ढंग से प्रस्तुत किया। अपने एक भाषण में उन्होंने कहा की हमारे धर्म का मुख्य आधार प्रेम है। भारत को एक ऐसा देश बताया जहाँ सभी धर्म प्रचारकों को आरम्भ से स्वतंत्रता दी गई थी तथा किसी धर्म के प्रति असहिष्णुता की नीति नहीं अपनाई गई थी।

9. विवेकानन्द के भाषणों व लेखों का संकलन अनेक ग्रन्थों से प्रकाशित किया गया इनमें से ज्ञानयोग, राजयोग, कर्मयोग और भक्तियोग नामक ग्रन्थ प्रसिद्ध है। इनसे ज्ञात होता है कि प्राचीन हिन्दू धर्म के प्रति उनकी कितनी गहरी आस्था थी। उन्होंने अपने विचारों के प्रचार के लिए अंग्रेजी में प्रबुद्ध भारत और बंगाली में उद्‌बोधन नामक पाक्षिक पत्र प्रकाशित किया।

10. भारतीय धर्म और संस्कृति की महानता पर बल देते हुए विवेकानन्द ने विश्व को यह बता दिया कि भारत पुन: उन्नति के शिखर पर पहुँच सकता है, लेकिन इस लक्ष्य की प्राप्ति के लिये उसे पृथकता की भावना को त्यागना होगा। उनके अनुसार हमे कुछ देने के साथ साथ लेना भी चाहिये। हमें पश्चिम को अपने आध्यात्मिकवाद व संस्कृति के अच्छे तत्त्व दे सकते हैं और वहाँ से वैज्ञानिक व तकनीकी ज्ञान के अतिरिक्त सामूहिक प्रयत्न तथा व्यवसाय में ईमानदारी की भावना को अंगीकार कर सकते हैं।

11. विवेकानन्द ने अछूत प्रथा का विरोध किया। उसके अनुसार भारत के पतन का एक कारण समाज के अधिकांश वर्गों का दमन है। अतएव जाति प्रथा के बन्धन हटने चाहिए तथा गरीबों के अछूतों को अज्ञान की अवस्था से ऊँचा उठाना चाहिए। उनके मत में यह कार्य धीरे-धीरे और बड़ी सावधानी से के साथ किया जाना चाहिए।

12. विवेकानन्द के विचार में विश्व एक महान संकट से गुजर रहा था। उनके मत में पश्चिमी देशों में आध्यात्मिक विचारों के अभाव में वैज्ञानिक अन्वेषणों से जो जो भौतिक प्रगति हो रही थी, वह उन देशों में संकट में परिस्थिति शीघ्र उत्पन्न करने वाली थी। अतएव पश्चिमी देशों को चाहिए कि वे भारत की आध्यात्मिकता को अपनायें किन्तु जब तक भारत गरीबी और दासता के बन्धन में जकड़ा हुआ है, ऐसा होना सम्भव नहीं है। इसलिये वे भारत की स्वतंत्रता और भौतिक उन्नति को विश्व की उन्नति के लिए आवश्यक मानते थे।

13. विवेकानन्द के विचार में शीघ्र ही वह युग आने वाला है जब कि दलित या सर्वहारा वर्ग

का शासन होगा। 1896 ई. में दिये गये भाषण में उन्होंने कहा कि इस प्रकार की क्रान्ति रूप अथवा चीन से आरम्भ हो सकती है, शायद रूस विश्व का प्रथम सर्वहारा राज्य होगा।

विवेकानन्द की उपलब्धियाँ:

रामकृष्ण परमहंस की शिक्षाओं को व्यावहारिक रूप देने का श्रेय विवेकानन्द को है। रमेश चन्द्र मजूमदार के अनुसार रामकृष्ण की आध्यात्मिक शिक्षाओं को व्यावहारिक रूप देने तथा उनके संदेश को विश्व के सभी भागों तक पहुँचा कर उन्हें स्थायी आधार पर स्थापित करना विवेकानन्द की महान उपलब्धि है। उन्होंने समस्त विश्व में हिन्दू धर्म और आध्यात्मवाद की श्रेष्ठता पर बल देकर हिन्दू धर्म के पुनरुत्थान में अपना सराहनीय योगदान दिया। उनके उपदेशों से भारतीयों और विदेशियों को भारत के गौरवमय अतीत के बारे में ज्ञान हुआ। फलस्वरूप भारतीयों में आत्मविश्वास की भावना बढ़ी। उन्होंने भारतीयों को सभी देशों से सम्पर्क बनाये रखने की सलाह दी। मजूमदार के मत में हिन्दू धर्म की महानता को प्रदर्शित करके विवेकानन्द ने हिन्दुओं को ईसाई व इस्लाम धर्म के प्रचार की पक्षपातपूर्ण आलोचनाओं का उत्तर देने में समर्थ बनाया। दरिद्रों की सेवा को ईश्वर प्राप्ति का एक प्रमुख साधन मानकर तथा इसमें स्वयं को पूरी तरह समर्पित कर स्वामी जी ने अपने देशवासियों के सामने आदर्श प्रस्तुत किया।

यद्यपि स्वामी विवेकानन्द ने प्रत्यक्ष रूप से राजनीतिक आन्दोलन में स्वयं भाग नहीं लिया किन्तु अपने विचारों व कार्यों से उन्होंने राष्ट्रीयता की भावना को प्रोत्साहित किया। मजूमदार के मत में उन्होंने गरीबों की सेवा और उत्थान के कार्यक्रम को आरम्भ कर वस्तुतः प्रत्येक भारतीय को राष्ट्र की सेवा के लिए प्रेरित किया। देश की महानता तथा भारतीयों की एकता को प्रदशित कर, साधारण जनता की गरीबी, अज्ञान को दूर करने के लिए प्रेरित कर तथा प्रत्येक भारतीय को सबल बनने की सलाह देकर विवेकानन्द ने उनमें राष्ट्रीयता की भावना भरी। विवेकानन्द के अनुसार भारत को शीघ्र स्वतन्त्रता मिलनी चाहिए, क्योंकि मानवता के उद्धार के लिए ऐसा होना आवश्यक है। इस लक्ष्य की प्राप्ति के लिये उन्होंने निर्भय होकर कार्य करने की सलाह दी। वास्तव में विवेकानन्द ने अपने विचारों से भारतीयों राष्ट्रवादिता को आध्यात्मिक आधार प्रदान करने में अभूतपूर्व सहयोग दिया। **रविन्द्र नाथ टैगौर के अनुसार यदि कोई मनुष्य भारत को समझना चाहता है तो उसे विवेकानन्द को पढ़ना चाहिए।**

थियासोफिकल सोसायटी

भारत के पुनर्जागरण में थियोसोफिकल सोसायटी ने भी महत्त्वपूर्ण भूमिका अदा की है। इस संस्था की स्थापना 1875 ईसवी में न्यूयार्क में रूसी महिला एच.पी. ब्लेवाटस्की और एक अमेरिकन एच.एम आल्काट ने की थी। 'थियेसोफी' शब्द यूनानी भाषा के 'थियो' (ईश्वर) ओर 'सोफिया' (ज्ञान) शब्दों से बना है। अतएव इसका अभिप्राय ईश्वर का ज्ञान अथवा ब्रह्म विद्या है। आरम्भ में एक यूनानी विद्वान हम्बीकस ने तीसरी शताब्दी में ईश्वरी ज्ञान के लिए इस शब्द प्रयोग किया था। इसके बाद आधुनिक काल में थियोसोफिकल सोसाईटी ने इस शब्द को काम लिया। रमेश चन्द्र मजूमदार के अनुसार इस संस्था के निम्नलिखित तीन मुख्य उद्देश्य थे:

1. विश्व बन्धुत्व के आधार पर मानवता का विकास करना,
2. प्राचीन काल के विभिन्न धर्मों, दर्शन और वैज्ञानिक ज्ञान के अध्ययन में सहयोग देना।

3. प्रकृति के नियमों की खोज करना और मनुष्य में निहित देवी शक्तियों का विकास करना।

इसके साथ-साथ इस सोसायटी के सदस्य सभी धर्मों में समन्वय स्थापित करना चाहते थे।

ऐसा प्रतीत होता है कि थियोसोफिकल सोसायटी के संस्थापक प्राचीन हिन्दू व बौद्ध धर्म के दर्शन से अत्यन्त प्रभावित थे। इसलिए उन्होंने पूर्वी देशों के महान धर्मों व उनके दर्शनो के अध्ययन को महत्त्व दिया। वस्तुतः उनके द्वारा समर्पित विश्व बंधूता का सिद्धान्त प्राचीन भारतीय दर्शन के अनुरूप था। विभिन्न धर्मों में मूलभूत एकता को मानना भी भारत की प्राचीन संस्कृति के एक मूल तत्व को मानना था। सत्य की खोज करने और छिपी दैवी शक्तियों का विकास करने का प्रयास हमारे देश के ऋषियों से उनका आध्यात्मिक सम्पर्क अनेक बार स्थापित हुआ था। थियोसोफिकल सोसाइटी के अनुयायी कर्म और निर्वाण के सिद्धांतों मे भी विश्वास करते थे।

1879 ईसवी में दयानन्द के निमंत्रण पर आल्काट व ब्लेवाटस्की भारत आये। उन्होंने हिन्दू धर्म को सब धर्मों से श्रेष्ठ बताया। अपनी संस्था के उद्देश्यों की व्याख्या करते हुए आल्काट ने कहा कि वे भारतीयों को उनके प्राचीन गौरव का स्मरण कराके उन्हें खोई प्रतिष्ठा दिलाना चाहते हैं।

थियोसोफिकल सोसाईटी के सदस्यों ने माना कि जाति-प्रथा के अन्तर्गत रहकर भी मानव की सेवा कर जा सकती है-एकेश्वरवाद के सिद्धान्त में अपनी आस्था प्रकट करते हुए उन्होंने विभिन्न देवी-देवताओं की पूजा को तर्कसंगत बताया। मूर्ति-पूजा को उन्होंने देवी शक्तियों की आराधना के लिये एक सरल उपाय माना। इस प्रकार के विचारों का हिन्दुओं ने स्वागत किया। 1886 ईसवी में थियोसोफिकल सोसाइटी ने भारत में मद्रास के निकट अडयार में केन्द्र स्थापित किया। इस समय से यह केन्द्र सोसाइटी का मुख्य कार्यालय बन गया। मई 1891 ईसवी में ब्लेवाटस्की की मृत्यु तक लंदन व पेरिस में भी इसकी शाखाएँ खुल चुकी थीं। कुछ समय बाद विश्व के विभिन्न देशों में इसके लगभग एक लाख सदस्य थे।

ब्लेवाटस्की की मृत्यु के दो वर्ष बाद श्रीमती ऐनी बेसेंट ने इसका नेतृत्व ग्रहण किया। उनका जन्म आयरलैण्ड में 1847 ईसवी में वे भारत आयी। वे हिन्दू धर्म से अत्यन्त प्रभावित थी। उनकी मान्यता थी कि वे पूर्व जन्म में हिन्दू थी। भारत में आते ही ऐनी बेसेन्ट ने स्वयं को हिन्दुत्व के रंग में रंग लिया। उन्होंने अनेक हिन्दू तीर्थों की यात्रा की और अपना अधिकांश समय वाराणसी में बिताया। उनके मत में हिन्दू धर्म ही भारत का प्राण है। हिन्दुत्व की मिट्टी में भारत का मूल गड़ा हुआ है, यदि इस मिट्टी को हटा लिया गया तो भारत रूपी वृक्ष सूख जायगा। प्रत्येक हिन्दू का कर्त्तव्य है कि वह अपने धर्म की रक्षा करे। वे यह भी मानती थी कि हिन्दुत्व के जागरण से ही विश्व का कल्याण हो सकता है।

ऐनी बेसेन्ट ने प्राचीन हिन्दू दर्शन के सिद्धांतों का समर्थन किया। उन्होंने वेदों व उपनिषदों को पवित्र ग्रन्थ माना। इसके अतिरिक्त महाभारत, रामायण, गीता, स्मृति और पुराणों के महत्त्व को भी स्वीकार किया। उनके अनुसार हिन्दू धर्म के समान पूर्ण वैज्ञानिक, दर्शन युक्त और आध्यात्मिकता से परिपूर्ण अन्य कोई धर्म विश्व में नहीं है। बेसेन्ट ने वैज्ञानिक दृष्टिकोण से मूर्ति-पूजा को उपयोगी बताया।

ऐनी बेसेन्ट ने गीता का अनुवाद अंग्रेजी में किया। इसके अतिरिक्त उन्होंने रामयण तथा महाभारत पर संक्षिप्त में टीकायें लिखीं। अपने भाषणों व लेखों द्वारा हिन्दू धर्म की मान्यताएँ और

भारत के गौरवमय अतीत का स्मरण न केवल भारतीयों को कराया बल्कि विदेशों में भी इसका प्रचार किया।

शिक्षा के क्षेत्र में एनी बेसेन्ट का योगदान उल्लेखनीय है। काशी में ऐनी बेसेन्ट ने एक सेंट्रल हिन्दू कॉलेज की स्थापना की, जो बाद में उनके तथा मदन मोहन मालवीय के प्रत्यत्नों से बनारस हिन्दू विश्वविद्यालय के रूप में विकसित हुआ। थियोसोफिकल सोसाइटी ने भारत के अनेक नगरों में स्कूल का कॉलेज खोले। 1914 ईसवी में ऐनी बेसेन्ट ने भारतीय राजनीति में संक्रिय भाग लेना आरम्भ किया। उन्होंने होम रूल आंदोलन चलाया। 1917 ई. में मोण्टेग्यू चेम्सफोर्ड सुधारों की घोषणा होने पर ऐनी बीसेन्ट ने इसे बंद कर दिया। इसी 'साल वह इण्डियन नेशनल कांग्रेस की अध्यक्ष भी रही'। ऐनी बेसेंट ने भारत के स्वतंत्रता आन्दोलन पर **'हाऊ इंडिया रॉड हर फ्रीडम'** नाम एक पुस्तक लिखी।

श्रीप्रकाश ने ऐनी बेसेंट के जीवन और उपलब्धियों पर विवेचना करते हुए एक पुस्तक में लिखा है कि उन्होंने एक उदासीन और सोती हुई जाति को नींद से जगा दिया तथा उसक आत्म-सम्मान और गौरव को पुनर्जीवित कर दिया। भारतीयों को विश्व में अपना यथोचित स्थान प्राप्त करने के लिए प्रेरित किया। वस्तुत: ऐनी बेसेंट ने न केवल हिन्दू धर्म की महान सेवा की बल्कि भारत का गौरव को अन्य देशों में बढ़ाया। ऐसे समय में जब कि कुछ शिक्षित हिन्दुओं का विश्वास अपने धर्म और संस्कृति पर से उठ रहा था, थियोसोफिकल सोसायटी और विशेषकर ऐनी बेसेन्ट के नेतृत्व में सराहनीय कार्य किया। बाल विवाह, कन्या विक्रय और छूआछूत का विरोध किया तथा विधवा विवाह का समर्थन किया। राष्ट्रीय आन्दोलन में ऐनी बेसेन्ट ने सक्रिय भाग लेकर उसमें एक नई जान फूँक दी।

दक्षिण भारत में सुधार आन्दोलन

केशवचन्द्र के प्रयासों से मद्रास में वेद समाज की स्थापना की। 1871 ई. में श्रीधरलू नायडू ने इसको पुन: संगठित किया और इसका नाम **'ब्रह्म समाज ऑफ साऊथ इंडिया'** रखा। दक्षिण में यह आन्दोलन विशेष प्रगति नही कर सका। वहाँ पर प्रार्थना समाज का प्रभाव अधिक रहा। 1878 ईसवी में वीरेसलिंगम पंतुलू ने तेलगू प्रदेश में आन्दोलन करने के लिए राजमुन्द्री सोशल रिफार्म ऐसोसियेशन खोली। उन्होंने जाति-प्रथा और मूर्ति-पूजा का विरोध किया। लेकिन उनका यह आन्दोलन भी उल्लेखनीय प्रग़ति नहीं कर सका। इसके अनेक कारण थे। चार्ल्स एच. हैम्सेथ के अनुसार दक्षिण में सामाजिक विद्रोह के अभाव का सही कारण प्रायद्वीपीय भारत का वह तत्कालीन ढाँचा प्रतीत होता है की पृष्ठभूमि उच्च वर्ग की थी बंगाल व बम्बई के शहरों में ब्राह्मणों का कुछ उच्च स्तरीय जातियों के साथ समाजिक मिश्रण शुरू हो गया था किन्तु दक्षिण में ऐसा नहीं हुआ। वहाँ जाति प्रथा अत्यन्त कठोर थी और कोई भी व्यक्ति जाति से बहिष्कृत होना नहीं चाहता था इसके अतिरिक्त दक्षिण में कुशल नेतृत्व का अभाव था। दक्षिण में बम्बई व कलकत्ता के नगरों की अपेक्षा शिक्षा का कम प्रसार था।

मुस्लिम धर्म व समाज के आरम्भिक सुधार आन्दोलनः

मुख्य रूप से भारत में मुस्लिम समाज दो वर्णों में बँटा हुआ था। उच्च वर्ग के अधिकांश व्यक्ति मुस्लिम शासन काल में बड़े पदों पर आसीन थे। जन साधारण में अधिकांश वे मुस्लिम

थे जिन्होंने धर्म परिवर्तन करके मुस्लिम धर्म स्वीकार किया था। अंग्रेजों का शासन स्थापित होने के पहले उच्च वर्ग के मुसलमानों की आर्थिक स्थिति अच्छी थी। अठारहवीं शताब्दी के पूर्वार्द्ध में इस वर्ग के हाथ से राजनीतिक प्रभुत्व निकल जाने के फलस्वरूप इसके सदस्यों ने पश्चिमी शिक्षा प्राप्त करने और व्यापार व व्यवसाय में लग कर अपनी आर्थिक स्थिति सुधारने का प्रयास नहीं किया। 1857 ईसवी के विद्रोह के लिए कुछ अंग्रेजी राजनीतिज्ञों और सेनापतियों ने इस वर्ग को उत्तरदायी ठहराया। इससे इनकी अवस्था और भी बिगड़ी। इस समय में मुस्लिमों में जन साधारण की दशा में भी तनिक सुधार नहीं हुआ। फलस्वरूप हिन्दुओं के मुकाबले में मुस्लिम अपने को पिछड़ा हुआ मानने लगे। इस स्थिति को सुधारने के लिए मुसलमानों में भी सामाजिक सुधार आंदोलन आरम्भ हुए। ऐसे आन्दोलनों का मुख्य उद्देश्य मुस्लिम समाज को बदली परिस्थितियों से अवगत करा पाश्चात्य शिक्षा प्राप्त करने की आवश्यकता पर बल देना था। इस उद्देश्य की प्राप्ति के लिए 1863 ई. में 'मोहमेडन लिटरेरी सोसाइटी' की स्थापना की गई। यह संस्था तत्कालीन परिस्थितियों से संदर्भ में मुसलमानों को धार्मिक, सामाजिक और राजनीतिक समस्याओं पर विचार करने तथा उनके पाश्चात्य शिक्षा के प्रसार को प्रोत्साहन देती थी। इसके साथ-साथ मुस्लिम समाज में ऐसे आन्दोलन भी आरम्भ हुए जो पाश्चात्य सभ्यता के प्रसार का विरोध करते थे। 1857 ई. के विद्रोह के पहले सैयद अहमद बुरेलवी ने ऐसा ही एक आन्दोलन आरम्भ किया। उसने सामाजिक और धार्मिक कुरीतियों को दूर करने के प्रयास के साथ-साथ पंजाब में सिक्खों का प्रभुत्व समाप्त करने के लिए एक असफल सैनिक अभियान का संचालन किया। उसके अनुयायी वहाबी कहलाये। 1857 ई. के विद्रोह के पश्चात् वहाबियों में इस्लाम के सिद्धांतों के अनुसार मुसलमानों को जीवन व्यीतत करने की सलाह दी। मजूमदार के अनुसार भारत में सुफी मत का प्रभाव होने के कारण कट्टर वाहबी मत अधिक लोकप्रिय नहीं हो सका। उन्नीसवी शताब्दी के उत्तरार्द्ध में सर सैयद अहमद द्वारा आरम्भ किया गया अलीगढ़ आन्दोलन अपने समय का सबसे सफल व लोकप्रिय सुधार आन्दोलन था।

उन्नीसवीं शताब्दी में मिर्जा गुलाम अहमद (1888-1908) ने मुस्लिम धर्म व समाज के सुधार के लिए एक आन्दोलन चलाया जो अहमदिया आन्दोलन के नाम से जाना जाता है। इन्होंने अपने को कृष्ण का अवतार भी बताया। उन्होंने यह आन्दोलन पंजाब के गुरुदासपुर जिले के कादियाँ नामक नगर से शुरू किया। उन्होंने अपने सिद्धान्तों की व्याख्या 'बराहीन-ए-अहमदिया' नामक ग्रन्थ में की। यह आन्दोलन अधिक लोकप्रिय नहीं हुआ।

अलीगढ़ आन्दोलन

सर सैयद अहमद खाँ का जीवन वृत्त-सैयद अहमद खाँ का जन्म 1817 ई. में दिल्ली के एक कुलीन परिवार में हुआ । उनके दादा सैयद हादी और नाना ख्वाजा फरीद ने मुगल दरबार और बाद में ईस्ट इण्डिया कम्पनी में उच्च पदों पर कार्य किया था। उनके पिता मीर मुत्तकी ने उनकी शिक्षा के लिए विद्वानों को नियुक्त किया। आरम्भ से ही सैयद अहमद खाँ धार्मिक सिद्धान्तों और तत्कालीन समस्याओं पर विचार करते थे। बीस बर्ष की आयु में उन्होंने ईस्ट इण्डिया कम्पनी की नौकरी कर ली। 1857 ई. के विद्रोह में उन्होंने अंग्रेजों का समर्थन किया तथा कुछ अंग्रेज अधिकारियों व उनके परिवार के सदस्यों की रक्षा प्रबंध किया। ब्रिटिश सरकार ने प्रसन्न होकर उनकी पदोन्नति की। कुछ समय पश्चात् उन्हें 'सर' के खिताब से भी विभूषित

किया गया। सैयद अहमद खाँ ने अपना जीवन मुसलमानों की पिछड़ी दशा को सुधारने में लगाया। इसके लिए उन्होंने उनमें आधुनिक शिक्षा का प्रसार तथा सामाजिक व धार्मिक कुरीतियों को दूर करने का प्रयत्न किया। तत्कालीन परिस्थितियों में मुसलमानों की उन्नति के लिए वे अंग्रेजों से अच्छे सम्बन्ध बनाये रखना चाहते थे, क्योंकि उन्होंने अलीगढ़ को अपने आंदोलन का केंन्द्र बनाया था, इसलिए उनके द्वारा चलाया गया आंदोलन अलीगढ़ आंदोलन के नाम से प्रसिद्ध है।

मुस्लिमों में शिक्षा के प्रसार का कार्य:

सैयद अहमद ने 1864 ई. में गाजीपुर में एक अंग्रेजी स्कूल की स्थापना की। इसके पश्चात् मुरादाबाद में भी ऐसा ही एक स्कूल खोला। 1865 ई. में अंग्रेजी पुस्तकों को उर्दू में अनुवाद करने के लिए 'साईटिफिक सोसाइटी' की स्थापना की। दिसम्बर 1870 ई. में उन्होंने तहजीब-उल-अखलाक नामक पत्रिका निकाली। 1875 ई. में अलीगढ़ में ऐग्लो ओरियंटल कॉलेज की स्थापना की जो बाद में अलीगढ़ विश्वविद्यालय के रूप में परणित हो गया। उन्होंने 1886 ई. में मोहमेडेन एजुकेशन कान्फ्रेस की भी स्थापना की। इसका उद्देश्य मुसलमानों में पाश्चात्य शिक्षा का प्रसार करना था।

सैयद अहमद खाँ द्वारा संचालित अलीगढ़ विश्वविद्यालय में मुस्लिम विद्यार्थियों के सर्वांगीण विकास पर ध्यान दिया जाता था। एक विद्यार्थी के लिए पढ़ाई के साथ वाद-विवाद प्रतियोगिताओं, खेल-कूद व लेखन में भाग लेना, छात्रावास में अनिवार्य रूप से रहना, अंग्रेजी भाषा के माध्यम से पाश्चात्य जगत की प्रगति से परिचित रहना आवश्यक था। उन्होंने मुसलमानों को बताया कि पश्चिमी से उच्च शिक्षा का अध्ययन करना धर्म विरोधी नहीं है। उनके अनुसार अंग्रेजी के माध्यम से उच्च शिक्षा प्राप्त करके ही राजकीय सेवाओं में अच्छे स्थान प्राप्त किये जा सकते हैं।

समाज सुधार के प्रयत्न:

सैयद अहमद खाँ एक समाज सुधारक भी थे। यद्यपि सामाजिक मूल्यों तथा रहन-सहन के तरीकों को वे तत्कालीन परिस्थितियों के अनुकूल नहीं मानते थे लेकिन इसके साथ-साथ वे यह भी भली-भाँति जानते थे कि यदि उन्होंने समाजिक सुधार के कार्य को तेजी के साथ आगे बढ़ाया तो उन्हें कट्टर मौलवियों के तीव्र विरोध के कारण आशातीत सफलता नहीं मिलेगी। इसलिए उन्होंने ऐसी सामाजिक कुरीतियों का विरोध किया जो कुरान तथा हदीस पर आधारित नहीं थी। अतएव उन्होंने पर्दा-प्रथा के अन्त का समर्थन किया किन्तु इस पर विशेष जोर नहीं दिया। इसी प्रकार व बहु-विवाह को उचित नहीं माना। स्त्रियों के स्तर को ऊँचा उठाने का समर्थन करते हुए भी स्त्रियों की उच्च शिक्षा को अच्छा नहीं माना, फलस्वरूप उनके द्वारा चलाया गया सामाजिक सुधार का कार्यक्रम का पुरुषों को अंग्रेजी शिक्षा दिलाकर उन्हें प्रगतिशील बनाना और उनके रहन-सहन के तरीकों में परिवर्तन कराने तक सीमित रह गया।

धार्मिक मान्यतायें:

सैयद अहमद खाँ ने कुरान की नई व्याख्या की। इसके लिए उन्होंने एक पुस्तक तफसीर्-उल-कुरान लिखना आरम्भ किया। इस पुस्तक के लेखन का कार्य वे पूरा नहीं कर सके। उनके अनुसार समस्त सृष्टि का रचयिता खुदा है और उसी ने कुरान की रचना की है। अतः कुरान

वास्तविकता से दूर नहीं हो सकती। क्योंकि हदीस कुरान पर आधारित है इसलिए न तो वह कुरान के विरुद्ध हो सकती है और न ही वास्तविकता से भिन्न हो सकती है। उन्होंने तहजीब-उल-अखलाक नामक पत्रिका में भी कुरान के बारे में विचार प्रकट किये। उनके अनुसार प्रत्येक परम्परा समय और परिस्थिति के अनुसार आरंभ होती है तथा उसे समय और परिस्थिति के अनुसार अनुपयोगी होने पर छोड़ देनी पड़ती है। इसीलिए उन्होंने हज करने तथा जकात बाँटने का विरोध किया और मुस्लिमों का पाश्चात्य सभ्यता व संस्कृति का अध्ययन करके अच्छी बातें अपनाने को कहा। उनके इन विचारों का विरोध कट्टर मौलवियों ने किया। अतएव कुछ समय बाद उन्होंने शिक्षा की ओर विशेष ध्यान किया तथा धार्मिक सुधार के कार्यक्रम को अधिक महत्त्व नहीं दिया।

राजनीतिक विचार व कार्यः

आरम्भ से ही सैयद अहमद खाँ शासन के समर्थ थे। मुसमानों को यह सलाह दी कि उनका हित अंग्रेजी राज्य के समर्थन में है। उनके अनुसार 1857 ई. में मुस्लिमों ने अंग्रेजों को विरोध करके एक भूल की। उस भूल को अंग्रेजों के साथ अच्छे सम्बन्ध स्थापित कर सुधारा जा सकता था। इसम समय में अंग्रेज राजनीतिज्ञों व प्रशासकों ने भी मुसलमानों के साथ अपने सम्बन्धों के बारे में फिर से विचार किया। 1871 ई. में प्रकाशित 'इण्डियन मुसलमान' नामक पुस्तक में विलियम विल्सन हण्टर ने लिखा कि भारत में अपने शासन को स्थायी बनाने के लिए अंग्रेजों को मुसलमानों का समर्थन प्राप्त करना चाहिए। अलीगढ़ कॉलेज के प्रथम प्रेंसिपल बैक ने भी सैयद खाँ को अपने विचारों से प्रभावित कर साम्प्रदायिकता की ओर बढ़ाया। रमेश चन्द्र मजूमदार के अनुसार आरम्भ में सैयद अहमद ने मुसलमानों को उच्च पद दिलाने के लिए प्रयत्न किया किन्तु आम तौर पर साम्प्रदायिकता की भावनाओं का प्रदर्शन नहीं किया। उन्होंने कहा कि भारत एक राष्ट्र है। एक खुबसूरत दुल्हन के साथ भारत की तुलना करते हुए उन्होंने हिन्दू व मुसलमानों को उसकी दो आँखें बताया। एक अन्य भाषण में सैयद अहमद खाँ ने कहा कि हिन्दू व मुस्लिम शब्द केवल धर्म की विभिन्नता के सूचक है, अन्यथा हम सब भारतीयों, चाहे वे हिन्दू, मुसलमान, अथवा ईसाई हों, एक ही राष्ट्रीयता रखते हैं। लेकिन धीरे-धीरे उनके दृष्टिकोण में परिवर्तन आया। 1883 ई. में दिये गये एक भाषण में उन्होंने माँग की कि स्थानीय स्वशासन की संस्थाओं में अल्पसंख्यकों को पृथक प्रतिनिधत्व दिये जायें। कांग्रेस की स्थापना के समय से ही सैयद अहमद खाँ ने इसका विरोध किया तथा उसके आन्दोलन को मुस्लिम हितों के विरुद्ध माना। 1888 ई. में उन्होंने ब्रिटिश सरकार को आश्वासन दिया कि भारत के अधिकांश मुसलमान कांग्रेस के समर्थक नहीं हैं। उन्होंने 'यूनाइटेड इण्डियन पेंट्रियाटिक एसोसिएशन' की स्थापना कांग्रेस का विरोध करने के लिए कहा। इस संस्था के कुछ सदस्य हिन्दू भी थे। बैक के प्रभाव में आकर सैयद अहमद खाँ ने 1893 ई. में एक नयी संस्था 'मोहमेडन ऐंग्लो ओरियन्टल डिफेन्स एसोशियेशन आँफ अपर इण्डिया' स्थापित की। इसके सदस्य केवल मुसलमान हो सकते थे। इसके उद्देश्य निम्नलिखित थे-

1. ब्रिटिश सरकार व अंग्रेजों के सामने मुसलमानों की माँगो को प्रस्तुत करना तथा मुसलमानों के राजनीतिक हितों की रक्षा करना।

2. मुसलमानों में राजनीतिक आन्दोलन न पनपने देना,

3. भारत में ब्रिटिश राज्य को मजबूत बनाने में सहायता देना।

इसके पहले सैयद अहमद खाँ 1892 ईसवी में पारित भारत परिषद अधिनियम में प्रजातन्त्र प्रणाली उपयुक्त नहीं थी क्योंकि इससे बहुसंख्यकों को अधिकार मिलता था और अल्पसंख्यकों के हितों को हानि पहुँचती थी, उन्होंने अनेक बार स्पष्ट रूप से कहा कि भारत को एक राष्ट्र मानने वाली संस्था कांग्रेस से उनका समझौता किसी हालत में नहीं हो सकता। इस प्रकार सैयद अहमद खाँ के नेतृत्व में अलीगढ़ आन्दोलन ने कांग्रेस का भरसक विरोध किया तथा दो राष्ट्र के सिद्धान्त को जन्म दिया। 1898 ई. सर सैयद अहमद की मृत्यु के बाद नवाब मोहसीन-उल-मुल्क ने कांग्रेस का विरोध जारी रखा। अंग्रेजों ने 'फूट डालो और राज करो' की नीति का पालन करते हुए साम्प्रदायिकता की भावना को प्रोत्साहित किया।

अलीगढ़ आन्दोलन का मूल्यांकन

सैयद अहमद खाँ द्वारा चलाया गया अलीगढ़ मुसलमानों को प्रगति के मार्ग आगे बढ़ने की प्रेरणा देने वाला एक प्रमुख आन्दोलन था। शिक्षा का प्रसार करके उन्हें आधुनिक प्रगतियों से परिचित कराने में अलीगढ़ आन्दोलन का महत्त्वपूर्ण योगदान है। परिस्थितियों के साथ बदलने के लिए सलाह देकर अलीगढ़ आन्दोलन के प्रर्वतक सैयद अहमद खाँ ने मुसलमानों को अन्धकारमय युग से निकाला। अंग्रेजों का समर्थन करके मुस्लिमों की दशा सुधारने में भी उन्हें कुछ सीमा तक सफलता मिली। मजूमदार के मत में उन्होंने भारतीय मुसलमानों के जीवन का एक नया युग आरम्भ किया तथा उनके सबसे बड़े संकट काल में उनमें एक नवीन रक्त संचार किया, किन्तु इसके साथ साथ साम्प्रदायिकता की भावना के विकास में अपना योगदान देकर उन्होंने भारत की एकता को खण्डित करने के विचारों को बल दिया।

रहनुमाये मज्दयासना सभाः

भारत के शिक्षित पारसियों ने 1859 ई. में 'रहनुमाये मज्दयासना सभा' नामक संस्था की स्थापना की। इसका उद्देश्य पारसियों की सामाजिक दशा सुधारने तथा पारसियों के धर्म में जरथुस्त्र के समय की शुद्धता को पुनः प्राप्त करना था। इसके प्रमुख नेता दादा भाई नैरोजी थे। इस संस्था ने 'रस्त गौफ्तार' नामक पत्रिका का प्रकाशन भी किया। फरकुहार नामक इतिहासकार लिखता है कि इस संस्था के सदस्यों ने आरम्भ में बड़ी सावधानी के साथ कार्य किया। वे सबसे पहले अपनी समस्याओं को पारसी समाज के विद्वान पुजारियों के सामने प्रश्नों के रूप में रखते थे। इस प्रकार यह ज्ञात कर लेते थे कि किस प्रकार के रीति-रिवाज व परम्पराएँ जरथुस्त्र की शिक्षाओं के अनुरूप है तथा पुरोहित वर्ग को स्वीकार्य है। तत्पश्चात् सभाओं में भाषणों और बहस द्वारा तथा गौफ्तार में लेखें द्वारा उन सुधारों का प्रचार करते थे, जिनका समर्थन पुजारियों ने किया हो। के.आर.कामा ने पारसियों के धार्मिक ग्रन्थ जैन्द अवस्ता का यूरोप में अध्ययन किया। 1859 ई. में भारत लौटकर कामा ने कट्टर पुजारियों के प्रभुत्व को माना और पारसियों को उन सभी कर्मकाण्डों और परम्पराओं को त्यागने को कहा जो अधिकृत 'जैन्द अवस्था' की प्रतियों मे सम्मिलित नहीं थे।

धार्मिक सुधारों के साथ-साथ पारसी नेताओं ने पर्दा प्रथा की सम्पाप्ति, स्त्री शिक्षा का प्रसार, विवाह की आयु में वृद्धि आदि अनेक समाजिक सुधारों के लिये ठोस कदम उठाये।

राधा स्वामी सत्संग

1861 ई. में आगरा में **शिवदयाल** ने राधा स्वामी सत्संग की स्थापना की। उन्होंने अपने उपदेशों को दो पुस्तकों में संकलित कर प्रकाशित किया। इस संस्था के दूसरे गुरु सालिग राम का जन्म आगरा के एक कायस्थ परिवार में हुआ था। उन्होंने इस संस्था को लोकप्रिय बनाया। राधा स्वामी मत के अनुयायी किसी भी हिन्दू देवी-देवता को नहीं मानते हैं। वे मन्दिर जाना आवश्यक नहीं समझते। राधा स्वामी मत के अनुयायी एक स्थान पर अपना सत्संग आयोजित करते हैं। वे ईश्वर का रूप मानते हैं तथा उन पर असीम श्रद्धा रखते हैं तथा उनके लिये सभी धर्म समान हैं। वे सबसे साथ प्रेम का व्यवहार करते हैं तथा भ्रातृ भावना में विश्वास करते हैं। सामाजिक कुरीतियों का यह मत विरोध करता है तथा जाति के बन्धन को नहीं मानता।

सिक्खों में सुधार आन्दोलनः

सिक्खों ने भी धार्मिक व सामाजिक सुधार के महत्त्व को समझा। उनमें भी अन्ध-विश्वास, रूढ़िवादिता, ब्राह्म कर्म कांड तथा सामाजिक कुरीतियों के विरुद्ध आन्दोलन चलाये गये। 1920 ई. में सिक्खों ने गुरुद्धारों के प्रबन्ध में व्याप्त भ्रष्टाचार को दूर करने के लिये आन्दोलन चलाया। फलस्वरूप 1922 ई. में सिक्ख गुरुद्वारा अधिनियम पारित किया गया।

अन्य आन्दोलन

भारतीये ईसाईयों ने भी अन्ध विश्वास, रूढ़िवादिता और सामाजिक कुरीतियों के विरुद्ध आन्दोलन किया। इस प्रकार भारत के सभी धर्मों के अनुयायियों ने धार्मिक व सामाजिक सुधार के लिये प्रयत्न किये। ब्रिटिश सरकार ने भी सामाजिक कुरीतियों को दूर करने के लिये अनेक कानून बनाये।

सामाजिक सुधारों के लिये बनाये गये कानूनः

रमेश चन्द्र मजूमदार के अनुसार सभी सुधार आन्दोलनों के प्रवर्तकों ने अन्धविश्वास और रूढ़िवादिता का तथा अधिकांश ने सामाजिक कुरीतियों को विरोध किया। उनके मत में उन्नीसवीं शताब्दी के अन्त तक उन सब प्रदेशों में भी सामाजिक सुधार की भावना जागृत हो चुकी थी जिनमें कि सुधार आन्दोलन के आरम्भिक युग में इस दिशा में उत्साह प्रदर्शित नहीं किया गया था।। यहाँ तक कि देशी राज्यों मे भी सामाजिक सुधार का कार्य आरम्भ हो गया था। इसके पहले कि हम धार्मिक व सामाजिक सुधार आन्दोलनों के परिणामों का अध्ययन करें, सामाजिक सुधारों के लिये बनाये गये कानूनों की प्रगति के बारे में जानना उचित होगा।

1. सती-प्रथा का उन्मूलन-भारत में काफी समय से पति की मृत्यु पर स्त्री उसकी चिता पर जल कर सती हो जाती थी। फरिश्ता के अनुसार कश्मीर के एक शासक सिकन्दर ने पन्द्रहवी शताब्दी के आरम्भ में इस प्रथा पर प्रतिबन्ध लगाया था किन्तु उसे पुत्र जैनुल आबादीन ने इस प्रतिबन्ध को हटा लिया। 1510 ई. में पुर्तगाली गवर्नर अबुकर्क ने गौआ में सती-प्रथा पर रोक लगायी। अकबर ने भी इस मर प्रतिबन्ध लगाया किन्तु उसके आदेश का पालन दिल्ली और आसपास के प्रदेश तक ही सीमित रहा। बाजी राव प्रथम ने भी इस प्रथा पर प्रतिबन्ध लगाने का

प्रयत्न किया। सिरामपुर में डेन, चिनसुरा में डचों और चन्द्रनगर में फ्रांसीसियों ने अपने अधीनस्थ क्षेत्रों में सती-प्रथा को गैर कानूनी घोषित किया। 1789 ई. से बंगाल के अनेक अंग्रेज जिला अधिकारियों ने सरकार को इस अमानवीय प्रथा को रोकने के लिये लिखा किन्तु उस समय अंग्रेजी सरकार ने भारतीयों के धार्मिक और सामाजिक मामलों में हस्तक्षेप न करने की नीति का पालन करते हुए इस पर प्रतिबन्ध नहीं लगाया। बेलेजली के समय में सदर निजामत अदालत ने कुछ हिन्दू पण्डितों से इस सम्बन्ध में सलाह ली।

इन पण्डितों की राय में किसी स्त्री को जबरदस्ती उसके मृत पति की चिता पर सती होने के लिए बाध्य करना शास्त्रों व परम्पराओं के अनुकूल नहीं था। इसके साथ-साथ उन्हों ने यह भी मत प्रकट किया कि इस प्रथा पर पूर्ण प्रतिबन्ध लगाने से हिन्दुओं की धार्मिक भावना को ठेस पहुँचेगी। अतएव 1813 ई. में भारत सरकार ने किसी स्त्री को उसकी इच्छा के विरुद्ध सती बनने पर मजबूर करने पर प्रतिबन्ध लगाया। तत्पश्चात् 1815 ई.व 1817 ई. में जारी किये गये दो आदेशों में जिला अधिकारियों को सती होनी वाली स्त्रियों की एक वार्षिक सूची भेजने को कहा गया। सती होने वाली स्त्री के सम्बन्धियों को उसके सती होने की सूचना पहले से पुलिस को भेजने का नियम बनाया गया तथा ऐसी स्त्रियों के जो गर्भवती, अल्पायु अथवा ऐसे बालकों व बालिकाओं की माता हो, जिनकी देख-रेख करने वाला कोई न हो, सती होने पर प्रतिबन्ध लगाया गया। किन्तु इन आदेशों का व्यापक प्रभाव नहीं पड़ा। लार्ड हेस्टिंग्ज और एमहर्स्ट के समय में इस प्रथा को गैर कानूनी घोषित करने के लिये पुन: विचार किया गया। बंगाल की सेना में असन्तोष फैलने की आशंका के कारण इस प्रकार की कार्यवाही को स्थगित किया गया। लार्ड हेस्टिंग्स और एमहर्स्ट के मत में वह दिन दूर नहीं था जबकि शिक्षा के प्रसार के साथ-साथ भारत में अज्ञान दूर होगा और स्वयं ही इस प्रथा को गैर कानूनी घोषित करने को समर्थन करेंगे। इसकी यह आशा व्यर्थ सिद्ध नहीं हुई। शीघ्र ही राजा राममोहन राय ने सती-प्रथा को अवैध घोषित करने का समर्थन किया। उनके अनुसार सती-प्रथा प्राचीन धर्म शास्त्रों के अनुकूल नहीं है।

विलियम बेंटिक को कोर्ट ऑफ डायरेक्टर्स ने इस अमानवीय प्लथा को क्रमश: बन्द करने के आदेश दिये। 1 नवम्बर 1829 ईसवी में गवर्नल जनरल की परिषद ने सती-प्रथा को अवैध घोषित करने को निश्चय किया। 4 दिसम्बर, 1829 ई. को बंगाल सूबे में तथा फरवरी 1830 ई. को मद्रास व बम्बई में इसे अवैध घोषित किया गया। कुछ समय पश्चात् अन्य ब्रिटिश प्रान्तों में भी ऐसे कानून बनाये गये। 1857 ई. के बाद अनेक देशी राज्यों के शासकों ने भी सती-प्रथा को गैर कानूनी घोषित किया। यद्यपि आरम्भ में कट्टर हिन्दुओं ने इसका विरोध किया किन्तु क्रमश: सती होनी वाली स्त्रियों की संख्या में कमी आ गई। फिर भी यह कहा नहीं जा सकता कि इसका पूर्ण रूप से उन्मूलन हो गया है। हमें आज भी सती होने के यदा-कदा उदाहरण समाचार-पत्रों में पढ़ने के मिल जाते हैं।

नर बलि व बाल हत्या का निषेध- उनके लिए भी बेंटिक के समय में कानून पास किये गये।

1. ब्रह्म मेरिजेज एक्ट (1872 ई.)-1866 ई. में ब्रह्म समाज दो भागों में विभक्त हो गया। इनके नाम थे- आदि ब्रह्म समाज तथा भारतीय ब्रह्म समाज। भारतीय ब्रह्म समाज ने विधवाओं के विवाह को कानूनी मान्यता दिलाने का प्रयास किया। केशव चन्द्र सेन के अनुरोध पर

भारत सरकार ने अन्तर्जातीय विवाह तथा विधवा विवाह को मान्यता दे दी। लेकिन इस अधिनियम में ऐसे विवाह करने वालों को यह घोषणा करनी पड़ती थी कि वे हिन्दू नहीं हैं। अतः इस कानून का व्यापक प्रभाव नहीं पड़ा।

2. दास-प्रथा का उन्मूलन-प्राचीन काल से ही भारत में दास-प्रथा का प्रचलन था। 1787 ई. में ब्रिटेन में दासों के व्यापार को बन्द करने के लिए किये आन्दोलन का प्रभाव भारत पर पड़ा। इसके बाद कुछ अंग्रेज अधिकारियों ने सरकार से इसे गैर कानून घोषित करने के लिए लिखा। 1807 ईसवी में ब्रिटिश में दासों का व्यापार अवैध घोषित हो गया। इसके चार वर्ष पश्चात् एक अधिनियम द्वारा भारत सरकार ने विदेशों से दासों को लाने पर प्रतिबन्ध लगा दिया। 1832 ई. में भारत के एक जिले से दूसरे जिले में दासों के क्रय-विक्रय को अवैध घोषित किया। 1833 ई. के चार्टर एक्ट भारत सरकार को शीघ्र दास-प्रथा समाप्त करके आदेश दिये गये। अतएव 1843 ई. में एक अधिनियम द्वारा दासों को रखना अवैध करार दिया था। क्योंकि इस अधिनियम में दासों की मुक्त करने के लिए उनके स्वामियों को मुआवजा देने की व्यवस्था नहीं थी और इसके अतिरिक्त सरकार ने इस अधिनियम को कठोरता के साथ लागू करने के लिए पर्याप्त कदम भी नहीं उठाये, फलस्वरूप आज भी बंधुआ श्रमिकों जैसी समस्याओं का सामना करना पड़ रहा है

3. विधवा विवाह कानून-सजी प्रथा के गैर कानूनी घोषित होने पर विधवाओं की संख्या बढ़ने लगी। उनके कष्टों को देखकर ब्रह्म समाज ने विधवा विवाह का समर्थन किया। तत्पश्चात् ईश्वर चन्द विद्यासागर ने विधवा विवाह को वैध मानने के लिए सरकार से अपील की । उनके प्रयत्नों के फलस्वरूप भारत सरकार ने जुलाई 1856 ई. में हिन्दू विधवा पुनर्विवाह अधिनियम पारित किया। इस अधिनियम के पारित होने के पश्चात् विधवाओं के पुनर्विवाह की संख्या अधिक नहीं बढ़ी। अतएव आर्य समाज ने इसको अपने सामाजिक सुधार के कार्यक्रम में महत्त्व दिया। 1896 ई. में प्रोफेसर कर्वे ने पूना में एक विधवा आश्रम खोला। इसी प्रकार का एक आश्रम विरेसालिंगम पंतुल ने मद्रास में स्थापित किया। बीसवीं शताब्दी में धीरे-धीरे विधवाओं के पुनर्विवाह पहले की अपेक्षा काफी अधिक संख्या में हो रहे हैं।

4. कन्या बध पर प्रतिबन्ध-हिन्दुओं, विशेषकर राजपूतों, में एक कन्या का जन्म होते ही वध कर दिया जाता था। इस प्रकार की प्रथा मध्यकालीन युग में आरम्भ हुई थी। धार्मिक व समाजिक रीति-रिवाजों के कारण एक कन्या के विवाह में बहुत अधिक धन व्यय होता था। इसके अतिरिक्त कन्या के लिए सम्मानजनक वर ढूंढ़ने में भी अत्यन्त कठिनाई होती थी। यद्यपि 1795 और 1804 ई. के बंगाल के दो अधिनियमों द्वारा बालिकाओं के वध को अपराध घोषित किया गया, किन्तु इनका विशेष प्रभाव नहीं पड़ा। अतएव सुधारवादी नेता इस अमानवीय प्रथा को समाप्त कराने के लिए प्रयत्न करते रहे। अन्त में 1870 ईसवीं में एक अधिनियम द्वारा सरकार ने अपने अधिकारियों को प्रत्येक बालक के जन्म तथा कुछ वर्षों तक कन्या के जीवित रहने की सूचना देने के लिये नियम बनाने की शक्ति दी। शिक्षा के प्रसार के साथ-साथ यह प्रथा समाप्त हो गयी है।

5. बाल विवाह पर प्रतिबंध-प्राचीन काल में एक कन्या का विवाह 14 से 16 वर्ष तक की आयु में किया जाता था किन्तु मध्यकालीन युग में अल्पायु में किया जाने लगा। सभी हिन्दू

सुधारवादी आन्दोलनों ने इसका विरोध किया। अन्त में बहरामजी मेहरबानजी मलाबारी के प्रयत्न सफल हुए। 1891 ई. में भारत सरकार ने सहवास-आयु अधिनिमय पारित किया। इसमें कन्या के विवाह की निम्नतम आयु बारह वर्ष रखी गई। समाज सुधार के लिए पारित किये अन्य कानूनों की भाँति यह कानून भी अपने उद्देश्य की प्राप्ति में सफल रहा। तत्पश्चात् 1929 ई. में भारत सरकार ने इस सम्बन्ध के एक अधिनियम पारित किया। यह अधिनियम शारदा एक्ट के नाम से प्रसिद्ध है। कुछ कमियों के कारण अधिनियम भी बाल-विवाह को रोकने में पूर्णतया सफल नहीं हुआ।

सामाजिक कानूनों को वांछित सफलता न मिलने के कारण:

1. भारत सरकार का उत्साह न दिखना-यद्यपि भारत सरकार ने इन कानूनों को पारित किया तथा कुछ में आवश्यकतानुसार संशोधन भी किये किन्तु इन कानूनों को लागू करने में उसने आवश्यक उत्साह का प्रदर्शन नहीं किया। इन कानूनों के पारित होने के बाद भारत सरकार के पॉलिटिकल उत्साह विभाग के कुछ अधिकारियों, जिनमें रेजीडेंट प्रमुख थे, सती-प्रथा रोकने में उत्साह दिखाया लेकिन भारत सरकार ने इस मामले में उन्हें नियन्त्रित करने की कोशिश की। परिणामस्वरूप इन सुधारों को विशेष सफलता नहीं मिली।

2. कानूनों का अव्यवहारिक-कतिपय कानूनों में ऐसे प्रावधान रखे गये जिनके अंतर्गत एक अपराधी के विरुद्ध मुकदमा चलाना लगभग असंभव था। बाल विवाह के सम्बन्ध में बनाया गया कानून व उसमें किये गये संशोधन इसमें ज्वलंत उदहारण हैं।

3. रूढ़िवादियों की विरोधी प्रतिक्रिया-रूढ़िवादी तत्वों ने इन कानूनों का विरोध किया। अशिक्षित जनता में उनका प्रभाव था।

4. परम्परावादिता-भारत की सामाजिक व्यवस्था में परम्परावादिता का प्रभाव व्याप्त है। यहाँ की जनता आसानी के साथ अपनी परंपराओं को नहीं छोड़ पाती।

5. अज्ञानता-स्वतंत्रता प्राप्ति के समय तक भारत में शिक्षित व्यक्तियों की संख्या बहुत कम थी। अतएव वे सुधारों का महत्त्व नहीं समझ सके।

राम मोहन राय के समय ये आरम्भ हुआ सामाजिक व धार्मिक सुधार आंदोलन आज भी समाप्त नहीं हुआ है। यह अभी तक किसी न किसी रूप में प्रगति के पथ पर बढ़ने का प्रयत्न कर रहा है। स्वतंत्रता की प्राप्ति तक यह आन्दोलन मुख्य रूप से तीन चरणों मे होकर गुजरा।

पुनर्जागरण के विभिन्न चरण:

1. 1877 ई. तक- इस समय तक यह आन्दोलन मुख्य रूप से व्यक्तिगत था। इसकी कार्य विधि भी व्यक्तिनिष्ठ रही।

2. 1877 से 1919 ई.- इस अवधि मे समाज सुधार के संगठित प्रयास किये गये। देश के कुछ नेताओं मे, जिनमें तिलक अग्रणी थे, यह अनुभव किया। समाज सुधार के कार्यों के साथ-साथ राजनीतिक स्वतंत्रता की प्राप्ति के लिए कार्य करना आवश्यक था लेकिन अंग्रेज प्रशासक उनका ध्यान सामाजिक सुधार की ओर ही लगाये रखना चाहते थे।

1919-1947 ई.-गाँधीजी के भारतीय राजनीति में प्रवेश के बाद समाज सुधार आन्दोलन राजनीतिक आन्दोलन का एक अंग बनने लगा। इस समय अछूतोद्धार के कार्य को सबसे अधिक महत्त्व दिया गया।

उन्नीसवीं सदी के पुनर्निर्माण का स्वरूप:

1. सुधार आन्दोलन का शिक्षित वर्ग तक सीमित होना-आरम्भ में सुधारकों का कार्य क्षेत्र शहरों में रहने वाले शिक्षित वर्ग तक सीमित था। उन्होंने गाँव में तथा शहर के आम आदमियों तक अपना संदेश फैलाने का विशेष प्रयत्न नहीं किया।

2. धार्मिक सिद्धान्तों पर आधारित-हिन्दुओं के सभी सुधार आन्दोलन धर्म के प्राचीन सिद्धान्तों पर आधारित थे। इसी प्रकार अलीगढ़ आंदोलन भी इस्लाम पर आधारित था।

3. विभिन्न आन्दोलन के कार्यक्रम में भिन्नता-सभी आन्दोलनों के कार्यक्रमों में कुछ भिन्नताएँ पायी जाती हैं। उदाहरण के तौर पर आर्य समाज ने शुद्धि आंदोलन को अपने कार्यक्रम में सम्मिलित किया जबकि अन्य आन्दोलनों के नेताओं ने इस कार्य को हाथ में नहीं लिया। मुस्लिम सुधारकों को बाल हत्या रोकने व विधवा के प्रचार की आवश्यकता ही नहीं थी। आर्य समाज ने मूर्ति-पूजा खण्डन किया किन्तु रामकृष्ण परमहंस देवी भक्त थे।

4. सुधार आन्दोलनों पर पश्चिमी उदारवाद का प्रभाव-अनेक सुधार आंदोलनों पर पश्चिमी उदारवाद का प्रभाव स्पष्ट दिखाई देता है। ब्रह्म समाज तथा प्रार्थना समाज आदि आंदोलनों के प्रणेता इससे प्रभावित थे।

5. रूढ़िवादिता व अन्ध-विश्वासों का विरोध-सभी सुधार आन्दोलनों ने रूढ़िवादिता तथा अन्ध-विश्वासों का विरोध किया। उन्होंने पुजारियों के एकाधिकार को समाप्त करने के लिए भी प्रयत्न किया।

6. कानूनों द्वारा सामाजिक कुरीतियों को दूर करने का प्रयत्न-आम तौर पर सामाजिक सुधारकों ने सरकार से सामाजिक कुरीतियों को दूर करने के लिए कानून बनाने पर जोर दिया। राजा राममोहन राय ने सती-प्रथा को बन्द करने तथा ईश्वर चंद विद्यासागर ने विधवा विवाह को कानूनी मान्यता दिलाने का सफल प्रयास किया।

7. शिक्षा के प्रसार पर जोर-अपने सुधारकों ने शिक्षा के प्रसार को महत्त्वपूर्ण माना। उनके मत में शिक्षा के बिना रूढ़िवादिता व अंधविश्वासों को दूर करना असम्भव था।

8. अतीत के गौरव का गुण-गान-अपने-अपने धर्म के सिद्धान्तों से प्रेरणा लेने वाले सुधारकों ने भारत के प्राचीन गौरव का स्मरण कराया। लेकिन अतीत की चर्चा करते हुए भी उन्होंने भविष्य के समाज की रचना अतीत के आदर्शों पर करने की बात नहीं सोची।

❑❑❑